本书得到南京大学人文基金资助

史前考古与古代文明研究论集

张之恒 著

文物出版社

2020 年

图书在版编目（CIP）数据

史前考古与古代文明研究论集/张之恒著. -- 北京：
文物出版社，2020.12
ISBN 978 - 7 - 5010 - 6788 - 6

Ⅰ. ①史…　Ⅱ. ①张…　Ⅲ. ①长江流域—考古—文集
Ⅳ. ①K872. 504 - 53

中国版本图书馆 CIP 数据核字（2020）第 158812 号

史前考古与古代文明研究论集

著　　者　张之恒

责任编辑　肖大桂　黄　曲
装帧设计　程星涛
责任印制　陈　杰

出版发行：文物出版社
社　　址：北京市东直门内北小街 2 号楼
网　　址：http：//www. wenwu. com
邮　　箱：web@ wenwu. com
经　　销：新华书店
印　　刷：河北鹏润印刷有限公司
开　　本：787mm×1092mm　1/16
印　　张：20. 5
版　　次：2020 年 12 月第 1 版
印　　次：2020 年 12 月第 1 次印刷
书　　号：ISBN 978 - 7 - 5010 - 6788 - 6
定　　价：120. 00 元

目　　录

史前考古综论

地区新石器时代文化研究

史前农业研究

文明探源和古文化研究

早期古人类在中国境内的迁徙和流动

近五十多年来，中国境内发现了一批由古猿向人类演化的古猿化石与更新世早、中期的古人类化石和文化遗存。这些材料有助于探求早期古人类在中国境内的迁徙和流动以及旧石器时代早期遗址的分布规律等问题，本文拟就这些问题加以研究。

一 云贵高原和武陵山东缘的古猿化石和早期人类文化遗存

关于人类起源，非洲起源说和多地区起源说，即一元论和多元论，迄今仍无定论。一元论者认为东非是人类的发祥地，世界各地的古人类均由东非古人类扩散而来。多元论者认为，亚洲高原也可能是人类的发祥地之一，因为高原比低地生活艰难，由刺激所引起的反应对人类形成有益。根据现有资料分析，中国西南高原地区位于人类起源地的范围以内。20世纪50年代，云南开远小龙潭发现森林古猿牙齿化石，据研究，其中部分标本可能与人类的嫡系祖先有一定联系；后来又在云南禄丰地区发现大量腊玛古猿（古猿向人类演化的早期代表）牙齿化石；1965年又在云南元谋县发现距今约170万年的元谋直立人[1]；1965～1973年，在贵州省黔西县观音洞发现了3000多件属于旧石器时代早期的石器，其中B组的文化时代稍早于北京人文化[2]。

武陵山东缘的沅江和澧水流域迄今共发现旧石器时代遗址和石器地点共150多处，其文化时代既有旧石器时代早期的，也有旧石器时代中、晚期的。属于旧石器时代早期的遗址或石器地点的石制品大多埋藏在沅江或澧水两岸的三级或四级阶地堆积之中。有的研究者认为，湖南地区产自红土层的石器属于中更新世较早阶段的红土化时期。也有的研究者认为，第四纪出现多次冰期与间冰期的交替，多次间冰期意味着多次"红土化"作用，说明石器可能埋藏在第四纪不同时期红土化作用的堆积中，实际上有着时代的区别。迄今湖南地区发现的文化时代比较早、旧石器时代早期的石器地点有沅江上游的靖县二卵石，其石器埋藏在渠水（沅江上游的支流）右岸三、四级阶地的堆积中；另一石器地点是澧水下游的虎爪山，其石制品埋藏在澧水右岸四级阶地的堆积中。

武陵山东缘的沅江和澧水流域的旧石器时代文化被一些研究者分为潕水文化类群和澧水文化类群。潕水文化类群主要分布于沅江上游的沅水两岸，即分布于湘西南的靖县、怀化、芷江、新晃等地域。澧水文化类群主要分布于澧水下游的石门、澧县、津市等地域。

濒水文化类群和澧水文化类群在文化面貌上的主要区别是，前者富有特色的石器是各种形式的砍砸器，后者为各种形式的大尖状器、石球等。澧水文化类群的石器类型比较接近晋南的以采集经济为主的丁村文化和前丁村文化[3]。

二 长江流域的旧石器时代早期文化遗存

长江流域现已发现的可能属于旧石器时代早期的文化遗存和人类化石，主要有重庆巫山县龙骨坡发现的人类化石和少量石器；湖北郧县梅铺和曲远河口的直立人化石，大冶石龙头的文化遗存；安徽南部水阳江流域石器地点群，繁昌人字洞出土的石、骨器，和县的直立人化石；江苏句容放牛山石器地点、南京直立人化石等。其中重庆巫山龙骨坡和安徽繁昌人字洞出土的古人类化石和文化遗物，其时代争议较大。

龙骨坡遗址位于重庆市巫山县西南部的庙宇镇，该遗址共经过两个阶段的考古发掘（1985～1988 年、1997～1998 年），采集到人类化石 2 件（右上内侧门齿 1 颗，左侧下颌骨 1 段，带 P4—M1），石制品 30 余件，有人工痕迹的哺乳动物骨片 5 件，脊椎动物化石 120 种，其中哺乳动物化石 116 种。埋藏化石的岩层为砂质黏土、黏土、角砾和砾石，地质时代属早更新世初期（Q1），磁性地层、电子自旋共振（ESR）、氨基酸等测定的年代为距今 240 万～180 万年[4]。关于巫山发现的一枚人类右上内侧门齿，以及带有 P4—M1 的残左侧下颌骨的归属问题，学术界持有不同意见。王谦认为，根据形态及数据分析，巫山人类门齿可能是晚期智人的右上内侧门齿，后期混入了龙骨坡洞穴沉积之中[5]。吴新智将巫山似人下颌及其 1 枚牙齿与东非早更新世人属、Dmanisis 直立人以及元谋的禄丰古猿等做了比较，结果发现巫山标本的尺寸比前二者都小得多，而与后者很相符。巫山标本被一些研究者归属人属的那些特征大多是人和猿共有者，其中前臼齿齿根分叉则在人类罕见，却是禄丰古猿的特征之一，前臼齿接触面位置和根座比例则反映猿类特征。吴新智认为，最接近巫山下颌者是禄丰古猿，其间是否有祖裔关系尚待更多标本来论证[6]。

1989 年在湖北省郧县曲远河口学堂梁子发现 1 具人类头骨化石，1990 年经过正式考古发掘，又发现了 1 具人类头骨化石（前者为Ⅰ号头骨，后者为Ⅱ号头骨）。学堂梁子为汉江右岸的四级阶地，由江水侵蚀形成的基座阶地所组成。这两具头骨经研究属于直立人类型[7]。在遗址中出土了一批石制品（石镐、砍砸器、尖状器），主要是砾石文化遗物。与人类化石伴生有丰富的哺乳动物化石。其动物群性质与蓝田公王岭动物群性质相比较，郧县人动物群比蓝田公王岭的时代稍晚或相当，处于中更新世早期或稍早。阎桂林测定郧县人化石地层的古地磁年龄为 83 万～87 万年，陈铁梅等用电子自旋共振法测定与郧县人颅骨同层的 9 个哺乳动物牙釉质化石年龄的结果，其平均质为 58.1 ± 0.3 万年。

石龙头遗址位于湖北省大冶县章山乡的一个石灰岩洞穴内。石龙头遗址的洞穴堆积共分三层，石器和哺乳动物化石发现于中、下层，中、下层出土的石器和哺乳动物化石无时代的区别。与石器伴生的哺乳动物属于中国南方更新世常见的"大熊猫—剑齿象动物群"。制作石器的石核一般是用天然岩面作台面，少数为打制台面。打击石片主要用锤击法，有时也用砸击法。石器类型简单，只有砍砸器和刮削器两类，形制也不固定。砍砸器的数量多于刮削器。砍砸器多用砾石或石核制成，分单边和多边两种。石龙头的石器多以砾石作原料，器形比较粗大，以砍砸器的数量为多，属于华南地区的砾石文化传统（华南地区石器的主工业）。石龙头遗址的石器制作技术水平与北京周口店第一地点（北京人遗址）相近，文化时代相当[8]。

水阳江流域的 10 余个石器地点群位于长江下游南侧（安徽省的江南地区）水阳江两岸的海拔 30～100 米的岗地和冲积扇上。1988 年安徽省文物考古研究所对石器地点群中的宣州市陈山（向阳）地点进行了考古发掘，出土石制品 78 件。该地点的地层堆积（以 T4 西壁为例）共分 11 层，石制品出自第 2～10 层，其中第 7 层、10 层出土的石制品较多。根据堆积物的岩性、时代和石器性质，可将第 2～10 层分为上、下两组。上部 A 组的土色以黄色为主，网纹不发育，相当于"下蜀黄土"；下部 B 组土质坚硬，土质以网纹的红色土为主，是典型的"网纹红土"，两组之间有比较明显的沉积间断。78 件石制品，打片均用锤击法。台面大多为自然台面，少数为打击台面。石器的器形有刮削器、砍砸器、尖状砍砸器、镐 4 种，其中砍砸器在工具中所占比例最大。陈山地点的石器以大型石器的数量最多，石器材料为砾石，属华南地区的砾石文化传统。关于水阳江石器地点群的年代，曾做过多次测定。根据江苏省地矿局等单位对江苏宜兴市张渚镇的下蜀黄土（晚更新统）以及下伏的网纹黏土进行热释光测定，中国地质科学院地质力学研究所对庐山地区网纹红土和下伏的泥砾层的古地磁年代测定，长江下游第四纪沉积的综合年代序列是：下蜀黄土的年代为 15 万～31.8 万年，网纹红土的年代为 40 万～90 万年。陈山地点用电子自旋共振法测定的年代，位于网纹红土中部第 11 层的样品年代为距今 68 万年（1992 年测定发表的数据）。1995 年发表的陈山地点 10 个电子自旋共振法的测年数据，自上而下的地层年代为 12.6 万～81.7 万年。综合以上多种方法所得到的年代数据，陈山地点目前可以确定的年代范围，B 组的地质年代为早更新世晚期至中更新世中期，所出石器的文化时代为旧石器时代早期的中期阶段[9]。

人字洞位于安徽省繁昌县西南孙村镇西北 2 千米的癞痢山东南坡上。人字洞非洞穴而是裂隙。发现的脊椎动物化石共有 10 目、33 科、70 属、75 种，其中哺乳动物有 63 属、67 种。人字洞动物群的时代可能与巫山龙骨坡下部动物群的时代相当或稍早。其地质时代大约为早更新世早期，年代大约为距今 240 万～200 万年。

人字洞的文化遗存经过多次报道后，引起各方面的关注。中国旧石器时代考古杂志

《人类学学报》曾刊载了人字洞出土物的报告。出土物以石质标本为主，骨质标本数量很少。石质标本大多是小型的，占标本总数的83.8%。其中数量最多的是铁矿石，在石制品中占52.5%，占性质待定者90.5%。石制品的毛坯有石块、石核、石片和断片，以前两者占多数，占石制品总数的64.7%。石制品表面有轻度磨蚀痕迹的数量较多，个别有较重的磨蚀痕迹，有一部分无磨蚀痕迹[10]。

对于安徽繁昌人字洞（裂隙）发现的石器和骨器，中国一些著名的专攻旧石器的学者都纷纷公开发表意见，对人字洞发现的石、骨器提出异议。一些外国学者也否定人字洞发现的石器和骨器。有的学者认为，人字洞发现的似石、骨制品，均非人类打制而成。专门从事旧石器研究的专家认为，人字洞的石制品以铁矿石作为材料，过去很少有人用铁矿石做实验材料，因此对人工条件下铁矿石的破碎情况不了解，如果用现已熟悉的旧石器时代石制品的技术类型学知识来处理人字洞的铁矿石标本，可能会出现判断错误。人字洞出土的石制品有60%具有不同程度的磨蚀痕迹，说明石制品是经过流水搬运的，非原地埋藏，属第二次堆积。所谓石制品上的人工打制和修理痕迹，是否在流水搬运过程中形成，都应深入研究。有的研究者认为，人字洞不是洞穴而是裂隙，上部堆积已被破坏，剩下的一些上部堆积从上面洞裂隙塌下形成"洞"内堆积。所谓"洞"内堆积非原生堆积。因此对石制品的石料来源应当做细致的工作。如果周围的地区有铁矿石的分布，那么就应当考虑被流水冲入洞内的可能性。如果方圆几千米以内没有这种石料，才可考虑人为因素，但要了解和解释选用这种石料的原因。若从石器的生产工艺来分析，人字洞旧石器的判定仍然是传统的疤痕鉴定，即一件石块上发现2~3个以上的连续破碎疤痕，就认为是人类加工的。殊不知，自然力也会造成类似的现象[11]。裴文中认为："自然有时能制造出很完善的假石器，很难与史前时期的真正石器相区别，在出现这种现象时，有些可疑的证据是不应该相信的。"曾对骨器有专门研究、并对大型食肉动物啃咬和人工打击骨片的区别做过比较系统的实验研究的学者认为，人字洞出土骨片上人工打击的痕迹不清楚，不像人为所致，而有两处是被大型食肉动物咬过留下的痕迹，和人工打击的疤痕有明显的区别。人字洞出土物的研究报告对骨器的描述，既可以说成是人类打击的，也可以说是动物啃咬的结果。人字洞发现距今240万~200万年的石器和骨器，还涉及另一个问题，即安徽繁昌地区有无可能在早更新世早期出现人类，亦即该地区是否为人类发祥地。人类起源地只有一个还是多个，迄今尚无定论。即使人类起源是多元的，在中国也只能是一元的。根据近五十多年的资料来看，早期人类在长江流域的迁徙、扩散，是由长江中、上游向下游流动的。地处长江下游中、东部的安徽繁昌地区不可能是人类的发祥地，不可能有距今200多万年的早更新世早期的人类。

放牛山石器地点位于江苏南部句容市中部的低山岗地上，系太湖水系和秦淮河水系的分水岭。1999 年南京博物院等单位对放牛山石器地点进行考古发掘，发掘面积 3000 平方米，发掘厚度大于 7 米。地层划分为 10 层，第 2 层以下为下蜀黄土。出土石制品的文化层可分为两组，第 2 层为 A 组，第 6~9 层为 B 组。发掘出土石制品 16 件，加上采集品共 50 余件。石制品的种类有石核、石片、砍砸器、刮削器、石球、镐、薄刃斧等，器形较大，其文化面貌与邻近的皖南水阳江流域的文化面貌一致，属于中国南方的砾石文化传统。通过区域性地质和气候地层的对比，结合下蜀黄土的测年数据，可知放牛山地点的第 6~9 层出土的石器属于旧石器时代早期，绝对年代可能大于 30 万年[12]。

长江下游地区发现的晚期直立人化石有江苏南京发现的南京人和安徽和县发现的和县人。

南京人化石地点位于南京东郊汤山镇雷公山葫芦洞。发现直立人化石的葫芦洞小洞内的堆积由上而下分为 4 层，人类化石发现于第 3 层（棕红色黏土化石层），同层出土大量哺乳动物化石。发掘结果证明，小洞内未发现古人类生活的遗迹和遗物，说明洞内的所有化石是由洞外入洞内而形成的。小洞内出土的人类化石共 3 件：2 具颅骨和 1 枚牙齿。三件化石标本的基本特征与北京人具有相当的一致性，在某些形态特征方面又有一定的差异。按体质人类学特征分析，南京人在中国古人类演化序列中的位置，可排在北京人时期偏晚阶段，而早于安徽和县人。南京人化石地点出土的脊椎动物化石与北京人动物群相比较，南京人动物群的年代相当于周口店第一地点的中部地层，即第 5~9 层，其地质时代为中更新世中期。南京人化石地点出土人化石地层的年代分别用不平衡铀系法和电子自旋共振（ESR）法进行年代测定。铀系法测定 2 个钙板（钙板覆盖动物化石、人化石地层），其年龄分别为 32 万年与 36 万年。ESR 测年对象是 5 个与人化石同层的动物牙化石珐琅质，所测年龄值为 25 万~40 万年，平均为 35 万年，其中有 3 个样品同时用铀系法对比测年[13]。综合分析上述测年，南京人年代为距今 35 万年左右比较适宜，其年代早于和县人，相当于北京人遗址中部堆积的中层年代。

和县人化石出土于安徽省和县陶店镇汪家山北坡的龙潭洞。1978~1980 年，对洞中的堆积进行调查和发掘，发现了 1 个相当完整的头盖骨、1 块左下颌骨和 3 枚牙齿。1981 年又发现 5 枚人牙、额骨和额骨眶上部残片。和县人的体质形态及其特征大约与较晚的北京人相当。出土的哺乳动物化石有 40 多种。对其动物群的性质进行判断，和县人所处的地质时代为中更新世。陈铁梅等用不平衡铀系法测定和县人化石地点哺乳动物化石样品的年代，所得封闭样品的年代值集中在 16 万~20 万年的范畴内，但不排除年代值为 20 多万年的可能性[14]。周口店第一地点，即北京人地点，第 1~3 层铀系年龄为 22 万~27 万年。综合分析和县人的体质特征、动物群性质、铀系年代，将和县人的年代确定为距今 20 多万年较为适宜。

通过以上阐述可知，长江流域的旧石器时代早期的古人类和文化遗存，除了有争议的重庆巫山人和安徽繁昌人字洞的石器、骨器外，人类化石和文化遗存的分布规律是长江中游的时代早于长江下游。

三 黄河流域的旧石器时代早期文化遗存

黄河流域的旧石器时代早期的石器地点和古人类化石地点主要有陕西省蓝田县的蓝田人和陈家窝人，洛南盆地的旧石器时代早期文化遗存，洛河下游（渭河下游支流，大荔、蒲城地区）的旧石器时代早期的多处石器地点，豫西灵宝、陕县、三门峡、渑池等地的旧石器时代早期文化遗存，晋西南地区西侯度文化和匼河文化，汾河（黄河中游一级支流）流域的旧石器时代早期文化，鲁中南山地的沂源晚期直立人和沂水县南洼洞石器遗存。

秦岭北部发现的直立人化石有陕西蓝田县的蓝田人和陈家窝人。出土蓝田化石的地层为"红色土"（或"离石黄土"），蓝田人化石出土自该层的底部，地质时代为中更新世早期。公王岭出土蓝田人头骨化石的地层中共发现 42 种哺乳动物化石。公王岭动物群的性质比周口店第一地点（北京猿人遗址）原始。公王岭出土人化石的地层、古地磁断代的数据，一为距今约 100 万年，一为距今约 80 万 ~ 75 万年。中国科学院地球化学研究所和瑞士苏黎世高工地球物理研究所磁性测量数据为距今 115 万 ~ 110 万年，比上述古地磁测年数据早数十万年，近几年有些学者主张将公王岭的地质年代修改为早更新世晚期。公王岭蓝田人头骨特征是：头骨高度极小，眶上圆枕极为粗壮，脑量极小，头骨壁较厚；公王岭蓝田人的体质形态比北京人和爪哇人原始[15]。在蓝田的中更新世地层中，共发现石制品 200 多件。有大尖状器、刮削器、砍砸器和石球等，其中最具特色的是三棱大尖状器。

陈家窝人地点的地质时代属中更新世，用古地磁测定的年代数据，一是距今约 65 万年，一是距今约 50 万年。公王岭动物群具有强烈的南方色彩，陈家窝动物群则不同，缺少带有南方色彩的种类，反映出两者的时代不同。有古地磁测定的年代表明，公王岭地点早于陈家窝地点[16]。

西侯度遗址位于晋西南的山西芮城县西侯度村，西距黄河 3 千米。遗址处在黄河左岸高出河面 170 米的古老阶地上。文化遗物和动物化石集中分布在平均 1 米厚的交错砂层中，交错砂层的地质时代为早更新世。与文化遗物共存的哺乳动物化石共有 22 种。西侯度文化遗存有石器、骨制品和用火遗迹。石制品共 32 件，包括石核、石片和石器。剥制石片采用锤击、砸击和碰砧三种方法。石器主要用石片加工，有砍砸器、刮削器和三棱大尖状器等。三棱大尖状器是最富特色的器形。据古地磁测定，西侯度文化的年代为距今180 万年，是华北地区最早的文化遗存。动物化石中，有一个残破的鹿头骨，头骨上保存两段鹿角，其中一段鹿角上具有明显的人工切割或砍砸的痕迹，另一段上也有刮削的痕迹。动物化石中有被火烧过的大哺乳动物的肋骨、马牙、鹿角，与北京人遗址中的烧骨相似[17]。

匼河遗址位于山西省芮城县匼河村一带。匼河遗址群由 11 个地点组成，分布在中条山西南麓的黄河左岸，南北延伸 13.5 千米。匼河遗址的哺乳动物群中的肿骨大角鹿、扁角鹿、德氏水牛、三门马等是中更新世的典型属种，还有第三纪残留的三趾马和师氏剑齿象等。动物群的性质反映匼河文化遗存的时代为中更新世早期，晚于西侯度文化，稍早于北京猿人文化[18]。近几年匼河遗址的年代修改为早更新世晚期。匼河文化的石器以大石片制作的砍砸器、三棱大尖状器为其特色，石器多为大、中型，小型石器数量少。匼河文化是华北两大文化传统中的"大石片砍砸器—三棱大尖状器系统"（匼河—丁村系）的重要代表。

山东沂源土门乡一个石灰岩的裂隙中发现人类化石和哺乳动物化石。人类化石与北京猿人的体质特征相似，哺乳动物群也与北京猿人动物群相类同。据估计，沂源猿人的年代为距今 40 万年左右[19]。

综合分析黄河流域迄今发现的旧石器时代早期的古人类化石和文化遗存，可知黄河中游及其支流渭河流域的旧石器时代早期古人类化石和文化遗存早于黄河下游地区。

四 泥河湾盆地的旧石器时代早期文化

阳原盆地位于今河北省西北部，桑干河贯穿其中。早更新世时，它为古泥河湾湖所占据。古湖消失后，它在盆地中留下了最厚可达 600 余米的河湖相沉积物。20 世纪 70 年代至 90 年代，在泥河湾盆地发现了一批地质时代属早更新世的旧石器时代遗址，其中包括河北省阳原县小长梁、东谷坨、岑家湾、半山、马圈沟、山神庙嘴、霍家地、飞梁等。据近年的研究成果，上述遗址中以马圈沟的年代最早，岑家湾、半山、霍家地、小长梁、东谷坨的年代则晚于马圈沟。

马圈沟遗址有三个文化层（自上而下划分文化层）。第一文化层位于泥河湾堆积的褐色砂层标志层（TBS 层）之下 28 米，这个深度远远超过已发现的其他遗址。最近的古地磁测定，该层的年代约距今 155 万年。第二文化层的地层则低于第一文化层近 5 米，古地磁的年代约为距今 164 万年。第三文化层的堆积又低于第二文化层，古地磁的年代为距今 166 万年。岑家湾、半山、霍家地、小长梁、东谷坨的年代大约为距今 100 万年前后[20]。

总观泥河湾盆地众多早更新世时期的旧石器时代早期遗址，石器遗存的特征是：剥制石片使用锤击法和砸击法，以锤击法为主；大多利用小型石片制作各种工具，石器的类型主要有刮削器、尖状器、砍砸器、小石钻等，以各种形制的刮削器的数量最多；石器的器形普遍较小，具有小石器文化传统的风貌。马圈沟、小长梁等遗址的石器工业是华北小型石片石器工业类型之源或最早阶段之一的重要环节。

五　北京人及其文化

北京人（晚期直立人或称晚期猿人）遗址位于北京市西南 48 千米的房山周口店龙骨山，是一个很大的洞穴遗址。北京人遗址（周口店第一地点）迄今发现人类化石共有头盖骨 6 具、下颌骨 15 件、牙齿 157 枚、股骨 7 段、胫骨 1 段、肱骨 3 段等。出土 10 万余件石制器、一批骨器和用火遗迹。北京人遗址是世界上出土人类化石、石器和用火遗址最丰富的遗址。

该遗址的堆积物厚达 40 米以上，上部 34 米为含化石和文化遗存的堆积。根据堆积物和出土遗物的性质，可将第 1 层至第 13 层文化层分为上、中、下三个部分。上部（第 1 ~ 3 层）的地质时代为中更新世末期。中部（第 4 ~ 10 层）是文化遗物等堆积的主要部分，地质时代为中更新世中期。下部（第 11 ~ 13 层）发现的石器和动物化石都很少，属于北京人遗址的早期堆积，地质时代接近中更新世早期[21]。

北京人的洞穴堆积中共发现 94 种哺乳动物化石，其中有一部分是上新世残存的属种和更新世初期的动物，如三门马、梅氏犀、剑齿虎等；另一部分为中更新世才出现的动物，如肿骨鹿、中国鬣狗、洞熊、褐熊等；再一部分是现生种。北京人遗址上、中、下部堆积中的哺乳动物化石、人化石、石器有着时代和性质的区别。关于北京人的生存年代，曾用铀系（U—S）法、裂变径迹（FT）法、古地磁（PM）法等方法断代。综合分析各种方法所测年代，北京人早期文化的年代可能为距今 75 万 ~ 55 万年，中期文化约为距今 55 万 ~ 40 万年，晚期文化约为距今 40 万 ~ 30 万年[22]。

北京人遗址先后共发掘出 40 多个个体的人类化石材料。北京人的体质形态从早期到晚期是在发展变化的，即原始性质逐渐减少，不断向现代人演化。出自层位较低的第 8、9 层的 4 个头骨的平均脑量为 1075 毫升，而出自第 3 层的第 Ⅴ 号头骨脑量为 1140 毫升[23]。

北京人的文化遗存主要有石器、骨角器和用火遗迹。发现的石制品有 10 万余件，其中石器 17000 多件。打制石片使用三种方法：砸击法、锤击法、碰砧法。锤击法作用最为广泛；砸击法生产石片的数量也较多，约占石片总数的 23%，这是一种最具特征的打片方法。石器有刮削器、尖状器、砍砸器、雕刻器、锥等。刮削器是北京人使用最普遍的工具，其次是尖状器，再次是砍砸器，雕刻器和石锥的数量很少。制作精致的尖状器和雕刻器多出自中、晚期地层。北京人的石器，由下层至上层反映出逐步进步的趋势。

六　中国东北地区的旧石器时代早期文化

中国东北地区现已发现的旧石器时代早期遗址有两个，即辽宁营口金牛山和本溪庙后山。两个遗址的旧石器时代早期文化遗存的地质时代均为中更新世。两个遗址的文化遗存均与华北地区的旧石器时代文化有密切的关系。

金牛山文化的石器，打片使用砸击法和锤击法。器形以刮削器为主，兼有尖状器、雕刻器、砍砸器，石器全部都比较小。这些特征都与北京人文化相似，反映了两者在文化上的联系。金牛山 A 点洞穴第 6 层发现一批人类化石和用火遗迹，人类化石包括 1 具较完整的头盖骨。根据金牛山遗址下文化层出土的动物化石的性质和用电子自旋共振法所测定年代，将金牛山人的地质时代确定为中更新世晚期，绝对年代约为距今 20 万年[24]。

庙后山遗址是中国迄今发现的最东北部的旧石器时代早期遗址。庙后山遗址的第 4～6 层（自下而上分层）发现大量哺乳动物化石、人类化石和文化遗物。庙后山动物群中的三门马、梅氏犀、李氏野猪、中国鬣狗等，都是北京人动物群中的基本成员，其时代应和周口店动物群相当，属于中更新世中、晚期。根据铀系法对同层动物化石的测定，第 5 层的年代为距今 24 万年，第 6 层的年代为距今 14 万年左右。庙后山遗址的文化遗存有石器、骨器和用火遗迹。庙后山文化的石制品，石片的打制主要使用锤击法和碰砧法，偶尔使用砸击法。碰砧法在打片中具有较重要的地位，是庙后山文化石器工艺的一个特色。石器类型有刮削器、砍砸器和石球。庙后山文化与华北旧石器文化的两大传统（"周口庙第一地点—峙峪系"和"匼河—丁村系"）都有密切的关系，而相比之下，与"匼河—丁村系"的共同点则更多[25]。

中国东北地区的旧石器时代早期文化遗存，除在辽宁营口金牛山和本溪庙后山发现两处外，在其中部和北部地区的吉林和黑龙江两省尚未发现旧石器时代早期的人类化石和文化遗存，而只发现旧石器时代中、晚期文化，从而反映出东北地区旧石器时代文化分布的规律是地理位置愈向北，文化时代愈晚。

七　结语

中国境内的早期古人类是如何在中国境内迁徙和流动的？旧石器时代早期文化的分布规律是什么？这些都是古人类和旧石器考古学界需要深入研究的重要问题。根据上述对中国各地区旧石器时代早期古人类和遗址分布的分析，可对早期古人类和旧石器时代早期遗址分布规律做如下判断。

（一）长江流域、黄河流域、东北地区旧石器时代早期文化遗存分布规律

如果我们将重庆巫山龙骨坡和安徽繁昌人字洞两处发现的人类化石和文化遗存除外，中国境内有三个大的区域在早期古人类的迁徙和流动、旧石器时代早期文化的分布上的规律是清晰的。这三个地区是长江流域、黄河流域和东北地区。

长江流域的早期古人类和旧石器时代早期文化以汉水中游的湖北郧县曲远河口学堂梁

子发现的两具人类化石的时代最早，地质时代为中更新世早期或稍早。地理位置偏东的湖北省大冶县石龙头、长江下游东段的皖南水阳江两岸的几个石器地点、江苏省南京东郊的"南京人"和安徽省和县陶店镇龙潭洞的"和县人"，其地质时代均属中史新世中、晚期。上述分析表明，长江中、下游地区的古人类和旧石器文化，其时代是由西向东逐步递减的。

黄河流域现已发现的古人类化石和旧石器时代早期遗存以山西芮城县西侯度文化为最早，地质时代为早更新世；渭河流域的陕西省蓝田县公王岭的"蓝田人"和泄湖镇的"陈家窝人"，地质时代为中更新世早、中期；黄河下游的山东省沂源县的"沂源人"，地质时代为中更新世中期。这说明黄河流域古人类和旧石器时代早期文化显示出由中游向渭河流域和黄河下游发展的趋势。

东北地区的旧石器时代文化以辽宁省的时代最早，吉林和黑龙江地区的时代较晚，呈现出由南向北文化时代递减的状况。

（二）早期古人类在中国境内迁徙和流动中一些尚未解决的问题

中国的云贵高原是否为中国早期古人类的发祥地，这是一个尚未解决的问题。云南省禄丰地区虽然发现了属于古猿向人类演化的早期代表的腊玛古猿，但未在云贵地区发现属于古猿向人类演化的晚期代表的南方古猿。云南元谋虽然发现了距今约170万年的"元谋人"，但时代更早的早更新世早期的古人类化石还未发现。退一步讲，即使云贵高原是中国早期人类的发源地，那么这批早期古人类是如何由南向北迁徙的？武陵山—巫山—武当山—伏牛山的东部地区，这一古人类由南向北迁徙的通道，迄今尚未发现属于早更新世早、中期的古人类化石和旧石器时代早期文化遗存，这是古人类从南向北迁徙中尚未解决的问题。黄河中游的属于早更新世的西侯度文化，泥河湾盆地距今约160万年的早更新世文化遗存，是从何处进入的？这些都是值得研究的重要学术问题。

（原载《中国历史文物》2007年第3期）

---

[1] 胡承志：《云南元谋发现的猿人牙齿化石》，《地质学报》1973年第1期；周国兴：《元谋人牙齿化石的再研究》，《古脊椎动物与古人类》第17卷（1976年）第2期；程国良等：《"元谋人"的年代和松山早期事件的商榷》，《地质学报》1977年第1期；黄培华等：《元谋猿人遗址牙化石埋藏年代的初步研究》，《人类学学报》第17卷（1998年）第3期；刘东生等：《关于元谋人化石地质时代的讨论》，《人类学学报》第2卷（1983年）第1期。

[2] 李炎贤等：《贵州黔西观音洞旧石器时代文化的发现及其意义》，《古人类论文集》，第80~82页，科学出版社，1978年；李炎贤等：《观音洞——贵州黔西旧石器时代初期文化遗址》，文物出版社，1986年。

[3]　袁家荣：《略谈湖南旧石器文化的几个问题》，《中国考古学会第七次年会论文集》，第 1~12 页，文物出版社，1992 年；袁家荣：《湖南旧石器文化的区域类型及其地位》，《长江中游史前文化暨第二届亚洲文明学术讨论会文集》，第 6~19 页，岳麓书社，1996 年；湖南省文物考古研究所编：《湖南考古漫步》，第 10~11 页，湖南美术出版社，1999 年。

[4]　黄万坡主编：《龙骨坡史前文化志》第 1 卷，第 1~69 页，中华书局，1999 年。

[5]　王谦：《巫山龙骨坡人类门齿的归属问题》，《人类学学报》第 15 卷（1996 年）第 4 期。

[6]　吴新智：《巫山龙骨坡似人下颌属于猿类》，《人类学学报》第 19 卷（2000 年）第 1 期。

[7]　李天元、王正华等：《湖北郧县曲远河口人类颅骨的形态特征及其在人类演化中的位置》，《人类学学报》第 13 卷（1994 年）第 2 期；李天元：《"郧县人"头骨化石出土》，《中国文物报》1999 年 2 月 3 日。

[8]　李炎贤等：《湖北大冶石龙头旧石器时代遗址发掘报告》，《古脊椎动物与古人类》第 12 卷（1974 年）第 2 期。

[9]　房迎三等：《水阳江旧石器地点群埋藏学的初步研究》，《人类学学报》第 11 卷（1992 年）第 2 期；房迎三：《安徽省宣州市陈山旧石器地点 1988 年发掘报告》，《人类学学报》第 16 卷（1997 年）第 2 期。

[10]　金昌柱等：《安徽繁昌早更新世人字洞古人类活动遗址及其哺乳动物群》，《人类学学报》第 19 卷（2000 年）第 3 期；张森水等：《繁昌人字洞旧石器遗址 1998 年发现的石制品》，《人类学学报》第 19 卷（2000 年）第 3 期。

[11]　李炎贤：《中国最早旧石器时代文化的发展与研究》，《中国文物报》1999 年 1 月 27 日；陈淳：《繁昌人字洞旧石器真伪问题和建议》，《中国文物报》2000 年 2 月 26 日。

[12]　房迎三等：《江苏发现旧石器时代早期石器地点》，《中国文物报》2000 年 1 月 26 日。

[13]　南京市博物馆、北京大学考古系汤山考古发掘队：《南京人化石地点（1993~1994）》，文物出版社，1996 年。

[14]　黄万坡等：《安徽和县猿人化石及有关问题的初步研究》，《古脊椎动物与古人类》第 20 卷（1982 年）第 3 期；吴茂霖：《1981 年发现的安徽和县猿人化石》，《人类学学报》第 2 卷（1983 年）第 2 期；吴汝康等：《安徽和县猿人化石的初步研究》，《人类学学报》第 1 卷（1982 年）第 1 期。

[15]　吴汝康：《陕西蓝田发现的猿人头骨化石》，《古脊椎动物与古人类》第 10 卷（1966 年）第 1 期。

[16]　吴汝康：《陕西蓝田发现的猿人下颌骨化石》，《古脊椎动物与古人类》第 8 卷（1964 年）第 1 期。

[17]　贾兰坡等：《西侯度——山西更新世早期古人类文化遗址》，文物出版社，1978 年。

[18]　贾兰坡等：《匼河》，科学出版社，1962 年。

[19]　徐淑彬：《山东沂源县骑子山发现人类化石》，《人类学学报》第 5 卷（1986 年）第 4 期；吕遵谔等：《山东沂源猿人化石》，《人类学学报》第 8 卷（1989 年）第 4 期。

[20]　王幼平：《泥河湾旧石器文化与中国旧石器时代考古》，《中国文物报》2006 年 8 月 18 日；卫奇：《泥河湾盆地半山早更新世旧石器遗址初探》，《人类学学报》第 13 卷（1994 年）第 3 期；尤玉柱：《河北小长梁旧石器遗址的新材料及时代问题》，《史前研究》1983 年创刊号；谢飞等：《河北阳原岑家湾发现的旧石器》，《人类学学报》第 9 卷（1990 年）第 3 期。

[21]　张森水：《中国旧石器文化》，第 101~134 页，天津科学技术出版社，1987 年。

[22]　陈铁梅等：《铀子系法测定骨化石年龄的可靠性研究及华北地区主要旧石器地点的铀子系年代序列》，《人类学学报》第 3 卷（1984 年）第 3 期；黄慰文：《中国旧石器文化序列的地层基础》，《人类学学报》第 19 卷（2000 年）第 4 期。

［23］　吴新智等：《中国古人类综合研究》，《古人类论文集》，第 30～31 页，科学出版社，1978 年。

［24］　金牛山联合发掘队：《辽宁营口金牛山旧石器文化研究》，《古脊椎动物与古人类》第 16 卷（1978 年）第 2 期；陈铁梅等：《辽宁营口金牛山遗址牙釉质样品的电子自旋共振（ESR）测年研究》，《人类学学报》第 12 卷（1993 年）第 4 期。

［25］　辽宁省博物馆等：《庙后山——辽宁省本溪市旧石器文化遗址》，文物出版社，1986 年。

关于旧石器时代向新石器时代
过渡的几个问题

旧石器时代如何向新石器时代过渡？过渡阶段的文化内涵是什么？有几种过渡形式？是否世界上所有的地区和所有的文化传统都经过中石器时代，才由旧石器时代跨入新石器时代？本文拟就这些问题，谈一些粗浅的看法。

一 关于新石器时代的含义

1926 年，布基在其所著的《我们的先祖》一书中，把农耕、饲养家畜、制陶术和磨光石斧，作为新石器时代的四个特点[1]。此后，中外历史和考古界基本上沿袭了布基的这一观点，稍有不同的是把四个特点之一的"磨光石斧"扩大为磨光石器。近三十年来，西亚和欧洲一些地区的考古发掘证明，制陶业的有无，已不再是新石器时代开始的标志。在西亚的一些地区，陶器出现前两千年，新石器时代就已开始。这说明在有陶新石器文化之前，先有一个前陶或无陶新石器文化阶段。

迄今，世界上发现前陶新石器文化的国家和地区有：西亚的巴勒斯坦、叙利亚、土耳其、伊朗；埃及的北部沿海地区；欧洲的希腊、克里特岛、南斯拉夫、匈牙利和罗马尼亚等[2]。这些前陶新石器文化的共同特征是：（1）农牧业均已产生，人们已由食物采集发展到食物生产阶段，如伊拉克库狄斯坦耶莫遗址的前陶新石器阶段（公元前 7000 年）已种植小麦、大麦、扁豆、豌豆等农作物，饲养的家畜有山羊和犬[3]；（2）石器以打制为主，磨制石器很少；打制石器中多细石器，大型石器较少；少量的磨制石器以石容器（石碗、石盆）和生活用具（磨盘和磨棒）为主，磨制的农业工具很少。

近十几年，中国也发现了一些前陶新石器遗址，其中较典型的有山西怀仁鹅毛口[4]和台湾玉山遗址[5]。这些遗址的共同特点是，陶器皆未产生，石器除鹅毛口发现一件稍磨的石斧外，均为打制石器，在打制石器中有石斧、石锄、石镰等农业生产工具，可能表明其原始农业已经产生。

从国内外考古资料和民族学资料可以证实，在原始农业产生的最初时期，农业生产工具主要是沿袭了旧石器时代的打制石器，很少使用磨光石器作为农业工具。火耕农业（或称"刀耕农业"）阶段的农业工具，主要是打制的砍砸器、石斧等。磨光的石制农业工具是随着原始农业的发展而不断发展的，因此不能把磨制的农业工具的有无作为是否进入新石器时代的一个主要标志。磨光的石农具是新石器文化发展中的重要标志，但不是新石器时代开端的主要标志。

通过对西亚、欧洲和中国的新石器早期文化的综合研究，我们认为确定一个遗址是否已进入新石器时代，其主要标志是农牧业是否产生，人们是否已由食物采集进入到食物生产阶段。这一点已被越来越多的考古资料所证实。欧美的历史和考古界，把农牧业的产生称为"新石器革命"或"农业革命"，认为这是人类自用火以来历史上一次"最伟大的经济革命"[6]，因而将农牧业的产生作为新石器时代开始的主要标志。

二 关于"中石器文化"

"中石器时代"作为一个考古文化时代，是 19 世纪末叶才提出的。当时在欧洲的一些处在旧石器时代末和新石器时代初之间的遗址中，发现了用间接法打制的细石器遗存。20 世纪中叶，欧洲的考古学家把所谓"中石器文化"的地质时代定在末次冰期结束后的全新世初期，其绝对年代为公元前 12000 至公元前 5000 年[7]，其文化时代的上限为旧石器时代晚期，下限为新石器时代初期，即把磨制石器和陶器的出现作为其下限，其经济生活则以渔猎为主。

近三十年来，在欧洲、北非、西亚、东南亚和中国，陆续报道了一些中石器文化遗址。这些中石器遗址，其文化内涵各有不同，考古界对其认识也不一致。下面就已公布的材料，分别予以剖析。

（一）欧洲和北非

欧洲的中石器文化以马格尔莫斯文化为代表；西南欧和北非的中石器文化，有分布于法国和西班牙的阿齐利文化和塔登诺文化[8]。这些中石器文化，其石器均以细石器为主，器形主要为几何形——斜方形、新月形和不等边三角形等[9]。马格尔莫斯文化的居民除以渔猎生活为主外，还利用打制的燧石斧砍伐树木和使用鹿角锄之类的工具从事火耕农业。在一些早期海滨贝冢遗址，其居民在采集和捕捞的同时，还不同程度地饲养家畜和种植谷物。

（二）西亚和东北非

西亚和东北非的中石器文化，在叙利亚、巴勒斯坦、土耳其和埃及北部一带[10]，以纳吐夫文化为代表[11]，伊拉克北部的沙尼达 B2[12]、伊朗带洞的底层、土耳其的贝尔巴西文化等，也被定为中石器文化。

早期的纳吐夫文化的石器以细石器为主。细石器中又以半月形的占多数，三角形和梯形的数量较少。晚期纳吐夫文化的石器，有数量较多的燧石箭头。爱恩·马拉哈、法拉赫、穆勒贝特、阿布·哥什、耶利哥等遗址所见的纳吐夫文化，其石器中有许多石斧、石锛、石刀、石镰等农业生产工具，以及加工谷物的杵、臼、磨盘等生活用具[13]。在发现的石斧、石锛等农业工具中，有的刃部磨光，有的通体磨光。伊朗带洞[14]的中石器文化居民，已开始饲养绵羊、山羊等家畜。以上情况说明，西亚和东北非以纳吐夫文化为代表的中石器文化，其经济生活已由渔猎和采集向农牧业过渡。

（三）东南亚

东南亚地区被认为属于中石器文化的有和平文化和北山文化。和平文化的分布范围包括中南半岛的越南、老挝、柬埔寨、缅甸、泰国、马来西亚、印度的亚桑、印尼苏门答腊的西北岸，其典型遗址有泰国仙人洞和越南的和平、北山等。据报道，所谓和平文化可以上溯到距今 10000~8000 年；北山文化开始年代约相当于和平文化的二、三期[15]。

和平文化遗址主要有两大类：一类是滨河岩溶地区的岩棚，另一类为濒海的海岸遗址。和平文化的特点是，石器的器形较大，无间接打制的细石器；大型石器中已出现刃部磨光的石斧、石锛和石刀等农业生产工具，以及用于加工谷物和坚果的石磨盘和磨棒等生活用具[16]。在泰国仙人洞遗址第4至第2层中，发现有蚕豆、豌豆、胡椒、瓜类、菱等农作物[17]。北山文化中已出现刃部磨光的断面为方形的石斧、有肩石斧、扁平石斧等，饰细绳纹和篮纹的陶器，编织物和纺织物，并开始在山区种植水稻和饲养水牛。

仙人洞遗址的发掘资料表明，和平文化晚期已出现陶器。在陶器出现之前，磨制石器和农业已经出现[18]。

（四）中国

新中国成立前后，中国的考古工作者按照欧洲考古学界对中石器文化所下的定义，也在中国寻找"中石器文化"，但在一个很长的时期内，在中国并不见"中石器时代"遗存。

近二十多年来，中国考古界曾发表了一些所谓的"中石器文化"的材料。这些遗址有陕西大荔的沙苑文化[19]，河南许昌灵井[20]，黑龙江的海拉尔[21]、扎赉诺尔、顾乡屯，西藏的黑河（那曲县）、聂拉木县[22]、申扎县、双湖[23]，青海贵南县拉乙亥遗址群[24]，广西武鸣、桂林等地。下面就这些遗址的文化时代和性质进行概括的分析。

沙苑文化的遗存均采自地表，不少石器有明显的风沙磨耗痕迹，说明原来的文化堆积遭到风力破坏，已失去层位关系。石器有石片石器和细石器两种。石片石器中有属于新石器时代打制的有肩石斧之类的农业工具[25]；细石器中有华北新石器时代细石器中常见的锥状、柱状等种类的石核，以及类似新石器文化中的圆刮器、长刮器、尖状器和雕刻器等；发现的人骨化石也属于新石器时代的人骨。沙苑文化遗存与西亚巴勒斯坦的贝哈前陶新石器文化[26]和耶利哥的原始新石器文化[27]有许多共同特征，如都有一定数量器形近似的细石器和石片石器，大型的石片石器中都出现了农业工具；所不同的是贝哈和耶利哥的石器中有磨制的石碗、石盆等容器，而沙苑文化则缺少这类器物。

总观沙苑文化遗存的性质，可知该文化虽未出现磨制石器，但已出现新石器时代的打制的农业工具，大量的细石器也和华北新石器文化中的同类细石器相似；石片石器和细石器的性质，也和西亚的前陶新石器文化有一定的相似性；故应将其文化时代归属新石器时代初期，可称其为前陶新石器文化。至于沙苑文化石器遗存中有无旧石器晚期遗存，需作进一步研究。

灵井遗址所采集的石器有石片石器、砾石石器和细石器，其中以细石器的数量最多。与石器共存的动物化石有披毛犀、赤鹿、安氏鸵鸟等。这些动物都是华北更新世晚期常见的种类，其地质时代不会晚于更新世晚期。灵井遗址中的细石器，其锥状石核、楔状石核、雕刻器等，都与属于旧石器晚期的山西沁水下川遗址的上文化层的同类器相似[28]。根据灵井遗址的石器性质及共存的动物化石进行分析，其遗存的文化时代应属旧石器时代晚期的后一阶段。

海拉尔遗址的石器均采集于流动沙丘的地表，只一件采于表层中。据报道，产石器的流动沙丘是更新世的沙层被风刮起后而堆积成的。流动沙丘所形成的时间则早晚不一。海拉尔的石器有细石器和石片石器两种，以细石器为主。该遗址的细石器与中国北方地区新石器时代的细石器比较，则显示出一定的原始性，如海拉尔的石核以船底形、扁锥形和楔形等扁体石核为主，而新石器时代的各种细石器文化中常见的圆柱形和圆锥形石核则比较少见；细石器的加工也比较粗糙。石片石器均采用直接打击法剥片，只是在加工方面有时使用压制法。海拉尔的细石器和下川上文化层的细石器比较，两者的楔形石核、屋脊形雕刻器、长刮器、短刮器和圆刮器等，在器形上都比较相近，其时代也应相当。根据以上所分析的海拉尔的石器性质和石器遗存的地质时代来判断，该遗址的文化时代应属旧石器时代晚期的后一阶段。

黑龙江满洲里附近的扎赉诺尔和哈尔滨附近的顾乡屯所发现的细石器，过去曾根据这些细石器遗存与披毛犀、猛犸象等绝灭动物共存，将其定为中石器时代。后经调查，这些细石器遗存并不与上述的绝灭动物共存。扎赉诺尔的遗存中还发现磨制石器[29]，其细石器又与属于新石器时代的昂昂溪遗址相似，故这两个遗址的文化时代都应归属新石器时代。

青海省贵南县拉乙亥遗址，其文化遗存中已发现打制的凹腰石斧、砍砸器等火耕农业工具，以及磨盘、磨棒等谷物加工用具，这些都是农业可能产生的标志。该遗址的[14]C年代为距今 6745±85 年。这一年代还小于与其邻近的甘肃大地湾一期文化的年代。大地湾一期属于新石器时代早期后一阶段的"前仰韶文化",其年代为距今 7135±90 年[30]。这说明拉乙亥遗址的文化时代应归属新石器时代。

广西武鸣、桂林等地的洞穴遗址,曾一度认为属于中石器时代,后来在这些洞穴遗址的文化遗存中发现了磨制石器和陶器,其文化时代都应属于新石器时代。

在藏北高原所发现的一些含细石器的遗址,由于分布地域较广,地点较多,石器又均系地表采集,有的则为当地群众所提供,故对其遗存的文化时代,很难做出准确的判断。

总括以上分析,世界上的所谓"中石器文化"大致可以分为三大类:第一类,欧洲、北亚和西亚,其分布地域大多数在地中海的周围地区,少数在北欧。这一广大地域内的马格尔莫斯文化、阿齐利文化、塔登诺文化、纳吐夫文化,其石器遗存均以细石器为主,石器中已出现农业工具和谷物加工工具,兽骨中出现家畜骨骼,说明原始农牧业已经出现。如若以农业或畜牧业的产生作为新石器时代开始的标志,那么,上述的中石器文化中,有一部分应归属新石器时代,属于前陶新石器文化。第二类,东南亚的和平文化和北山文化。这些所谓"中石器文化",其石器以大型的打制石器为主,不见间接打击法制作的细石器,大型的石片石器已出现刃部稍磨的石斧、石锛、石刀等农业生产工具,以及磨盘、磨棒等加工谷物的用具,并出现农作物,说明农业已经产生。无疑,这些所谓"中石器文化"都应归属新石器时代,属于前陶新石器文化。第三类,中国的中石器文化。中国的所谓"中石器文化",主要分布在东北和青藏高原,石器遗存大都由地表采集,无确切的地层记录,其石器遗存中均有一定数量的细石器。根据细石器的性质判断其遗址的文化时代,一部分可归属旧石器时代晚期,一部分可归属新石器时代初期。

三 几点认识

1. 旧石器时代向新石器时代过渡,不论在文化传统上,还是在经济生活上都并非一种形式。

由于石器时代各地区的自然条件和人们的生活习俗不同,其经济生活和文化传统也就有所不同。民族学的材料证实,采集和渔猎这两种经济生活,在有些部族中常以其中的一种为主。如菲律宾棉兰老岛南部森林岩洞中的塔桑代人,在 20 世纪 60 年代末、70 年代初被发现时,仍然过着以采集为主的经济生活,不愿狩猎,也没有农业和制陶业;生产工具只有简单的挖掘棒、石刀、竹刀和绑以木柄的石斧;还使用钻木取火。中国的学者把华北的旧石器文化分为两大文化传统:大石片砍砸器—三棱大尖状器传统;船底形刮削器—雕刻器传统(简称"小石器传统")[31]。大石片砍砸器—三棱大尖状器传统,其代表性石器——三棱大尖状器,是一种采集工具,反映其生活以采集为主,渔猎辅之。这一传统向

17

新石器时代过渡时，大型的打制石器逐步被大型的磨制石器所代替，其经济生活则由采集逐渐向农业过渡。山西怀仁鹅毛口遗址为其过渡阶段的典型遗址。该遗址是华北大石片砍砸器—三棱大尖状器文化传统的延续，其石器成分中有大量的三棱大尖状器、大石片砍砸器，同时出现数量较多的打制石斧、石锄等农业工具[32]，表明其原始农业已经产生。

小石器文化传统的石器成分中，渔猎工具及与渔猎有关的用具占多数，如萨拉乌苏河、峙峪、虎头梁[33]等遗址，其小石器中都有尖状器、投射器、雕刻器、刮削器、石镞等。这些器形，有的直接与渔猎生产有关，如石镞、投射器等；有的则与割裂兽皮、切断筋肉有关，如部分刮削器等。小石器传统遗址中，与石器共存的哺乳动物化石，大部分属于草原或森林草原的组合。如峙峪遗址的动物化石中，至少有120匹野马、88头野驴，而萨拉乌苏遗址中则有150头普氏小羚羊，分别被称为"猎马人"和"猎羊人"[34]。小石器传统遗址的工具组合和动物种类，说明其经济生活是以渔猎为主的。这一传统发展到新石器时代，小石器进一步细化，间接打击法更加普遍。但在石器成分中，磨制石器的数量却很少。这一系统的文化，直至新石器时代初期，其经济生活仍以渔猎为主，农业经济极不发达。

以上分析说明，旧石器时代向新石器时代过渡，并非仅一种过渡形式。细石器作为过渡阶段的主要文化内涵，只能指"小石器传统"，而不能代表其他文化传统。旧石器时代向新石器时代过渡，在世界上不是所有的地区和所有的文化传统都经过"细石器"阶段。东南亚和中国的一部分地区，不论是在旧石器时代，还是在新石器时代，或是两者之间的过渡阶段，都未经过细石器阶段。

2. 传统的观点，往往把磨制石器和陶器的出现，作为中石器时代的结束。近三十年来，大量前陶新石器文化遗址的发现，证明陶器已不是新石器时代开始的标志，当然也就不能把陶器的出现作为"中石器时代"的终结。过去，由于把陶器的出现作为中石器时代的终结，因此，往往把一部分前陶新石器遗址作为中石器文化遗址。又由于新石器时代最初期的农业生产工具，往往沿袭旧石器时代的打制石器，而并非磨制石器，因此，过去也常将一部分"磨制石器虽未出现，但已出现农业，已跨入新石器时代"的遗址，作为"中石器遗址"。基于上述两个原因，在过去所确定的中石器遗址中，有相当大的一部分都应归属新石器时代，属于前陶新石器文化遗址。

3. 现有资料证明，中石器时代作为旧石器时代向新石器时代发展的过渡阶段，其时间是短暂的。过去认为"中石器时代"延续了六七千年之久[35]。现在看来，这一观点是不符合实际的。近十几年来，大量^{14}C年代数据表明，中国华南和东南亚地区，旧石器时代结束的年代大约距今12000年左右，而在这些地区新石器时代开始的年代，一般都达距今11000 ~ 10000年。西亚地区的前陶新石器文化的距今年代也大都超过1万年。上述地区，旧石器时代结束的年代和新石器时代开始的年代，其间隔是很短的，有的地区，两者几乎是衔接的。所谓"中石器时代"，在世界上的某些地区，在时间上是没有其位置的。

4. 中石器时代作为旧石器时代向新石器时代发展的过渡阶段，在世界上有的地区可能看到一些痕迹，但在有的地区却看不到这种明显的"过渡痕迹"。在欧洲和西亚的一些地区，在过渡阶段除"弓矢"外，石器的制作技术看不出任何革新，被称为"上旧石器"或"外旧石器"。如前所述，在现今世界上所公布的中石器材料中，有一部分实际上应归属新石器时代。总之，所谓"中石器文化"，只能作为某些特定地区的一种"石器文化"，而不能作为世界各个地区普遍存在的一种石器文化。

（原载《史前研究》1984 年第 3 期）

[1]　布基：《我们的先祖》，第 50 页，1926 年；转录自北京大学历史系等编：《世界古代史论丛》第一集，第 25 页，三联书店，1982 年。

[2]　北京大学历史系等编：《世界古代史论丛》第一集，第 25～126 页，三联书店，1982 年。

[3]　《剑桥古代史》第一卷，第一分册，第 121 页，剑桥大学出版社，1970 年。

[4]　贾兰坡等：《山西怀仁鹅毛口石器制造场遗址》，《考古学报》1973 年第 2 期。

[5]　陈仲玉：《玉山地区的考古学探索》，第 7～9 页，1969 年未刊稿。

[6]　柴尔德：《远古东方之新探索》，第 23 页，1954 年。

[7]　A・В・阿尔茨霍夫斯基：《考古学通论》，第 40～41 页，科学出版社，1956 年。

[8]　杭州大学历史系等：《世界上古史纲》上册，第 103～108 页，人民出版社，1979 年。

[9]　贾兰坡：《中国细石器的特征和它的传统、起源和分布》，《古脊椎动物与古人类》第 16 卷第 2 期。

[10]　同［3］，第 121 页。

[11]　桃东西・加罗得：《纳吐夫文化：近东中石器时代居民的生活与经济》，英国科学院抽印本，1957 年。

[12]　苏勒基：《北伊拉克沙尼达谷地的史前史》，《科学》第 139 卷，第 179～193 页，1963 年。

[13]　同［2］，第 34～35、43～44、53 页。

[14]　同［3］，第 294～295 页。

[15]　［法］埃德蒙・索兰等：《印度支那半岛的史前文化》，《考古学参考资料》第二辑，第 12 页，文物出版社，1979 年。

[16]　张光直：《中国南部的史前文化》，载《中央研究院历史语言研究所集刊》，第 42 本，第 1 分册，第 152～154 页，1970 年。

[17]　［美］切斯特・戈尔曼：《和平文化及其以后——更新世晚期与全新世初期东南亚人类的生存形式》，《考古学参考资料》第二辑，第 122 页，文物出版社，1979 年。

[18]　同［17］，第 112 页。

[19]　安志敏等：《陕西朝邑大荔沙苑地区的石器时代遗存》，《考古学报》1957 年第 3 期；西安半坡博物馆等：《陕西大荔沙苑地区考古调查报告》，《史前研究》1983 年创刊号。

[20]　周国兴：《河南许昌灵井的石器时代遗存》，《考古》1974 年第 2 期。

［21］　安志敏：《海拉尔的中石器遗址——兼论细石器的起源和传统》，《考古学报》1978 年第 3 期。

［22］　戴尔俭：《西藏聂拉木县发现的石器》，《考古》1972 年第 1 期。

［23］　安志敏等：《藏北中扎、双湖的旧石器和细石器》，《考古》1979 年第 6 期。

［24］　盖堵等：《黄河上游拉乙亥中石器时代遗址发掘报告》，《人类学学报》第 2 卷第 1 期。

［25］　西安半坡博物馆等：《陕西大荔沙苑地区考古调查报告》（图八，1），《史前研究》1983 年创刊号。

［26］　见《巴勒斯坦发掘季刊》1967 年 1～6 月号，第 12～13 页。

［27］　《剑桥古代史》第一卷，第一分册，第 499～500 页，剑桥大学出版社，1970 年。

［28］　王健等：《下川文化——山西下川遗址调查报告》，《考古学报》1978 年第 3 期。

［29］　裴文中：《中国石器时代》，第 39～44 页，中国青年出版社，1963 年。

［30］　甘肃省博物馆等：《一九八〇年秦安大地湾一期文化遗存发掘简报》，《考古与文物》1982 年第 2 期。

［31］　贾兰坡等：《山西峙峪旧石器时代遗址发掘报告》，《考古学报》1972 年第 1 期。

［32］　贾兰坡等：《山西怀仁鹅毛口石器制造场遗址》，《考古学报》1973 年第 2 期。

［33］　盖培、卫奇：《虎头梁旧石器时代晚期遗址的发现》，《古脊椎动物与古人类》第 15 卷第 4 期。

［34］　同［31］。

［35］　同［7］。

试论前陶新石器文化

传统的观点，将陶器的出现作为新石器时代开端的标志之一；但近三十年来，亚洲、欧洲和美洲大量前陶新石器文化的发现，说明制陶术的有无，已不再是新石器时代开端的一个标志。西亚和东南亚，在陶器出现前一两千年，新石器时代就已开始。大量资料证明，在有陶新石器文化之前，先有一个前陶或无陶新石器文化阶段。

一 现已发现的前陶新石器文化及其特征

前陶新石器文化，最早被加斯唐于 1935～1936 年发掘巴勒斯坦耶利哥遗址时发现。由于当时这类遗址发现的数量很少，没有引起历史和考古界的注意。到 20 世纪 60 年代，在西亚和东南欧，从伊朗高原到叙利亚和巴勒斯坦的地中海沿岸，从安纳托利亚（土耳其）到希腊半岛，大量无陶或前陶新石器遗址被发现和发掘，这种新石器早期文化才引起历史和考古界的重视。

目前世界上发现前陶新石器文化遗存比较多的地区，主要在西亚、东南亚、东南欧和中美洲。

（一）西亚和东南欧

西亚和东南欧地区，因地域邻近，其前陶新石器文化在文化面貌上有许多相似之处，因此放在同一小节中分析。

西亚是发现前陶新石器文化最早的地区。目前，西亚地区发现前陶新石器文化的国家有叙利亚、巴勒斯坦、约旦、伊拉克、伊朗、土耳其、塞浦路斯[1]。东南欧的前陶新石器文化发现得比较晚：1956 年，在希腊北部色萨利的亚吉萨第一次发现爱琴海地区的前陶新石器文化。东南欧现已发现前陶新石器文化的国家有希腊、南斯拉夫、匈牙利、罗马尼亚等[2]。

西亚地区的前陶新石器文化遗址中以巴勒斯坦的耶利哥、贝哈，叙利亚的拉马得，伊朗的阿里库什，伊拉克的萨威·克米、沙尼达、耶莫和土耳其的萨约吕等遗址发现的文化遗存最丰富（详见表一）。

表一　　　　　　　西亚和东南欧前陶新石器时代文化诸遗址的遗存及年代

		石器	农作物	家畜	距今年代
巴勒斯坦	贝哈	石斧、石镰、石碗、石盆、石杵、石臼	大麦、小麦	山羊	9000～8500
	耶利哥	石斧、石锛、石锄、石刀、石镰、石镞、石碗、石杵、石盘、磨石	大麦、小麦、燕麦、豌豆、扁豆、鹰嘴豆、巢菜		10000～9000
	蒙哈塔	石镰、石镞、标枪头、石碗、石磨、石杵、碾石		山羊、绵羊	
叙利亚	穆勒贝特	石锛、石镰、石镞、石碗、石杵、碾石、石刀、石盘			11000～10000
	拉马得	石斧、石镰、石镞、石碗、石杵、碾石、研磨器	大麦、小麦、扁豆		8200～7900
	布克拉斯	石镰、石镞、石杵、石碗、碾石			8240～7900
	阿尔库姆	石斧、石碗	小麦、大麦		
伊朗高原	阿西阿布	石镰、石碗、磨石			10000～7000
	甘尼·达勒	石镰		羊	10400～8750
	古兰			山羊	8410±200
	阿里库什	石镰、石碗、石杵、石臼、磨盘	小麦、二棱有稃大麦	山羊、绵羊	8700～7950
	带洞	石斧、石镰		绵羊、山羊、牛、猪	
伊拉克	萨威·克米、沙尼达	石镰、石杵、石臼、石磨、研磨器		绵羊	10850±300
	卡里木·沙希尔	石锄、石镰、石臼、磨石			
	耶莫	石斧、石镰、石镞、石刀、石碗	小麦、大麦、扁豆、豌豆	山羊、犬、猪	8700
安纳托利亚	哈奇拉尔	石斧、石镞、石碗	小麦、大麦、豆类		8700
	萨约吕		小麦、豌豆、扁豆	绵羊、山羊、猪、犬	9450～8450
	阿西克里·休子	石斧、石镰、石杵			9450
	苏伯德	石镰		犬	7950～7550
塞浦路斯	基罗基提亚	石镰、石碗、磨石		绵羊、山羊、猪	7750
希腊	亚吉萨、塞斯克罗、索弗里	石刀、石镰、石杵、磨盘	小麦、大麦、粟、扁豆	绵羊、山羊、猪、牛	9000
	诺萨斯	石斧			

耶利哥遗址位于巴勒斯坦约旦河谷的苏丹古丘。1952～1958 年，英国考古学家喀提林·肯尼恩对耶利哥遗址进行过七次发掘。该遗址的前陶新石器文化可分为早、中、晚三期。早期和中期的石器区别不大，其器形主要有斧、锛、镰、刮削器和雕刻器等。骨器主要有梭镖头。晚期的石器较早、中期有显著变化，其特点是制作精致，器形薄而窄；石器种类除早、中期已出现的器形外，新出现的种类有锄、锤、碗、碾石、磨石等。耶利哥的前陶新石器阶段已出现农耕，其农作物主要有小麦、大麦、燕麦、豌豆、扁豆、鹰嘴豆、巢菜等。耶利哥前陶新石器文化的一个最显著的特点是出现防御系统，有城堡、城墙和壕沟。城堡中心有阶梯 22 级，高达 9.15 米；城墙用石块围筑而成，高 6 米；城墙外有壕沟，沟宽 6 米，深 2.75 米。原始宗教方面，已出现神庙和神堂；神庙靠壁处设有神龛，放有供奉的石柱。另一种宗教性质的建筑物，系用黏土建造地基，面积大约 20 平方米，长方形，周围是石墙，有两块用来插图腾杆的石块。耶利哥还发现一些泥塑像，一男、一女、一小孩为一组，这是三位一体的神像。原始宗教的另一特点是"断头葬"。耶利哥曾发现十个埋葬在屋内的人头骨，这些头骨全部涂泥，眼珠镶以贝壳。这种断头葬在西亚具有一定的代表性：巴勒斯坦的贝哈、叙利亚的拉马得等前陶新石器遗址也发现同样的断头葬。这是一种祖先崇拜。这种习俗，对于已定居的氏族来说，意味着希望把农业季节活动代代相传。有的研究者认为，在西亚，"断头葬"和"全躯葬"同时并存，可能是有子孙后代者，断头保存，无后代者不断头。耶利哥的前陶新石器文化，其[14]C 测年为距今10000～9000 年[3]。

萨威·克米和沙尼达是位于伊拉克北部的两个邻近的前陶新石器遗址。沙尼达是个洞穴遗址，其文化层自上而下分为四层（即 A、B、C、D 四层），其中 B1 和 B2 层为前陶新石器文化层。萨威·克米在沙尼达东南 4 千米，文化堆积分为 A、B 两层，下部 B 层为前陶新石器文化层。两个遗址的前陶新石器文化遗存相似：石器有石刀、石镰、石杵、石臼、碾石等农业生产工具和生活用具。家畜主要有绵羊。萨威·克米的年代为距今11167±300 年，沙尼达的年代为距今 10885±300 年。

西亚具有典型意义的前陶新石器文化遗址是伊拉克北部的耶莫。该遗址由美国的布雷伍德于 1948 年春开始发掘，1950～1951 年、1951～1955 年又进行过两次发掘[4]。耶莫遗址是进入早期农耕畜牧氏族公社的代表，当时被视为世界上"第一个农村公社""文明的摇篮"。该遗址的文化堆积厚达 7 米，共分 16 层，下面的 11 层为无陶新石器文化，只有上面的 5 层才有陶器。石器分细石器和大型石器两种（图一）。细石器主要以燧石为原料；其器形有箭头、镰刀、石刀等；石镰和石刀是用细石器镶嵌在木柄上，以黏合剂粘牢。大型的磨制石器有石斧、石碗、石杵、石臼等。耶莫前陶新石器阶段种植的农作物有小麦、二棱有稃大麦、扁豆、豌豆、小薰豆等。家畜有山羊、犬、猪。

耶莫遗址还发现一些用泥土制的经晒干的或稍经烧干的女像，这是母神。泥土制品中

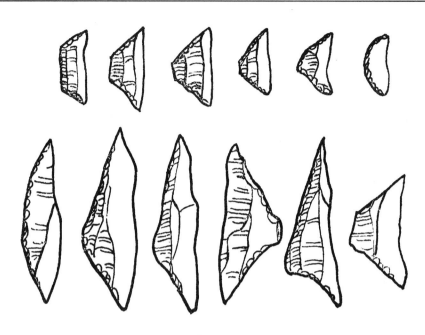

图一　耶莫和带洞的石器

（上排耶莫，下排带洞，采自《剑桥古代史》1970 年，119 页）

还有一些动物塑像。西亚的拉马得、阿尔库姆，约旦的安曼，希腊的亚吉萨、塞斯克罗和索弗里等前陶新石器遗址中，也都发现黏土制作的容器（碗、瓶）和塑像（图二）。这些黏土制品，大多数未经烧制，只有少数稍经烧干。西亚前陶新石器文化中的黏土制品，说明在陶器出现前，人们已用黏土制作器皿。这是陶器的先声。

总括以上分析，可知西亚和东南欧的前陶新石器文化，其共同特点是：（1）石器，不论是打制的，还是磨制的，都有一定数量的农业生产工具和谷物加工工具；（2）大多数遗址发现农作物遗存，其中以大麦、小麦和豆类为多，或发现家畜遗骸，其中以山羊、绵羊为多（见表一）。这说明，在西亚和东南欧的前陶新石器时代，农牧业已经产生。

（二）东南亚

东南亚地区属于前陶新石器文化的有和平文化和北山文化中的一部分早期文化遗存，但在过去，这部分前陶新石器文化却被一些研究者定为"中石器文化"[5]。

和平文化的石器，其器形都比较大，没有用间接打击法制作的细石器；大型石器中已出现刃部磨光的石斧、石锛和石刀等生产工具，以及用于加工谷物的石磨盘、石磨棒、石杵等生活用具[6]。泰国仙人洞遗址的第 4 层至第 2 层（属一期和平文化，距今 10000 ~ 6000 年）的文化层中发现有蚕豆、豌豆、胡椒、瓜类、菱等农作物[7]。

北山文化的石器中已出现刃部磨光的横剖面为方形的石斧、有肩石斧、扁平石斧；在山区已开始种植水稻，饲养水牛；并出现纺织物和编织物。

东南亚地区的和平文化和北山文化，其石器中均已出现刃部磨光的农业生产工具，人们已开始种植农作物和饲养家畜，这些都是该文化进入新石器时代的标志，但陶器尚未出现，应归属前陶新石器时代。

（三）中美洲

近二十年，在美洲也发现了许多前陶新石器文化，其中具典型意义的是中美墨西哥普韦布拉洲特瓦坎谷地和瓦哈卡谷地发现的一些前陶新石器遗址[8]。

特瓦坎谷地共发现四百余处古代遗址，其中经发掘的主要有十二处，

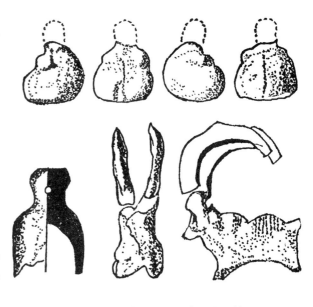

图二　贝哈前陶新石器时代的黏土制品

（采自辛格《西亚新石器时代文化》1974 年，31 页）

根据地层情况，可把特瓦坎谷地遗址分成九期。第一期至第四期为前陶新石器阶段，第五期为有陶新石器阶段。

第一期为阿雷阿列多期，其年代为距今 11950～8650 年。这一期人们的食物来源主要依靠狩猎，采集植物的比重不大。农业尚未产生，人们过着游动的生活，无特定的活动区域。石器均打制，部分石器经过压制修整；器形主要有砍砸器、边刃刮削器、雕刻器等。

第二期为埃尔·重戈期，其年代为距今 8650～6950 年。这一时期，人们除采集植物外，已开始栽培植物，如西葫芦、鳄梨等。石器有打制和磨制两种；打制石器以砍砸器为主，其次是刮削器和尖状器；磨制石器有石杵、石臼、磨石和磨棒。此外，有木制工具，纺织的篮子和网。

第三期为考克斯卡特兰期，其年代为距今 6950～5350 年。这一期人们的食物来源有 14% 依靠农作物。栽培作物的种类有玉米、苋菜、尖叶菜豆、南瓜、辣椒等。磨制石器的技术有了改进；新出现的器形有用于磨玉米的磨盘、磨棒以及石砧等。

第四期为阿贝哈期，其年代为距今 5350～4250 年。栽培植物较前期增多，种类主要有玉米、西葫芦、菜豆、苋菜、辣椒、鳄梨等。栽培作物占食物的 25%～30%。该期开始出现半地穴式的房屋，这是农业发展、人们的定居生活得到巩固的反映。

第五期为普隆期，其年代为距今 4250～3450 年。这一期的主要特点是出现了陶器。陶器的质地粗劣、厚重、火候低。有的研究者认为，中美洲的陶器可能是从南美输入的。

从特瓦坎遗址第一期至第五期的材料中可以看出，中美洲新石器文化的发展进程，有

两个特点：（1）农业和磨制石器同时产生，但在农业产生的初期阶段，农业生产工具还是打制石器，磨制石器大都用来制造生活用具，如石杵、石臼、磨盘、磨棒等。（2）和东半球相比，中美洲陶器出现的时代较晚，大约距今四千几百年左右，陶器才出现，这比亚洲陶器产生的年代要晚四五千年。

中美洲新石器文化的发展虽有其自身的特征，但在该地区"影响人类发展最本质的东西"，亦即"反映本质变化的文化特征"，和世界其他地区则是相同的，如在新石器时代同样经历了先陶新石器和有陶新石器两个阶段，陶器也是在农业和磨制石器出现后才产生的。

（四）中国

中国也和世界其他地区一样，其新石器时代也经过前陶新石器和有陶新石器两个阶段，只是在过去，由于对前陶新石器文化面貌缺乏认识，往往将其归入所谓"中石器文化。"

中国的前陶新石器遗址以华南地区发现的最多，其次是华北和东北地区。

华南地区属于前陶新石器时代的文化遗址有广东阳春独石仔[9]、封开县黄岩洞，广西柳州白莲洞和台湾玉山[10]等，其中独石仔、黄岩洞、白莲洞皆经正式发掘。这些前陶新石器遗址的共同特征是：（1）石器以大、中型的打制石器为主，但大多数遗址已出现刃部磨光的磨制石器；在石器中已出现一定数量的农业生产工具，如砍伐器石斧、石锛、石刀、穿孔砾石（重石）等；骨、角器中也已出现骨铲、角铲等农业生产工具，说明其原始农业已经产生。（2）与文化遗存共存的哺乳动物皆属现生种，表明这些文化遗存所属的地层已进入全新世。华南地区前陶新石器文化的这些特征，与东南亚地区的和平文化和北山文化有一定的相似之处。

中国北方地区比较典型的前陶新石器遗址有山西怀仁鹅毛口[11]和内蒙古哲里木盟扎鲁特旗南勿呼井[12]、科尔沁右翼中旗嘎查[13]等。这些前陶新石器遗址，根据其文化遗存的性质可分为两类：一类以鹅毛口遗址为代表，其石器以大型为主，无细石器共存；打击石片和修理石器皆以锤击法为主，未发现用压制法修理的器形。另一类以嘎查遗址为代表，文化遗存中的大型石器与细石器共存；石器的第二步加工以间接打击法为主，只有砾石石器和少量的石片石器使用锤击法修理。

中国北方地区的两类前陶新石器遗址和华南地区的前陶新石器文化比较，其主要区别是：华南地区的前陶新石器文化，石器的制作皆以锤击法为主，未发现压制法之类的间接打法；而中国北方地区的两类前陶新石器文化，石器的制作皆出现间接打击法，尤其是第二类文化遗址，已普遍使用压制法修理石器；在石器的形制方面，华南的前陶新石器文化，其石器以大、中型为主，未发现用间接打击法制作的"典型细石器"（或称"发达的细石器"），而中国北方的一部分前陶新石器遗址，其大型石器和典型的细石器共存。但华南的前陶新石器文化和华北的前陶新石器文化，在文化面貌上有一点则是共同的，即石器皆以打制为主，磨制石器的数量较少；在石器中皆已出现一定数量的农业生产工具和谷物加工工具，说明其原始农业皆已产生。

二　农牧业的产生是新石器时代开端的根本标志

世界各地，大量前陶石器文化遗址的发现，使石器时代考古研究进入了一个新阶段。

目前，世界上发现的前陶新石器文化，按其文化特征至少分为两个类型：（1）石器以打制为主，磨制石器的数量比较少；打制石器大都为生产工具，磨制石器除生产工具外，还有一部分生活用具，如石碗、石盆、石杵、石臼等；（2）石器绝大多数为打制，磨制石器罕见或不见；但在打制石器中已出现新石器时代早期的农业生产工具，如石斧、石铲、石镰等；中国台湾的玉山，陕西大荔沙苑文化，内蒙古科尔沁右翼中旗嘎查遗址，以及西亚一部分所谓中石器遗址，均可归属这一类型。这两种类型的前陶新石器文化，前一种类型的数量多于后一种类型；在时代上后一种类型可能早于前一种类型。

上述两种类型的前陶新石器文化在文化面貌上虽有是否出现一定数量的磨制石器的区别，但都有一个共同特征，即在石器遗存中均已出现农业生产工具，标志着两种类型的前陶新石器文化，其原始农业均已产生。

按照传统的观点，历史和考古学界，将磨制石器、制陶业、农业和畜牧业的出现，作为新石器时代开端的四个要素。大量前陶新石器文化的发现，说明陶器的有无已不再是新石器时代开始的一个标志。衡量一个石器时代文化遗址是否已进入新石器时代，其主要标志是农牧业是否产生，是否已由"食物采集"发展到"食物生产"阶段。农牧业的产生是新石器时代开端的根本标志，亦是区分旧石器时代和新石器时代的主要标志。

旧石器时代发展到新石器时代，其主要变化是生产方式和经济生活的不同。旧石器时代，人们以渔猎和采集为生，只能利用天然产物作为食物；新石器时代，产生了农牧业，从而使人类能够通过生产活动来增加食物。恩格斯指出："蒙昧时代是以采集现成的天然产物为主的时期，人类的制造品主要是用作这种采集的辅助工具。野蛮时代是学会经营畜牧业和农业的时期，是学会靠人类活动来增加天然产物生产的方法的时期。"（恩格斯：《家庭、私有制和国家的起源》，《马克思恩格斯选集》第4卷第23页）显而易见，恩格斯所指的蒙昧时代是指旧石器时代，野蛮时代即指新石器时代。在这里，恩格斯把生产方式和经济生活的变革，亦即由渔猎和采集经济发展到农牧业经济，作为划分旧石器时代和新石器时代的主要标志。

三　磨制石器和陶器产生原因之探讨

在人类历史发展的长河中，当生产方式和经济生活发生了变革，其生产工具也必然发生变化。换言之，生产工具的变革是由生产方式和经济生活的变化所引起的。新石器时代，农牧业的产生，这一生产方式和物资生活的巨大变革，必然引起人类生产工具和生活用具的变革；磨制石器和陶器的出现，就是农业产生后，人类在生产工具和生活用具方面所发生的相应变化。这就是说，磨制石器和陶器的出现，都是农业产生后的必然结果。

1. 磨制石器是为了适应农耕的需要而逐步发展起来的。

最原始的农业是一种"火耕农业"或称"刀耕农业"。这种原始农业的生产程序是，先将野外树木砍倒、晒干、烧光，以草木灰作肥料，然后用尖木棒挖穴播种。这种火耕农业，播种前不翻土，播种后不中耕；故在这一阶段，磨制的石铲、石耜、石锄等翻土和中耕工具均未出现。火耕农业的初期阶段，磨制的石斧、石锛、石镰等生产工具，虽在农业生产中已开始使用，但数量很少，不是生产工具的主体，这一阶段农业生产工具的主要部分，还是沿袭旧石器时代的打制石器。到"火耕农业"获得一定发展并逐步向锄耕农业过渡时，磨制石器（指农业工具）才逐渐发展起来。磨制石器的大量出现，要到锄耕农业阶段。中国新石器时代，凡是农业经济比较发达的新石器文化，其磨制石器都很发达[14]；反之，凡是农业经济不发达而渔猎和采集经济比较发达的新石器文化，其磨制石器都不发达，而大型的打制石器和细石器则比较发达，如中国东南沿海以"贝丘遗址"为特征的新石器早期文化和中国北方沙漠草原地区以细石器为特征的新石器文化，均属这种类型。

2. 陶器是为了适应炊煮谷物性食物的需要而逐步产生和发展起来的。

人类在漫长的旧石器时代，以渔猎和采集为主；猎获的兽类，捕捞的鱼类，放在火上烧熟就能为食；采集的果实不需加工，就能直接食用。故在旧石器时代，人类没有制作和使用陶器来炊煮食物的需要。新石器时代的最初阶段，亦即原始农业的最初阶段，人们虽开始种植谷物，但数量很少；其食物来源主要还是靠渔猎这些原始的方法。根据民族学资料，人类在发明陶器之前，炊煮食物的方法是多种多样的：如居住在巴西中部地区的克林—阿卡洛列印第安人，在近代仍过着原始生活，他们使用石器从事农牧业生产，不会制造和使用陶器，其炊煮食物的方法是用野香蕉叶把木薯糕和香蕉包起来，放在烧热的石块之间烙烤[15]；又如中国云南的独龙族和佤族，他们在使用金属工具以前，炊煮谷物性食物的方法是把谷物和水放在竹筒里，然后放进火里烧热；还有的少数民族炊煮食物的方法是用纺织得非常紧密的篮子或皮囊盛水和食物，然后不断向食物和水中放进烧得灼热的石头，直到把食物"煮熟"[16]。到原始农业获得一定的发展，谷物性食物大量增加时，人们迫切需要一种便于炊煮谷物性食物的器物，而陶器是在当时的客观条件下一种最理想的器物（在当时的生产力水平下，还不可能产生金属器皿），陶器就在这样的情况下产生了。原始农业的发展，谷物性食物的大量增加，这就是陶器产生的客观条件和必然性。中国新石器时代，凡是农业经济比较发达而人们的食物以谷物为主的新石器文化，如黄河流域和长江流域的各种新石器文化，其制陶业都比较发达；反之，凡是农业经济不发达而渔猎和采集经济比较发达的新石器文化，如中国东南沿海各种"贝丘类型"的新石器文化和中国北方沙漠草原地区以细石器为特征的各种新石器文化，其制陶业都不发达。渔猎和采集经济比较发达的新石器文化，其制陶业之所以不发达，这是因为从事渔猎和采集的部族，其食物不是以谷物为主，故对陶器的需求量较小。

四　结语

人类历史发展的早期阶段，由于世界各地区的自然条件和地理环境的不同，从而使其文化面貌和历史发展的速度也各不相同；但在一般情况下，各个地区的文化发展进程则是相同的，即石器时代都经过了旧石器时代和新石器时代两个阶段，新石器时代又经过前陶新石器和有陶新石器两个阶段，这是目前旧大陆和新大陆大量考古发掘资料所证明了的人类历史文化发展的共同进程。

旧石器时代发展到新石器时代，其根本性的变化是人类生产方式和经济生活的变革；这种生产方式和经济生活的变革，具有划时代的意义。目前，学术界把农牧业的产生称为"新石器革命"或"农业革命"，认为由农耕、畜牧而达到食物生产，是人类自掌握用火以来历史上一次"最伟大的经济革命"[17]。农牧业的产生是新石器时代开端的根本标志；磨制石器（指生活工具）[18]和陶器都是在农业出现后，为了适应生产和生活的需要而逐渐产生和发展起来的。

前陶新石器文化是石器时代考古研究中的一个重要课题，在我国对这一问题的研究还刚刚开始。我国和世界其他地区一样，也同样有大量的前陶新石器文化。本文对前陶新石器文化所发表的一些粗浅的看法，只是对这种文化的一些问题的初步探索，不当之处，请同志们批评、指正。

（原载《东南文化》1985 年第 1 期）

［1］　北京大学历史系等：《世界古代史论丛》第一集，第 25～126 页，三联书店，1982 年。

［2］　同［1］。

［3］　《剑桥古代史》第一卷，第一分册，第 12 页，剑桥大学出版社，1970 年。

［4］ 麦拉亚特：《公元前9～5千年代西亚的上古居民》，见《剑桥古代史》第一卷，第一分册，第294～295页，1970年。

［5］ 杰里米·戴维森：《越南近年来的考古活动》，《考古学参考资料》第二辑，第75页，文物出版社，1979年。

［6］ 张光直：《中国南部的史前文化》，载《中央研究院历史语言研究所集刊》第42本第1分册，第152～154页，1970年。

［7］ 切斯特·戈尔曼：《和平文化及其以后——更新世晚期与全新世初期东南亚人类的生存型式》，《考古学参考资料》第二辑，第122页，文物出版社，1979年。

［8］ 黄其煦：《美洲中部原始农业的起源》，《农业考古》1982年第5期。

［9］ 邱立诚等：《广州阳春独石仔新石器时代洞穴遗址发掘》，《考古》1982年第5期。

［10］ 陈仲玉：《玉山地区的考古学探索》，1969年未刊稿。

［11］ 贾兰坡等：《山西怀仁鹅毛口石器制造场遗址》，《考古学报》1982年第5期。

［12］ 吉林省考古研究室等：《统一的多民族国家的历史见证——吉林省文物考古工作三十年的主要收获》，《文物考古工作三十年》，文物出版社，1979年。

［13］ 吉林省文物工作队：《内蒙古科尔沁右翼中旗嘎查石器时代遗址的调查》，《考古》1983年第8期。

［14］ 例外的只有宁绍平原的河姆渡文化。该文化磨制石器之所以不发达，是因为骨制农具（骨耜）的发展，限制和影响了磨制石器的发展；到河姆渡文化晚期，随着骨耜的衰落，磨制石器就随之得到了发展。

［15］ 普特卡默：《一个部族的安魂曲——巴西的克林·阿卡洛列人》，载《当代原始部落漫游》，第236～239页，天津人民出版社，1982年。

［16］ 李松生：《原始社会讲义》，第47～48页，1982年。

［17］ 柴尔德：《远古东方之新探索》，第23页，1928年初版，1954年再版。

［18］ 石器的磨制技术产生于旧石器时代晚期，但在旧石器时代晚期，磨制石器只见于装饰品之类的非生产工具，在生产工具中均无磨光石器。

中国新石器时代早期诸文化
类型及其文化特征

如何划分旧石器时代与新石器时代？中国新石器时代早期文化可以划分为哪几种类型？这些类型的新石器时代早期文化有哪些文化特征？本文将对这些问题进行探讨。

一 旧石器时代与新石器时代的基本含义

经济生活和生产工具的性质是划分史前考古时代的基本要素，而经济生活和生产工具性质的变革也意味着考古时代的变更。

旧石器时代是人类历史的开端，在旧石器时代，人们以采集、狩猎为生，只能以天然产品作为食物，还不懂得食物的生产。这种经济生活被称为"攫取性经济"或"掠夺性经济"。人们所使用的生产工具和生活用具主要是打制石器，兼用骨、木器。旧石器时代是地史上第四纪的更新世，与人类伴生的动物，有许多在现今的地球上已无生存，被称为绝灭动物。旧石器时代的时限，中国考古界一般将其上限放在距今1.2万年前后。

新石器时代产生了农业和家畜饲养业，人们能从事食物的生产，亦即产生了"生产性经济"。人们为了炊煮谷物性食物和其他农业产品，发明了陶器。陶器的产生和发展与农业经济有着密切的关系，凡是农业经济发达的新石器时代文化，制陶业都比较发达；反之，凡是农业经济不发达，而采集和渔猎经济发达的新石器时代文化，制陶业都不发达。陶器是新石器时代文化的一个基本要素。

磨制石器也是新石器时代文化的一个基本要素。磨制石器是适应农业生产的需要而逐渐产生和发展起来的。磨制石器发达与否，和农业经济有着密切的关系，中国凡是农业经济发达的新石器时代文化，磨制石器都比较发达；反之，凡是农业经济不发达，而采集和狩猎经济比较发达的新石器时代文化，磨制石器就不发达，打制石器则比较发达。在此有一个问题需要说明，磨制石器虽然是新石器时代文化中的一个重要因素，但在新石器时代早期的"火耕农业"阶段，通体磨光的石器还未出现，即使有少量磨制石器，也只是在刃部磨光，而大量的只是用于"火耕农业"中将野外树木砍倒的打制的砍砸器（砍伐器）。例如湖南道县玉蟾岩洞穴遗址文化遗物中只有砍砸器而无磨制石器，原始农业和陶器已产生，表明已进入新石器时代。

新石器时代是地史上的全新世，除新石器时代前半期尚残存少量绝灭动物外，其他动物都是现生种。新石器时代的上限年代，中国考古界一般认为是距今1.2万~1万年。

旧石器时代和新石器时代之间有无作为过渡阶段的"中石器时代"，中国有无"中石器时代"，这是一个非常复杂的问题，中国考古界迄今尚无一致的看法。

二　中国新石器时代早期文化的四种类型

根据现已发表的考古资料，可将中国新石器时代早期文化（距今1.2万~0.9万年）粗分为四种类型：（1）有少量原始陶器而无磨制石器的类型；（2）有少量陶器和磨制石器（一般为刃部磨光）的类型；（3）有少量陶器和大量打制细石器而无磨制石器的类型；（4）有少量刃部磨制石器而无陶器的类型。

（一）有少量原始陶器而无磨制石器的类型

中国现已发现的属于有少量原始陶器而无磨制石器的遗址有湖南省道县玉蟾岩、广西桂林庙岩、河北省徐水县南庄头等。

玉蟾岩遗址位于湖南省道县寿雁镇白石寨村，遗址所在地为南岭的北麓。1993年和1995年，湖南省文物考古研究所对这一洞穴遗址进行过三次考古发掘。洞穴内文化层的厚度为1.2~1.8米，地层保存基本完好，文化性质比较单纯。出土的文化遗物有石器、陶器、骨器、角器、牙器、蚌器等，还有水稻遗存。石器全部打制，器形有砍砸器、刮削器、切割器、锄形器、石刀等，以砍砸器最多。石器制作粗糙，以中小型石器为主，缺乏细石器。石器的风格与广东阳春独石仔、封开黄岩洞等全新世早期洞穴遗址的石器相类似。骨器有骨铲和骨锥。堆积中发现的陶片数量很少，陶片为黑褐色，火候很低，质地疏松，胎厚近2厘米，夹炭和粗砂。陶片贴塑，可见交错层理。陶片内外表均饰绳纹。两次发掘，在文化堆积的层面中都发现水稻谷壳。1993年出土的稻谷为普通野生稻，但具有人类初期干预的痕迹。1993年发掘的三个层位，还发现稻属的硅质体。1995年出土的稻谷为栽培稻，但兼具野稻、籼稻和粳稻的特征，是一种由野稻向栽培稻演化的古栽培稻类型。出土的哺乳动物骨骼达20余种，数量最多的是鹿类，小型的食肉动物也很丰富，并有一定数量的禽类（占猎获动物的30%）。猎获动物的种类和数量，禽类的大量猎获，说明当时的狩猎技术和狩猎经济有了进一步的发展[1]。玉蟾岩T9第3B2层、3E层的兽骨经 ^{14}C测定，其年代分别为公元前8327年和公元前7911年（树轮校正值）。玉蟾岩遗址出土的石器全部为打制，没有磨制石器，但有原始陶器的出土，说明其文化时代应属新石器时代早期。

庙岩遗址位于广西桂林市东南约30千米的雁山区李家塘村东北的孤山南麓，是一处洞穴遗址。其洞穴堆积共分六层，第 2 层至第 5 层均有各种文化遗存，第 5 层发现 5 块制作原始的灰褐色陶片。发现的文化遗物有打制石器、骨器、蚌器、陶器及泥制品。石制品有石核、石片、砍砸器、刮削器、推刮器、穿孔器、盘状器、铲形器、球形器、石锤、石砧、砺石等。石器以砍砸器的数量最多，约占石器的 23%。骨器有锥形器、铲形器、尖形器、扁形器等。蚌器有穿孔的蚌刀。陶片只有 5 块，灰褐色，素面，部分表面有烟炱，陶质粗疏、吸水性强，胎内夹有细石英粒和炭粒，部分呈饼状。陶片经北京大学考古学系实验室测定，年代分别为距今 15560 ± 500 年（BA94137a）、15660 ± 260 年（BA94137b）[2]。庙岩遗址出土的石器中，只有打制石器，无磨光石器，但已出现陶器，其文化时代应归属新石器时代早期。

南庄头遗址位于河北省徐水县高林村乡南庄头村北，地处河北平原西部边缘的瀑河冲积扇上。遗址西距太行山 10 余千米，为太行山东麓前沿。一部分文化层之上覆盖着较厚的黑色和灰色的湖沼相沉积层，文化层距地表 1.8 米。几次发掘，共发现 4 条自然沟、2 座灰坑和 2 处用火遗迹。3 号沟的上部文化层及沟的本身都因取土遭到破坏，但在沟的下部及沟底发现丰富的动物骨骼、陶片、石器、骨器等文化遗物。三次发掘共发现近 60 片陶片，发现的陶片都很破碎。陶器烧成温度低，胎质极为疏松；陶片夹砂或石英，掺和蚌壳末或云母；陶色不纯，同一陶片上，既有黄褐色，又有灰色；断片上，中心为灰褐色或黑色，内外表面为黄色或褐色；多数有纹饰，以浅细绳纹为主。陶器类型单一，主要是罐，圆方唇，微折沿，颈部一般都有附加堆纹，平底，底部有烟熏痕迹，可能用作炊器。有的陶片有钻孔[3]。出土的文化遗物还有石器、骨器和角器。石器有 1 件石锤、5 件残石磨盘和 4 件磨棒。第一次发掘的一件磨棒和磨盘，经鉴定，磨棒的四个切削面系冰川动力切削而成；磨盘上、下两面的擦痕和曲面也都是冰川运动所致，其侧面的弯月形是流水滚动造成[4]。骨器发现 10 余件，器形有骨镞、骨锥等，多用动物肢骨制成，有的骨锥制作精美，最长的一件骨锥长达 24 厘米。从出土的动物骨骼观察，猪和狗可能为家畜。南庄头遗址测定了许多 [14]C 年代数据，其中 5 个数据是用木头和木炭测定的，T1 第 5、6 层的木头测定的数据为距今 9875 ± 160 年（BK86120），T1 第 6 层底部灰坑中的木炭测定的数据为距今 10510 ± 110 年（BK87075）。其余几个年代都为距今 1 万年左右[5]。

南庄头遗址出土的文化遗物中有少量原始陶器和骨器、石器等，但石器中的磨棒、磨盘经鉴定并非磨制而是冰川运动所致，这说明南庄头没有真正的磨制石器。猪和狗可能作为家畜饲养。南庄头遗址的 [14]C 测定的年代为距今 1 万年左右。这表明南庄头遗址是一处较为典型的无磨制石器的新石器时代早期遗址。

（二）有少量陶器和磨制石器的类型

迄今发现的有少量陶器和磨制石器的遗址有江西省万年县仙人洞和吊桶环、广西柳州鲤鱼嘴（第一期文化）、广东省英德市牛栏洞等遗址。这些遗址都在华南地区。

仙人洞位于江西省万年县县城东北15千米的大源小河山，是怀玉山东麓的一处石灰岩洞穴遗址。1962年和1964年，经过两次发掘。这两次发掘均未在地层关系上将旧石器时代晚期和新石器时代早期遗存区分开[6]。1993年和1995年的两次发掘，在地层上将旧石器时代晚期和新石器时代早期的地层区分开来，这两次发掘将遗址的堆积分为四层，第2层（西区为第2层和第3层）为上文化层，第3层和第4层为下文化层。上文化层和下文化层出土的文化遗物有明显的差别：上文化层有较多的人们食剩抛弃的螺蚌壳，而下文化层则少见或不见这类遗存。属于新石器时代早期的上文化层出土的文化遗物有陶器、打制石器、磨制石器、骨器、角器、蚌器等。陶器均为碎片，全部为夹砂红陶，质地粗疏，掺和大小不一的石英粒；火候很低，易碎；厚胎，器壁凹凸不平，厚薄不均；陶器纹饰以绳纹为主，有少量的刻划纹和圆窝纹，有些陶片的内外表均有绳纹，内外表绳纹不一致。有的陶片涂朱。口沿有直口，也有口沿外侈或内敛的。器底有平底和圜底。打制石器有砍砸器、刮削器和石核石器。磨制石器磨制得比较粗糙，器形有梭形器、穿孔石器和砺石。骨器均经不同程度的磨制，器形有针、锥、有倒刺的鱼镖。蚌器有人工穿孔，分单孔、双孔和多孔[7]。

吊桶环系高出盆地约30米的岩棚遗址，距仙人洞遗址仅800米。文化堆积可分为上、下两大层。上层出夹粗砂陶片、局部磨制的石器、骨器、穿孔蚌器和大量兽骨。下文化层出土的文化遗物与仙人洞下层一致。从吊桶环遗址所处的地理位置、地形及文化遗物和大量兽骨来观察，其文化内涵与仙人洞有着内在联系，它应是栖息于仙人洞的原始居民在这一带狩猎的临时性营地和屠宰场。

仙人洞和吊桶环两遗址的孢粉分析结果，上层禾本科植物陡然增加，花粉粒度较大，接近于水稻花粉的粒度。植硅石分析，上层有类似水稻的扇形体，从而为探索稻作农业的起源提供了重要资料。仙人洞和吊桶环两遗址的年代，^{14}C测定的数据为：上层大约距今1.4万~0.9万年，出土陶器的地层为距今1.2万~1万年；下文化层为距今2万~1.5万年。上文化层出土磨制石器和夹砂粗陶，文化时代属新石器时代早期；下文化层只出打制石器，无磨制石器和陶器，其文化时代应归属旧石器时代末期。

广西柳州大龙潭鲤鱼嘴贝丘遗址的文化堆积共有三层：第1层为扰乱层；第2层为上文化层，出土打制石器、石核、石片、磨制石器、骨器、蚌器、陶片等，属第二期文化；第3层为下文化层，出土较多的打制石器，大量的石核、石片，一件刃部磨光的石斧和少量的夹砂陶片、骨器以及大量的动物骨骼，属第一期文化。第3层上部发现人骨架[8]。下文化层（第一期文化）上部的人骨^{14}C测定的年代分别为距今10505±150年（PV-0401）、11785±150年（PV-0402）。下文化层出土的动物骨骼除犀牛外，大都是广西境内现存的种类。从鲤鱼嘴遗址下文化层的文化遗存和年代来看，其文化时代应为新石器时代早期。

广东省英德市牛栏洞遗址，洞内堆积最厚达 3.4 米，文化遗存可分为三期：第一期均为打制石器，加工简单，器类少；第二期已出现一些较成形的石器，少量加工较好，器类增加；第三期石器的数量大为增加，加工修理较好的石器增多，并且出现刃部磨制的石器和少量陶器。磨制石器仅 5 件，其中 1 件为石斧，余为刃部磨制的切割器。陶片数量很少，为夹砂黑陶和褐陶。黑陶厚胎，可能为釜一类器物。褐陶薄胎，火候极低。骨器有铲、针、锥[9]。牛栏洞第三期文化遗存中有少量磨制石器和陶器，应归属新石器时代早期。

（三）有少量陶器和大量打制细石器而无磨制石器的类型

有少量陶器和发达"细石器"的类型，目前仅在河北泥河湾盆地的于家沟发现一处。

于家沟遗址位于河北省阳原县泥河湾盆地，系虎头梁遗址群中的一个重要遗址，文化遗物埋藏在桑干河支流的第二级阶地堆积中，文化层厚达 7 米，包含更新统末至全新统中期的地层。其上部地层为 1.4 米厚的新石器时代中期地层，下部地层含大量细石器，距今 14000～8000 年。该层又可分为三层：第 1 层有磨光石器与零星的夹砂红褐陶，饰指甲纹。第 2 层出土少量陶片（最大一片为平底器底部）和各种装饰品。陶器为夹砂黄褐陶，质地粗疏。热释光测定的年代超过距今 1 万年。第 3 层也有各种装饰品，无陶器。下部堆积的三个地层均含细石器，楔形石核和细石叶含量大，常见的器形有端刮器、尖状器、雕刻器和锛状器等[10]。于家沟遗址含陶器的下文化层的第 1、2 层为新石器时代早期，第 3 层未发现陶器，可归属前陶新石器时代或旧石器时代末期。

类似于家沟下文化层含少量原始陶器及大量典型细石器的新石器时代早期遗址，在中国北方草原地区今后还会有所发现。中国北方草原地区在全新世早期，含少量原始陶器和典型细石器的新石器时代早期遗址应是很多的，目前发现很少的原因是缺乏可靠的地层关系和年代的测定。

（四）有少量刃部磨制石器而无陶器的类型

中国现已发现的只有少量局部磨制石器而无陶器的遗址主要有广东阳春县独石仔、封开县黄岩洞和广西柳州白莲洞（第二期文化）等。

独石仔遗址的文化层厚达 2.8 米，可分为上、中、下三个文化层。上文化层出土打制石器、磨制石器、穿孔石器、骨器、石化程度较浅的动物化石、大量的人们食剩的螺蚌壳。打制石器规整，加工精细。磨制石器只是刃部磨光。穿孔石器是凿打加磨穿孔，两面孔径大小相等。骨器为一件双翼的有铤骨镞。中文化层的文化堆积与上文化层基本一致，文化时代接近。下文化层未发现刃部磨光的石器，穿孔砾石有的只经凿打未经磨制。中、上文化层出土的动物骨骼皆为现生种[11]。上文化层测定的烧骨的两个[14]C 年代分别为距今 14260±130 年（BK83016）、15350±250 年（BK83017）[12]。独石仔遗址的中、上文化层出土少量刃部磨制石器、打制石器而无陶器，其文化时代应归属"前陶新石器时代"（或"无陶新石器时代"）。

黄岩洞遗址位于广东省封开县东北 60 千米的狮子岩孤峰山麓。洞穴内的堆积共有 4 处，其中 3 处堆积有文化遗物共存。另一处无文化遗物共存的堆积，出土大量属于"大熊猫—剑齿象"动物群的动物化石，地质时代属晚更新世。黄岩洞遗址几处堆积除一座新石器时代晚期墓葬外，均属同一文化时代的堆积[13]。遗址中出土的石器可分为三类：打制石器、刃部磨制石器、穿孔石器。打制石器有砍砸器、刮削器、石砧、石锤等，以砍砸器的数量最多。刃部磨光的石器较少，共发现 4 件，均为小型的切割器和一件刃部磨制的石斧[14]。穿孔石器两面凿穿，有的穿孔部位磨光。出土的动物骨骼皆为现生种。遗址内的螺壳经[14]C 测定，其年代分别为距今 11930±200 年（ZK-0676）、10950±300 年（ZK-0677）。石灰岩地区螺蚌壳[14]C 年代一般偏老 1000~2000 年，黄岩洞遗址的年代如扣除偏老部分，应为距今 1 万年左右。黄岩洞出土文化遗物的性质与独石仔相似，只有刃部磨制石器及打制石器而无陶器，其文化时代亦应归属"前陶新石器时代"。

白莲洞的文化遗存可分为三期。第一期文化包括遗址西部堆积的第 5 层和东部堆积的第 6 层，为含螺壳的棕色亚黏土堆积，其文化遗存有穿孔砾石和砾石工具，有用火遗迹。出土的动物化石属"大熊猫—剑齿象"动物群。文化时代为旧石器时代晚期。第二期文化包括东部堆积的第 3、4 层和西部堆积的第 2、3 层，其文化遗存中有刃部磨光的石斧、穿孔砾石、磨制的小砾石切割器、燧石小石器（包括石镞）。未发现陶器。与第二期文化遗存共存的哺乳动物骨骼皆为现生种[15]。属于第二期文化的东部上层螺壳的[14]C 年代距今 12980±150 年（BK81025），如扣除石灰岩地区水生动物外壳[14]C 年代偏老的部分，实际年代应为距今 11500 年。第二期文化有刃部磨光石器而无陶器，其文化时代应属"无陶新石器时代"。

三　新石器时代诸文化因素的地域区别

从以上所分析的中国新石器时代早期文化四个类型的文化特征可知，在新石器时代诸文化要素中，农牧业、磨制石器、陶器不一定同时出现才进入新石器时代。因地域和生态环境不同，这些文化因素的出现有前有后。四种不同类型的新石器时代早期文化，则与不同地域和生态环境有关。

地域和生态环境的不同导致新石器时代起始标志的不同。华南地区新石器时代伴随农业发生而到来，北方草原地区发达的渔猎经济也会迎来新石器时代。

华南地区距今 1.5 万~1 万年，在生产工具中仍沿袭旧石器时代的打制砾石石片石器，其中以砍砸器占多数，只见多种直接打击法，不见间接打击法。经济生活仍以采集、狩猎和捕捞为主。但出现了一些新的文化因素：刃部磨光石器的产生；穿孔砾石的使用（一部分穿孔砾石作为重石，属农业工具）；有些地区出现一定数量的具有细石器风貌的燧石、石英小石器；原始夹砂粗陶的出现，主要为圜底或尖底的罐类；文化层堆积中一般富含螺蚌壳（当时人们食剩的软体动物外壳）；一些地区出现了农业和家畜饲养业。

华南地区在石器工具方面仍有地域区别。在南岭附近地区，石器则是以洞穴遗址的大中型砾石石器为主要特征，例如湖南道县玉蟾岩、广西桂林庙岩和广东阳春独石仔、封开黄岩洞、英德牛栏洞等。这些洞穴遗址基本保持了砾石石器工业传统，石器小型化程度很不明显。

华北地区，尤其是北方草原地区，在新石器时代早期，石器以大量的典型细石器（包括石镞、矛头、锛形器等复合工具）为主要特征，有些遗址有局部磨光石器，并出现夹砂粗陶器。

综上所述，旧石器时代和新石器时代的主要区别是经济生活和生产工具的不同。旧石器时代是掠夺性经济（或称攫取性经济），生产工具使用打制石器；新石器时代是生产性经济（农业和家畜饲养业产生），石器则为磨制石器，有的新石器时代早期遗址只有打制石器而无磨制石器，以狩猎经济为主的北方草原地区，生产工具主要使用打制的细石器。陶器也是新石器时代文化中的一个重要因素，但有的新石器时代早期遗址则没有陶器，属"前陶新石器时代文化"或称"无陶新石器时代文化"。因地域和生态环境的不同，农业、家畜饲养业、制陶业和磨制石器工业，这些新石器时代文化的重要因素的出现则有先有后，这四种新时代文化要素，不一定同时出现才进入新石器时代。

（原载《二十一世纪的中国考古学——庆祝佟柱臣先生八十五华诞学术文集》，文物出版社，2006 年）

[1]　袁家荣：《玉蟾岩获水稻起源重要新物证》，《中国文物报》1996 年 3 月 3 日第 1 版。

[2]　谌世龙：《桂林庙岩洞穴遗址的发掘和研究》，《中石器文化及有关问题研讨会论文集》，第 150~166 页，广东人民出版社，1999 年。

[3]　保定地区文物管理所等：《河北徐水县南庄头遗址试掘简报》，《考古》1992 年第 11 期。

[4]　周延兴等：《河北徐水南庄头遗址出土石器（石块）鉴定报告》，《考古》1992 年第 11 期。

[5]　原思训等：《南庄头遗址¹⁴C 年代测定与文化层孢粉分析》，《环境考古研究》第 1 辑，第 136~139 页，科学出版社，1991 年。

[6]　江西省文物管理委员会：《江西万年大源仙人洞洞穴遗址试掘》，《考古学报》1963 年第 1 期。

［7］　刘诗中：《江西仙人洞和吊桶环发掘获重要进展》，《中国文物报》1996 年 1 月 28 日第 1 版。

［8］　柳州市博物馆等：《柳州市大龙潭鲤鱼嘴新石器时代贝丘遗址》，《考古》1983 年第 9 期。

［9］　张镇洪等：《英德牛栏洞史佬墩遗址发掘有重要收获》，《中国文物报》1998 年 9 月 20 日第 1 版。

［10］　泥河湾联合考古队：《泥河湾盆地考古发掘获重大成果》，《中国文物报》1998 年 11 月 15 日第 1 版。

［11］　邱立诚等：《广东阳春独石仔新石器时代洞穴遗址发掘》，《考古》1982 年第 5 期。

［12］　中国社会科学院考古研究所编：《中国考古学中碳十四年代数据集（1965～1991）》，第 204～205 页，文物出版社，1992 年。

［13］　宋方义等：《广东封开黄岩洞洞穴遗址》，《考古》1983 年第 1 期。

［14］　宋方义等：《广东封开黄岩洞遗址综述》，《纪念黄岩洞遗址发现三十周年论文集》，第 1～12 页，广东旅游出版社，1991 年。

［15］　周国兴：《白莲洞遗址的发现及其意义》，《史前研究》1984 年第 2 期。

新石器时代早期文化几个问题的探讨

一 农业的产生和磨制石器的使用

石器的磨制技术，开始于旧石器时代晚期。

加里曼丹沙捞越的尼阿洞穴遗址，发现距今约 12000 年的局部磨光的石器[1]。中国北京周口店山顶洞遗址曾发现一面经人工磨光的钻孔小砾石和一面或两面经人工磨光的穿孔石珠[2]。类似山顶洞遗址的钻孔石珠，在河北阳原县虎头梁遗址也有发现[3]。山西朔县峙峪遗址也发现一件用石墨作原料的、一面钻孔的磨制装饰品[4]。中国的旧石器时代晚期，虽未发现磨光的石制工具，但人工磨光的石制装饰品的出现，已开磨制石器的先河。

磨制石器虽在旧石器时代晚期开始出现，但旧石器时代晚期的磨制石器大都为装饰品，在农业生产工具方面还未使用。最原始的农业——火耕农业或称刀耕农业，其生产工具大都沿用旧石器时代的打制石器。磨制石器在生产工具上的广泛使用，要到原始农业的第二阶段——锄耕农业阶段。磨制石器是适应农耕的需要而发展起来的。没有农业的产生和发展，磨制石器就不可能得到发展。

第一，磨制石器的类型大都为农业生产工具和谷物加工工具。

新石器时代属于农业生产工具的磨制石器有石斧、石锛、石镢、石铲、石耜、石锄、石刀、石镰等。属于谷物加工的工具有石磨盘、石磨棒等。

第二，磨制石器是随着农业生产的发展而发展的。

新石器时代磨制石器的发展主要反映在两方面：磨制石器在石器中的比例逐步增加和磨制技术的逐步提高。

下面以磁山遗址[5]和后岗遗址[6]为例，列表说明磨制石器随着农业的发展而比例逐步增加的情况（表一）。

从表一可看出，从磁山第一期文化到后岗第二期文化，磨制石器由 57% 增长到 90%，而打制石器则从 34.2% 减少到 10%。

在石器的磨制技术方面，磁山一期文化和二期文化，磨制石器大都是部分磨光，通体磨光的很少；器形较大，无穿孔石器。后岗第一期文化，通体磨光石器数量增多，开始出现穿孔石器。到后岗第二期文化，磨制石器形制变小，磨制精致，棱角齐整。

表一   磁山和后岗遗址打制石器与磨制石器统计表

石器类型 文化分期	磨制石器	打制石器	打磨兼制石器
后岗二期	>90	<10	
后岗一期	80~90	10~20	
磁山二期	65.4	21.8	12.8
磁山一期	57	34.2	8.8

第三，凡是农业较发达的新石器文化，磨制石器都比较发达。

中国的新石器文化，凡是农业经济比较发达的文化类型，如黄河流域的磁山—裴李岗文化、老官台文化、仰韶文化、大汶口文化、龙山文化，长江流域的大溪文化、屈家岭文化、薛家岗文化[7]、北阴阳营文化、马家浜文化、良渚文化等，其磨制石器都比较发达。例外的是宁绍平原的河姆渡文化，该文化的早期阶段，原始农业已比较发达，但磨制石器比较落后。这是因为该文化的骨制农具——骨耜比较发达。骨制工具的发展，影响和限制了磨制石器的发展。到了该文化的晚期，随着骨制工具的衰落，磨制石器就随之得到了发展，逐步成为一种主要的农业生产工具。

第四，凡是渔猎、采集经济比较发达的新石器文化，打制石器和细石器都比较发达，而磨制石器则较落后。

中国，渔猎经济和采集经济比较发达的新石器时代早期文化，大致可以分为两个大的地区，即华南地区与北方及东北的沙漠草原地区。

中国华南地区的新石器时代早期文化遗址，主要可分为洞穴遗址和贝丘遗址两类。属于洞穴遗址的有江西万年仙人洞[8]、广东翁源青圹[9]、广西桂林甑皮岩[10]等；属于贝丘遗址的有广东潮安陈桥村、广东石尾山[11]、广西东兴[12]等。这两类遗址，其石制工具均以打制石器为主，磨制石器数量很少。打制石器的类型，洞穴遗址以渔猎工具为主；贝丘遗址则以采集软体动物的工具（习称"蠔蜗啄"）为主，渔猎工具次之。这两类新石器时代早期遗址的生产工具，反映其经济生活为：洞穴遗址以渔猎为主，贝丘遗址则以采集软体动物为主，渔猎辅之。

中国北方和东北的沙漠草原地区的新石器时代早期文化，其石制工具以细石器为主，磨制石器很少。细石器可分为"广义的细石器"和"狭义的细石器"两类。前者泛指器形细小的打制石器，后者专指用间接打击法制作的"细石器"。广义的细石器，在中国华北的"小石器传统"[13]中，开始于旧石器时代初期的北京猿人文化[14]，一直延续到旧石器时代晚期。

旧石器时代，在小石器传统的遗址中，与细石器共存的哺乳动物化石，主要反映了一种草原或森林草原的组合。这类组合的动物大都是人们的狩猎对象，如北京猿人文化遗址，人们的狩猎对象以鹿的数量最多；峙峪遗址，人们的狩猎对象以马和羊为主[15]。小石器传统的遗址，其石器成分以渔猎工具以及与渔猎有关的器形占多数，如萨拉乌苏河、峙峪、虎头梁[16]等遗址，其细石器中都有尖状器、投射器、小刮器、石镞等。其中的投射器、石镞等，均属渔猎工具；部分小刮器、小尖状器等，则用来割裂兽皮和切断动物的筋肉。旧石器时代，小石器传统遗址中的动物组合和石器种类，反映其经济生活以渔猎为主。

小石器传统，由旧石器时代的小石器发展为新石器时代的细石器时，石器的种类变化不大，而是器形更小，制作更精致。新石器时代的细石器，其用途和旧石器时代的小石器相同，有的为渔猎工具，有的则为与渔猎有关的用具。

中国北方和东北地区新石器时代的细石器遗址，情况比较复杂，细石器所包含的文化类型也较多。但这些细石器遗址都有一个共同规律：凡是时代较早的、细石器比例较大的遗址，其经济生活皆以渔猎为主；属于这种类型的有齐齐哈尔昂昂溪遗址[17]，嫩江地区的部分细石器遗址[18]，黑龙江密山县新开流遗址[19]等。凡是时代较晚的、有一定数量的磨制石器与细石器共存的遗址，其经济生活除渔猎外，农业经济也占一定的比重；属于这种类型的有东北地区的红山文化[20]和富河文化[21]。

以上分析说明，细石器大都属渔猎工具和与渔猎有关的用具，是渔猎经济的反映。有的研究者根据现代中国北方沙漠草原地区的游牧经济推测，认为中国北方新石器时代的细石器是反映畜牧经济的。这种看法是不妥的。一般来说，细石器是渔猎经济的反映。细石器与磨制石器共存的遗址，视两种石器在生产工具中所占比例大小而决定其经济性质：如细石器的比例大，经济生活则以渔猎为主；如磨制石器比例大，经济生活则以农业为主。我们认为，中国北方和东北地区的游牧经济，是在新石器时代末期才发展起来的。

二 农业与制陶业的关系

陶器是如何发明的？传统的看法认为陶器首先是作为容器而产生的，即最先人们把泥土涂在树枝编制的或木制的容器上以防火。后来人们发现，成型的黏土不用内部的容器，也同样可以达到防火的目的。进而人们发现成型的黏土容器在经火烧后，更加坚固耐用。这样，人们就开始用成型的黏土来烧制陶器。

上述关于陶器产生的传统看法，虽合乎一般的逻辑推理，但这种看法并未阐明陶器产生的客观历史条件，亦即陶器在新石器时代产生的必然性。在人类历史上，任何一种发明创造，只有在当时社会对这种发明有其客观需求时，这种发明才能得到广泛的推广和使用。否则，任何发明也只能束之高阁。

陶器是人类历史发展到一定阶段的必然产物。新石器时代初期，农业在世界各地普遍出现后，人们的食物性质随之发生了变化，即由食用兽类、鱼类和植物的块根及果实等，逐步改变为以食用农谷物为主。农谷物必须用陶器炊煮才能为食，这就是新石器时代陶器产生的必然性。

以上分析表明，陶器的产生，首先是作为炊器，而不是作为容器。人类在产生后的二三百万年的时间内之所以没有出现陶器，这是因为人类在漫长的旧石器时代，是以采集和狩猎为生；采集来的果实、块根可以直接食用，狩猎获来的野兽、捕捞来的鱼类和软体动物直接放在火上烧烤就能为食，这说明，在以渔猎和采集为生的旧石器时代，人们没有制作和使用陶器的客观需要。只有到了距今 1 万年左右的新石器时代，人类发明了农业，开始以农谷物为食，这时才有制作陶器来炊煮谷物性食物的需要。

新石器时代早期的陶器，大致可以分为三类：炊器、食器和盛储器。这三类陶器，都直接或间接地与以农谷物作食物有关。

中国新石器时代，凡是农业经济比较发达的新石器文化，其制陶业都比较发达；凡是农业不发达，而渔猎和采集经济比较发达的新石器文化，其制陶业都不发达。如上所述，中国黄河流域的老官台文化、仰韶文化、磁山—裴李岗文化、大汶口文化，长江流域的大溪文化、屈家岭文化、河姆渡文化、马家浜文化等，原始农业都比较发达，其制陶业也相应的比较发达。新石器时代早期，中国北方和东北地区的各种细石器文化和华南地区的各种洞穴文化遗址和贝丘文化遗址，渔猎和采集经济都比较发达，故其制陶业都比较原始落后。

农业经济比较发达的新石器文化，其制陶业之所以比较发达，这是因为以农业经济为主的部族，其食物以农谷物为主；炊煮农谷物，食用粮食性食物，储藏粮食等，都需用陶器，故对陶器的需求量较大。渔猎和采集经济比较发达的文化，其制陶业之所以不发达，这是因为这些部族的食物以兽类、鱼类、软体动物和果实为主，食用粮食较少，故对陶器的需求量较小。

三 家畜饲养业与农业的关系

家畜饲养业和农业一样，都是人们为获得较稳定的食物而创造发明的。农牧业的产生，在人类历史上具有划时代的意义。它促进了人类长期定居，促进了整个社会经济文化的发展。欧美的历史和考古界，把农牧业的产生称为人类历史上的一次革命，即"新石器革命"或"农业革命"[22]。

世界上什么动物最早被人类饲养？传统的观点认为，狗是世界上最早被人们饲养的动物。

但从目前国外考古资料来看，最早被人们饲养的不是狗，而是绵羊。在西亚扎格罗斯山侧的萨威·克米遗址，动物学者 D·帕金斯找到了人类最早饲养家羊的证据，[14]C 年代为公元前 8935±300 年[23]。而狗的饲养，最早年代是公元前 8400 年，发现于美国爱达荷州贾古拉尔洞穴遗址。家猪的饲养则更晚，证据确凿的家猪发现于西亚伊拉克的耶莫遗址，其年代为公元前 6750 年。

中国什么时候开始饲养家畜，最早饲养的家畜是什么？为研究这一问题，下面将中国最早被饲养的动物统计如下（表二）。

表二　　　　　　　　　　中国新石器时代早期饲养动物统计表

遗　址	饲养动物	文化时代及距今年代	资料来源
江西万年仙人洞洞穴遗址	羊、鸡	新石器时代早期之前期 8825±240	见注释[24]
广东翁源青圹洞穴遗址	羊	新石器时代早期之前期	见注释[9]
广东潮安石尾山贝丘遗址	牛	新石器时代早期之前期	见注释[11]
广东潮安陈桥村贝丘遗址	猪、牛	新石器时代早期之后期	见注释[11]
广西桂林甑皮岩洞穴遗址	猪、狗、牛、羊	新石器时代早期之后期	见注释[10]
河北武安磁山	猪、狗、鸡	磁山文化早期 7355±100	见注释[5]
河南新郑裴李岗	猪、狗	裴李岗文化 7895~7145	见注释[28]
陕西宝鸡北首岭	猪、狗（牛？）	老官台文化 7100±140	见注释[29]
浙江余姚河姆渡	猪、狗、水牛	河姆渡文化早期 6960~6725	见注释[30]
浙江桐乡罗家角	猪、狗、水牛	马家浜文化早期 7170~6890	见注释[31]

统计表将新石器时代早期遗址分为前、后两期。江西万年仙人洞第一期文化[24]，广东翁源青圹[25]、潮安石尾山[26]等遗址，属新石器时代早期之前期，其距今年代在 8000 年以上；河北武安磁山[27]，河南新郑裴李岗[28]，陕西宝鸡北首岭[29]，浙江余姚河姆渡[30]、桐乡罗家角[31]，广东潮安陈桥村[32]，广西桂林甑皮岩[33]等遗址，属新石器时代早期之后期，其距今年代为 8000~6000 年。

从统计表中可以看出，中国最早的饲养动物是羊、牛等家畜，这类家畜开始出现于新石器时代早期之前期，距今年代约 9000 年；狗、猪等动物开始家养的时代较晚，开始于新石器时代早期之后期，其距今年代约 7900 年。

中国最早的饲养动物和世界上其他地区的最早饲养动物相比，在开始饲养的年代上虽有早晚不同，但都有一个共同规律，即羊、牛等食草动物的饲养，要早于狗、猪等动物的饲养。其主要原因是，羊、牛等动物的饲料是野草，而不像猪、狗之类的动物需要农业提供一定的谷物性饲料。

由于羊、牛等食草动物的饲养不需要农谷物作饲料，不依赖于农业的发展，因此在一些地区，对这类动物的饲养可能与原始农业同时开始或稍早于农业的产生；如西亚地区就属这种情况。家猪的饲养，需要农谷物作为饲料，所以对这类动物的饲养，必须依赖于农业的发展。家猪的出现并不意味着家畜饲养业的开始，也不意味着原始农业的开始，而是说明家畜饲养业的相当发展，说明原始农业已发展到定居业（或称"村居农业"）。在中国的新石器时代早期，凡是已经出现家猪一类家畜的新石器文化，如磁山—裴李岗文化、老官台文化、河姆渡文化、马家浜文化早期等，其原始农业都已获得一定程度的发展，都已从火耕农业阶段发展到锄耕农业阶段。而未出现家猪之家畜的文化遗址，如江西万年仙人洞（下）遗址、广东潮安石尾山遗址、广东翁源青塘洞穴遗址，其原始农业尚处于萌芽阶段或见农业的痕迹。

在中国，狗和猪的饲养虽同时开始，而不同于西亚和美洲，狗的饲养要早于猪。但在狗和猪的饲养数量上，却有这样一个规律：新石器时代早期，狗的饲养量大于猪；新石器时代中晚期，猪的饲养量大于狗。例如，河北武安磁山遗址，狗的饲养量大于猪[34]。晚于磁山遗址的半坡遗址[35]和庙底沟遗址[36]，猪的饲养量则大于狗。到龙山文化时期，猪的饲养量则更大于狗。中国黄河流域，从新石器时代早期到新石器时代晚期，猪的饲养量逐渐增多，这是黄河流域农业生产逐步发展的结果。狗在驯养前是食肉动物，家狗之所以杂食，这是人类长期驯养的结果。狗和猪相比，猪所需要的农谷物饲料远远大于狗，在农业尚不发达的磁山文化早期，猪的饲养量较少。到仰韶文化和龙山文化时期，随着农业经济的发展，从而使猪的饲养量逐渐增多。

四 结语

人类社会由旧石器时代跨入新石器时代是个巨大的进步，表现这一巨大进步的主要因素是农业和畜牧业的产生。新石器时代，农业是人类经济生活的主体，与农业经济并存的还有渔猎和采集经济。农业、渔猎和采集，这三种经济成分随各地的自然条件不同，在经济生活中所占的比重也各不相同。人类社会进入新石器时代，凡是在适宜农业发展的地区，其农业经济都先后得到发展，如中国黄河流域和长江流域的诸新石器文化，其农业经济都比较发达。中国北方和东北的沙漠草原地区，因气候干寒，不利于农业的发展，故农业经济比较原始落后，而渔猎经济则比较发达。中国华南新石器时代早期的洞穴遗址和贝丘遗址，因地处山地和河、湖、海湾地区，农业的发展受到一定的影响，故农业经济得不到发展，而其渔猎和采集经济则比较发达。

磨光的石制工具是随着原始农业的发展而发展的。凡是农业经济比较发达的新石器文化，其磨制石器都比较发达。细石器和大型的打制石器多属渔猎工业和采集工具，是渔猎经济和采集经济的反映；凡是这两类石器都比较发达的新石器文化，其渔猎和采集经济均比较发达。

　　陶器是为了炊煮谷物性食物的需要而发展起来的，凡是农业经济比较发达的新石器文化，其制陶业都比较发达。

　　在磨制石器、制陶业、农业和畜牧业等新石器文化诸要素中，农业是其核心。只有农业的发展，才能促进磨制石器、制陶业和畜牧业的发展。

（原载《考古与文物》1984 年第 1 期）

[1]　［法］埃德蒙·索兰、让皮埃尔·卡伯内尔：《印度支那半岛的史前文化》，《考古学参考资料》第二辑，第 11～14 页，文物出版社，1979 年。

[2]　贾兰坡：《山顶洞人》，龙门联合书店，1951 年。

[3]　盖培、卫奇：《虎头梁旧石器时代晚期遗址的发现》，《古脊椎动物与古人类》第 15 卷（1977 年）第 4 期。

[4]　贾兰坡：《山西峙峪旧石器时代遗址发掘报告》，《考古学报》1972 年第 1 期。

[5]　河北省文物管理处等：《河北武安磁山遗址》，《考古学报》1981 年第 3 期。

[6]　中国科学院考古研究所安阳发掘队：《1971 年安阳后岗发掘简报》，《考古》1972 年第 3 期；中国科学院考古研究所安阳工作队：《1972 年春安阳后岗发掘简报》，《考古》1972 年第 5 期。

[7]　安徽省文物工作队：《潜山薛家岗新石器时代遗址》，《考古学报》1982 年第 3 期。

[8]　江西省博物馆：《江西万年大源仙人洞洞穴遗址第二次发掘报告》，《文物》1976 年第 12 期；江西省文物管理委员会：《江西万年大源仙人洞洞穴遗址试掘》，《考古学报》1963 年第 1 期。

[9]　广东省博物馆：《广东省翁源青塘新石器时代遗址》，《考古》1961 年第 11 期。

[10]　广西壮族自治区文物工作队等：《广西桂林甑皮岩洞穴遗址的试掘》，《考古》1976 年第 3 期。

[11]　广东省文物管理委员会：《广东潮安的贝丘遗址》，《考古》1961 年第 11 期。

[12]　广东省博物馆：《广东东兴新石器时代贝丘遗址》，《考古》1961 年第 12 期。东兴行政区现属广西壮族自治区。

[13]　贾兰坡将中国华北的旧石器时代文化分为两大传统：（1）大石片砍砸器—三棱大尖状器传统，或称匼河—丁村系；（2）船底形刮削器—雕刻器传统，或称周口店第一地点—峙峪系。本文的小石器传统即指后一传统。

[14]　裴文中：《中国石器时代》，第 18～19 页，中国青年出版社，1963 年。

[15]　贾兰坡：《山西峙峪旧石器时代遗址发掘报告》，《考古学报》1972 年第 1 期。

[16]　同［3］。

[17]　梁思永：《昂昂溪史前遗址》，《梁思永考古论文集》，第 58～59 页，科学出版社，1959 年；黑龙江省博物馆：《昂昂溪新石器时代遗址调查》，《考古》1974 年第 2 期。

[18]　丹化沙：《略论嫩江细石器文化》，《考古》1961 年第 10 期。

[19]　黑龙江省文物考古工作队：《密山县新开流遗址》，《考古学报》1979 年第 4 期。

[20]　佟柱臣：《试论中国北方和东北地区含有细石器的诸文化问题》，《考古学报》1979 年第 4 期。

［21］　中国科学院考古研究所内蒙古工作队：《内蒙古巴林左旗富河沟门遗址发掘简报》，《考古》1964 年第 1 期。

［22］　日知：《关于新石器革命》，见《世界古代史论丛》第一集，第 231～245 页，三联书店，1982 年。

［23］　孔令平：《西来动物家养的起源》，《考古》1980 年第 6 期。

［24］　江西省文物管理委员会：《江西万年大源仙人洞洞穴遗址试掘》，《考古学报》1963 年第 1 期；北京大学历史系等：《石灰岩地区碳—14 样品年代的可靠性与甑皮岩等遗址的年代问题》，《考古学报》1982 年第 2 期。

［25］　同［9］。

［26］　同［11］。

［27］　周本雄：《河北武安磁山遗址的动物骨骸》，《考古学报》1981 年第 3 期；河北省文物管理委员会等：《河北武安磁山遗址》，《考古学报》1981 年第 3 期。

［28］　中国社会科学院考古研究所河南一队：《1979 年裴李岗遗址发掘简报》，《考古》1982 年第 4 期。

［29］　中国社会科学院考古研究所宝鸡工作队：《1979 年宝鸡北道岭遗址发掘简报》，《考古》1979 年第 2 期。

［30］　浙江省文物管理委员会等：《河姆渡遗址第一次发掘报告》，《考古学报》1978 年第 1 期；浙江省博物馆自然组：《河姆渡遗址动植物遗存的鉴定研究》，《考古学报》1978 年第 1 期。

［31］　罗家角考古队：《桐乡罗家角遗址发掘报告》，《浙江省文物考古学刊》1981 年。

［32］　同［11］。

［33］　广西壮族自治区文物工作队等：《广西桂林甑皮岩洞穴遗址的试掘》，《考古》1976 年第 3 期。

［34］　同［27］。

［35］　中国科学院考古研究所等：《西安半坡——原始氏族公社聚落遗址》，文物出版社，1963 年。

［36］　中国科学院考古研究所编著：《庙底沟与三里桥》，第 63 页，科学出版社，1959 年。

中国新石器时代遗址的分布规律

一 考古发现所反映的中国石器时代遗址分布的地理特征

中国幅员辽阔，各个地区的地理形势，河流和山川的走向，南北方、沿海和内陆的气温、雨量，植被和动植物的分布等生态因素都各不相同。这些不同的地理和生态特征，都直接影响史前遗址的分布。

中国的地形特征是西高东低，由西向东可分为三级阶梯。黄河、长江等河流，均由西向东流入渤海和东海。在二级和三级阶梯的范围内，旧石器时代遗址的分布规律是，西部的时代早、东部的时代晚，南部的时代早、北部及东北地区的时代晚。东北地区的旧石器时代遗址也呈现出由南而北文化时代逐渐递减的趋势。二级阶地的东缘，即云贵高原和武陵山脉的东缘，是古人类由南向北迁徙和流动的通道，长江和黄河则是古人类由西向东迁徙的通道。早期古人类流动和迁徙的规律，大体和旧石器时代遗址的分布规律相一致。古人类的迁徙和旧石器时代遗址的分布规律，又直接影响到新石器时代遗址的分布。

在中国的版图内，由南而北，大致可分为狭义的华南地区（南岭至武夷山脉一线的以南地区）、长江流域、黄河流域、北方沙漠草原地区。华南地区多石灰岩洞穴，旧石器时代遗址和新石器时代早、中期遗址，大多分布在石灰岩洞穴内。长江流域的旧石器时代遗址的分布大体可分为三种类型：一种分布在河流的二、三级阶地上，一种分布在石灰岩洞穴内，一种分布在山麓或低山的山坡上。一部分洞穴遗址的上层叠压着新石器时代早期的文化堆积。黄河流域的旧石器时代遗址，一部分分布在河流的二、三级阶地上，一部分分布在石灰岩洞穴内，而石器制造场则多分布在山坡上。北方草原地区的旧石器时代遗址，一部分分布在古盆地的边缘，一部分分布在河流两岸二、三级阶地上；一部分旧石器时代晚期的堆积之上叠压着含细石器的新石器时代早、中期的文化堆积。

青藏高原平均海拔4000米以上，被称为世界屋脊，是中国地理学上的一级阶梯。高寒缺氧，不适宜人类生存。在生产力非常低下的旧石器时代早、中期，人类无法在该地区生存。旧石器时代晚期，人类开始在青藏高原生活。晚更新世，随着喜马拉雅山脉的升高和青藏高原隆起速度的加快，进入青藏高原的印度洋暖流逐年减少，该地区的气候变得干寒，使人类的生产和生活逐渐艰难，迫使人类迁出该地区。青藏高原东部地区也未发现新石器时代早、中期遗址，所发现的新石器时代遗址均属新石器时代晚期。

青藏高原以北的地域总体上属于二级阶梯，其中也有许多地势较低的盆地。在这些地区迄今未发现确切可靠的旧石器时代遗址。过去报道过的细石器地点和大型打制石器的地点，其文化时代难以确定。甘肃河西走廊及内蒙古西部地区的新石器时代遗址也呈现出由西向东文化时代逐渐递减的趋势，亦即该地区的新石器时代文化，东部的时代早，西部的时代晚；而河西走廊西部的新石器文化又晚于渭河流域的新石器文化。

二 华南地区

武夷山至南岭一线以南地区的新石器时代早、中期遗址，大体可分为两种类型，即洞穴遗址和贝丘遗址。新石器时代晚期遗址以贝丘遗址为主，洞穴遗址很少，出现较多的台地、沙丘、山岗遗址。

华南地区新石器时代早期遗址，属于洞穴遗址的有广东英德县牛栏洞，广西桂林市庙岩；属于贝丘遗址的有广西柳州市大龙潭鲤鱼嘴（第一期文化）。牛栏洞遗址，洞内文化遗存的堆积最厚达 3.4 米。文化遗存可分为三期，第三期的石器大量增加，加工修理较好的石器较多，并且出现刃部磨制的石器和少量陶器。磨制石器仅 5 件，其中 1 件为石斧，余为磨制刃部的切割器。陶片数量很少，为夹砂黑陶和褐陶。黑陶厚胎，属釜一类器皿。褐陶薄胎，火候极低。骨器有铲、针、锥[1]。庙岩遗址的洞穴堆积共分六层，第 2 层至第 5 层均有各种文化遗存，第 5 层发现 5 块制作原始的灰褐色陶片。庙岩遗址的文化遗物有打制石器、骨器、蚌器、陶器及泥制品。石制品有石核、石片、砍砸器、刮削器、盘状器、铲形器、球形器等，以砍砸器的数量最多。骨器有铲、锥等。蚌器有蚌刀。陶片为灰褐色，素面，部分陶片表面有烟炱（可能属于炊器），质地粗疏，吸水性强，夹石英颗粒和炭粒。庙岩遗址第 5 层陶片，经北京大学考古系实验室测定，年代分别为距今 15560 ± 500 年（BA94137a）、15660 ±260 年（BA94137b）[2]。柳州大龙潭鲤鱼嘴贝丘遗址的文化堆积共有三层：第 1 层为扰乱层；第 2 层为上文化层，出土打制石器、磨制石器、骨器、蚌器和陶器等，属第二期文化；第 3 层为下文化层，属第一期文化，文化遗物有较多的打制石器、一件刃部磨光的石斧和少量夹砂陶片。下文化层（第 3 层）上部发现人骨架，用人骨作标本的 ^{14}C 年代分别为距今 10505 ± 150 年（PA – 0401）、11785 ± 150 年（PA – 0402）[3]。上述三个遗址，其文化遗存均有陶器、磨制石器（个别遗址的文化遗物中只有陶器和打制石器，而无磨制石器），其文化时代应属新石器时代早期。

华南地区属于新石器时代中期的文化主要有广西桂林甑皮岩[4]、柳州大龙潭鲤鱼嘴第二期文化（上文化层）、扶绥江西岸第 3 和 4 层[5]，台湾台北县大坌坑下层文化[6]，广东潮安陈桥村下层文化[7]等。华南地区新石器时代中期文化，除早期已有的洞穴遗址和贝丘遗址以外，开始出现一定数量的台地遗址。这一时期的台地遗址大部分位于河口和海岸的低台上，背临低山茂林，附近有水源，对采集、渔猎和农耕都比较有利。华南地区属热带和亚热带气候，气温高，雨量充沛，植物终年生长，可供采集的软体动物（螺、蚌、贝类）资源丰富，这种生态环境有利于采集经济的发展，从而抑制了农业经济的发展，新石器时代早、中期采集经济较为发达，农业经济相对滞后。

中国的东南沿海地区到新石器时代晚期，常见的遗址类型有贝丘、台地、沙丘、山岗（或称山坡）等多种类型。洞穴遗址到新石器时代晚期数量很少。遗址类型的这种变化是经济生活改变的反映。新石器时代晚期，随着农业经济的发展，尤其是以禾本科（水稻）农作物为主的农业的发展，人们逐渐离开洞穴，到山岗、台地、沙丘等地方居住，从事以农业为主的生产活动。

三 长江流域

长江是我国最长的河流，它发源于青海省境内的巴颜喀拉山南麓。湖北省宜昌南津关以西为长江上游，南津关至江西鄱阳湖的湖口为长江中游，鄱阳湖湖口以东至上海的吴淞口为长江下游。长江上游在一、二级阶梯地域内，中、下游在三级阶梯的地域内。长江中、下游有几条较重要的一级支流和湖泊。汉水是长江最长的支流，发源于秦岭南麓，在武汉注入长江。洞庭湖和鄱阳湖都直接与长江相连接。湘江、资水、沅江和澧水注入洞庭湖，再由洞庭湖入长江。赣江等水系注入鄱阳湖，鄱阳湖再入长江。川西高地以东、大巴山以南、巫山以西，为四川盆地。武陵山和鄂西山地以东、幕阜山和大别山以西，则为两湖平原。武汉以东的长江两岸则为长江中下游平原。镇江以东则为长江三角洲，系长江上中游的入海泥沙堆积而成的沉积平原。上述与长江相关联的山脉、水系、平原等地理因素，都是与史前遗址的分布、遗址形成的时代，亦即不同时代遗址的分布规律密切相关。

长江上游地区迄今尚未发现新石器时代早期遗址。长江中游地区现已发现并经考古发掘的新石器时代早期遗址共有三处：一处是属于湘江上游（潇水）水系的湖南道县玉蟾岩（俗称"蛤蟆洞"），这处遗址只有打制石器而无磨制石器，但已有原始粗厚的夹砂陶器，并出土一种由野生稻向栽培稻过渡的古栽培稻类型的稻谷，遗址的年代为距今1万年左右[8]。另一处是江西万年县的仙人洞，这是一处地处怀玉山东麓的石灰岩洞穴遗址，其下层为旧石器时代末期，上层为新石器时代早期；上层出土夹砂陶片和磨制石器，以及有对称倒刺的骨鱼镖、针、锥、镞等；下层无陶器和磨制石器。上层的年代为距今1.4万~0.9万年，出土陶器的地层为距今1.2万~1万年；下层的年代为距今2万~1.5万年。再一处为吊桶环，这是一处高出盆地约30米的岩棚遗址，距仙人洞遗址约800米，其文化遗存和文化分期大体与仙人洞遗址相同[9]。

长江上、中游地区属于新石器时代中期前段的文化，主要有彭头山文化、皂市下层文化和城背溪文化。彭头山文化分布在武陵山至洞庭湖平原的过渡地区，遗址均分布在岗地和低丘上。皂市下层文化分布于澧水中下游和沅江下游沿岸的一级或二级阶地上，遗址濒临河道或接近水源。城背溪文化，一部分分布于长江三峡的东段，一部分分布于鄂西山地与江汉平原的交汇处。城背溪文化遗址，大部分位于长江两岸的一级台地上，一部分位于临近长江的低山岗上。

长江流域的平原地区，新石器文化的分布大体是：四川盆地的新石器文化大都为新石器时代晚期，宝墩文化是其新石器文化的主体；长江中游的两湖平原主要有三支先后相承袭文化，即大溪文化、屈家岭文化、石家河文化，大溪文化主要分布于长江三峡的东段、鄂西山地和武陵山脉以东地区，屈家岭文化和石家河文化则遍布整个两湖平原；分布于鄱阳湖平原的新石器文化主要有属新石器时代晚期的山背文化和筑卫城下层文化。长江三角洲平原和太湖流域主要分布三支相承袭的新石器文化，即马家浜文化、崧泽文化和良渚文化。长江下游的新石器时代遗址均分布于临近水源的台地上，遗址高于周边地面数米，俗称为"墩"或"山"。长江下游的新石器时代遗址常有两种或三种文化遗存上下相叠压，如江苏吴县（今属苏州，下同）草鞋山遗址，其上层文化堆积为良渚文化、中层为崧泽文化、下层为马家浜文化，表明该地区在新石器时代中、晚期人们过着相对稳定的定居生活。

通过以上分析，可知长江流域新石器时代早期、中期和晚期遗址的分布规律是：早期遗址分布于临近水源的山麓地带的石灰岩洞穴内，迄今尚未发现非洞穴遗址的新石器时代早期遗址；中期前段遗址的分布大体有三种：其一是分布于大型山脉与平原之间的过渡地带的岗地或低丘上，其二是分布于河流沿岸的一、二级阶地上或低山岗上，其三是分布于河流或湖泊沿岸的台地上；中期晚段和晚期遗址的分布地域扩展到河流中下游的平原地区，遗址一般都位于临近水源的台地或低丘上。长江下游的滨海地区，成陆年代较晚的地域均无新石器时代的遗址。

四　黄河流域和北方沙漠草原地区

（一）黄河流域

黄河流域的新石器时代早期遗址大体可分为两种类型：一种是含原始陶器而无磨制石器，例如河北徐水县南庄头遗址。该遗址分布在河北平原西部边缘的瀑河冲积扇上，遗址西距太行山东麓前沿15千米，一部分文化层之上覆盖着较厚的黑色和灰色的湖沼相沉积层；文化遗存上有少量原始陶片、石器和骨器；地层中的木头或木炭测定的 ^{14}C 年代均为距今 1 万年左右[10]。另一种类型为有少量的原始陶片和发达的"细石器"，例如河北泥河湾盆地的于家沟遗址就属于这种类型。该遗址的文化遗物埋藏在桑干河支流的二级阶地的堆积中，文化层厚达 7 米，包含更新统末至全新统中期的地层；上部地层为 1.4 米厚的新石器时代中期地层；下部地层含大量发达的"细石器"，其年代为距今 14000 ~ 8000 年。下部地层又可分为三层：第 1 层有磨光石器和零星的夹砂红褐陶片，第 2 层出土少量夹砂黄褐陶，质地粗疏，最大的陶片为平底器底部，热释光测定的年代超过 1 万年，第 3 层有各种装饰品，无陶器；于家沟上文化层第 1、2 层为含"细石器"和夹砂褐陶的新石器时代早期地层[11]。

黄河流域属于新石器时代中期前段的新石器文化，主要有分布于渭河流域、晋西南与豫西的老官台文化，分布于冀南和豫北的磁山文化，分布于豫中山地东部的裴李岗文化，分布于豫中山地北缘的后李文化，分布于鲁中山地东部的北辛文化。老官台文化的大多数遗址分布于渭河支流沿岸的台地上，遗址所处的地理位置大多在秦岭与渭河平原过渡地区，有的则位于秦岭山地中的一些河流沿岸的台地上。磁山文化分布于太行山脉的东部边缘，亦即太行山脉与华北平原的过渡地区。裴李岗文化分布于豫中山地与华北平原南端的交汇处，亦即豫中山地的东部边缘。后李文化分布于泰沂山脉北侧、小清河以南的山前冲积平原地带。北辛文化主要分布于泰沂山脉的南侧及西侧的湖东山前平原地带，一部分遗址分布于泰沂山脉的北缘；遗址所在地，地势高亢而平坦，又接近山区，既利于农业和渔猎生产，又可免遭水患。

黄河流域的新石器时代中期后段的仰韶文化和新石器时代晚期的庙底沟二期文化、龙山文化遗址的分布，除一部分分布于上述新石器时代中期前段文化遗址的分布区域外，遗址的分布普遍进入到平原地区，亦即扩展到渭河平原、黄河中下游平原和黄淮平原。

通过以上分析，可知黄河流域新石器时代遗址的分布规律是：早期遗址（年代一般为距今 10000 ~ 8000 年）分布于太行山脉与华北平原北段的交汇地区，一部分地理位置偏北的遗址则分布在河流的二级阶地上。中期前段遗址所处的地理位置一部分在秦岭与渭河平原的过渡地区或秦岭山地中的一些河流沿岸的台地上，一部分分布在太行山脉和豫西山地与华北平原的过渡地区；黄河下游的新石器时代中期前段遗址分布于泰沂山脉北侧的山前冲积平原地带或泰沂山脉南侧及西侧的湖东山前平原地带。新石器时代中期后段和晚期遗址则扩展到渭河平原、黄河中下游平原和黄淮平原。

（二）北方沙漠草原地区

中国北方沙漠草原地区属于中温带亚干旱和亚湿润地区，雨量少，气温低，对农业的发展不利。草原地区食草动物资源丰富，为狩猎经济的发展提供了有利条件。这种生态环境使人们将住所选择在有水源的河流两岸，例如属于西辽河流域的老哈河、西拉木伦河等。这些有水源的草原地区，既有利于狩猎经济，又有利于农业经济。

北方沙漠草原地区在新石器时代由于生态环境的原因导致狩猎经济较为发达，农业经济相对落后。经济生活在物质文化遗存方面的反映是，磨制石器不发达，压制法（一种间接打击法）制作的细石器很发达；细石器的类型多为用于狩猎的箭镞和与狩猎生活有关的各种小型的尖状器、切割器和镶嵌石叶的骨梗刀。沙漠草原地区由于农业经济不发达，导致了制陶业的落后。陶器数量少，器形简单，大多为饰篦纹的夹砂陶筒形罐，泥质陶的盛储器数量较少。

综上所述，可知中国四大地域的新石器时代遗址的分布是有一定规律的。武夷山至南岭一线以南地区属热带和亚热带地区，动植物资源丰富，新石器时代早中期采集经济发达。该地区多石灰岩洞穴，新石器时代早中期洞穴遗址较多。反映采集经济的贝丘遗址自新石器早期至晚期都比较多。新石器时代晚期，洞穴遗址基本消失，贝丘、台地、沙丘、山岗遗址增多。长江流域的气候适宜稻作农业的发展，属于稻作农业文化区。新石器时代早期有一部分洞穴遗址，新石器时代中期遗址大多分布在大的山脉与两湖平原过渡地区，新石器时代中期晚段和晚期遗址大多扩展到两湖平原和长江下游平原。黄河流域属南温带，适宜旱作的粟米作物栽培，属于粟作农业文化区。新石器时代早中期遗址大多分布在太行山和豫西山地与华北平原的交汇区，晚期遗址则普遍进入到渭河平原、华北平原和黄淮平原。北方沙漠草原地区，新石器时代狩猎经济发达，遗址分布于十分有利于狩猎经济、又有利于农业经济的河流两岸。

（原载《四川文物》2007 年第 1 期）

[1] 张镇洪等：《英德牛栏洞史佬墩遗址发掘有重要收获》，《中国文物报》1998 年 9 月 20 日第 1 版。

[2] 谌世龙：《桂林庙岩洞穴遗址的发掘和研究》，《中石器文化及有关问题研讨会文集》，第 150~166 页，广东人民出版社，1999 年。

[3] 柳州市博物馆等：《柳州市大龙潭鲤鱼嘴新石器时代贝丘遗址》，《考古》1983 年第 9 期。

[4] 广西壮族自治区文物工作队等：《广西桂林甑皮岩洞穴遗址的试掘》，《考古》1976 年第 3 期。

[5] 广西壮族自治区文物考古训练班等：《广西南宁地区新石器时代贝丘遗址》，《考古》1975 年第 5 期。

[6] 张光直：《中国南部的史前文化》，《"中央研究院" 历史语言研究所集刊》第 12 本第 1 分册，1970 年。

[7] 广东省文物管理委员会：《广东潮安的贝丘遗址》，《考古》1961 年第 11 期。

[8] 袁家荣：《玉蟾岩获水稻起源重要新物证》，《中国文物报》1996 年 3 月 3 日第 1 版。

[9] 江西省文物管理委员会：《江西万年大源仙人洞洞穴遗址试掘》，《考古学报》1963 年第 1 期；江西省博物馆：《江西万年大源仙人洞遗址第二次发掘报告》，《文物》1976 年第 12 期；刘诗中：《江西仙人洞和吊桶

环发掘获重要进展》，《中国文物报》1996 年 1 月 28 日第 1 版。

［10］　保定地区文物管理所等：《河北徐水县南庄头遗址试掘简报》，《考古》1992 年第 11 期；李珺：《徐水县南庄头遗址又有重要发现》，《中国文物报》1998 年 2 月 11 日第 1 版；原思训等：《南庄头遗址 ^{14}C 年代测定与文化层孢粉分析》，《环境考古研究》第 1 辑，第 136～139 页，科学出版社，1991 年；周延兴等：《河北徐水南庄头遗址出土石器（石块）鉴定报告》，《考古》1992 年第 11 期。

［11］　泥河湾联合考古队：《泥河湾盆地考古发掘获重大成果》，《中国文物报》1998 年 11 月 15 日第 1 版。

生态环境对史前文化的影响

生态环境包括气候、植被、土壤、山脉、河流等因素，这些生态环境因素对古代文化，尤其是史前文化产生很大影响，生态环境不但影响古文化的性质，而且影响古文化的发展速度和人类社会前进的步伐。

一 生态环境对史前文化性质的影响

（一）对旧石器文化的影响

整个石器时代，不论是旧石器时代的"攫取性经济"或称"掠夺性经济"，还是新石器时代的"生产性经济"，人类生产活动的内容都和生态环境有着密切的关系，生产环境决定人类经济活动的内容，而经济活动的内容，又直接影响史前文化的性质。生态环境不同，人类的生产活动内容就不同，人们所使用的生产工具和生活用具也随之不同，这就导致文化性质的不同。有的学者根据旧石器时代遗址中出土的生产工具和动物化石的性质，将华北地区的旧石器时代文化分为两大文化传统：（1）"匼河—丁村系"或称"大石片砍砸器—三棱大尖状器传统"；（2）"周口店第一地点（北京人遗址）—峙峪系"或称"船头状刮削器—雕刻器传统"[1]。"匼河—丁村系"的典型遗址有山西芮城匼河[2]、豫西三门峡、山西襄汾丁村[3]等。该文化传统遗址所出土的哺乳动物化石，大部分为生活在森林和山林之中的种类，代表温暖湿润的气候。该文化传统石器的基本特征是用宽大的石片制造各种大砍砸器，富有代表性的石器是三棱大尖状器。在石器成分中反映狩猎经济的小石器其种类和数量都比较少，三棱大尖状器是一种用于挖掘的采集工具，反映其经济生活是以采集为主，狩猎为辅。"周口店第一地点—峙峪系"典型遗址是北京猿人遗址、陕西大荔人遗址、山西阳高许家窑遗址[4]、朔县峙峪遗址[5]、内蒙古萨拉乌苏河遗址等。该文化传统遗址所出土的哺乳动物化石，均属草原动物，如野马、野驴、羚羊等。例如，峙峪遗址的动物化石中至少有120匹野马、83头野驴；萨拉乌苏河遗址出土的动物化石中有300多个羚羊角，至少代表150多头普氏小羚羊。该文化传统石器的基本特征是利用不规则的小石片制造各种小石器，在石器成分中小型石器比例大、类型多，加工痕迹细小，石器的类型有各种小型刮削器、尖状器、镞等，均属狩猎工具以及与狩猎经济有关的生活用具。

这说明"周口店第一地点—峙峪系"的文化遗存所反映的是草原生态环境和狩猎经济生活。

华南地区，在更新世气候比较温暖湿润，自然资源尤其是植物资源非常丰富，各种块根植物、鲜果、干果等天然食物的种类和数量都很多，在旧石器时代人们过着以采集为主的经济生活。这种经济生活反映在生产工具方面的特征是，石器的形制一般都比较大，没有出现用压制法之类的间接打击法剥片和加工的细石器，反映狩猎经济的细石器在整个旧石器时代始终得不到发展。

（二）对新石器时代文化的影响

新石器时代，中国北方沙漠草原地区、黄河流域、长江流域和华南地区，由于生态环境的不同，从而导致生产活动和文化传统的不同。

北方沙漠草原地区，大部分属中温带，年平均气温为2℃~8℃，降水量很少，大部分为干旱和亚干旱地区。干旱寒冷的气候，在新石器时代农业经济难以发展，人们的经济生活以狩猎为主，反映狩猎经济生活的"细石器"比较发达，磨制石器和陶器则处于不发达的状态。

黄河流域的大部分地区属中温带的亚湿润和亚干旱地区，年平均气温为12℃~16℃，年平均降水量为400~900毫米，土壤呈微酸性，不含石灰，风化度不高，矿物质养分丰富。这种生态环境适宜旱作农业的发展，整个新石器时代黄河流域都以粟作农业作为其经济生活的主体。黄河流域的各种新石器时代文化，在文化面貌上虽呈现出一定的地域差别，但由于其生态环境的近似，在文化面貌上又表现出许多共同特征，黄河流域的老官台文化、仰韶文化、磁山文化后岗类型及大司空类型、裴李岗文化、大河村文化、后李文化、北辛文化、大汶口文化，在文化面貌上既有差别，又有联系，是同一文化传统的不同文化支系。

长江流域大部分属北亚热带和中亚热带的湿润地区，年平均气温为15℃~18℃，年平均降水量为1000~1100毫米。这样的气候环境适宜稻作农业的发展，大约在距今8000年以后，整个长江流域以稻作农业为主要经济生活的新石器文化都先后发展起来。长江中上游的彭头山文化[6]、皂市下层文化[7]及城背溪文化[8]、大溪文化、屈家岭文化、石家河文化[9]，与长江下游的河姆渡文化及马家浜文化、崧泽文化、良渚文化，均以稻作农业为经济生活的主体。这两个文化系统的新石器文化，互相联系，互相渗透，在文化面貌上呈现出许多共同特征。

华南的武夷山至南岭一线以南地区，大部分属南亚热带，一部分属北热带，年平均气温为17℃~21℃，年平均降水量为1600~2000毫米，这是中国气温最高和雨量最多的地区，植物终年生长，动植物资源种类和数量繁多，为人类提供了丰富的天然食物。这一地区由于天然食物丰富，新石器时代早中期，人们的经济生活以采集为主，少量的以果蔬为主体的园艺农业在经济生活中只起辅助作用。由于农业经济不发达从而导致了华南地区磨制石器和陶器发展的滞后。在漫长的新石器时代早中期，石器以大型的打制石器为主，磨制石器的数量很少。陶器以夹砂绳纹陶为主，泥质陶的数量很少，器形简单。

二　生态环境对古文化发展的影响

生态环境对人类生产活动的影响，不仅表现在生产活动的内容方面，还表现为它在生产力中的作用。整个自然环境并不包括在生产力之中，但自然环境的一部分在人类劳动过程中又可成为劳动对象和劳动资料而构成生产力的因素。史前时期，劳动工具极其简陋，生产力水平十分低下，人们还未掌握自然界的规律，生产力的发展在很大程度上受到物的因素即生态环境的制约。如果自然环境过于严酷，人们难以获得食物资源，生产力中物的因素长期不足，使物质资料的生产极为困难，而劳动者的智慧和认识能力还不足以克服这些困难时，生产力的发展就会长期停滞。如爱斯基摩人长期生活在北纬55.82度的高寒地区，动植物资源十分贫乏。其经济生活以海上狩猎为主，陆地狩猎为辅。生活资料绝大部分取之于猎物，以肉为食，以毛皮为衣，以油脂为燃料，以兽皮、兽骨和兽牙为材料制作器皿、工具和武器。房屋一般为半地穴式，门道极低，一般用石块堆砌而成，其上覆盖泥土。如此严酷的自然环境，使爱斯基摩人长期以来无法改进生产技术，提高生产力水平，生产力的发展长期处于停滞状态。数千年来人们过着极度贫困的生活，直至20世纪上半叶他们的生产和生活还处在原始状态。反之，如果自然条件过于优越，作为生产力诸要素中的劳动对象极易获得，人们无需花费很多时间和努力即能维持物质资料的再生产，这样就会抑制劳动者的需要，影响劳动者在生产中的主观能动作用和创造能力。人们在优越的自然条件下总是能长期不断地获得足够的食物资源，就无需寻求新的不同的经济领域，也无需改进生产工具，这就抑制了劳动力这个因素的发展，从而在这个地区阻碍了生产力的发展，亦即阻碍了社会、经济和文化的发展。例如南部非洲的布须曼人，其居住区域内的动植物资源十分丰富，可供采集的食用植物就有86种，有17种哺乳动物经常是捕猎的对象。因为食物极易获得，每个成年布须曼人平均每天只需劳动2小时左右，全年劳动时间每人平均为600~1000小时。又如印度安达曼群岛上的安达曼人[10]、菲律宾棉兰老岛的塔桑代人[11]、巴西亚马逊河流域的瓦苏苏人等，其情况也和布须曼人相似。这些民族，因其居住区域内的自然环境能常年提供较充足的食物资源，加之气候条件又很优越，人们无需花费多大的精力就能解决住房、服装、工具等问题，因而他们不感匮乏，不知道生活中缺少什么。对这些民族来说，既不需要改进生产工具以提高生产力，也不需要创造以开辟新的经济领域，优越的自然条件抑制了这些民族的创造能力，使其直到近代还过着以采集和狩猎为主的经济生活，不知农耕和畜牧。

自然环境对远古时代经济、文化发展的影响，在中国新石器时代及其后世的经济、文化发展中是很突出的。其最明显的例证是华南地区和黄河流域在史前时期经济、文化发展速度的不同。根据考古资料，华南地区在距今 12000 年前后就进入新石器时代，原始农业就已产生。华南地区的新石器时代文化有两个明显特征：（1）新石器时代早、中期，农业以种植根茎果类等无性繁殖的农作物为主[12]，禾本科农作物（水稻）的栽培要到新石器时代晚期才开始。（2）新石器时代早、中期，磨制石器和陶器的数量少，制作原始落后，到新石器时代晚期随着农业经济的发展，磨制石器和陶器才得到发展。

华南地区新石器时代文化的两大特点说明，华南地区的新石器时代虽然开始得很早，但经济、文化发展的速度非常缓慢，在漫长的新石器时代早、中期，都只是栽培少量的园艺作物，人们的食物来源主要还是依赖采集和渔猎，直到新石器时代晚期农业和家畜饲养业才成为经济生活的主体。新石器时代华南地区农业经济发展缓慢的主要原因是该地区生态环境比较优越。华南地区属热带和亚热带气候，温暖多雨，动植物资源很丰富，为人们提供了丰富的天然食物，使人们即使到了新石器时代仍将采集和渔猎作为重要的经济活动，从而抑制了农业和家畜饲养业的发展。如果将黄河流域和华南地区相比较，情况就大不相同。黄河流域新石器时代开始的年代大致和华南地区相当或稍晚，但新石器时代经济、文化的发展速度，黄河流域却要比华南地区快得多。黄河流域大约在 7000 多年前的老官台文化和磁山—裴李岗文化时期，磨制石器和陶器已经相当发达，农业经济已发展到锄耕农业（村居农业）阶段，属禾本科农作物的粟已被普遍种植，产量也比较高；磁山遗址第一文化层发现 62 个长方形的窖穴中都有炭化的粮食（粟之类的谷物）堆积，其厚度为 0.32 米[13]。家畜饲养业也比较发达，猪、狗等家畜已被较多的饲养。到距今 6000 年左右的仰韶文化时期，经济、文化又获得了快速的发展。大约到距今 4000 多年的新石器时代晚期（龙山文化时期），黄河流域已由氏族社会向文明时代过渡。新石器时代，黄河流域经济和文化发展的速度和社会前进的步伐之所以快于华南地区，这和两个地区不同的自然环境有着重要的关系。黄河流域地处温带，既无热带和亚热带地区湿热的气候、丰富的动植物资源，也无寒带地区那种使当时的人们难以战胜的严酷的自然环境，其自然环境对史前时期人类社会经济和文化的发展起着促进作用，使之最早进入文明时代。

综上所述，生态环境不但影响史前文化的性质，还影响史前时期社会经济和文化发展的速度。中国的四大区域，由于其生态环境的不同，从而使其经济生活和文化面貌呈现出不同的特征。北方草原地区，其生态环境不适宜农业经济的发展，从而使狩猎经济在经济生活中占主导地位；在文化面貌上，反映狩猎经济的"细石器"比较发达，磨制石器和陶器则不发达。黄河流域地处温带，属亚湿润和亚干旱地区，适宜耐干旱的粟作农业的发展，呈现出粟农业文化的特征。华南地区，热带和亚热带的生态环境为人类提供了丰富的动植物资源，使采集经济占主导地位，农业经济的发展受到了制约，在文化面貌上呈现出采集经济文化的特征。

远古时期，决定社会、经济、文化发展快慢的有多种因素，如氏族制的凝聚力，文字源流和金属工具产生的早晚等，但自然环境对社会、经济、文化的发展也有着很大影响。适宜的生态环境能促进经济、文化的发展，促进社会的进步；反之，则影响经济和文化的发展，使社会历史的发展处于滞后状态。

（原载《江汉考古》1996 年第 3 期）

---

[1] 贾兰坡等：《山西峙峪旧石器时代遗址发掘报告》，《考古学报》1972 年第 4 期。

[2] 贾兰坡等：《山西旧石器》，第 911 页，科学出版社，1961 年。

[3] 裴文中等：《山西襄汾县丁村旧石器时代遗址发掘报告》，科学出版社，1958 年。

[4] 贾兰坡等：《阳高许家窑旧石器时代文化遗址》，《考古学报》1976 年第 1 期。

[5] 同 [1]。

[6] 湖南省文物考古研究所等：《湖南澧县彭头山新石器时代早期遗址发掘简报》，《文物》1990 年第 1 期。

[7] 湖南省博物馆：《湖南石门皂市下层新石器遗存》，《考古》1986 年第 1 期。

[8] 陈振裕等：《湖北宜都城背溪遗址》，《史学研究》（辑刊），1989 年。

[9] 石河考古队：《石河遗址群调查报告》，《南方民族考古》第五辑；石河考古队：《湖北省石河遗址群 1987 年发掘简报》，《文物》1996 年第 8 期。

[10] 《安达人以食物采集为生的矮种黑人部族》，刘达成等编译：《当代原始部落漫游》，天津人民出版社，1982 年。

[11] 《棉兰老岛的塔桑代人石器时代穴居人》，刘达成等编译：《当代原始部落漫游》，天津人民出版社，1982 年。

[12] 张光直：《中国南部的史前文化》，《"中央研究院"历史语言研究所集刊》第 42 本第 1 分册，1970 年。

[13] 河北省文物管理处等：《河北武安磁山遗址》，《考古学报》1981 年第 3 期。

生态环境对史前文化的影响和中国
史前文化的三个过渡地带

一 生态环境对史前文化的影响

中国地理形势的特征是西高东低，地形复杂多样。根据地形高度的变化，自西向东可以分为三级阶梯：青藏高原平均海拔4000米以上，是第一级阶梯；青藏高原以北、以东，地形下降到2000~1000米以下，构成了第二级阶梯；大兴安岭、太行山、巫山及云贵高原东缘一线以东，一般海拔在500米以下，这是第三级阶梯，第三级阶梯中少数山峰可达海拔2000米，而滨海平原却在海拔50米以下。

二、三级阶梯的地域内，在自然地理学的划分上一般将秦岭至淮河一线作为广义的华南区和华北区的分界线。在史前考古学界又将上述两大区划分为四个文化区域：武夷山至南岭一线以南地区，即狭义的华南地区；长江流域；黄河流域；北方沙漠草原地区。在上述不同的区域内，由于其气温、雨量、土壤、植被等生态环境因素的不同，从而使史前时期人们的生产活动和生活习俗产生不同。由于不同地区人们的生产活动和生活习俗的不同，人们所使用的生产工具和生活用具也就随之不同，从而导致旧石器时代文化传统和新石器时代文化区系的不同。

旧石器时代，秦岭至淮河一线以南地区属华南的砾石文化传统，秦岭至淮河一线以北地区属华北的石片文化传统。华南砾石文化传统的特征是石器大多以大型的砾石为材料，石器的制作以锤击法为主，石器形制较大，多为用砾石直接锤击制作，大型的砍砸器和尖状器是最具特征性的器形。砾石文化传统石器的特征是华南地区在旧石器时代人们的经济生活以采集为主、狩猎为辅所决定的。华北石片文化传统的文化特征是石器用石片制作，打制石片的方法有锤击法、砸击法、碰砧法和摔击法，砸击法最富特征性，到旧石器时代晚期产生间接打击法。石片文化传统又分为大石器文化系统和小石器文化系两个分支：大石器文化系统则称为"匼河—丁村系"，或称为"大石片砍砸器—三棱大尖状器传统"，它的基本特征是利用宽大石片制造各种大砍砸器，富有代表性的石器是三棱大尖状器，在石器成分中虽然也含有小型石器，但数量有限，类型也很少；小石器文化系统则称为"周口店第一地点—峙峪系"或称为"船头状刮削器—雕刻器传统"，它的基本特征是利用不规则的小石片制造小型石器，小型石器的比例大、类型多、加工痕迹细小[1]。小石器文化系统发展到旧石器时代晚期产生了用间接打击法制作的"细石器"。这一文化系统，人们的生产活动是以狩猎为主，采集为辅。

新石器时代，生态环境对文化的影响比旧石器时代更为明显。

武夷山至秦岭一线以南地区大部分属南亚热带湿润区，一部分（雷州半岛、海南和台南等地区）属北热带湿润区，年平均气温大约为21℃～23℃，年平均降水量大约为1300～1700毫米。南亚热带和北热带的气温和雨量能使植物终年生长，可食用的植物块根和果实可供人们终年采集。此外，河流和湖泊中，河流入海处的淡水和咸水的交汇处，有大量软体动物（螺、蚌等）可供人们采集食用。岭南地区新石器时代早、中期，采集经济所占的比例较大，农业经济所占的比例较小，新石器时代晚期农业经济才得到发展。磨制石器是随着农业经济的发展而发展起来的，该地区由于在新石器时代早、中期农业经济不发达，故磨制石器不发达，而打制石器在石器中所占的比例较大。

长江流域的南部属中亚热带，北部属北亚热带。南部的中亚热带年平均气温大约为19℃，年平均降水量为1400～1500毫米；北部的北亚热带年平均气温大约为17℃，年平均降水量为1000～1200毫米。长江流域的气候温和湿润，其气温和雨量都适宜水稻生长，在距今8500～4000年的新石器时代中、晚期，长江中、下游地区已普遍栽培水稻，学术界将其称为"稻作农业文化区"。长江流域从新石器时代中期起，随着稻作农业的发展，磨制石器和陶器也相应的得到了发展。

黄河流域的地形较为复杂，其下游为华北平原，中游除渭河平原外皆为黄土高原，塬、梁、峁、川等交错分布。黄河中、上游的黄土高原为南温带的亚干旱地区，年平均气温大约为13℃，年平均降水量大约为600毫米。黄河下游属南温带的亚湿润区，年平均气温大约为14℃，年平均降水量为640～670毫米。黄河流域的南温带的气候适宜粟一类农作物的栽培，新石器时代中、晚期以粟类为主的旱作农业得到了快速发展，学术界将其称为"粟作农业文化区"。黄河流域从距今8000年的新石器时代中期起，随着粟作农业经济的发展，磨制石器和陶器也相应的得到了发展。

阴山、贺兰山以北为内蒙古高原和阿拉善高原，黄河河套内有鄂尔多斯高原，这些高原地区大部分被沙漠覆盖，草原间杂其中，这些地区习称为中国北方沙漠草原地区。其东部为中温带亚干旱地区，年平均气温为5℃左右，年平均降水量大约为340～420毫米；其中西部地区为中温带干旱地区，年平均气温为4.5℃左右，年平均降水量大约为100～150毫米。北方沙漠草原地区的干旱和亚干旱地区，气温很低，雨量很少，在新石器时代不适宜农业经济的发展。阴山山脉北侧发现的新石器时代遗址很少，少量的遗址大多分布在马蹄形沙丘下的风成洼地上，面积都小，这是当时氏族成员较少和不断迁徙的结果。这些地区发现的遗址其文化遗存的共同特征是，石器多为打制的细石器，种类少，器形小，常见的器形有石镞、刮削器以及镶嵌在骨柄上用于切割兽肉的石叶等；基本不见或少见磨制石器，少见农业工具；制陶业不发达，陶质粗疏，纹饰以网状绳纹和篦纹为主，器形简单，只有钵形器、尖底器和缸形器。例如经过试掘的内蒙古察哈尔右翼中旗的大义发泉遗址，地处阴山东侧，遗址所在地海拔1500米以上，文化遗存以细石器为主。遗址地层中所出土的孢粉分析结果是未发现禾本科花粉，也未见农作物花粉；花粉中几乎全为耐旱的蒿属、藜科植物和麻黄小灌木等，大体接近现今该处的荒漠草原植被[2]。这些情况说明，阴山山脉地区的新石器时代居民的经济生活以狩猎为主，农业经济所占的比例极小或不见农业经济的痕迹。

以上，我们将中国的史前文化根据其所处的生态环境和文化面貌分为四个大的文化区域。武夷山至南岭一线以南地区是狭义的华南地区，该地区在旧石器时代属典型的砾石文化传统，人们的经济生活以采集为主，狩猎为辅；新石器时代早期和中期，农业虽然已经产生，但农业经济的发展却很缓慢，采集经济仍是人们获得食物的主体；由于农业经济不发达，故磨制石器和陶器相应的也不发达。长江流域（长江中、下游）从距今8500年左右的新石器时代中期起，随着稻作农业（禾本科农作物）的逐步普及，农业经济获得迅速发展，磨制石器制造业和制陶业也随之快速发展。黄河流域的生态环境在史前时期适宜粟类（禾本科农作物）作物的栽培，约从距今8000年左右的新石器时代中期起，粟作农业在黄河流域得到普遍推广，随着农业经济的发展，磨制石器和陶器也相应的发展起来。中国北方沙漠草原地区干旱的气候在新石器时代不适宜农业的发展，人们的食物来源主要依靠狩猎，与狩猎经济有关的细石器（大多用间接打击法制作）比较发达，与农业生产有关的磨制石器则不发达，制陶业也不发达。

二 中国史前文化的三个过渡地带

（一）南岭北侧过渡地带

武夷山至南岭一线的北侧是珠江上游的几条支流和长江流域的赣江、湘江、资水、沅江的交汇区，东部有闽江水系。这一广大区域处于岭南的南亚热带和长江流域的北亚热带之间，属于中亚热带的湿润区，年平均气温和降水量则高于长江流域，而低于岭南地区。这一地区既不能归属岭南的采集经济为主的文化区域，也不能归属长江流域的稻作经济文化区。该地区的新石器文化既受到长江流域新石器文化的影响，又受到岭南地区新石器文化的影响，且具有自身的文化特征。其典型遗址有北江上游的广东曲江县石峡遗址和闽江下游的福建闽侯县昙石山遗址，以这两个典型遗址的文化遗存为代表的新石器文化被分别命名为"石峡文化"和"昙石山文化"。

石峡文化陶器中的釜形鼎、瓦足鼎、瓦足盆形鼎、束腰鼎，石器中的长身弓背石镞、有段石凿，葬俗中的火烧墓坑壁和流行二次葬等，都是该文化的自身特征。但其文化遗存中的有段石器和双肩石器则具有岭南地区西樵山文化的特征，而玉琮、玉璧、玉瑗、贯耳圈足壶和肥大袋足鬶等，则具有长江下游良渚文化的特征。石峡文化与江西清江筑卫城下层及修水山背遗址的文化遗存也有许多联系，其相似的器形有袋足鬶、盘式鼎、圈足壶及有段石锛等[3]。

昙石山文化的敞口折肩扁腹圜底釜、侈口矮圈足豆、子母口矮圈足簋、敞口折肩折腹矮圈足羊角把手彩陶壶、长颈圆腹矮圈足壶和有段石锛等，是一群颇富特征的器形。闽江属东南沿海水系，闽江下游的昙石山文化中的有段石锛、釜形器等在东南沿海的诸新石器时代晚期文化中均有同类器形。昙石山文化中的罐形鼎、高颈圈足壶和豆等器形与鄱阳湖流域的山背文化、太湖流域的良渚文化的同类器相似[4]。

（二）秦岭南侧至淮河一线过渡地带

秦岭至淮河一线地处长江流域和黄河流域之间，秦岭南侧为汉水（长江的第一大支流）上游，北侧为渭河流域（黄河一级支流）；淮河以南为江淮地区，其南部为长江中下游平原，淮河以北为黄淮地区，其南部为黄淮平原。秦岭至淮河一线的这种地理位置直接影响其南北两侧的史前文化的性质。从秦岭南侧的汉水上、中游至淮河一线具有过渡地带性质的新石器时代文化，主要有以湖北郧县大寺遗址和青龙泉遗址为代表的文化遗存，安徽蚌埠的双墩文化，江苏江淮东部地区的龙虬庄文化和青墩文化。

郧县地处汉水中游。郧县大寺遗址和青龙泉遗址的新石器文化大体可分为三个时期，即仰韶文化、屈家岭文化和龙山文化。大寺和青龙泉的第一期文化遗存中虽含有渭河流域和豫西地区仰韶文化半坡类型及庙底沟类型的一些文化因素，如彩陶中有宽带、圆点、弧线三角、平行线等，陶器中数量很少的尖底瓶、圜底或平底钵、锉等，葬俗中的多人二次合葬和儿童瓮棺葬等；但又与仰韶文化有许多区别，如仰韶文化中常见的各种形制的尖底瓶则少见于大寺和青龙泉第一期文化遗存中，仰韶文化中常见的两侧带缺口的石刀也不见于第一期文化中。第三期文化中虽含有豫西王湾三期文化的一些文化因素，如陶炊器有鼎、鬶、斝，但不见王湾三期文化中常见的陶鬲。青龙泉第三期文化中有一定数量彩陶，彩绘纹饰有平行线、方格、旋曲的尖条纹等，彩纹多绘于罐、鬶、杯和纺轮之外表，红地黑彩或紫红彩，橙黄地红彩或紫红彩，有些杯和罐的外表还饰红衣，这些特征其上再施以错乱的黑彩，都不见于豫西的王湾三期文化和渭河流域的客省庄二期文化，而和汉水下游的石家河文化相似[5]。以上分析说明，汉水中游的新石器文化虽包含豫陕地区仰韶文化和龙山文化的一些文化因素，但又与这些文化有许多区别，不应将其归属豫陕地区的新石器文化系统，其文化性质应由自身的文化特征来决定。

双墩文化分布于淮河中游，经过考古发掘的典型遗址有安徽省蚌埠市双墩[6]、定远县侯家寨[7]。该文化的时代为新石器中期，年代约为距今 7000～6500 年。双墩文化早期的炊器为陶釜和支架，晚期陶釜和鼎共存，以鼎为主。高圈足的红衣陶豆、红衣陶钵、泥质黑陶罐、黑陶杯、甑等，均属双墩晚期。石器很少，骨、角、蚌器是工具的主体。双墩文化的陶釜和支架，与同时代的长江流域的城背溪文化、河姆渡文化，黄河流域的磁山文化、北辛文化等，都有明显的区别。双墩文化中的牛鼻形双耳罐、矮圈足豆、敛口钵、红衣陶盆、泥质红陶高圈足镂孔豆等，也与黄河和长江中游同时代新石器文化的同类器有许多不同。

江淮东部地区有两种新石器文化，其北部有龙虬庄文化，南部有青墩文化。龙虬庄文化除自身的文化特征外，与长江以南的宁镇地区及太湖流域的新石器文化都有许多联系，也与黄河下游地区的大汶口文化、龙山文化有一些联系。龙虬庄文化中的玉石器数量较少，其数量远不如骨角器与陶器。各种骨角器是龙虬庄文化生产工具的主体，也是龙虬庄文化的一个重要特征。龙虬庄文化中少量的玉石器主要来自宁镇地区，其主要器形有各种形制的石锛、椭圆形穿孔的"风"字形石锄、半圆形石刀和多孔石刀等，玉器有玉璜、玉管、玉坠等。宁镇地区的北阴阳营文化与江淮东部的龙虬庄文化有许多相同的器形，如钵形匜、深腹筒形匜、高圈足壶、彩陶钵、三足折腹罐、口下和圈足上饰有红带的碗、高柄杯等。龙虬庄文化中、晚期与太湖流域的崧泽文化、良渚文化有较多的文化交流，其相似的陶器有瓦棱纹壶、折腹罐、盘下有垂棱的豆、中腹有一周刻划堆纹的罐、花瓣圈足杯、贯耳壶等。龙虬庄文化和海岱文化区的大汶口文化有联系的文化遗存有圜底钵、三足圜底钵等；葬俗相似，都有东西向的墓坑，头向朝东[8]。

青墩文化分布在江淮东部地区的南部，东南隔长江与太湖流域临近，西南侧与江南的宁镇地区相邻。青墩文化与周边地区的新石器文化都有一定的联系，但由于青墩文化与江南的宁镇地区及太湖流域较为邻近，生态环境也相似，同时代文化之间的交流和渗透则超过北邻的海岱文化区。青墩文化早、中期的三足盘、罐形鼎、三足羊角把手的罐（壶）、高颈折腹壶、柄部呈算珠状的豆、高圈足杯，玉石器中的单孔石斧、双孔石斧、条形石锛、有段石锛、玉璜、玉坠等，在南京北阴阳营遗址下文化层及其墓葬的随葬品中都有相似的器形。青墩文化与崧泽文化相似的文化遗物：陶器有盆形鼎、矮圈足盘、高颈折肩折腹壶、折腹上有附加堆纹的罐、三矮足的觚形杯、平底觚形杯、假腹豆（盘）、高圈足镂孔豆、盆形鼎，石器有穿孔石斧、条形石锛，玉器有玉璜和玉饰等。青墩文化与良渚文化相似的器物：石器有石凿和有段石锛，玉器有玉璧、玉琮、玉瑗，陶器有贯耳壶、矮圈足盘、竹节纹高柄豆等。青墩文化也受到来自黄河中下游仰韶文化和大汶口文化的影响，如青墩文化彩陶中的弧线勾叶纹在黄河中游仰韶文化庙底沟类型和黄河下游的大汶口文化早期的彩陶中都有相似的纹饰。青墩文化陶器中罐形鼎、三足带把罐（壶）、高圈足杯、平底觚形杯等，在大汶口文化早期遗存中都有相似的器形。青墩文化的墓葬头向东，有东西向的长方形墓坑，这些都和大汶口文化的葬俗相同[9]。

（三）阴山南侧及河套地区过渡地带

阴山以南的黄河河套地区及其东西两侧在地理位置上属于黄河流域，但在新石器时代文化面貌上则与黄河中游及泾渭流域的新石器文化有较大的差别。

阴山以南的河套平原，气候比阴山以北温和，降水量也较多，这样的自然条件有利于农业经济的发展。该地区经过考古发掘的新石器时代遗址有内蒙古包头市东郊的阿善遗址和包头市东北的转龙藏遗址。阿善文化一期的陶器有直口圜底钵、折沿盆、双唇小口瓶等。彩陶以黑彩为主，彩纹主要是宽带纹，大多施于盆、钵的口沿外表上。阿善二期的房屋多为半地穴式，门向西南，室内中心设置圆形平底灶坑。生产工具有大型石器、细石器、陶制工具和骨角器。石制工具中有磨制的长条形弧刃石斧、窄首宽刃斧、柱状石斧、打制的石铲和两侧带缺口的石刀、弧背长方形单孔石刀和细石器工艺的三角形石镞等。陶器主要有泥质和夹砂褐陶、夹砂白陶。有少量彩陶，多红彩，黑彩很少。典型器有泥质陶的折腹钵和小口双耳瓮，夹砂陶的大口平沿直腹罐、颈部施附加堆纹的敛口侈沿罐等。阿善二期早段的房屋多为长方形半地穴式房屋，门向南偏西；晚段多石墙建筑，有的附设耳室，门向南或东南、西南。在居住区周围，依地势修筑了石围墙，是一种防御性建筑设施。石器有断面呈矩形的磨制石斧、断面呈梭形的打制石斧、磨制的穿孔石铲、长方形穿孔石刀和属于细石器的三角形石镞等。陶器的典型器形有折腹钵、敛口双耳瓮、单耳罐、侈口折沿盆、豆、器座等。陶器纹饰以篮纹为主，有少量的附加堆纹和连点刺纹[10]。阿善一期、二期、三期在内蒙古中南部地区都有一定的分布地域，发现了许多有相同文化特征的遗址。阿善一期、二期文化遗存曾被称作仰韶文化，三期文化曾被称为"细石器文化"和"龙山文化"。但通过以上对阿善一、二、三期文化的阐述，可以清楚地看出阿善文化虽受到中原地区仰韶文化和龙山文化的影响，其文化遗存含有一些仰韶文化和龙山文化因素，但自身的文化特征很明显，例如，阿善文化中有一定数量的"细石器"，晚期房屋中的石墙建筑，作为防御性的石围墙等，都是仰韶文化和中原龙山文化所缺乏的。而仰韶文化陶器中常见的尖底瓶、红顶碗和钵，彩陶中的各种鱼纹（仰韶文化半坡类型彩纹）、弧纹、勾叶、圆点、三角纹（庙底沟类型彩纹）以及中原龙山文化中常见的陶鬲、斝、鬶、甗等，都不见于阿善文化遗存中，故不应将阿善文化归属仰韶文化和龙山文化系统。

河套西部地区的新石器时代遗址大多分布在黄河及其支流两岸地区，现已发现的遗址有宁夏陶乐县的高仁镇，中卫县一碗泉、沙坡头，青铜峡广武新田[11]，西吉县兴隆镇[12]，内蒙古阿拉善旗白音浩特[13]等。这些遗址的文化时代有早晚区别，高仁镇、沙坡头等遗址的时代较早，大约和甘青地区的马家窑文化相当；白音浩特和兴隆镇的时代较晚，大约和齐家文化的时代相当。这些遗址发现的石器有用间接打击法剥片并用压制法加工的细石器、打制石器和磨制石器三类，以细石器的数量最多。细石器有细长石叶、柱状石核、锥状石核、扁体石核、圆刮器、尖状器、凹体石镞等。磨制石器有斧、锛、磨盘和磨棒等。陶器有夹砂和泥质红陶、夹砂灰陶和彩陶，陶器的器形多为钵和罐。河套西部地区的新石器文化遗存中虽含有甘青地区马家窑文化和齐家文化因素，但与马家窑文化、齐家文化有许多差别：例如河套西部的新石器文化中大量细石器的存在是马家窑文化和齐家文化所缺乏的，而马家窑文化中大量的各种彩陶壶、瓶，齐家文化中的彩陶壶和袋足器等，都不见于河套西部的新石器文化遗存中。

总观阴山山脉以南的河套地区的新石器时代文化有如下特征：（1）河套中、南部和河套东侧地区，农业经济和狩猎经济并重，石制工具中磨制石器和细石器并重。磨制石器主要有石斧、石铲和石刀，均属农业生产工具，是农业经济的反映；细石器有石核、石叶、石镞，各种尖状器和刮削器，属于狩猎工具和刮剥兽皮、切割兽肉的工具，是狩猎经济在工具方面的反映。（2）河套西部地区，石制工具中细石器的比例大于磨制石器，反映狩猎经济在人们的经济生活中占有较大的比例。（3）河套地区的新石器文化，除自身的文化特征外，还不同程度地受到黄河上、中游地区新石器时代文化的影响；河套中、南部和河套东侧的新石器文化遗存中含有仰韶文化和河南龙山文化因素；河套西部地区的史前文化中则含有黄河上游马家窑文化、齐家文化和客省庄二期文化因素。

三 总论

通过以上论述可知，在中国的第二、第三阶梯区域内，根据各个区域不同的生态环境以及由此而产生的不同的经济生活，可将中国的史前文化划分为四个不同的经济文化区：（1）武夷山至南岭一线以南地区，这是一个以采集经济为主、农业经济不发达的区域，该地区要到新石器时代晚期随着稻作农业的传入，农业经济才快速发展起来成为经济生活的主体。（2）长江流域稻作农业文化区。长江流域从新石器时代中期（距今8500年左右）起稻作农业就很快地获得了发展，农业经济的发展促使了磨制石器制造业和制陶业的发达。（3）黄河流域粟作农业文化区。黄河流域在距今8000年左右的新石器时代中期粟作农业就比较发达，由于粟作农业的发展，磨制石器和陶器也相应的得到了发展。（4）北方沙漠草原地区，这是中国最为干燥寒冷的地区之一，不适宜农业的发展，狩猎经济是人们经济生活的主体；和狩猎经济相适应的打制的细石器较为发达，磨制石器则不发达，制陶业也不发达。

在上述四个经济文化区之间则有三个过渡地带或称文化交汇地带：（1）南岭以北和武夷山以西地区，这是狭义的华南地区和长江流域之间的一个过渡地带，这两个地区的文化交流是通过长江的支流，如赣江、湘江、资水、沅江等作为通道传播的，在南岭以北地区的一些新石器文化中可以看到许多长江流域新石器文化的因素。（2）秦岭以南的汉水中游至淮河一线，这是长江流域稻作农业文化和黄河流域粟作农业文化之间的过渡地带；长江流域的新石器文化和黄河流域的新石器文化在该地区的交汇、融合，因地域和时代的不同，对该地区新石器文化的影响程度则各不相同。（3）黄河河套地区，其中包括河套以西和河套以东地区，这是黄河流域粟作农业文化和北方沙漠草原以狩猎经济为主体的新石器文化之间的一个过渡地带；这一过渡地区的文化特征是，其文化遗存中既含有黄河流域新石器文化的因素，又含有沙漠草原地区新石器文化因素；黄河流域新石器文化对这一过渡地区的影响随地域不同而有所不同，河套西部地区的新石器文化较多地受到马家窑文化及齐家文化的影响，河套中南部和河套东部则较多地受到仰韶文化和客省庄二期文化的影响。

（原载《考古与文物》2008 年第 2 期）

[1]　贾兰坡等：《山西峙峪旧石器时代遗址发掘报告》，《考古学报》1972 年第 1 期。

[2]　内蒙古自治区博物馆等：《察右中旗大义发泉村细石器文化遗址调查和试掘》，《考古》1975 年第 1 期；周昆叔等：《察右中旗大义发泉村细石器文化遗址花粉分析》，《考古》1975 年第 1 期。

[3]　广东省博物馆等：《广东曲江石峡墓葬发掘简报》，《文物》1978 年第 7 期。

[4]　福建省文物管理委员会等：《福建闽侯县昙石山第二至第四次发掘简报》，《考古》1961 年第 12 期；福建省文物管理委员会等：《福建省闽侯县昙石山新石器时代遗址第五次发掘简报》，《考古》1964 年第 12 期；福建省博物馆：《闽侯昙石山遗址第六次发掘报告》，《考古学报》1976 年第 1 期。

[5]　长办文物考古队直属工作队：《一九五八至一九六一年湖北郧县和均县发掘简报》，《考古》1961 年第 10 期。

[6]　阚绪杭：《蚌埠双墩遗址的发掘与收获》，《文物研究》第 8 辑，黄山书社，1993 年。

[7]　阚绪杭：《定远县侯家寨新石器时代遗址发掘简报》，《文物研究》第 5 辑，黄山书社，1989 年。

[8]　龙虬庄遗址考古队：《龙虬庄——江淮东部新石器时代遗址发掘报告》，科学出版社，1999 年。

[9]　南京博物院：《江苏海安青墩遗址》，《考古学报》1983 年第 2 期。

[10]　内蒙古社会科学院蒙古史研究所等：《内蒙古包头市阿善遗址发掘简报》，《考古》1984 年第 2 期。

[11]　宁夏地志博物馆：《宁夏青铜峡市广武新田北的新石器文化遗址》，《考古》1962 年第 4 期。

[12]　钟侃等：《宁夏西吉县兴隆镇的齐家文化遗址》，《考古》1964 年第 5 期。

[13]　齐永贺：《内蒙古白音浩特发现的齐家文化遗物》，《考古》1962 年第 1 期。

中国新石器时代陶炊器的演化规律

考古学界一般将磨制石器、陶器、农业和家畜饲养业的产生作为新石器时代开端的标志。西亚和东南欧磨制石器的出现早于陶器，所以有一个"前陶新石器时代"或称"无陶新石器时代"[1]，中国有无"前陶新石器时代"还有争议，但陶器的产生作为新石器时代开始的标志，已无异议。

在农业比较发达的新石器时代文化遗址中，出土陶炊器和食器的数量是较多的。在陶炊器和盛储器中，炊器的演化规律最强，研究陶炊器的演化规律可以更准确地对新石器时代遗址进行断代和分期。

一 陶器产生的历史背景、早期陶器的特征、制陶业的发展和农业的关系

对于陶器产生的过程和历史背景，学术界研究不多。笔者认为要解决这一问题，必须从最早陶器的特征和性质、人们食物结构和经济性质的变化等方面进行研究。

中国境内经过科学发掘，有一定数量陶器出土，并且有明确地层关系的新石器时代早期遗址主要有广西柳州大龙潭鲤鱼嘴（第一期文化）、广西桂林庙岩、湖南道县玉蟾岩、江西万年县仙人洞和吊桶环、河北保定市徐水县南庄头、河北阳原县于家沟等。这些新石器时代早期遗址大致可分为两类：一类是只有陶器和打制石器，而无磨制石器；另一类是有陶器、磨制石器和打制石器。

（一）有陶器和打制石器，无磨制石器的类型

属于这种类型的遗址有广西桂林庙岩、湖南道县玉蟾岩等。

庙岩遗址是一处洞穴遗址。洞穴堆积共分六层，第2层至第5层均有各种文化遗存，第5层发现5块制作原始的陶片。出土的文化遗物有石器、骨器、蚌器、陶器及泥制品。石器只有打制石器，无磨制石器。石器以砍砸器最多，约占石器的23%；其次是刮削器、穿孔器、铲形器等。骨器有锥形器、铲形器等。陶片皆素面，部分表面有烟炱，质地粗疏，吸水性强，胎内夹有石英粒和炭粒。庙岩遗址第5层出土的陶片，经北京大学考古系实验室测定，其年代分别为距今 15560 ± 500 年（BA94137a）和距今 15660 ± 260 年（BA94137b）[2]。

玉蟾岩遗址位于湖南道县寿雁镇白石寨村，遗址所在地为南岭北麓。1993 年和 1995 年，湖南省文物考古研究所对这一洞穴遗址进行过三次考古发掘。洞穴内的文化层厚度为 1.2～1.8 米，地层保存基本完好，文化性质比较单纯，出土的文化遗物有石器、陶器、骨器、角器、蚌器等。石器全部打制，器形有砍砸器、刮削器、锄形器、刀等。骨器有骨铲和骨锥。堆积中发现的陶片数量很少，陶片为黑褐色，火候很低，质地疏松，胎厚近 2 厘米，夹炭和粗砂；其制法为贴塑，可见交错层理，内外表均饰绳纹。两次发掘在文化堆积的层面中均发现有水稻谷壳。1995 年出土的稻谷为栽培稻，但具野稻、籼稻和粳稻的特征，是一种由野稻向栽培稻演化的古栽培稻类型。玉蟾岩遗址第 3 层的兽骨经 [14]C 测定，其年代分别为公元前 8327 年和公元前 7911 年（均为树轮校正值）[3]。

（二）有陶器、磨制石器和打制石器的类型

属于这一类型的新石器时代早期遗址主要有广西柳州大龙潭鲤鱼嘴（第一期文化）、江西万年县仙人洞和吊桶环、河北保定市徐水县南庄头、河北阳原县于家沟等。

鲤鱼嘴遗址是一处贝丘遗址。文化层共分三层，第 3 层为下文化层，即第一期文化。第一期文化的文化遗物有较多的打制石器、1 件刃部磨光的石斧、骨器和少量的陶片。陶片多为夹砂陶，火候低，质软，胎壁厚。下文化层上部的人骨 [14]C 测定的年代分别为距今 10505±150 年（PV－0401）和距今 11785±150 年（PV－0402）。下文化层出土的动物骨骼除犀牛外，大都是广西境内现在生存的属种[4]。

仙人洞是一处洞穴遗址，吊桶环是一处岩棚遗址，两遗址相距 800 米。仙人洞遗址的上文化层为新石器时代早期，出土的文化遗物有陶器、打制石器、磨制石器、骨器、蚌器等。陶器均为碎片，全部为夹砂红陶，掺和料为大小不一的石英粒，质地粗疏，火候很低，易碎；厚胎，器壁凹凸不平，厚薄不均；有些陶片的内外表均饰绳纹，内外表绳纹不一；有的陶片涂朱；口沿有直口，也有微外侈或内敛的；器底有平底和圜底。1963 年的试掘报告中复原了 1 件似圜底的夹砂红陶罐。打制石器有砍砸器、刮削器和石核石器。磨制石器磨制得比较粗糙，器形有梭形器、穿孔石器等。吊桶环遗址的上文化层亦为新石器时代早期，出土的文化遗物和仙人洞上文化层大致相同。仙人洞和吊桶环两遗址的孢粉分析结果显示，上文化层禾本科植物陡然增加，花粉粒度较大，接近水稻花粉的粒度。植硅石分析显示，上层有类似水稻的扇形体。仙人洞和吊桶环两遗址的年代经 [14]C 测定为：上文化层为距今 1.4 万～0.9 万年，出土陶器的地层为距今 1.2 万～1 万年[5]。

南庄头遗址共发现 4 条自然沟、2 座灰坑和 2 处用火遗迹。第三号沟的上部已被破坏，下部及沟底发现丰富的动物骨骼、陶片、石器、骨器等。三次发掘共发现陶片近 60 片，都很破碎，烧成温度低，胎质极为疏松，夹砂或石英，掺和蚌末或云母；陶色不纯，既有黄色，又有灰色；断面的中心为灰褐色或黑色，内外表为黄色或褐色；多数有纹饰，以浅细绳纹为主。陶器类型单一，主要是罐，其形制为圆方唇微折，颈部一般都有附加堆纹，平底，腹部有烟熏痕迹，可能用作炊器。磨制石器有 1 件石锤、5 件残磨盘和 4 件磨棒。从出土的动物骨骼观察，猪和狗可能为家畜。南庄头遗址测定了许多 [14]C 年代数据，其中 5 个数据是用木头和木炭测定的，T1 第 5、第 6 层的木炭测定的数据为距今 9875 ± 160 年（BK86120），T1 第 6 层底部灰坑中的木炭测定的数据为距今 10510 年左右（BJ87075），其余几个数据为距今 1 万年左右[6]。

于家沟遗址位于河北阳原县泥河湾盆地，其文化层厚达 7 米，包含更新统末至全新统中期的地层。其上部地层为 1.4 米厚的新石器时代中期地层；下部地层含大量细石器，距今 14000 ~ 8000 年。该层又可分为三层：第 1 层有磨光石器与零星的夹砂红褐陶，饰指甲纹；第 2 层出土少量陶片，其中有一片为平底器底部，为夹砂黄褐陶，质地粗疏，热释光测定超过 1 万年；第 3 层也有各种装饰品，无陶器。以上三个地层中均含细石器，楔形石核和细石叶含量大，常见的器形有端刮器、尖状器、雕刻器和锛状器等[7]。从以上阐述可知，于家沟遗址含陶器的下文化层的第 1、2 层应归属新石器时代早期，第 3 层为旧石器时代末期。

通过以上对中国境内几个经过考古发掘的新石器时代早期遗址文化遗存的分析，可以归纳如下几点：

1. 凡经过动物骨骼鉴定的遗址，其动物骨骼除个别种类外，均属现生种，表明其地质时代已进入全新世。遗址的年代，除岭南的个别遗址外，[14]C 测定的年代均在距今 1 万年左右。

2. 上述新石器时代早期遗址所处的地域范围幅度较大，从南岭以南的南亚热带到桑干河上游的中温带的亚干旱地区。由于遗址所处的地理环境区别较大，不同地域的遗址所出土的文化遗物也各不相同。南岭北麓的玉蟾岩遗址虽出土古栽培稻和原始陶器，但在石器中只有打制石器（以大型砍砸器的数量最多），而无磨制石器。泥河湾盆地的于家沟遗址的石器则是以大量的细石器为主。但是，中国的新石器时代早期遗址除北方干旱的草原地区外，大多数遗址都出土农业生产工具（石斧、石锛或打制的砍伐器），或出土谷物加工工具（磨盘、磨棒），有的遗址还出土水稻遗存，反映农业经济已进入初始阶段。

3. 这些遗址或多或少地出土陶器。陶片大多数为夹砂厚胎，火候低，质地粗疏，一部分陶片外壁有烟炱痕迹，应作炊器。陶器的器形为深腹，平底或圜底，无三足器和圈足器。

新石器时代早期（前段）陶器的上述特征，一方面反映陶器制作的原始性，同时也反映这些陶器与人们炊煮食物有关。夹砂陶用来炊煮食物（夹砂陶在火的直接烧烤下不会破裂，泥质陶则不具有这种功能），泥质陶用作盛储食物。由于当时农业尚在肇始阶段，谷物在人类的食物中所占比例很低，因此对陶器的需求量很小，故陶器的数量很少，只有到新石器时代早期偏晚阶段和新石器时代中期阶段，随着农业经济的发展，谷物的增加，陶器才逐步发展起来。旧石器时代的狩猎和采集经济，其食物中的肉类食物可以通过各种烧烤的方法（根据民族学资料，其烧烤方法有三四种）制成熟食食用，鲜果和干果可以直接食用。新石器时代的谷物类食物则必须用陶器来炊煮，这就是陶器产生的历史背景和必然性。人们在用夹砂陶器炊煮食物的同时，与其相关的水器、食器、盛储器也随之产生。中国黄河流域和长江流域在新石器时代农业经济都比较发达，人们食用谷物类食物的比重较大，故制陶业都比较发达；而北方沙漠草原地区和南岭以南地区在新石器时代早中期农业经济都不发达，故制陶业也不发达。北方草原地区和南岭以南地区要到新石器时代晚期，随着农业的发展制陶业才发展起来。

二　新石器时代中期前后两个发展阶段陶炊器的演化

（一）以陶釜和陶支架为主要炊器的文化时期

中国新石器时代文化发展到距今 8000 年前后，随着生产工具的进步和生产技术的改进，农业和家畜饲养业较新石器时代早期有了很大的发展，制陶业在这一时期也相应的得到发展，陶器的数量和种类都大为增加。

黄河流域、淮河流域和长江流域等地区，在新石器时代中期前一阶段，有许多新石器时代文化的陶炊器是以陶釜和陶支架为主，有的文化陶釜则被夹砂筒形盂所取代，有的文化的支架（或称支座）则以石支架为主。以陶釜和支架为炊器的文化，黄河流域有河北南部太行山东麓的磁山文化[8]，泰沂山脉北麓的后李文化[9]，鲁中南山地东南的山前高亢地带的北辛文化[10]；淮河中游有双墩文化[11]；长江流域有湘西北的彭头山文化[12]和皂市下层文化[13]，长江西陵峡两岸的城背溪文化[14]，浙江宁绍地区的河姆渡文化[15]。磁山文化起陶釜作用的是夹砂筒形平底盂，陶支架的上端为三角形，中下端空心。后李文化的三个一组的石支架插于灶坑中，陶支架则很少。北辛文化早期以陶釜和支架为主要炊器，晚期的炊器逐步被陶鼎所取代。双墩文化以陶釜和支架作为炊器也是在其早期，晚期的炊器则为鼎。湘西北的彭头山文化和皂市下层文化均以陶釜和支架作为炊器。彭头山文化年代早于皂市下层文化，前者的年代为距今 8500～7500 年，后者的年代为距今 7500～7000 年，这表明陶釜和支架在湘西北作为炊器使用，时间长达 1500 年。太湖流域马家浜文化的陶釜不是搁置在陶支架上，而是置于长方形的由炉条构成的炉算上[16]。

（二）以陶鼎为主要炊器的文化时期

新石器时代中期后一阶段，随着农牧业经济的发展，制陶业又向前迈进了一大步，陶炊器中的釜和支架逐渐减少，陶鼎逐步成为主要炊器。陶鼎是陶釜和支架的结合体，鼎足起着支架的作用，这是新石器时代陶炊器制作的一大进步。

黄河流域的仰韶文化、大河村文化、后岗一期文化、北辛文化晚期、大汶口文化（早期），淮河流域的双墩文化晚期、龙虬庄文化，长江流域的大溪文化、屈家岭文化早期、北阴阳营文化、薛家岗文化、马家浜文化晚期、崧泽文化等，这些新石器时代文化的陶炊器均以陶鼎为主。作为蒸煮食物的陶甑（搁置在鼎、釜之上）则产生于新石器时代中期。

三　新石器时代晚期的陶炊器

新石器时代晚期随着生产力的发展，特别是农业生产的发展，人们烧制陶器的技术有了飞跃的进步，尤其是在黄河下游地区，人们已能制作出器壁非常薄并有精美镂孔的蛋壳黑陶，比如一件 26 厘米高的黑陶高柄杯，重量不足 50 克。典型龙山文化的陶器，轮制极为发达。陶器制作技术水平在陶炊器方面的进步表现是袋足炊器的大量出现，袋足炊器的种类有鬶、鬲、斝、甗等，其最大优点是袋足，由于袋足炊器的三个袋足是空心的，在炊煮时加大了火的接触面，加快了液体食物和水煮沸的速度。

中国新石器时代晚期出现袋足炊器比较多的有黄河流域的大汶口文化（晚期）、龙山文化、庙底沟二期文化、后岗二期文化、齐家文化等，长江流域有石家河文化、良渚文化等。

综上所述，我们将中国距今 11000 ～ 4200 年的新石器时代划分为三大期（早期、中期、晚期），前后共分为四个发展阶段。早期阶段是陶器的肇始阶段，陶器的数量少，火候低，质地粗疏，器形均为厚胎的圜底器和平底器，少量的陶器多为用于炊煮的夹砂陶，作为盛储器的泥质陶数量非常少。中期前一个阶段的陶炊器为陶釜和支架（支架多为陶质，个别为石支架），陶釜为圜底或平底；中期后一个阶段的陶炊器主要为三足鼎，陶釜和支架数量逐渐减少。晚期阶段产生的袋足炊器（鬶、斝、鬲、甗），是一类最为进步的陶炊器，尤其是陶甗将陶甑和陶鬲结合为一体用来蒸煮食物。陶鼎在晚期阶段继续作为炊器使用，陶釜和支架到晚期阶段逐渐消失。

（原载《中原文物》2007 年第 4 期）

［1］　北京大学历史系等：《世界古代史论丛》第 1 集，第 25 ～ 126 页，三联书店，1982 年。

［2］　谌世龙：《桂林庙岩洞穴遗址的发掘和研究》，《中石器文化及有关问题研讨会文集》，第 150 ～ 166 页，广东人民出版社，1999 年。

［3］ 袁家荣：《玉蟾岩获水稻起源重要新物证》，《中国文物报》1996 年 3 月 3 日第 1 版。

［4］ 柳州市博物馆等：《柳州市大龙潭鲤鱼嘴新石器时代贝丘遗址》，《考古》1983 年第 9 期。

［5］ 江西省文物管理委员会：《江西万年大源仙人洞洞穴遗址试掘》，《考古学报》1963 年第 1 期；江西省博物馆：《江西万年大源仙人洞遗址第二次发掘报告》，《文物》1976 年第 12 期；刘诗中：《江西仙人洞和吊桶环发掘获重要进展》，《中国文物报》1996 年 1 月 28 日第 1 版。

［6］ 保定地区文物管理所：《河北徐水县南庄头遗址试掘简报》，《考古》1992 年第 11 期；李君：《徐水南庄头遗址又有重要发现》，《中国文物报》1998 年 2 月 11 日第 1 版；原思训等：《南庄头遗址 ^{14}C 年代测定与文化层孢粉分析》，《环境科学研究》第 1 辑，第 136～139 页，科学出版社，1991 年。

［7］ 泥河湾联合考古队：《泥河湾盆地考古发掘获重大成果》，《中国文物报》1998 年 11 月 15 日第 1 版。

［8］ 河北省文物管理处等：《河北武安磁山遗址》，《考古学报》1981 年第 3 期。

［9］ 山东省文物考古研究所：《山东章丘市西河新石器时代遗址 1997 年的发掘》，《考古》2000 年第 10 期；济青公路文物工作队：《山东临淄后李遗址第一、二次发掘简报》，《考古》1992 年第 11 期；济青公路文物工作队：《山东临淄后李遗址第三、四次发掘简报》，《考古》1994 年第 2 期。

［10］ 中国社会科学院考古研究所山东队：《山东滕县北辛遗址发掘报告》，《考古学报》1984 年第 2 期。

［11］ 阚绪杭：《蚌埠双墩遗址的发掘与收获》，《文物研究》第 8 辑，黄山书社，1993 年。

［12］ 湖南省文物考古研究所等：《湖南澧县彭头山新石器时代早期遗址发掘简报》，《文物》1990 年第 8 期。

［13］ 湖南省博物馆：《湖南石门县皂市下层新石器遗存》，《考古》1986 年第 1 期；湖南省文物考古研究所：《湖南临澧县胡家屋场新石器时代遗址》，《考古学报》1993 年第 2 期。

［14］ 湖北省博物馆江陵考古工作站：《1981 年湖北省秭归朝天嘴遗址发掘简报》，《文物》1989 年第 2 期；陈振裕等：《湖北宜都城背溪遗址》，《史前研究》（辑刊），1989 年。

［15］ 浙江省文物管理委员会等：《河姆渡遗址第一期发掘报告》，《考古学报》1978 年第 1 期。

［16］ 上海市文物保管委员会：《上海市青浦县崧泽遗址的试掘》，《考古学报》1962 年第 2 期；黄宣佩等：《青浦县崧泽遗址第二次发掘》，《考古学报》1980 年第 1 期。

一种史前制玉工具的考释

近几年在安徽含山县凌家滩、浙江桐乡县罗家角、澳门黑沙和广东珠海锁匙湾、宝镜湾等遗址，都发现一种器身为椭圆形或不规则形、其一端或两端有螺丝形头的石工具。这种石工具有何用途，称何名称，学术界还无一致的看法。本文旨在对这种石工具的用途及名称，谈一些粗浅的看法。

一

凌家滩 M23 出土的一件有螺丝头的石工具，材料为黄褐色的泥质砂岩，器身呈椭圆形。整体长 6.3 厘米，横径 1.1~2.5 厘米，厚 1.2 厘米。两端各有一个螺丝状的头，一端螺头长 0.5 厘米，直径 0.3 厘米；另一端螺头较粗，磨损严重，长 0.3 厘米，直径 0.6 厘米。从两端螺头磨损特征来分析，螺头可能是旋磨而成；器身一面有两道凹槽，可能是捆拴固定之用[1]。中国文物研究所对凌家滩遗址红烧土层下草木灰和墓区探方出土的木炭标本进行[14]C年代测定，其年代分别为距今 5560±195 年和距今 5290±185 年（经树轮校正）。

类似凌家滩的石工具在浙江罗家角遗址出土了 2 件。标本 T116②:3，横剖面略呈椭圆形，一端已残；另一端略呈圆形，残长 4.1 厘米（图一，1）。标本 T138①:2，整体略呈椭圆形，全长 3.2 厘米，中部横剖面呈圆角三棱形；两端呈圆锥形，其上有多道旋纹（图一，2）[2]。罗家角遗址的第 1 层属马家浜文化晚期后段，第 2 层属马家浜文化晚期前段；从两件石工具的形体特征来看，标本 T138①:2 比标本 T116②:3 制作精致，亦即马家浜文化晚期后段者比马家浜文化晚期前段者制作得进步。马家浜文化晚期前段的年代大约为距今 6000 年，后段的年代为距今 6000~5500 年。

澳门黑沙出土的 1 件具有乳首突的石工具，其材料为椭圆形的长身砾石，表面光滑，有明显的石英节理面。整体呈椭圆形，通体长 7.76 厘米；中段较粗，直径为 5.47 厘米。长轴两端均为砥磨处。一端较细，高 0.9 厘米，直径 0.9 厘米；可分为三个圆圈带，最内一圈为乳突的顶端，表面有琢击痕迹；第二圈即尖头的四周，具有光泽圆周带，直径 3 厘米；以 10 倍放大镜可观察到光泽圆周带上有大量同心圆之沟状纹。最外一圈为尖头末端与器身的连接处，其上可见到呈圆周的琢击痕迹，琢击痕的最外围分布参差。另一端螺头较粗短，高 0.8 厘米，直径 1.8 厘米；乳突不明显，光泽圆周带较宽。最外只有零星的琢

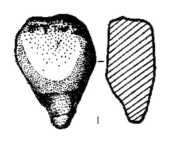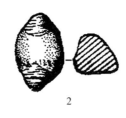

图一　桐乡罗家角遗址出土的环砥石

1. T116②:3　2. T138①:2

击痕迹。这件石制工具出土于黑沙遗址第 1 文化层。北京大学第四纪年代测定实验室对黑沙遗址第 1 层的木炭所测定的 ^{14}C 年代为距今 4190±210 年（未经树轮校正）[3]。

珠海宝镜湾遗址出土具有螺头（或称乳突）的石工具共有 8 件，是迄今发现的这种石工具数量最多的一个遗址。这 8 件石工具中有 4 件为长椭圆形，2 件为扁椭圆形，2 件为不规则形。其中 2 件两端有乳首突，6 件一端有乳突。标本 T12①:38，通长 3.7 厘米，宽 1.7 厘米，厚 1.3 厘米，重量 9 克。器身呈不规则的椭圆形，一端有打制痕迹，另一端具有细长乳首突。乳首突长 1.3 厘米，中端直径 0.7 厘米。这是宝镜湾遗址发现的器形最小而乳突最长的一件。标本 T4②A:9，残断，原形体也应为柱状体；顶端乳首突不明显，残长 4.6 厘米，宽 7.7 厘米，磨面直径 6.2 厘米，乳首突中端直径 1.3 厘米。标本 T12①:60，通体长 5.1 厘米，横剖面长度分别为 3.8 厘米和 2.3 厘米；器体两端均有乳首突：一端乳首突比较粗短，高度为 0.5 厘米，中端横径 1 厘米；另一端乳首突比较瘦长，高度为 0.7 厘米，中端横径 0.9 厘米。标本 T13②:24，器体一端有乳首突；乳首突比较粗短，其横径大于高度，高度为 0.8 厘米，横径为 1.5 厘米；通体长为 8.6 厘米，横剖面宽度分别为 4 厘米和 2.5 厘米；这是迄今发现的同类工具中最长者。标本 T9②B:13，灰色斑状花岗岩，近柱状体；器体一端有明显的打击痕迹；另一端有乳首突；器体通长 6.8 厘米，柱状体横截面直径为 3.8~4.4 厘米；其中端磨面宽 3.4~3.7 厘米；乳首突比较粗短，高度小于横径，高 1.2 厘米，横径 1.4 厘米[4]。宝镜湾遗址出土的 8 件有乳首突石工具，其共同特征是最大直径在 10 厘米以下，大部分横剖面呈圆形或椭圆形，在长轴的中轴线上的一端或两端琢出乳首突，在使用过程中形成几个圆周带。宝镜湾遗址的文化时代为新石器时代晚期至青铜时代早期，广州地质化学研究所对宝镜湾遗址第 2 层（2B）的炭土所测定的 ^{14}C 年代为距今 3460±170 年。

珠海锁匙湾遗址采集了两件有乳首突的石工具。标本 99ZHS 采:16，通体长 5.8 厘米，器身呈长条形，横剖面直径为 1.3~1.6 厘米；一端有乳首突，一端为锥形；乳首突上可观察到五圈因使用而形成的螺旋纹。标本 99ZHS 采，整体呈椭圆形，通体长 5.4 厘米，横剖面直径为 2.7~3.3 厘米；两端均有乳首突，乳首突比较粗壮；乳首突上可观察到因使用而形成的三个圆周带。

上述发现这种石工具的诸遗址中，凌家滩、宝镜湾、锁匙湾、黑沙等遗址均有玉石芯共存。据研究，这种石工具在东南亚，尤其在中国东南沿海地区发现最多，年代也最早。其年代最早的是罗家角遗址，最晚的是宝镜湾遗址。长江下游地区是这种工具的发源地，其使用时代从新石器时代中期一直延续到青铜时代。

二

凌家滩、罗家角、黑沙、宝镜湾、锁匙湾等遗址发现的一端或两端有螺丝状头（或称乳首突）的石工具，究竟作何用途，如何命名，学术界还没有一致的意见。张敬国在其撰写的论著中认为这种工具是"石钻"，亦即为钻孔工具[5]。邓聪在《澳门黑沙》中将这种工具称为"环砥石"，认为"环砥石是一种对器物的内面研磨工具，其功能主要是打磨环状器物的内环剖面"。环砥石的砥是取其精磨或细磨之意，与砺石粗磨不同[6]。此后他在《珠海文物集萃》中将这种工具由"环砥石"改为"辘轳"，认为这是一种穿孔工具，用作环玦类玉器制作中的管钻穿孔。"辘轳上旋转盘向同一方向转动，带动了在其上已固定的玉石毛坯，而制作者以竹管状物套在毛坯上施压，由于旋转盘的转动，竹管在石英砂和水的帮助下，使钻孔顺利完成。"[7]罗家角遗址出土的两件这种工具，姚仲源认为是"钻头"，可能与石器钻孔技术有关。

笔者认为，要了解这种一端或两端有螺丝状头的石工具的用途，需从下面两个方面来进行研究：

第一，出土这种工具的地理环境及其共存玉石器的研究。这种石工具大多发现于中国东部沿海地区，尤以中国东南沿海地区发现最多。出土这种石工具的遗址中均出土玉璧（或琮）、玉瑗、玉环、玉镯、玉玦、玉璜、玉斧（钺）等带孔且孔径较大的玉石器，许多遗址（如凌家滩、黑沙、宝镜湾、锁匙湾、南京北阴阳营）中，还同时出土玉石芯。玉（石）芯的大小各异，其大小程度与玉（石）璧、琮、环、玦、璜、瑗等玉石器孔之内壁基本一致。玉石芯是在制造上述玉石器过程中对毛坯进行管穿之遗留。玉石芯不是废品，它还可以进行第二次、第三次穿孔，制作出更小的环状器物的半成品。有的研究者曾成功地将开了孔的竹管加砂（解玉砂）伴水对玉石器毛坯进行穿孔。中国东南沿海地区自新石器时代起就盛产各种竹，并有丰富的解玉砂，这就为玉石器制作中的"管穿"技术的发展创造了有利条件。中国东南沿海地区许多新石器时代晚期遗址出土的孔径较大的玉石器（璧、瑗、环、钺等）皆用管穿法穿孔。上述分析说明两个问题，一是这种一端或两端有螺丝头的石工具，不是用来对玉石璧（琮）、瑗、环、镯、玦、璜等大孔玉器进行穿孔的；二是这种石工具又可能与管穿技术有关。

第二，分析这种工具的具体特征，并推断其用途。这种石工具的共同特征是一端或两端有螺丝状的头，但器身的形制和大小各异；器身既有椭圆形的（凌家滩、黑沙、宝镜湾、锁匙湾），又有柱状的（锁匙湾）和不规则形的（宝镜湾、罗家角）；器身的长短也不同，以宝镜湾遗址的出土物为例，最长者是最短者的三倍；宝镜湾遗址出土者既有椭圆形，又有不规则形。螺丝头的长短和横径的大小各不相同，但都有因旋转而形成的圆圈痕迹。从这种工具器身的特征和螺丝头的特征进行综合分析，可以做出这样的判断：这种石工具的螺丝头不是直接安放在所要穿孔的玉石器毛坯上进行穿孔的，亦即这种工具不是"石钻"；螺头上的旋转痕迹表明这种石工具是安装在能旋转的工具上进行使用的。

这种石工具既然不是"石钻"，不能直接用来穿孔，但又常与玉石芯共出于遗址同一地层或同一遗址的不同遗迹单位中，说明这种工具与"管穿"后的玉石器加工有关。有的研究者认为，这种石工具主要用于打磨环状器物的内环剖面，但并未说明如何使用。笔者认为，可用两种方法来砥磨环状器物的内环壁。第一种方法，将"管穿"后的环状器物紧紧地套在某一管状物（可用竹管）的内壁，并使管状物固定不动，然后按照需要砥磨的环状器物内壁直径大小选择适宜的螺丝头来砥磨。这种带螺丝头的石工具则紧紧套合在另一管状物的内壁，将皮条或绳索在管状物外壁绕一圈，使两人各执皮条或绳索两端（亦可将皮条或绳索两端拴系在木棒的两端）来回拉动管状物转动（亦即带动螺头转动），从而达到砥磨环状器物内壁的目的（图二）。第二种方法，将竹管固定在一个可以快速转动的木盘上，环砥石则紧套在竹管内壁（螺头朝上），所需砥磨的环状玉器毛坯紧套在另一竹管的内壁，砥磨时环状玉器毛坯内壁则套合于环砥石的螺头上（图三）。

以上分析说明，带螺丝头的石工具不可能是制作环、瑗、璧、镯、玦等孔径较大的玉石器的穿孔工具，那么有无可能是对孔径只有 1~2 毫米的玉管、玉璜两端小孔及一些饰件的小孔进行穿孔的工具呢？实验证明这也是不可能的。根据测量数据，这些石工具的螺头直径都大于 3 毫米，用这种工具不可能"钻"出孔径只有 1~2 毫米的小孔。孔径小于 3 毫米的小孔在新石器时代是用什么工具进行穿孔的？有些研究者曾将长江下游新石器时代遗址出土的打制细石器中的"石钻"对玉石毛坯进行穿孔，实验是成功的。张祖芳、周晓陆用江苏丹徒县大港镇磨盘墩新石器时代遗址出土的燧石钻对玉石毛坯进行钻孔实验[8]。实验用的是两件硬度为 7 度、质地很细密的燧石钻。两种实验如下：

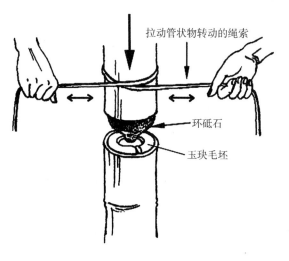

拉动管状物转动的绳索

环砥石

玉玦毛坯

图二　环砥石用途（一）

（1）将石钻固定于金属钻床的钻杆上，用手拿着辽宁岫岩产的厚度为 3 毫米的玉石片（蛇

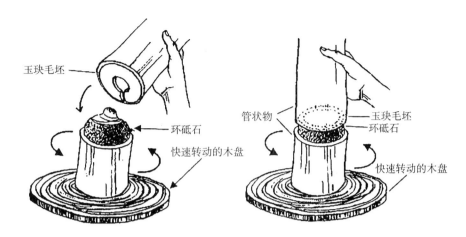

玉玦毛坯

管状物

玉玦毛坯
环砥石

环砥石

快速转动的木盘

快速转动的木盘

图三　环砥石用途（二）

纹石类，硬度为5.5度），对准慢速旋转（每分钟300转）的钻头，伴以流水冲屑，做两面交互钻，5分钟即钻成一个孔。用同样的方法，在厚5厘米的玉石片上，10分钟也可钻成一孔。

（2）将石钻固定在拉弓式的木工钻上，以每分钟约200转的速度伴水钻，在3毫米厚的玉石片上，10分钟即可钻成一个孔洞。

此外，实验者用燧石钻在玉石片上刻划，可呈现出十分清晰的线条。

通过以上实验，石钻的钻头基本没有磨损，钻出的孔洞都呈锥形，和新石器时代玉石器上小孔的穿孔特征相同。

综上所述，凌家滩、罗家角、黑沙、宝镜湾、锁匙湾等遗址出土的两端或一端有螺头的石工具，既不能对玉石环、瑗、镯、璧、玦等大孔石器的毛坯进行穿孔，又不能对玉石管等小孔玉石器毛坯进行穿孔，因此，它不是穿孔工具，而是对玉石器内孔壁进行砥磨的工具；由于这种石工具的螺头直径都大于3毫米，故它不可能是对孔壁直径小于3毫米的小孔内壁进行砥磨的工具，而只是对内孔壁直径大于3毫米的玉石环、瑗、璧、镯等孔径较大的玉石器砥磨的工具。根据这种石工具的准确用途，将其称为"环砥石"或"内环砥石"则更确切。"环砥石"之环是取其形，"砥"表示其用途，"内环砥石"之"内"是指其用于砥磨环状器物之"内壁"。

[原载《海峡两岸古玉学会议论文专辑》(II)，国立台湾大学理学院地质科学系印行，2001年]

［1］　安徽省文物考古研究所：《安徽含山凌家滩新石器时代墓地发掘简报》，《文物》1989年第4期；安徽省文物考古研究所、含山县文物管理所：《安徽含山县凌家滩遗址第三次发掘简报》，《考古》1999年第11期。

［2］　罗家角考古队：《桐乡县罗家角遗址发掘报告》，《浙江省文物考古所学刊》，文物出版社，1981年。

［3］　邓聪、郑炜明：《澳门黑沙》，第59、157页，中文大学出版社（香港），1996年。

［4］　李世源：《珠海澳门近年出土水晶、玉器试析》，《东南文化》1999 年第 2 期；张之恒、陈振忠：《广东珠海市宝镜湾遗址试掘简报》，《东南文化》1999 年第 2 期。

［5］　安徽省文物考古研究所编：《凌家滩玉器》，第 120～132 页，文物出版社，2000 年。

［6］　章鸿钊：《石雅》中编，北京，1927 年，第 2 版。

［7］　邓聪：《环珠江口考古之崛起》，《珠海文物集萃》，第 47 页，中文大学中国考古艺术研究中心（香港），2000 年。

［8］　南京博物院、丹徒县文教局：《江苏丹徒磨盘墩遗址发掘报告》，《史前研究》1985 年第 2 期。

秦岭至淮河一线史前文化的特征

秦岭至淮河一线是广义的中国南方和北方的分界线，也是黄河水系和长江水系以及史前文化的分界线。旧石器时代，分界线以北属华北的"石片文化传统"，以南属华南的"砾石文化传统"。新石器时代，分界线以北属于黄河流域的各种新石器文化体系，以南属长江流域的各种新石器文化体系。秦岭至淮河一线的史前文化除受到黄河流域和长江流域史前文化的影响外，又具有自身的文化特征。

按其各个地域的文化特征，可将秦岭至淮河一线分成下列几个区域：秦岭以南的汉水上游、汉水中游和淮河流域。

一　汉水上游

秦岭以南的汉水上游地区经过考古发掘的新石器时代遗址主要有陕西省西乡县李家村、西乡县板桥乡何家湾、汉阴县渭溪乡阮家坝、紫阳县汉城乡马家营、紫阳县金川乡白马石、南郑县石拱乡龙岗寺等。

李家村遗址的文化遗存可分为两个阶段，即文化时代较早的相当于渭河流域老官台文化阶段，时代较晚的相当于龙山文化阶段。相当于老官台文化阶段的文化遗存，陶器主要有圈足碗、深腹三足器、圜底罐、平底钵、圜底钵等。李家村遗址陶器器形与渭河流域老官台文化的陶器有一定的相似性，学术界将李家村遗址的文化遗存称为老官台文化的"李家村类型"。李家村遗址经[14]C测定其年代分别为距今 6895 ± 125 年（ZK1267）和距今 6995 ± 115 年（ZK1268）（均为树轮校正）[1]。经研究，汉水上游的仰韶文化半坡类型是由李家村类型的文化遗存发展而来。

西乡县板桥乡何家湾遗址的第 1 期文化遗存为老官台文化李家村类型；第 2 期文化遗存为仰韶文化半坡类型，该半坡类型又可分为早、中、晚期；第 3 期文化遗存为仰韶文化庙底沟类型；第 4 期文化遗存为龙山文化遗存[2]。

汉阴县渭溪乡阮家坝遗址的第 1 期文化遗存为老官台文化李家村类型，第 2 期文化遗存为仰韶文化半坡类型，第 3 期文化遗存为仰韶文化庙底沟类型，第 4 期文化遗存为夏商时期文化遗存[3]。

紫阳县汉城乡马家营遗址的第 1 期文化遗存为老官台文化李家村类型，第 2 期为仰韶文化半坡类型，第3期为仰韶文化庙底沟类型，第4期为夏商时期的文化遗存。马家营遗址的仰韶文化半坡类型的文化遗存发现了炭化粟[4]。秦岭以南地区属北亚热带气候区，是水稻作物生长区域，仰韶文化半坡类型时期粟在汉水上游的出现，是黄河流域文化因素向南发展的结果。

紫阳县金川乡白马石遗址的第1期文化遗存为老官台文化李家村类型向仰韶文化半坡类型的过渡类型；第2期文化遗存具有早期巴蜀文化因素，文化时代相当于新石器时代晚期至夏商时期，但又具有中原地区龙山文化因素[5]。

南郑县石拱乡龙岗寺遗址的第1期文化遗存为老官台文化李家村类型，第2期文化遗存为仰韶文化半坡类型，第3期文化遗存为仰韶文化庙底沟类型，第4期为龙山文化遗存[6]。龙岗寺半坡类型的陶器中发现一种压印的浅浮雕印纹白陶，这种印纹白陶曾发现于汉水下游的湖北省枝江县关庙山大溪文化早期遗址中，龙岗寺仰韶文化半坡类型晚期的陶簋、豆、杯等高圈足器形，也在大溪文化中发现过。龙岗寺遗址仰韶文化半坡类型遗存中也发现有炭化粟。

通过对秦岭以南汉水上游的李家村、何家湾、阮家坝、马家营、白马石、龙岗寺等新石器时代遗址文化遗存的剖析，其文化特征受渭河流域的老官台文化、仰韶文化半坡类型和庙底沟类型、中原龙山文化的影响较大，但也在一定程度上与长江流域的大溪文化、早期巴蜀文化有一定的联系。

二 汉水中游

汉水中游的鄂西北地区，地处秦岭山脉东南缘以南，大巴山以北，地理位置相对偏于东南，更接近长江中游的气候及其生态环境。

鄂西北地区经过正式考古发掘的新石器时代遗址，主要有湖北省郧县大寺、青龙泉，均县朱家台、乱石滩、观音坪等[7]。这些新石器时代遗址叠压关系从下到上基本为仰韶文化、屈家岭文化、龙山文化。仰韶文化遗存中包括半坡类型和庙底沟类型，出土的陶器中虽然能见到一些陶片和少量器形，但缺少黄河流域半坡类型和庙底沟类型的典型器形，如各种形制的尖底瓶、釜和釜形鼎、彩陶钵等。龙山文化遗存中只见陶鬶和少量的三袋足斝，而缺少中原龙山文化中常见的单把鬲和漆黑光亮的黑陶。房屋建筑中也缺少黄河流域常见的半地穴式房屋，而只有地面建筑。这与汉水中游所处的地理位置及地理环境有关，该地区一方面处在秦岭东南缘，受渭河流域仰韶文化的影响，但其生态环境更接近长江中游，受长江流域新石器文化影响较大。

三 淮河流域

淮河上游支流较多，大多分支向北流入黄淮平原，其新石器文化则分属于黄河中游的新石器文化体系；少量向南的分支，则分别归属于淮河上游自成体系的新石器文化系统。

淮河中、下游地区的新石器文化虽受黄河下游和长江下游新石器文化的影响，但又具有自身的文化特征和性质，自成体系的主要有双墩文化、龙虬庄文化和青墩文化。

（一）双墩文化

双墩文化分布于淮河中游地区，以安徽省蚌埠市淮上区小蚌埠镇双墩遗址命名。

双墩文化的典型遗址除双墩外，还有安徽省怀远县侯家寨遗址。根据双墩遗址和侯家寨遗址出土器物及地层关系，可将双墩文化分为早、晚两期，侯家寨遗址的第1期相当于双墩遗址的晚期。

双墩文化早期的主要器物有红褐陶釜和支座、牛鼻耳大口罐、浅口盘、器座、鼎、甑、红衣陶盆、红衣陶豆、多种彩绘陶器等，其中陶釜和支座为主要炊器。根据双墩遗址和侯家寨遗址 ^{14}C 测年，其早期的年代距今 7200～7000 年，晚期年代距今 7000～6800 年[8]。

（二）龙虬庄文化

龙虬庄文化是江淮东部地区一支新石器时代中、晚期文化，主要分布在洪泽湖、高邮湖以东地区。

根据龙虬庄遗址的地层关系可将其分为三期。第1期文化的陶炊器有釜及器座、煮水的三足侧把盉，食器有豆、碗、钵，年代大约距今 6500～6000 年。第2期陶炊器主要有陶釜及器座、鼎、盉，盛储器有陶钵、壶、罐、豆等，年代大约距今 6000～5500 年。第3期文化的陶炊器有陶釜、鼎，食器有豆、三足钵，水器有陶杯、匜、盆等，第3期文化现无 ^{14}C 测定的年代数据可供参考[9]。

龙虬庄文化第1期至第3期文化遗存都发现人工栽培稻谷粒，当时人工饲养的家畜主要有猪、狗。说明大约从距今 6500 年开始，江淮东部地区，人们的经济生活已发展到以栽培水稻和饲养家畜为主，采集和狩猎经济在人们的生活中已不占主导地位。

（三）青墩文化

青墩文化分布于江淮东部地区的南部，经发掘的遗址有江苏海安县沙岗乡青墩遗址和隆政乡吉家墩遗址。

根据青墩遗址和吉家墩遗址的地层关系，可将其分为早、中、晚三期。早期的陶器中炊器主要是鼎，盛储器有钵、碗、壶、罐、杯、缸等。出土有彩陶，纹饰风格大多与仰韶文化庙底沟类型、大汶口文化刘林类型相似。石器有穿孔石斧、锛、凿等，还有较多的骨角器。青墩遗址下层的年代经[14]C测年，为距今5970±77年和距今5645±77年。中期的陶炊器主要是鼎，盛储器有豆、钵、杯、壶、碗、盆、罐，以鼎、豆、壶的数量最多。中期的瓦棱壶、三足杯、折肩折腹壶和罐与太湖流域崧泽文化的同类器相似，是太湖流域同时代文化向江淮东部渗透的结果。吉家墩文化层中的木炭标本，由国家文物局文物保护科学技术研究所[14]C实验室所测定的年代为距今5415±105年。青墩遗址文化层中的木炭样品经[14]C测年，为距今5015±85年（ZK-0582），树轮校正值为距今5625±110年。晚期陶器中的壶、罐和杯等器物已使用轮制。陶器的种类主要有鼎、豆、壶、三足盘、罐等，其中筒形平底杯、圈足杯、三足壶、圈足壶最具特征。石器有穿孔石斧、石锛，有段石锛（段脊分明的高级型），穿孔石斧有单孔、双孔、三孔、双肩单孔等。玉器有琮、璧、瑗、镯、坠等。晚期的贯耳壶、玉琮、玉璧等，皆与太湖流域良渚文化的同类器相似，文化时代亦相当。陶器中的黑陶高圈足杯则与黄河下游的大汶口文化晚期的高圈足杯近似，两者的年代亦相当[10]。

青墩遗址的下文化层出土炭化稻谷，人畜粪便中也有未消化的稻壳。动物骨骼中有大量的猪、狗骨骼，有的墓葬用狗殉葬，这说明猪和狗是当时人们广为饲养的家畜。根据青墩遗址出土器物的比较研究，青墩文化晚期大约和良渚文化中晚期、大汶口文化晚期的年代相当。

四 长江下游和黄河下游

（一）长江下游新石器时代文化向黄河流域的传播和渗透

1. 崧泽文化向江淮地区的渗透

江淮东部地区青墩文化中期陶器中的瓦棱壶、三足杯、折肩折腹壶和罐都与太湖流域的崧泽文化同类器相同，是崧泽文化向江淮地区的发展。

2. 良渚文化向江淮地区和黄河流域的传播

良渚文化分布的中心地区是太湖流域，但传播的地域很广，向南抵达粤北的石峡文化，向北传播到江淮和黄河流域。江淮东部的青墩文化晚期遗存中的贯耳壶，玉器中的玉璧、玉琮、玉瑗等器物都和良渚文化的同类器相似。苏北新沂县花厅遗址的墓葬中就出土了良渚文化的陶器和玉器。苏北邳县大墩遗址上层（花厅期的墓葬和地层）出土了大量良渚文化的贯耳壶等器物[11]。鲁南地区大汶口文化遗存有类似良渚文化高级型的有段石锛、贯耳壶等器物。中原地区陶寺文化中的有柄石刀，玉器中的玉璧、玉瑗、玉钺等器物都和良渚文化的同类器相似[12]。

（二）黄河下游新石器时代文化向江淮东部和太湖流域的传播和渗透

1. 大汶口文化和山东龙山文化向江淮东部和太湖流域的传播

青墩遗址上文化层墓葬随葬品中的黑陶带盖高柄杯等器物和大汶口文化晚期同类器相似，其葬俗和大汶口文化一致。大汶口文化的背壶在太湖流域有少量出土，这是大汶口文化向南传播的结果。

2. 河南龙山文化王油坊类型向江淮东部和太湖流域的渗透

河南龙山文化的王油坊类型经过江淮东部地区再向南抵达太湖流域的东部。江淮东部的南荡文化遗存中就含有王油坊类型的文化因素，例如陶器中的浅盘高柄豆、大口尊、甗、曲腹盆形多孔盘式的甗箅、蘑菇纽的器盖等都是王油坊类型和南荡文化所共有的器物。上海松江广富林文化遗存中的垂腹釜形鼎、细高柄浅盘豆、直领陶瓮、带流鬶和竖条纹筒形杯及纹饰中压印绳纹、篮纹、方格纹、刻划方格纹、菱格纹、叶脉纹、错向斜线纹等，都具有王油坊类型陶器特征[13]。当中原地区进入青铜器时代以后，黄河流域的古文化则通过淮河流域进入到长江下游地区，先是二里头文化，再后是商文化进入到江南地区，宁镇地区现已发现含有二里头文化因素的"点将台文化"，南京地区近三十多年还发现了具有商文化性质的遗址。

太湖流域除崧泽文化、良渚文化遗存通过淮河流域进入到黄河流域外，含马家浜文化因素的文化遗存，如筒形腰沿釜等以及稻作农业，都通过江淮地区进入到黄河流域。

以上分析说明，淮河流域是黄河流域和长江流域古文化相互渗透和传播的重要地区。

五 结语

秦岭至淮河一线的新石器时代文化，由于各个区域地理位置和生态环境不同，所受到黄河流域和长江流域史前文化的影响则各不相同。

汉水上游的新石器时代文化，虽然受到长江流域大溪文化和早期巴蜀文化的影响，但主要还是受到渭河流域的老官台文化、仰韶文化和中原龙山文化的影响。汉水中游的鄂西北地区的新石器文化虽受到黄河流域仰韶文化的影响，但缺少仰韶文化的典型器物。汉水中游的新石器文化，主要还是受长江中游的屈家岭文化和龙山文化的影响，汉水中游的龙山文化又具有自身的文化特征，它与中原龙山文化及石家河文化既有联系又有区别。

淮河流域的新石器文化，上游和中下游地区则各不相同，淮河上游的支系较多，较多支系向北伸展到黄淮平原，则分别归属于黄河流域新石器文化体系，而向南伸展的支系则自成文化体系。淮河中下游地区的新石器时代文化有三支自具特征的新石器文化，即淮河中游地区的双墩文化、江淮东部地区北部的龙虬庄文化、南部的青墩文化。淮河中下游地区的新石器时代文化另一个重要特征是黄河中下游地区和长江下游地区新石器时代文化的互相渗透和传播。黄河下游地区的新石器时代文化向江南地区渗透和传播的文化有大汶口文化、山东龙山文化、河南龙山文化王油坊类型。长江下游江南地区的新石器时代文化向江淮地区、鲁南及中原地区的发展，主要有马家浜文化、崧泽文化向江淮东部的发展，良渚文化向鲁南和中原地区的渗透，江南宁镇地区的北阴阳营文化向江淮东部地区的渗透，亦即北阴阳营文化向江淮东部地区的青墩文化和龙虬庄文化的渗透。

（原载《中国历史文物》2008 年第 5 期）

[1] 陕西省考古研究所：《陕西西乡李家村新石器时代遗址》，《考古》1961 年第 7 期；陕西省考古研究所汉水队：《陕西西乡李家村新石器时代遗址一九六一年发掘简报》，《考古》1962 年第 6 期。

[2] 陕西省考古研究所汉水考古队：《陕西西乡何家湾新石器时代遗址首次发掘简报》，《考古与文物》1981 年第 4 期。

[3] 陕西省考古研究所等：《阮家坝遗址》，《陕南考古报告集》，第 205 ~ 232 页，三秦出版社，1994 年。

[4] 陕西省考古研究所等：《马家营遗址》，《陕南考古报告集》，第 271 ~ 358 页，三秦出版社，1994 年。

[5] 陕西省考古研究所等：《白马石遗址》，《陕南考古报告集》，第 359 ~ 387 页，三秦出版社，1994 年。

[6] 陕西省考古研究所：《龙岗寺——新石器时代遗址发掘报告》，文物出版社，1990 年。

[7] 长江办公室文物考古直属工作队：《一九五八至一九六一年湖北郧县和均县发掘简报》，《考古》1961 年第 10 期。

[8] 阚绪杭：《蚌埠双墩遗址的发掘与收获》，《文物研究》第 8 辑，黄山书社，1993 年；安徽省文物考古研究所等：《安徽蚌埠双墩新石器时代遗址发掘》，《考古学报》2007 年第 1 期。

[9] 龙虬庄遗址考古队：《龙虬庄——江淮东部新石器时代遗址发掘报告》，科学出版社，1999 年。

[10] 南京博物院：《江苏海安青墩遗址》，《考古学报》1983 年第 2 期。

[11] 南京博物院：《江苏邳县四户镇大墩子遗址发掘报告》，《考古学报》1964 年第 2 期。

[12] 中国社会科学院考古研究所山西队等：《陶寺城址发现陶寺文化中期墓葬》，《考古》2003 年第 9 期。

[13] 商丘地区文物管理委员会等：《1977 年河南永城王油坊遗址发掘概况》，《考古》1978 年第 1 期；上海市文物保管委员会：《上海松江广富林新石器时代遗址试掘》，《考古》1962 年第 9 期；广富林考古队：《广富林遗存的发现与思考》，《中国文物报》2002 年 9 月 13 日。

试论磁山、裴李岗文化遗存的性质

——兼论中原地区新石器文化系统的区分

自河北武安磁山、河南新郑裴李岗、密县莪沟等地发现了时代较早的新石器遗址之后，考古界的一些同志对这些遗存的文化性质曾做了一些探讨。其共同看法是，这些遗址的文化遗存早于仰韶文化。其不同看法是关于这些遗存的文化系统的归属问题：一种意见认为，磁山和裴李岗的文化遗存，其文化面貌基本相同，应该划为一个考古学文化，并建议称为"磁山文化"[1]；另一种意见是，倾向于暂时把以磁山和裴李岗为代表的文化遗存"分别命名为裴李岗文化和磁山文化"[2]。

本文也就磁山、裴李岗等遗存的文化性质以及中原地区新石器文化系统的区分，谈一些粗浅的看法。

一 磁山、裴李岗遗存的文化性质和分期

磁山遗址的发掘面积较大，文化层较厚，地层叠压关系清楚，可根据其文化面貌和地层关系进行分期。

磁山的新石器文化层共分两大层，即第 2 层和第 3 层。根据该遗址试掘《简报》[3]对其遗迹和遗物的描述，可看出第 2 层的文化面貌明显比第 3 层进步。

磁山的主要遗迹是"灰坑"。在这些灰坑中，有一些是储藏物品的窖穴，有一些则是半地穴式的房屋。属半地穴式房屋的所谓"灰坑"，第 2 层的则比第 3 层的进步。第 3 层的 H32（见《简报》图三，1），坑穴为不规则的圆形，坑壁和坑底平直，无台阶，无门道。而第 2 层的 H17、H29、H28（见《简报》图三，4、2、3），皆有阶梯式的门道。半地穴式的房屋，从无台阶、无门道发展到有阶梯式的门道，是房屋建筑技术的一个进步。

磁山的遗物主要有石器、骨器和陶器。

《简报》中关于第 3 层的石器报道不多，缺乏和第 2 层相比较的材料。骨器出土的较多，主要器形有凿、锥、镞、鱼镖、网梭等。其中较为进步的骨镞、鱼镖、网梭，皆出自第 2 层。第 2 层的骨鱼镖，镖头有双翼后锋，铤部又有双锋（见《简报》图十一，2）；或镖头圆尖，铤部一侧有锯齿状后锋（见《简报》图十一，3）。

　　磁山的陶器，总特征是：手制，火候低，陶质粗糙，胎厚，造型简单。这些特征都是陶器制作技术较原始的表现。

　　磁山的陶器，拿第 2 层和第 3 层加以比较，第 2 层则显得进步。第 3 层的陶器多质地粗糙的夹砂红褐陶，泥质陶少见，火候低，胎壁厚重。纹饰都是较原始的划纹、浅细绳纹、剔刺纹、指甲纹等。器形也很简单，主要是筒状的陶盂、支架、深腹罐等。器形的特点是，腹壁深、直、多平底。无较进步的曲腹、折腹的器形，器身上也无鋬、把等附加部分，只有一种较原始的乳突状耳。第 2 层的陶器，泥质红陶增加，夹砂红褐陶减少。泥质红陶的腹壁较薄，火候较高，并出现了磨光陶器。器形显著地增多，除平底器外，还有圜底器、圈足器和三足器，并出现了四足鼎。常见的器形有盂、支架、罐、钵、壶、豆、碗、盘等。其中颇富特征的器物有深腹罐、小口高颈双耳壶、圜底钵、三足钵形器等。在炊器方面，第 2 层开始出现鼎，用于炊煮的夹砂陶器皿和支架减少，这是炊器制作的一大进步。

　　为了便于将磁山的遗存与裴李岗等文化遗存进行比较，这里将磁山的第 3 层文化遗存作为磁山一期文化，第 2 层文化遗存作为磁山二期文化（图一）。

　　分布在河南地区的以裴李岗遗址为代表的文化遗存，在文化面貌上与磁山二期文化颇为接近。裴李岗和磁山二期文化，在石器的制作上，都以磨制石器为主，有少量的打制和琢制的石器。磨制石器的周边常有打制的痕迹。共同的器形有四足或无足的石磨盘、石磨棒、扁平舌状石铲等。陶器都以夹砂红陶和泥质红陶为主。相同的器形有平底钵（碗）、圜底钵、三足钵形器、深腹罐、小口双耳壶、圈足和假圈足碗等。

　　磁山二期文化与裴李岗等文化遗存，在文化面貌上还有一些不同的地方。例如，裴李岗的石器制作水平较高，磨制较精，其中较为进步的石镰、有柄石铲等，皆不见于磁山。两者石斧的形制也不同。在陶器方面，磁山二期文化多盂、支架、筒状深腹罐、双耳罐，而裴李岗则多小口双耳罐、侈口束颈深腹罐、鼎等。

　　磁山二期文化与裴李岗等文化遗存，在文化面貌上较多相近，说明两者属于同一文化系统。该文化系统的名称，暂可称"磁山文化"。至于两者在文化面貌上的某些差异，则是一种地域差别。这种地域差别可用不同类型来区别，即可把河南地区以裴李岗为代表的文化遗存作为磁山二期文化的"裴李岗类型"。

　　关于磁山遗存和裴李岗遗存的绝对年代，已提供的 ^{14}C 数据，裴李岗有 3 个，磁山有 2 个。裴李岗的三个数据因皆用不同单位的木炭标本混合测定，从而使所测数据误差太大，造成三个数据间的"异常悬殊"[4][5]。磁山的两个数据是：T45H145 木炭标本测定的年代为公元前 5405 ± 100 年，T20H40 木炭标本测定的年代为公元前 5380 ± 100 年[6]。从磁山的 ^{14}C 数据来看，磁山文化的年代为距今 7400 年左右。

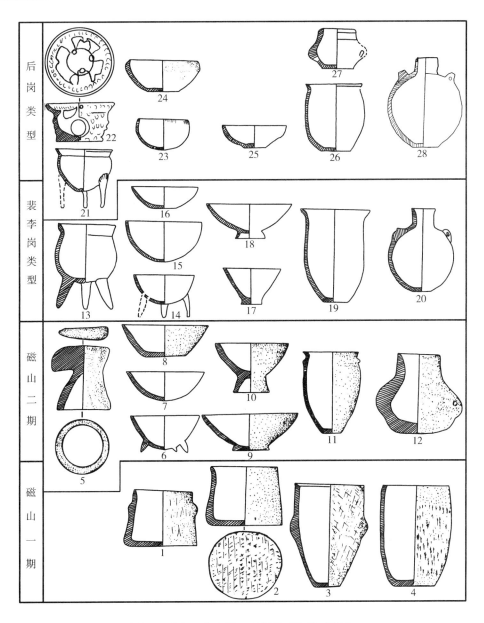

图一 磁山、裴李岗、后岗类型陶器对照表

1、2. 盂（T22③H49：386、T20③：391） 3、4. 罐（T22③H49：393、T20③：390） 5. 支架（T14②：236）

6. 三足钵形器（T37②H90：571） 7. 钵（T11②H63：335） 8、9. 碗（T14：230、T30②H73：540） 10. 豆

（T42②H134：710） 11. 罐（T23②：461） 12. 小口双耳罐（T25②：428） 13. 鼎（M14） 14. 三足钵形器

（M2：2） 15. 钵（A区M23） 16～18. 碗（M24、M18、M33） 19. 罐（M18） 20. 壶（M6：1） 21. 鼎

22. 灶（H50：45） 23. 钵（H8：4） 24. 钵（H50：41） 25. 曲腹碗（T17②：22） 26. 罐（H4） 27.

双耳罐（T22②：14A） 28. 壶（H50：1）（1～12. 磁山 13～20. 裴李岗 21、23、26. 后岗 22、24、28. 磁

山界段营 25、27. 武安赵窑）

二 河南和冀南地区新石器文化的发展序列

（一）冀南和豫北地区新石器文化的分期

在黄河流域的新石器文化中，以分布于冀南和豫北地区的后岗类型的新石器文化与磁山二期文化较为接近。两者在石器方面共同的器形有斧、铲、磨盘、磨棒、敲砸器等。所不同的是后岗类型的器形更为小型精致。陶器都以红褐陶为主，相似的器形有圜底钵、平底钵（碗）、小口双耳壶、深腹罐、鼎等。相同的纹饰有剔刺纹和划纹等。

虽然后岗类型和磁山二期文化比较接近，但从整个文化面貌来看，后岗类型则比磁山二期文化进步得多。后岗类型的石器比磁山二期文化的磨制精致，器形种类增多；陶器多细泥红陶，火候较高，器形种类较多，有鼎、釜、灶、甑、盆、钵、碗、豆、罐、壶、盂等。而磁山二期文化的陶器则多粗砂红陶，火候低，器形种类简单，较常见的只有盂、支架、罐、钵、碗之类。后岗类型在文化面貌上比磁山二期文化进步，说明其时代要晚于磁山二期文化，这与 ^{14}C 所测定的年代也是一致的。安阳后岗 H15 木炭标本测定的数据为公元前 4390 ± 200 年（树较校正）[7]。后岗类型绝对年代大约比磁山文化晚 1000 年左右。

根据文化面貌，结合 ^{14}C 数据，可知豫北和冀南地区新石器文化的序列是：磁山一期文化—磁山二期文化—后岗类型文化。

磁山一期文化和磁山二期文化有直接的承袭关系，是一个文化连续发展的两个阶段。在地层上，磁山二期文化叠压在磁山一期文化之上。在器物上，两期文化都有许多相似或一脉相承的器形，如石器中的磨盘、磨棒，陶器中的筒状深腹罐、盂、支架等。磁山二期文化和后岗类型之间，虽在文化面貌上有一些相近，但在器物的演化上没有直接的承袭关系，表明两者之间尚有缺环。至于分布于豫北和冀南地区的大司空类型新石器文化，其文化面貌与磁山文化相近之处则很少，在时代上要晚于该地区的后岗类型。

（二）豫中地区新石器文化的性质和分期

豫中地区的新石器文化和豫西地区比较，其文化面貌区别较大。过去有同志曾将豫中地区较早期的新石器文化归属于仰韶文化的西阴村类型（即庙底沟类型）[8]。从现有资料来看，豫中地区较早期的新石器文化不宜归属仰韶文化系统。下面我们以发掘面积较大、地层关系较清楚的豫中郑州大河村遗址[9]与豫西陕县庙底沟遗址[10]的文化遗存进行分析比较。

大河村遗址的新石器文化共分四期，其一、二期，根据釜形鼎和敛口钵的形制，可知其时代大体和庙底沟仰韶文化相当。虽然两者都有一些同类器形，但从整个文化面貌来看，两者的区别还是很大的。如炊器，庙底沟有釜形鼎、釜、灶等，而大河村只有两种形制的鼎，不见釜、灶。曲腹盆、曲腹碗是庙底沟仰韶文化中数量较多的一种典型器物，但大河村一、二期文化中这类器形却很少。以圆点、弧线三角、勾叶为基本母题的彩陶是庙底沟仰韶文化彩陶的主要纹饰，但大河村一、二期文化这类纹饰则很少，出现数量较多的则是睫毛纹、太阳纹、"互"字纹等。陶制工具方面，庙底沟仰韶文化多陶刀，而大河村一、二期文化则不见这种器形。

以上分析说明，豫中地区以大河村一、二期文化为代表的文化遗存，其文化面貌与豫西地区的庙底沟仰韶文化遗存区别较大，不宜归属仰韶文化的庙底沟类型，而需单独命名，这里暂称"大河村一、二期文化"。

大河村三、四期文化的一些器物，如"〰"纹和"X"纹罐、彩陶钵、豆等，都与豫中秦王寨类型相似，应归属秦王寨类型。有人主张用"大河村类型"代替已惯用的秦王寨类型[11]。这种"易名"有无必要，暂且不论。即使易名，也不应把大河村一、二期文化包括进去，因大河村遗址相当于秦王寨类型的只是其三、四期文化，而不是大河村一至四期文化。

大河村一至四期文化的主要陶器，如鼎、盆、钵、罐等，其器形的演化是前后相承袭的[12]，是该地区新石器文化连续发展的四个阶段。这四期文化基本上代表了豫中地区新石器文化中、晚期遗存的发展序列。

至于大河村一期文化的前身，是否是裴李岗类型的文化遗存，目前尚缺少材料予以论证。即使其前身是裴李岗类型的文化遗存，其间也有缺环。

三 中原地区新石器文化系统的区分

（一）仰韶文化的分期

从现有资料来看，仰韶文化分布的中心地区是关中、豫西和晋南。在这一地域内，仰韶文化诸类型之间时代的早、晚，可从它们之间的地层关系及绝对年代上进行探索。

宝鸡北首岭[13]、华县元君庙[14]的地层关系是老官台文化（或称北首岭下层类型）[15]在下，半坡类型在上。邠县下孟村遗址发现半坡类型早于庙底沟类型的叠压和打破关系[16]。芮城西王村[17]和华县泉护村[18]的叠压关系是，半坡晚期类型叠压在庙底沟类型之上。综合以上的地层叠压和打破关系，可知豫西、晋南和关中地区仰韶文化的发展序列是：北首岭下层类型—半坡类型—庙底沟类型—半坡晚期类型。

关于上述诸类型的绝对年代，从已公布的[14]C数据来看，北首岭下层类型年代为距今6500～6300年[19]，半坡类型年代为距今6100～5800年[20]，庙底沟类型年代为距今5200～

4900 年[21][22]。半坡晚期类型现无^{14}C 数据。

上述数据说明，仰韶文化各类型绝对年代之间的早、晚关系，与地层叠压关系所得出的发展序列是一致的。

（二）中原地区诸新石器文化之间的关系

我国黄河中游地区，过去凡是发现早于龙山文化的，以红陶和彩陶为特征的新石器文化，概称为仰韶文化。磁山、裴李岗、大河村等文化遗存的发现，使我们对黄河中游地区新石器文化系统的区分，产生了一些新的认识。

在新石器时代，我国黄河流域，大体与仰韶文化同时存在着几种不同文化系统的新石器文化。这几种不同的新石器文化，互相之间存在着广泛的文化交流、影响。仰韶文化影响周围诸文化，其周围诸文化，也对仰韶文化产生影响。

仰韶文化主要分布在关中、豫西和晋南地区，但在发展过程中，分布范围又逐步扩大。早期的北首岭下层类型，主要分布在关中地区，其后的半坡类型发展到豫西和晋南等地区；再后的庙底沟类型已发展到仰韶文化的鼎盛时期，故该类型的文化遗存，受其影响的范围最广，西到洮河流域[23]，东到苏北和鲁南地区[24]，东北到冀中地区[25]，北到内蒙古南部[26]，南至陕南和西汉水流域[27]。

仰韶文化传播的范围是十分广泛的，影响所及，达到整个黄河流域。因此，我们在研究仰韶文化时，必须把仰韶文化分布的中心地区和受其影响的地区分开，而不能把受其影响的文化都归属仰韶文化系统。更不能根据过去的错误定义，把中原地区凡是早于龙山文化的、以红陶和彩陶为特征的文化都作为仰韶文化。如过去曾作为仰韶文化的后岗类型、大司空类型、秦王寨类型等，都不应归属仰韶文化系统。

（原载《考古与文物》1981 年第 1 期）

[1]　严文明：《黄河流域新石器时代早期文化的新发现》，《考古》1979 年第 1 期。

[2]　安志敏：《裴李岗、磁山和仰韶——试论中原地区新石器文化的渊源及发展》，《考古》1979 年第 4 期。

[3]　邯郸市文物保管所等：《河北磁山新石器遗址试掘》，《考古》1977 年第 6 期。

[4]　开封地区文管会、新郑县文管会：《河南新郑裴李岗新石器时代遗址》，《考古》1978 年第 2 期。

[5]　开封地区文物管理委员会、新郑县文物管理委员会、郑州大学历史系考古专业：《裴李岗遗址一九七八年发掘简报》，《考古》1979 年第 3 期。

[6]　同[3]。

[7]　夏鼐：《碳—14 测定年代和中国史前考古学》，《考古》1977 年第 4 期。

[8]　杨建芳：《略论仰韶文化和马家窑文化的分期》，《考古学报》1962 年第 1 期。

［9］　郑州市博物馆：《郑州大河村遗址发掘报告》，《考古学报》1979 年第 3 期。

［10］　中国科学院考古研究所编著：《庙底沟与三里桥》，科学出版社，1959 年。

［11］　同［2］，第 343 页。

［12］　同［9］，第 370 页，图五四：大河村遗址各期主要陶器的变化。

［13］　中国社会科学院考古研究所宝鸡工作队：《一九七七年宝鸡北首岭遗址发掘简报》，《考古》1979 年第 2 期。

［14］　张忠培：《试论东庄村和西王村遗存的文化性质》，《考古》1979 年第 1 期。

［15］　梁星彭：《关中仰韶文化的几个问题》，《考古》1979 年第 3 期。

［16］　陕西省社会科学院考古研究所泾水队：《陕西彬县下孟村仰韶文化遗址发掘简报》，《考古》1962 年第 6 期。

［17］　中国科学院考古研究所山西工作队：《山西芮城东庄村和西王村遗址的发掘》，《考古学报》1973 年第 1 期。

［18］　黄河水库考古队华县队：《陕西华县柳子镇二次发掘的主要收获》，《考古》1959 年第 11 期。

［19］　中国社会科学院考古研究所实验室：《放射性碳素测定年代报告（六）》，《考古》1979 年第 1 期。

［20］　同［7］。

［21］　同［7］。

［22］　中国社会科学院考古研究所实验室：《放射性碳素测定年代报告（五）》，《考古》1978 年第 4 期。

［23］　甘肃省博物馆：《甘肃古文化遗存》，《考古学报》1960 年第 2 期。

［24］　南京博物院：《江苏邳县四户镇大墩子遗址探掘报告》，《考古学报》1964 年第 2 期；中国社会科学院考古研究所山东工作队、济宁地区文化局：《山东兖州王因新石器时代遗址发掘简报》，《考古》1979 年第 1 期。

［25］　郑绍宗：《有关河北长城地区原始文化类型的讨论》，《考古》1962 年第 12 期。

［26］　苏秉琦：《关于仰韶文化的若干问题》，《考古学报》1965 年第 1 期。

［27］　长办文物考古队直属工作队：《一九五八年至一九六一年湖北郧县和均县发掘简报》，《考古》1961 年第 10 期。

磁山·裴李岗文化与黄河流域同时代诸文化的关系

——兼论黄河流域新石器时代文化的区系

我国黄河流域和磁山·裴李岗文化时代相当的新石器文化有老官台文化与北辛文化。本文拟就这三支新石器文化的文化特征、演变规律、来龙去脉及其相互关系，发表一些粗浅的看法。

一 磁山·裴李岗文化的特征

（一）磁山文化遗存

以河北武安磁山遗址一、二期文化为代表的文化遗存[1]，主要分布在冀南和豫北地区，遗址分布比较密集的地区是武安境内的洺河流域[2]。近几年在河北三河县孟各庄[3]和保定以北的容城上坡遗址[4]也发现了磁山文化遗存，说明磁山文化分布的北界已达燕山南麓一带。1979年发现并试掘的豫北淇县花窝遗址，其文化遗存中有类似磁山出土的陶盂和长条形石斧，又有类似裴李岗出土的双耳陶壶和两端刃的石铲[5]，这表明豫北地区可能是磁山类型和裴李岗类型分布的交错地区。

磁山一期文化的陶器以夹砂褐陶的数量最多，夹砂红陶次之，细泥红陶最少。陶器的制作均手制。一些器皿的内壁凹凸不平，器形不规整，常见歪扭变形的现象。纹饰以绳纹最多，编织纹和箆纹次之，有少量的附加堆纹和剔刺纹。陶器的火候，细泥红陶为930℃，夹砂陶为850℃。部分陶器色泽不匀，有各种杂色斑点。器形以陶盂和支架为主，其次是深腹罐、直沿罐、杯、盘。石器以磨制为主，打制次之，打磨兼制的最少。石器的制作粗糙，器形有斧、铲、锛、凿、敲砸器、磨盘、磨棒等，以石斧和石铲的数量较多，其他器类都比较少。在工具中有数量较多的骨角器，器形有镞、鱼镖、锥、针等。

磁山一期文化的房屋是一种圆形或椭圆形的半地穴式建筑，大部分房屋无门道，一部分房屋内有台阶或坡道以供进出。窖穴大多为长方形，坑壁较直，四壁规整。一部分窖穴中有粮食堆积。

磁山二期文化的陶系和一期文化的区别是，夹砂褐陶数量减少，夹砂红陶和细泥红陶的数量增多。器形以盂和支架的数量最多，罐和三足钵次之。磁山一期文化和二期文化在器形方面的主要区别是：一期文化中数量很少的三足钵到第二期文化时数量急剧增多，并开始出现小口长颈双耳罐（或称"小口双耳壶"）和圈足罐。石器，二期文化和一期文化相比，磨制石器增加，打制石器减少；常见的器形有斧、铲、锛、凿、镰、磨盘、磨棒等，其中镰是新出现的器形。磨盘和磨棒一期文化数量很少，二期文化大量增加。磨盘，一端为尖状，一端为圆弧形，大多有四足或三足，少数无足。磨棒为长条形，断面为圆形或椭圆形。

磁山二期文化的房屋比一期文化的进步，开始出现有阶梯式门道的圆形半地穴式建筑。磁山一、二期文化的房屋均为圆形或椭圆形的半地穴式建筑，不见方形房屋。

（二）裴李岗文化遗存

以河南新郑裴李岗遗址出土物为代表的文化遗存[6]，主要分布在豫西山地的东部与华北平原的接壤地带，遗址最密集的地区在郑州以南的豫中地区。根据现已公布的资料，裴李岗文化遗存的分布，北界到豫北的安阳地区，南达豫南的信阳地区，西到洛阳以东，东抵开封地区[7]。

裴李岗文化的陶器以泥质红陶的数量最多（占总数的 68% ~ 70%），夹砂红陶次之（占总数 28% ~ 29%），泥质灰陶的数量最少。陶器的制作均为手制，大多为泥条盘筑。陶器的烧成温度达 900℃ ~ 960℃。器表绝大多数为素面，有纹饰的很少。纹饰有指甲纹、篦点纹、弧线篦纹、划纹、乳丁纹等。常见的器形有平底、圈足、圜底的碗和钵、三足钵、盘、双耳壶、三足壶、圈足壶、双耳罐、深腹罐、鼎等，其中以双耳壶的数量最多，三足钵次之，碗和深腹罐再次之。石器以磨制为主，磨制较精致。器形主要有铲、斧、镰、磨盘和磨棒。石铲以两端圆弧的数量最多，有少量的有柄石铲、桂叶状石铲。石镰弓背弧刃，刃部均有细密的锯齿，背部末端上翘、下端有缺口以捆镰柄。石磨盘、磨棒最具特征性，数量多而且成套出现；其形制大多为鞋底状，其下留有四个圆柱状足；一般长50 ~ 60、宽 25 ~ 30 厘米。

裴李岗类型的房屋均为半地穴式建筑，以圆形房屋为主，方形房屋较少，门朝南，有阶梯式门道[8]。

墓葬在裴李岗和密县莪沟北岗遗址[9]都有较多的发现。这一时期的墓葬都有集中的墓区，均为长方形的土坑竖穴墓。裴李岗的墓葬墓主人头向南，莪沟北岗的墓葬墓主人头向西南。莪沟北岗的墓葬有的有壁龛，用于放置随葬品。裴李岗文化的墓葬，男性墓和女性墓的随葬品有明显区别。莪沟北岗的墓葬，凡用石铲、石斧、石镰随葬的墓，皆不随葬石磨盘和石磨棒；反之，凡是随葬石磨盘和石磨棒的墓，就不随葬石铲、石斧、石镰。经人骨鉴定，随葬石铲、石镰的墓为男性墓。这表明，裴李岗文化时期，男女之间已有明显的劳动分工。

（三）磁山文化遗存与裴李岗文化遗存的关系

关于磁山文化遗存和裴李岗文化遗存的关系，目前主要有两种意见。一种意见，主张将两种文化遗存分别命名为磁山文化和裴李岗文化[10]。另一种意见，主张将两种文化遗存命名为磁山文化[11]。

从磁山文化遗存和裴李岗文化遗存的总的文化面貌来看，两者既有一些共同特征，又有一些区别。两者的共同特征是，石器的器形都有斧、铲、镰、磨盘和磨棒。陶器的制作都比较原始，手制，火候低，陶质粗疏；纹饰都有压印纹、划纹和篦纹；相同的器形有三足钵、圜底钵、小口双耳壶、假圈足碗、平底碗、深腹罐等。两者的区别是：石器方面，磁山的石铲是一端刃，裴李岗的石铲是两端刃；石镰，磁山是弧背直刃，裴李岗是弧背弧刃，刃部有细密的锯齿，背部末端上翘，下有捆柄的缺口。陶器方面，磁山遗址数量较多的陶盂和支架，不见于裴李岗遗址；磁山遗址只有一种小口长颈平底壶，而裴李岗的小口双耳壶有圈底、平底和三足；裴李岗的几种形制的陶鼎在磁山遗址中不见；磁山遗址的陶器所盛行的细绳纹，在裴李岗文化遗存中也很少见。

磁山遗存和裴李岗遗存，在文化面貌上的一些区别，既有时代和不同发展阶段的区别，又有地域差别，从两种文化遗存总的文化特征来看，裴李岗文化遗存比较接近磁山二期文化，而与磁山一期文化区别较大。裴李岗文化和磁山文化相似的一些器形，如三足钵、小口双耳壶、假圈足碗、平底碗、石磨盘和磨棒等，都是磁山二期文化中具有代表性的器形。裴李岗文化中常见的三足钵、石磨盘和磨棒，在磁山一期文化中数量非常少，是一些刚出现的器形，到二期文化时才较多地出现，成为二期文化的主要器形。小口双耳壶只见于磁山二期文化，一期文化时尚未出现。在房屋遗存方面，裴李岗文化的有阶梯式门道的圆形半地穴式房屋和磁山二期文化的有门道的圆形半地穴式房屋比较接近，而缺乏磁山一期文化的比较原始的无门道的圆形半地穴房屋。磁山二期文化和裴李岗文化在文化面貌上还有一些区别，这种区别应视为地域差别。基于上述分析，笔者主张将磁山和裴李岗两种文化遗存合称为"磁山·裴李岗文化"，两者在文化面貌上的差别用不同的文化类型来区别，即分别称为"磁山类型"和"裴李岗类型"。

二　老官台文化和北辛文化的特征

（一）老官台文化

老官台文化主要分布在甘肃陇东的渭水流域和陕西的关中以及丹江上游一带。现已发现的老官台文化遗址中经试掘或发掘的遗址有甘肃秦安大地湾[12]、陕西宝鸡北首岭[13]、华县老官台、元君庙[14]、渭南北刘[15]、临潼白家[16]、商县紫荆[17]等。

老官台文化的房屋发现得较少，仅在大地湾发现了三座圆形半地穴式建筑，房屋面积仅五六平方米；结构十分简单，不见灶坑，有斜坡式门道；地穴周壁的柱洞均向中心倾斜，说明是一种简陋的窝棚式房屋[18]。灰坑的形制一般不规整，有圆形、椭圆形和不规则形，袋状灰坑很少。灰坑的容积一般较小，坑壁不见加工痕迹。

墓葬发现不多，仅在大地湾和北首岭发现了十几座墓葬。这两个遗址的墓葬均有比较集中的墓区。均为长方形土坑竖穴墓。大地湾未发现葬具，北首岭有板灰痕迹，葬式大多为单人仰身直肢葬；北首岭发现的一座五人合葬墓，其中三人为一次葬，两人为二次葬。随葬品一般为三四件，最多达10余件。大地湾有随葬猪下颌骨的现象。

生产工具比较原始，有石器、骨器和陶器等种类。石器以打制为主，磨制的比较少，打制石器有刮削器、敲砸器、石核以及少量的细石器。磨制石器，一般只在刃部磨光，器身保留打制痕迹，通体磨光的器形很少。不见穿孔石器。主要器形有斧、铲、刀、凿等。骨器有锥、镞、鱼镖等。陶质工具有用陶片改制的纺轮。

陶器以夹细砂红陶和褐陶为主，泥质红陶及泥质灰、黑陶数量很少。陶器的火候不高，陶质粗疏。因烧制时受热不匀，使陶色不纯正。有的陶器呈现出外壁红内壁黑的现象。制法有手制、模制、捏制等。大地湾和北刘出土的陶器出现成层或片状脱落的现象，这说明在制陶时是用泥片贴敷的。这种贴筑法是一种比较原始的制陶法，在距今7000年左右的长江下游的河姆渡文化和长江中上游的前大溪文化中都曾发现。陶器的器形以三足器和圈足器为主，圜底器和平底器次之。一般器形无流、无嘴、无耳。常见的器形有三足钵、圜底钵、圈足碗、假圈足碗、三足筒状罐、小口圆腹壶等。陶器的纹饰简单，三足器多饰网状交叉绳纹，碗的口沿下往往饰锥刺纹一周，三足钵和圜底钵的口沿上大多饰红色宽带；另外还有少量的线纹、划纹、刻齿纹和附加堆纹等。

此外，分布于陕西南部地区的李家村文化，其文化面貌也和老官台文化相近，有些研究者也将其归属老官台文化[19]。

（二）北辛文化

北辛文化主要分布在山东泰沂山区的南侧和西侧的湖东山前平原地带，亦即处于山区至冲积平原的过渡地带，相对高程不超过50米，地势高亢而平坦。现已发现的北辛文化遗址有山东滕县北辛、泰安大汶口[20]、兖州王因[21]、西桑园、小孟，江苏邳县大墩子[22]、连云港二涧村[23]、大村[24]等。

生产工具有石器、骨器和角器。石器有打制和磨制两种，打制石器有砍砸器、敲砸器、刮削器、盘状器、磨盘和磨棒；磨制石器有斧、大型铲、镰等。磨盘多为弧边三角形，也有长方形、椭圆形，大多无足，有足的较少[25]；一般长 22～30、宽 20 厘米；最大的石铲，长 50、宽 25 厘米。石铲多扁平长方形，后端内凹，中部两侧有一条凹槽，可能是捆木柄留下的痕迹。大墩子下层的石铲往往数十件堆积在一起，其中有成品和半成品[26]。这种成堆放置石铲的地点，可能是制作石器的场所。骨角器有镖、镞、锄等。

陶器均手制，以夹砂褐陶和泥质红陶为主，有少量黑陶。纹饰有竖行或斜行的短细泥条组成的花纹带以及"人"字形或菱形的压印纹、划纹、剔刺纹、乳丁纹等。彩陶的数量很少，花纹很简单，仅在陶钵口沿上绘一周红色或黑色彩带。常见的器形有鼎、支架、小口双耳壶、圜底钵、平底钵、三足钵等。鼎的数量最多，器形多为大口深腹尖圜底，足为圆柱尖足。釜为深腹圜底，有的有短三足；有的釜器形较大，敞口，形似锅。

墓葬在二涧村、大村等遗址都有发现。已发现的墓葬，大多为单人仰身直肢葬，头向东；随葬品很少，一般为两三件陶器。有些墓死者的头部覆盖一个红陶钵。此外，北辛遗址还发现两座幼儿瓮棺葬。

三 磁山·裴李岗文化与老官台文化及北辛文化的联系

磁山·裴李岗文化与老官台文化、北辛文化的时代大致相当，又都位于黄河流域，其文化之间的交流频繁，联系密切，从而使其在文化面貌上形成了许多共同特征。

（一）遗址的分布规律和堆积特点

黄河流域这三支时代较早的新石器文化虽然各自所处的地理位置不同，但其遗址的分布却有许多共同特点。磁山、裴李岗文化和老官台文化遗址，一般分布在高台地或高岗上，有的则分布在两条河流交汇的三角台地上，依山傍水。遗址一般高出河床 25 米左右，少数遗址高出河床六七十米。北辛文化遗址一般分布在山区至冲积平原的过渡地带，相对高程达 40～50 米，地势高亢而平坦。这些时代较早的新石器时代遗址距河床的高度都高于时代较晚的新石器时代遗址。形成这一特点的原因，是由于古代人们都靠近水源居住，以后随着水位下降导致河床下切而不断移近河床。全新世中期（距今 8000～2500 年）是全新世的高温时期，当时黄河流域的年平均气温要比现在高，降雨量要比现在多。根据孢粉分析，距今 7500～5000 年，我国气候平均温度比现在高 2℃～3℃，降水量比现在多 500～600 毫米[27]。新石器时代晚期，降水量减少和水位下降是导致河床下切的根本原因。

这三支时代较早的新石器文化，其遗址的分布都比较稀疏，文化堆积也比较薄，厚度超过 1 米的比较少；遗址内灰层分布不集中，遗迹稀疏，遗物贫乏；除多层文化叠压的遗址外，其面积一般都比较小。

（二）经济生活

黄河流域这三支时代较早的新石器文化，其石器中普遍出现石铲、石斧、石镰、石锛等农业工具，而其中的石铲是用于翻土的农业生产工具，这说明当时黄河流域的农业生产已越过"砍倒烧光""焚而不耕"的"火耕农业阶段"，而进入到"翻土耕种"的"锄耕农业阶段"。磁山遗址的许多窖穴中发现堆积很厚的炭化粟，大地湾遗址出土稷和油菜的种子，宝鸡北首岭遗址和西安半坡遗址在仰韶文化早期的地层中发现粟，黄河下游山东胶县三里河大汶口文化的窖穴中也发现粟[28]，这反映当时的黄河流域人们过着以种植粟、稷为主要粮食作物的农业经济生活。

河北武安磁山遗址出土狗和猪的骨骼，河南淇县花窝遗址以及新郑裴李岗和沙窝李遗址出土猪、羊的骨骼及其陶塑品，陕西宝鸡北首岭和华县元君庙遗址出土猪、狗、牛、羊的骨骼，这都说明当时在农业生产发展的基础上，家畜饲养业也获得了一定的发展。

在这一时期的各个遗址中都普遍出土骨镞、鱼镖等狩猎工具及各种兽骨，说明在当时渔猎仍是一项辅助性的经济。

（三）文化面貌

这三支新石器文化，其文化面貌有许多共同特征。

石器，三支文化都有打制石器、磨制石器及少量的细石器，只是这三类石器在不同的文化中所占的比例有所不同。从现已公布的资料来看，黄河流域西部地区的老官台文化，其打制石器在整个石器中所占比例大于东部地区的磁山·裴李岗文化和北辛文化，而磨制石器在整个石器中所占的比例，东部地区的北辛文化和磁山·裴李岗文化则大于西部地区的老官台文化。在磁山·裴李岗文化中，冀南地区的磁山遗址，其打制石器在石器中所占的比例要大于豫中地区的裴李岗遗址，反之，磨制石器在石器中所占的比例，豫中地区的裴李岗遗址则大于豫北地区的磁山遗址；磨制石器的制作，裴李岗遗址要比磁山遗址精致。磨制石器的制作技术，这三个文化大致处在同一个水平上，即磨制石器的制作都比较粗糙，一般只在刃部磨光，器身上常保留打制痕迹，通体磨光的器形很少；石器的穿孔技术都未出现。石器的共同器形有石铲、石斧、石锛、石镰以及磨盘、磨棒等。

陶器，三支文化都以夹砂褐陶和夹砂红褐陶的数量最多，泥质红陶次之。陶器的制作都处于手制阶段，慢轮修整尚未出现，器形不规整，胎壁厚薄不均。陶器的烧成温度较低，一般在800℃~900℃，没有超过1000℃的。陶器的纹饰三个文化有些不同，但在器形上相同的较多，三个文化共同的器形有圜底钵、三足钵、平底钵、小口双耳壶等；老官台文化和磁山·裴李岗文化共同的器形还有圈足碗和假圈足碗；磁山类型和北辛文化共同的器形还有陶支架。

（四）年代

磁山·裴李岗文化经[14]C测定年代的遗址比较多，共有7个遗址16个数据，其中若剔除裴李岗遗址的因用两个不同单位的木炭合并测定而使[14]C年代偏差的两个数据，其年代最高者为距今7450±90年（W1380-15），年代最低者为距今6435±20年（ZK-751），这就是说磁山·裴李岗文化的年代大约为距今7400~6400年，延续了1000年左右（本文所引用的[14]C数据半衰期为5730年，均未经树轮校正）。

老官台文化经[14]C测定的年代数据共有4个，其中甘肃秦安大地湾一期文化的两个数据分别为距今7150±90年（BK-80025）和6730±90年（BK-80007），陕西宝鸡北首岭下层的两个[14]C年代数据分别为距今6465±120年（ZK-519）和6325±120年（ZK-624）。据研究大地湾一期文化属老官台文化早期，北首岭下层属老官台文化晚期。由此可知，老官台文化的年代大致为距今7200~6300年，延续了900年左右。

北辛文化的绝对年代，现已公布的数据共有10个，其中大墩子遗址用木炭测定的一个数据为距今5785±90年（BK-90），大汶口第6层用木炭测定的两个[14]C数据分别为距今5710±130年（BK-79012）和5810±90年（BK-79016），北辛遗址的7个[14]C数据，最大数据为距今6725±200年（ZK-632），最小数据为距今5645±140年（ZK-640）。这些数据表明，北辛文化的年代大约为距今6700~5600年，跨越年代为900年之久。

根据以上分析，黄河流域的这三支新石器文化，以磁山·裴李岗文化的开始和结束的时间最早（距今7400~6400年），老官台文化稍晚（距今7200~6300年），北辛文化最晚（距今6700~5600年）。

四　黄河流域新石器文化的区系

（一）磁山·裴李岗文化与后岗类型及大河村类型的联系

1. 磁山文化与后岗类型的联系

关于磁山文化和后岗类型的联系，目前已公布的资料中能提供地层依据的有河北武安西万年和三河县孟各庄两个遗址。

西万年遗址的第一发掘区为磁山文化，第二发掘区为后岗类型。该遗址的后岗类型可分为早、晚两期，其早期遗存中含有许多磁山文化因素，如石器中的石铲和石磨盘，都与磁山文化的同类器相似；又如陶器中的外饰绳纹内壁有火烧痕迹的支架、钵形三足器足，夹砂褐陶的平底盂形器、平底钵、小口瓶等，都是磁山二期文化中常见的器形[29]。西万年遗址磁山文化和后岗类型共存于同一个遗址，含磁山文化晚期因素的后岗类型早期的地层叠压在后岗类型晚期的地层之下，这为后岗类型由磁山文化发展而来提供了一定的地层依据。

孟各庄遗址的第一期文化遗存中有和磁山文化相似的陶盂、圈足器和夹砂篦纹陶，应属磁山文化。第二期文化遗存中的"红顶碗"、折沿大口罐等，都具有后岗类型的特征，应属后岗类型。但第二期文化遗存中又含有陶盂、弧腹圈足碗、石磨盘等磁山文化因素，表明其第二期文化遗存属后岗类型早期。孟各庄遗址后岗类型早期文化层叠压在磁山文化层之上，这为磁山文化是后岗类型的前身提供了直接的地层根据[30]。

2. 裴李岗文化与大河村类型的关系

豫中地区晚于裴李岗类型的是以郑州大河村遗址一、二期文化为代表的文化遗存，有的学者主张将其命名为"大河村类型"[31]。豫中地区的"大河村类型"和豫西地区仰韶文化庙底沟类型时代相当，有些文化遗存也相似，但两者在文化面貌方面的区别是很大的，不应归属同一个文化类型。基于这一情况，必须将"大河村类型"从仰韶文化庙底沟类型中划分出来，关于这一问题笔者已有专文论述[32]，在此不再赘述。

大河村类型的前身是何种文化？它是否由裴李岗类型发展而来？还是考古界所关心的问题。

大河村类型和裴李岗类型相隔年代较远，两者之间的中间环节（过渡类型）过去尚未发现，这就给研究两者之间的关系带来了困难。近年来在河南临汝中山寨遗址发现大河村类型叠压在裴李岗类型之上的地层关系，这为解决两者之间的关系提供了地层根据[33]。

中山寨遗址的新石器文化分为上、中、下三个文化层，下层为裴李岗类型，中、上层可归属大河村类型。下层的陶器以泥质红陶为主，夹砂红陶次之。陶器的火候较高，陶质坚硬。泥质陶基本上都是磨光的。陶器中有红衣陶和极少量的彩陶。石磨盘无足，石镰制作粗糙。从总的文化面貌来看，中山寨遗址的下文化层具有裴李岗类型晚期的特点，而泥质磨光陶、红衣陶和彩陶的出现，又具有向大河村类型过渡的性质。

中山寨中文化层的陶器以泥质红陶为主，夹砂红陶次之，彩陶很少，白衣陶罕见。彩陶纹饰简单，大多在钵、盆的口沿或腹部绘一道条纹或宽带纹。其器形中的敛口深腹盆（钵）、罐形鼎、器座等，都和大河村类型的同类器相似，而圈足碗、假圈足碗、深腹平底钵又和裴李岗类型晚期遗存相似。中文化层的石镰、石铲、石磨棒，其形制也和裴李岗类型相似。中层的石镰有细密的锯齿，镰背末端上翘，下有缺口，和裴李岗遗址的石镰十分相似。以上分析说明，中山寨的中文化层既具有大河村类型的特征，又具有裴李岗类型的特征，是豫中地区大河村类型早期的遗存。

中山寨遗址具有大河村类型早期特征的地层叠压在裴李岗类型晚期的地层之上，这就在地层关系上证实了大河村类型是裴李岗类型的发展。

（二）老官台文化与仰韶文化的关系

老官台文化和仰韶文化的关系，现已趋向明确，我国考古界的一些研究者已逐步认识到仰韶文化是由老官台文化发展而来。

老官台文化和属于仰韶文化早期的半坡类型在地层上有叠压关系的遗址有陕西宝鸡北首岭、商县紫荆和甘肃秦安大地湾等，其中北首岭遗址和大地湾遗址的老官台文化遗存和半坡类型遗存都有明显的承袭关系。

北首岭遗址的文化堆积分上、中、下三大层，下层为老官台文化晚期，中层为仰韶文化的半坡类型，上层为庙底沟类型。北首岭的下层文化和中层文化遗存在陶系、纹饰和器形方面都有很明显的承袭关系。下层和中层的陶器都以红陶为主，都有一定数量的灰陶，只是下层的灰陶数量稍多于中层。斜行的细绳纹和红色的宽带纹都是下层和中层的共同纹饰。在器形方面，口部有一周红色宽带纹、底部有一圈划纹的圜底钵，深腹平底钵，口部作花苞状的长颈折腹壶，既是中层的主要器形，也常见于下层。深腹平底罐也是中、下层共有的器形，只是中层的深腹罐为大口，下层的为敛口侈唇[34]。中层墓葬常用成束的骨镞和猪犬齿随葬的现象，在下层墓葬中已经出现[35]。中、下层墓葬均为长方形土坑竖穴墓，头向也大多朝西北。

老官台文化遗存，在西安半坡、临潼姜寨等遗址的半坡类型的遗存中也常有发现，如北首岭下层和大地湾一期文化遗存中的圜底钵、深腹平底钵、敛口深腹平底罐以及陶器上的某些刻划符号[36]，在半坡[37]和姜寨[38]两个遗址的半坡类型遗存中都有发现。

上述分析说明，仰韶文化的半坡类型是在老官台文化的基础上发展起来的。

（三）北辛文化与大汶口文化的关系

北辛文化和大汶口文化早期，其分布地域大致相同，均分布在鲁中、南和苏北北部地区，两者在文化遗存上有着密切的联系。近几年又在山东兖州王因、泰安大汶口、江苏邳县大墩子等遗址相继发现了两者在地层上的叠压关系，从而证实了大汶口文化是由北辛文化发展而来。

王因遗址的第五层（指遗址的中心区）为北辛文化，第四层为大汶口文化早期。第五层和第四层的陶系均以夹砂红陶和夹蚌末云母末的红陶为主，泥质红陶和灰陶次之。两层共同的器形有釜形鼎和圜底钵。第四层的彩陶施单彩，数量极少，石器只见磨制粗糙并保留打制痕迹的石铲等[39]，这都说明第四层的文化遗存具有北辛文化向大汶口文化过渡的性质。

同北辛文化遗存相似的器物在大墩子遗址的大汶口文化早期墓葬和王因第四层的墓葬的随葬品中都常发现。例如，大墩子出土的深腹平底钵、三足钵形鼎、带盖罐形鼎等，都和北辛出土的深腹平底钵、三足钵形器、带盖罐形鼎相似[40]；王因第四层墓葬（M2102）中出土的三足钵和地层中出土的三足杯，也都和北辛遗址出土的同类器相似，这些分析说明，大汶口文化遗存和北辛文化遗存有着承袭关系。

综上所述，可知我国的黄河流域，自甘肃陇东，中经陕西关中、河南，直至山东地区，大致可分为三个文化区系：（1）甘肃陇东的渭水流域、陕西关中以及豫西北和晋西南的老官台文化—仰韶文化系统；（2）冀南、豫北和豫中地区的磁山·裴李岗文化—后岗类型和大河村类型文化系统；（3）鲁中南和苏北北部地区的北辛文化—大汶口文化系统。在此需指出，在磁山·裴李岗文化发现前，考古界将冀南和豫北地区的后岗类型，豫中地区晚于大河村一、二期文化的秦王寨类型，一概归属仰韶文化系统；在磁山文化发现以后，一些研究者虽然看到了磁山文化和后岗类型的联系，认为后岗类型的前身不是老官台文化，而是磁山文化，但在文化系统的归属上仍遵循传统观点，仍将后岗类型归属仰韶文化系统，认为仰韶文化不止一个起源[41]。笔者认为，在冀南和豫北地区，明确了后岗类型是磁山文化的发展；豫中地区，明确了大河村类型是裴李岗文化的发展以后，再将后岗类型、大河村类型和秦王寨类型归属仰韶文化系统是不妥当的。

生产力越低下，人类的生产和生活受自然环境和地理条件的制约也越大；地理环境的不同，也就必然导致人类的生产和生活方式的不同，亦即导致物质文化面貌的不同。黄河流域的三个文化区系，是和黄河流域三个自然条件不同的地域相一致的。老官台文化系统主要分布在黄土高原南缘的渭水流域以及陕南的部分地区，磁山·裴李岗文化系统主要分布在太行山至嵩山一线以东的华北平原西部地区，北辛文化系统主要分布在华北平原以东的鲁中、南地区和苏北北部地区。新石器时代，黄河流域的这三个文化区系不是孤立存在的，三个文化区系之间在物质文化上是互相交流、互相影响和渗透的，尤其是在两个文化区系的接壤地区，不同文化之间的文化交流和影响则更频繁。本文第二节所分析的三个同时代文化之间在文化内涵上的一些共同因素，就是这三个文化在文化上互相影响和交流的结果。在地域上，磁山·裴李岗文化处于这三个文化区系的中间地带，它既东受到北辛文化和西受到老官台文化的影响，同时又对北辛文化和老官台文化产生影响；它在文化因素上既带有北辛文化的特征，又带有老官台文化的特征。裴李岗文化以后的大河村类型既含有仰韶文化庙底沟类型的文化特征，又含有大汶口文化早期（刘林类型）的文化特征。

新石器时代，决定一个文化性质的是每个文化自身发展所形成的文化特征。只能根据每个文化的自身发展所形成的文化特征及其来龙去脉来划分文化系统；不同文化之间互相影响和交流所形成的一些共同因素，不能作为归属同一文化的依据。在黄河流域既不能把时代较早的以红陶和彩陶为特征的新石器文化，全部归属为仰韶文化，也不能把时代较晚的以灰陶和黑陶为特征的新石器文化，全部归属为"龙山文化"。"大一统"的仰韶文化和"大一统"的龙山文化，都不符合黄河流域新石器时代文化的实际情况。

（原载《磁山文化论集》，河北人民出版社，1992 年）

[1]　河北省文物管理处等：《河北武安磁山遗址》，《考古学报》1981 年第 3 期；邯郸市文物保管所等：《河北磁山新石器遗址发掘》，《考古》1977 年第 6 期。

[2]　河北省文物管理处等：《河北武安洺河流域几处遗址的发掘》，《考古》1984 年第 1 期。

[3]　河北省文物管理处等：《河北三河县孟各庄遗址》，《考古》1983 年第 5 期。

[4]　安志敏：《略论华北的新石器文化》，《考古》1984 年第 10 期。

[5]　安阳地区文管会等：《河南淇县花窝遗址》，《考古》1981 年第 3 期。

[6]　开封地区文管会等：《河南新郑裴李岗新石器时代遗址》，《考古》1978 年第 2 期；开封地区文物管理委员会等：《裴李岗遗址一九七八年发掘简报》，《考古》1979 年第 3 期；中国社会科学院考古研究所河南一队：《1979 年裴李岗遗址发掘简报》，《考古》1982 年第 4 期。

[7]　赵世纲：《裴李岗文化的几个问题》，《史前研究》1985 年第 2 期。

[8]　河南省博物馆等：《河南密县莪北沟北岗新石器时代遗址》，《文物》1979 年第 5 期；河南省博物馆等：《河南密县莪沟北岗新石器时代遗址》，《考古学集刊》第 1 集，中国社会科学院出版社，1981 年。

[9]　同 [8]。

[10]　安志敏：《裴李岗、磁山和仰韶——试论中原新石器文化的渊源及发展》，《考古》1979 年第 4 期。

[11]　严文明：《黄河流域新石器时代早期文化的新发现》，《考古》1979 年第 1 期。

[12]　甘肃省博物馆：《甘肃秦安大地湾新石器时代早期遗址》，《文物》1981 年第 4 期；甘肃省博物馆等：《一九八〇年秦安大地湾一期文化遗存发掘简报》，《考古与文物》1982 年第 2 期。

[13]　中国社会科学院考古研究所宝鸡工作队：《一九七七年宝鸡北首岭遗址发掘简报》，《考古》1979 年第 2 期。

[14]　北京大学考古教研室华县报告编写组：《华县、渭南古代遗址调查与试掘》，《考古学报》1980 年第 3 期。

[15]　西安半坡博物馆等：《渭南北刘新石器时代遗址调查与试掘》，《考古与文物》1982 年第 4 期。

[16]　巩启明：《试论老官台文化》，《中国考古学会第四次年会论文集》（1983），文物出版社，1985 年。

[17]　商县图书馆等：《陕西商县紫荆遗址发掘简报》，《考古与文物》1981 年第 3 期。

[18]　甘肃省博物馆等：《一九八〇年秦安大地湾一期文化遗存发掘简报》，《考古与文物》1982 年第 2 期。

[19]　同 [16]。

[20]　高广仁等：《中华文明发祥地之一——海岱历史文化区》，《史前研究》1984 年第 1 期。

[21]　中国社会科学院考古研究所山东工作队等：《山东兖州王因新石器时代遗址发掘简报》，《考古》1979 年第 1 期。

[22]　南京博物院：《江苏邳县大墩子遗址第二次发掘》，《考古学集刊》第 1 集，中国社会科学出版社，1981 年。

[23]　江苏省文物工作队：《江苏连云港二涧村遗址第二次发掘》，《考古》1962 年第 2 期。

[24]　江苏省文物工作队：《江苏新海连市大村新石器时代遗址勘察记》，《考古》1961 年第 6 期。

［25］ 邵望平：《关于大汶口文化渊源的认识》，《新中国的考古发现与研究》，第 85～97 页，文物出版社，1984 年。

［26］ 同［22］。

［27］ 王开发等：《根据孢粉分析推论沪杭地区一万多年气候变迁》，《历史地理》1981 年创刊号。

［28］ 昌潍地区艺术馆等：《山东胶县三里河遗址发掘简报》，《考古》1977 年第 4 期。

［29］ 同［2］。

［30］ 同［3］。

［31］ 同［10］。

［32］ 张之恒：《试论磁山、裴李岗文化遗存的性质——兼论中原地区新石器文化系统的区分》，《考古与文物》1981 年第 1 期。

［33］ 中国社会科学院考古研究所河南一队：《河南临汝中山寨遗址试掘》，《考古》1986 年第 7 期。

［34］ 同［13］。

［35］ 梁星彭：《关于仰韶文化的几个问题》，《考古》1979 年第 3 期。

［36］ 同［18］。

［37］ 中国社会科学院考古研究所编：《西安半坡——原始氏族公社聚落遗址》，第 197 页，文物出版社，1963 年。

［38］ 西安半坡博物馆等：《临潼姜寨遗址第四至十一次发掘纪要》，《考古与文物》1980 年第 3 期。

［39］ 同［21］。

［40］ 同［22］。

［41］ 张朋川等：《试论大地湾一期和其他类型文化的关系》，《文物》1981 年第 4 期。

汉水上游的考古学文化

石泉地区属于长江一级支流汉水的上游。汉水上游地处秦岭与大巴山之间，这一地域在文化地理上是中国南北方文化和东西方文化的过渡地带。汉水上游在考古学文化方面，是黄河流域古文化与长江流域古文化的汇合地，也是渭河流域（黄河支流）与汉水流域古文化的交汇地区，并与南面的川渝文化互相交流，互相渗透。旧石器时代，汉水上游是华北的石片文化传统与华南的砾石文化传统的过渡地带。新石器时代，汉水上游是黄河流域的老官台文化、仰韶文化、龙山文化和长江流域的大溪文化、屈家岭文化、石家河文化的交汇处。商周时期，汉水上游既受到中原地区青铜文化的渗透，又受到其西部和南部早期巴文化和蜀文化的影响，同时又具有自身的文化特征。自身的文化特征决定汉水上游各个时期的文化性质。

一 旧石器时代文化遗存

（一）华北的石片文化传统

华北的石片文化传统分为两个文化传统，即大石片砍砸器—三棱大尖状器传统和小石器文化传统。前一个文化传统，大多数是用大石片制造石器，小型石器很少；后一个文化传统大多是用小石片制造石器，大型石器很少。这两个文化传统总的特征是用石片制作石器，不用砾石制作石器，故称石片文化传统。

（二）华南的砾石文化传统

华南地区泛指秦岭到淮河一线以南地区。华南尤其是长江以南地区，旧石器时代人们大多用砾石作石器，石器的形制大多数是大型的。石器都是用直接打击法剥制石片和修整石器，无华北小石器文化传统中的间接打击法。

（三）汉水上游旧石器时代文化的特征

汉水上游地区的旧石器时代文化，是用直接打击法制作石器，石器大多是大型的，也有用砾石制作的石器。石器中砾石砍砸器、大型刮削器、石球等器形，既显示华南砾石文化传统的特征，也具有华北大石器文化传统的特征。

汉中市梁山龙岗发现的旧石器都是用直接打击法制作的，亦即用锤击法制作。石器都是大型的，没有小型石器。石器的器形中既有用砾石制作的砍砸器、三棱大尖状器、石球，也有用大石片制作的砍砸器、刮削器等。龙岗一带西接梁山，北临汉水，属汉水平原过渡的山麓地带[1]。汉中梁山龙岗发现的旧石器，既有华南地区砾石文化传统的特征，又有华北石片文化传统中大石器文化传统（大石片砍砸器—三棱大尖状器传统）的特征。这充分反映其文化的过渡性。

二　新石器时代文化遗存

汉水上游的新石器时代文化，自新石器时代中期就受到渭河流域的老官台文化的影响，其文化遗存中就含有较多的老官台文化因素。西乡县葛石乡李家村新石器时代遗址出土的圜底钵、三足钵、平底敛口钵、圈足碗等，均与渭河流域的老官台文化的同类器相似[2]。李家村的老官台文化遗存称为老官台文化的李家村类型，可归属此类型的新石器时代遗址，还有西乡县板桥乡何家湾[3]、汉阳县渭溪乡阮家坝[4]、紫阳县汉城乡马家营、紫阳县金川乡白马石[5]、南郑县石拱乡爱国村龙岗寺等[6]。石泉县境内也发现几处老官台文化李家村类型的新石器时代遗址。

李家村类型的文化遗存，生产工具主要有石斧、石锛、石铲、砾石砍砸器、石刀、刮削器、石凿、石网坠、骨镞、陶锉等；生活用具主要有平底钵、三足钵、圜底钵、圈足碗、折腹罐、三足筒状罐、三足鼓腹罐、鼓腹平底罐、蒜头折腹壶、蒜头双耳壶、石磨盘、石磨棒等。

李家村类型，一方面与渭河流域的老官台文化有许多相似性，同时也有许多自身的文化特征。如陶器中的三足筒状罐、三足鼓腹罐、鼓腹平底罐、蒜头折腹壶、蒜头双耳壶和石磨盘、石磨棒等，均不见于渭河流域的老官台文化中。

仰韶文化时期汉水上游的新石器文化仍较多地受到渭河流域新石器文化的影响，但也具有自身的一些文化特征。汉水上游的仰韶文化中缺少渭河流域仰韶文化的史家村类型、西王村类型。这说明汉水上游的仰韶文化只是在仰韶文化具有强影响的时期即半坡类型和庙底沟类型时期才受到其文化的影响，而在其他时期则未受到其文化的影响。汉水上游属于仰韶文化半坡类型和庙底沟类型的新石器时代遗址有何家湾、阮家坝、马家营、白马石、龙岗寺[7]、红岩坝[8]等。

汉水上游半坡类型的文化遗存，属于生产工具的主要有玉斧、石斧、石铲、石锛、石凿、石镞、石刀、石砍砸器、石刮削器、石锤、磨石、石锄、碾谷棒、碾磨器、石网坠、骨镞、骨锥、骨针、骨环、骨匕、鱼钩、骨管、骨矛头、陶纺轮、陶锉等；生活用具主要有圜底钵、平底钵、碗、圜底盆、平底盆、平底盘、细颈折腹壶、尖底瓶、葫芦瓶、篮形器、杯、直腹罐、鼓腹罐、瓮、盂、缸、器座；艺术品主要有线刻人面纹骨管、鸟形陶塑、兽头形陶塑器口；装饰品有石环、牙饰、石饰、骨饰、陶角形器、各种小陶器等；彩陶纹饰主要有宽带纹、三角纹、三角波浪纹、网纹、人面形纹、勾叶纹等，彩绘有黑色。

汉水上游的半坡类型除与渭河流域的半坡类型有许多共性外，仍有不少地域差别，如石器中的单孔石斧、双孔石斧；陶器中的印纹白陶，各种类型的四耳罐、盂等，均不见于渭河流域的半坡类型之中。汉水上游的彩陶纹饰中，则缺少渭河流域半坡类型的鱼纹、典型的人面纹等。

汉水上游庙底沟类型的文化遗存，属于生产工具的有石铲、石锄、石斧、石锛、石凿、石网坠、骨锥、骨镞、陶纺轮；属于生活用具的主要有陶釜、灶、钵、盆、杯、器盖、球、环、罐、瓮、甑等。彩陶纹饰以圆点、弧线、勾叶为主，有少量宽带纹、网纹等。汉水上游的庙底沟类型与中原地区的庙底沟类型仍有一些差别，如缺少中原地区数量较多的陶刀、陶鼎，釜的数量也很少；彩陶纹饰中缺少鸟纹等。

汉水上游的龙山文化遗物出土都较少，很难将其归属哪种文化类型，这主要是因为各遗址龙山文化堆积都比较薄，文化遗存不丰富。龙山文化堆积较薄的原因，是遗址的文化堆积受到后世破坏，还是渭河流域的龙山文化对汉水上游文化影响的减弱，还有待进一步研究。

三 青铜时代文化遗存

1963～1981年，汉中市城固县城附近的苏村、五郎庙、吕村、龙头镇等地陆续出土大批青铜器，为研究汉中地区殷商文化提供了丰富的资料。城固出土的青铜器包含有三种文化因素，即中原殷商文化特征的青铜礼器，如鼎、簋、尊、罍、瓿、爵；具有其西部成都地区蜀式风格的兵器，如戣、戈、矛；具有汉中地区风格的青铜器，如镰形器、双头龙纹戣、人面形斧钺、双耳罐、面具等。城固出土的青铜器有四个特点：出土青铜器的地点比较集中；青铜器延续的时间长，并且早晚有别；具有浓厚的宗教色彩和祭祀性质；蜀文化的某些因素，可以在此找到源头[9]。

汉水上游的青铜时代文化与四川境内的早期蜀文化有着密切的联系。汉中地区出土的青铜器、玉器、陶器中，往往可见以三星堆、金沙遗址为代表的蜀文化的某些因素和风格，有的甚至反映许多共同特征，与甲骨文和传世文献中反映早期蜀国不限于四川境内的记载相一致。

汉水流域的文化与中原地区文化的联系，还可从尧、舜、禹伐三苗中得到证实。古文献记载，尧舜禹曾先后伐三苗，其地望均与汉水流域有关。伐三苗的大致路线是由汉水上游走向下游，直至将三苗赶到洞庭湖流域。尧舜禹与三苗的多次战争，促进了中原地区与汉水流域的文化交流。

综上所述，汉水上游自旧石器时代起，经新石器时代，直至青铜时代，就是中国南北方文化和东西文化的交汇地区。汉水上游各个时代的文化，虽在不同时期不同程度地受到南北方文化或东西方文化的影响，渗透了不同的文化因素，但始终保持着自身的文化特色。汉水上游地区在中国文明起源和形成中起着重要作用，是中国文明起源和形成的重要地区。

（原载《鬼谷子文化研究文集》，陕西旅游出版社，2004 年）

[1] 阎嘉祺：《陕西汉中地区梁山龙岗首次发现旧石器》，《考古与文物》1980 年第 4 期；阎嘉祺：《陕西汉中地区梁山旧石器的再调查》，《考古与文物》1981 年第 2 期；阎嘉祺等：《陕西梁山旧石器之研究》，《史前研究》1983 年第 1 期。

[2] 陕西省考古研究所汉水队：《陕西西乡李家村新石器遗址》，《考古》1961 年第 7 期；陕西省社会科学院考古研究所汉水队：《陕西西乡李家村新石器时代遗址一九六一年发掘简报》，《考古》1962 年第 6 期。

[3] 陕西省考古研究所汉水考古队：《陕西西乡何家湾新石器时代遗址首次发掘》，《考古与文物》1981 年第 4 期；陕西省考古研究所、陕西省安康水电站库区考古队：《陕南考古报告集》，第 45 ~ 205 页，三秦出版社，1994 年。

[4] 陕西省考古研究所、陕西省安康水电站库区考古队：《陕南考古报告集》，第 205 ~ 388 页，三秦出版社，1994 年。

[5] 陕西省考古研究所：《龙岗寺——新石器时代遗址发掘报告》，文物出版社，1990 年。

[6] 同 [4]、[5]。

[7] 陕西省考古研究所汉水考古队：《陕西西乡红岩坝遗址的调查和试掘》，《考古与文物》1982 年第 5 期。

[8] 曾定云：《论汉中城固出土青铜器与殷代蜀国》，"全国首届石泉鬼谷子文化学术研究会"论文提要，2003 年，打印本。

[9] 彭邦本：《汉水与早期蜀文化》，"全国首届石泉鬼谷子文化学术研讨会"论文提要，2003 年，打印本。

长江流域的史前文化

长江流域有着悠久的人类历史，200万年前就有人类在这里繁衍生息，古文化绵延不断，是中国古文明的重要发祥地之一。

一 旧石器时代文化

（一）长江上游地区

长江上游地区的旧石器时代文化遗存主要有旧石器时代早期的四川省巫山县大庙龙骨坡发现的"巫山猿人"化石，旧石器时代晚期的有四川省资阳县城西黄鳝溪桥发现的"资阳人"化石、筠连县镇州拱猪洞的人牙化石、汉源县富林镇的石器制造场、铜梁县西北张二塘村的石器地点、资阳县鲤鱼桥和九曲河桥石器地点、重庆马玉场石器地点、黔江红土湾老屋基洞遗址和攀枝花回龙湾遗址等。

巫山县大庙龙坪村龙骨坡洞穴遗址发现于1985年10月，1986年10月进行发掘，共发现数千件化石标本和一批古人类化石及骨制品。出土的哺乳动物化石有巨猿、大熊猫小种、桑氏鬣狗、剑齿虎、乳齿象等，地质时代属更新世早期。出土的人化石有乳门齿2枚、刚萌出的恒门齿1枚、带有2枚牙齿（一颗前臼齿、一颗臼齿）的左下颌骨1块。"巫山猿人"和人类演化的早期祖先有密切的关系。根据地层出土的哺乳动物化石的比较研究，初次公布时确定的年代为距今约180万年；后经中国科学院地质研究所用古地磁测定，为距今204万～201万年。这一批资料对研究人类起源于亚洲的学说有着重要意义。

汉源县富林旧石器时代晚期遗址位于大渡河和流沙河汇合处的第二级阶地上。该遗址1960年发现，1972年发掘，发现大量细小石制品和用火遗迹以及共存的哺乳动物化石和植物化石。富林遗址共发现各类石制品4500多件，其中绝大多数是石片、石核及碎石屑，石器仅占石制品总数的2.6%，说明该遗址并非居住地，而是一处石器制造场。富林文化石制品的原料中有98%是黑色燧石（优质石料），此外是少量的石英、水晶和石英砂岩。富林石器的一个重要特点是细小，平均长度为2.6厘米，只有极个别的标本长度超过3厘米。器形主要有刮削器、尖状器和雕刻器，只有1件加工粗糙的砍砸器。

铜梁旧石器地点位于铜梁县西北张二塘村附近。1976年修水库时，在地下8米深的沙层中，发现一批粗大石器、植物化石和脊椎动物化石。动物化石属"大熊猫—剑齿象动物群"，地质时代为晚更新世。据放射性碳素断代，年代为距今 21550 ± 310、25450 ± 850 年。铜梁出土的石制品共 306 件，原料多为石英岩。石器的特征是器形粗大，长度在 6 厘米以上的超过半数。器形有砍砸器、刮削器和尖状器，其中砍砸器占石器总数的三分之二，端刃砍砸器又占砍砸器的三分之一。铜梁地点的石器，器形粗大，以砍砸器为主，具有华南地区旧石器时代晚期文化的共同特征。

（二）长江中游地区

长江中游地区西起湖北省宜昌西陵峡东口，东至江西省鄱阳湖的湖口，地理区域包括今湖北省、湖南省和江西省的鄱阳湖以西地区。

湖北境内发现的旧石器时代遗址、古人类化石及石器地点，主要有郧西县东安家乡白龙洞的郧西猿人化石、郧县东北梅铺杜家龙骨洞的郧县猿人化石、丹江口市石鼓后山坡石器地点、房县龙滩樟脑洞旧石器时代晚期洞穴遗址、宜都枝江九道河石器地点、长阳县果酒岩和下钟家湾早期智人化石、大冶县石龙头旧石器时代早期遗址等。遗址分布最多的地区是武当山至鄂西山地一线的东部山区。

郧县猿人化石发现于 1975 年，共发现 4 枚牙齿和 1 件打制的石核。伴出的哺乳动物化石主要有剑齿象、桑氏鬣狗和小猪等，反映出地质时代要早于北京猿人，绝对年代可能为距今 50 多万年。根据伴生的动物群的比较研究，郧西猿人的年代晚于郧县猿人，大致和北京猿人的年代相当。

石龙头是一处旧石器时代早期的石灰岩洞穴遗址，1971 年发现，1972 年发掘，出土一批哺乳动物化石和 80 多件石制品。哺乳动物化石主要有大熊猫、中国犀、中华鬣狗等，地质时代和北京猿人相当。石器的原料大多为石英岩，部分为燧石。石器制作比较粗糙，类型简单，只有砍砸器和刮削器两类，器形不定型。

湖南境内的旧石器时代遗址广布于湘江、资水、沅江和澧水四条水系，共发现 60 多处旧石器时代遗址和石器地点，从遗址分布的数量和密集程度来看，多数集中在湘西武陵山系东部的沅江和澧水流域。湖南境内的旧石器时代的石器，其特征是器形较大，属于华南地区的砾石文化传统。

长江中游地区的旧石器时代遗址绝大多数分布在武陵山—鄂西山地—武当山一线的东部山区，遗址的文化时代包括旧石器时代早、中、晚期。武陵山西南端和云贵高原相邻，而云贵高原则是腊玛古猿和南方古猿及早期人类化石发现最多的地区。武当山北缘则与旧石器时代遗址分布较多的中原地区接壤。长江中游地区旧石器时代遗址的这种分布规律，说明武陵山至武当山一线的东部山区，是古人类由中国西南地区向华北地区迁徙的通道。

（三）长江下游地区

长江下游地区西起鄱阳湖的湖口，东抵海滨，地理范围包括今江西省东部、安徽省、江苏省和上海市。

江西东部地区的旧石器时代遗址主要分布在赣东北怀玉山的西北缘，已发现的遗址有东平县涌山岩、万年县大源仙人洞（下文化层）和吊桶环（下文化层）。这些遗址的文化时代为旧石器时代晚期至末期，仙人洞和吊桶环下文化层的年代为距今2万~1.5万年。

安徽境内的旧石器时代人化石和石器地点大部分分布在长江及其支流两岸的阶地上，一部分在巢湖以东的山区。人化石地点有两个：和县陶店乡汪家山北坡和县猿人化石和巢县岱山乡银山村的巢县人化石。石器地点，长江以北的有皖河流域的怀宁和潜山、庐江和枞阳、巢湖南岸等；长江以南的有广德县独山镇、铜陵、贵池市池州镇孔井村、水阳江流域的宁国县和宣州市的石器地点群。

"和县猿人"的年代约为距今20万年，是安徽境内发现的时代最早的人类化石。巢县人化石属于旧石器时代中期的早期智人（古人）化石。

安徽境内发现的旧石器时代的石器大部分埋藏在长江及其支流两岸的二级阶地内，个别地点则埋藏在三级阶地内，埋藏地层属红色网纹土，地质时代属中更新世，文化时代大多属旧石器时代早期；个别地点的时代较晚，石器埋藏在晚更新世地层中，如皖河流域的怀宁腊树乡，文化时代为旧石器时代晚期。

江苏境内发现的古人类化石和石器地点，主要有南京东郊汤山溶洞中发现的"南京猿人"化石、丹徒县蒋乔乡檀山村莲花洞发现的晚期智人（新人）化石、吴县三山岛发现的旧石器时代晚期石器地点。"南京猿人"的年代为距今20万年以内，稍晚于"和县猿人"。

长江三角洲地区，成陆的年代约在距今7500年以后，故没有发现旧石器时代遗址。

通过以上分析，可知整个长江流域旧石器时代遗址的分布规律是：上游地区旧石器时代文化的年代早于中、下游地区；下游地区的旧石器时代文化的年代，又呈现出西部早、东部晚的特点。长江流域旧石器时代文化的这种分布特点，反映古人类在长江流域由西向东迁徙的活动规律。

二 新石器时代文化

（一）长江上、中游地区

长江上游的川西青衣江流域，即四川的雅安和乐山两地区，广泛分布着一种以双肩石铲为特征的被称为"斗胆村类型"的新石器文化遗存。这一类文化遗址多分布在青衣江的一级阶地上。雅安沙溪坝的发掘，说明"斗胆村类型"文化的时代为新石器时代晚期至铜石并用时代，有的已进入殷商时期。

川西南的凉山州地区，沿安宁河温暖的河谷地带分布着一种"大墩子·礼州文化"。该文化的典型遗址是1974～1976年发掘的西昌礼州。这种文化的石器以半月形石刀和盘状砍砸器为代表，陶器以粗陶划纹罐、壶、瓶最具特征性。

长江三峡的东段至鄂西枝江的长江两岸，时代最早的新石器时代文化是距今7000年左右的城背溪文化。该文化的石器大多采用河滩中的砾石作原料，制作粗糙，大部分只有打制或琢制的痕迹，一小部分为局部磨制，常见的器形有石斧、石锄、石锛、石球和石网坠。陶器以夹砂红褐陶最多，泥质红陶和夹砂灰陶次之。器形以圜底器最多，圈足器次之，主要器形有釜和支架（炊器）、圜底罐、小口双耳壶、圈足碗和盘、钵等。

湘西北的澧水和沅江中下游分布着两种新石器时代中期前一阶段的新石器文化，即彭头山文化和皂市下层文化。彭头山文化遗址大多分布在澧水下游，[14]C测定的年代有两个，分别为距今7815±100年和距今7945±170年（均未经树轮校正）。该文化的陶器以圜底器为主，器形有小口双耳深腹圜底罐、小口双耳圜底罐、筒形圜底釜和支架（炊器）、圜底钵和碗、盘等。陶片中可见炭化稻壳，这是在制作陶器时在陶胎内掺和大量稻壳、稻谷的结果。孢粉分析也发现水稻花粉。

皂市下层文化分布于澧水中下游和沅江下游。皂市遗址下层木炭测定的年代为距今6920±200年（BK82081）。陶器有夹砂陶的圜底釜、圈足盘、双耳平底罐、高领罐等。其中以圈足盘的数量最多，多为泥质红陶和褐红陶，器表打磨光亮，绝大部分为高圈足，并有透雕镂孔。

在城背溪文化和皂市下层文化以后发展起来的大溪文化，分布地域从鄂西和湘西山地扩展到两湖平原的西部地区。大溪文化的年代约为距今6000～5000年。陶器以圈足器为主，有少量的圜底器，很少见三足器。主要的器形有圜底釜和支架、圈足盘、圈足罐、圈足簋和碗。具有特征性的器形还有细颈球腹壶、曲腹杯、筒形平底瓶和外表有锥刺纹的空心陶球。大溪文化早中期有少量彩陶，纹饰有草叶纹、横"人"字纹、绳索纹、弧线勾叶纹等。四川巫山大溪遗址墓葬中有殉鱼和殉狗的情况，说明在当时虽有比较发达的稻作农业，但渔猎在经济生活中仍占一定的比重。

屈家岭文化晚于大溪文化，分布地域包括整个两湖平原和鄂西地区，其年代约距今5000～4500年。屈家岭文化早期阶段，石器以大型柱状石斧、扁平梯形石锛和穿孔石铲颇具特征性。陶器以黑陶为主，灰陶次之。制法有手制和轮制两种。纹饰有弦纹、划纹、圆点、重圈纹、波浪纹、陶索纹等。有一部分磨光黑陶上施朱绘。具有特征性的器形有薄胎带盖小陶鼎、蛋壳黑陶杯、曲腹杯、三足盘、三足碗、三足碟、长颈圆腹壶、朱绘黑陶器等。中期阶段，陶器以灰陶为主，黑陶次之，红陶的数量很少。轮制的比例较早期增加。彩陶的数量比早期增多，并出现代表屈家岭文化特色的蛋壳彩陶。纹饰有平行线纹、圆点纹、弧线纹、方格纹、圆圈纹、叶形纹等。彩绘多为红底黑彩或紫黑彩，橙黄底红彩或紫黑彩，有的不用线条，采用晕染法。典型陶器有直长足盆形鼎、矮足罐形鼎、双腹碗、高圈足杯、三足碟、长颈扁腹壶、折腹高圈足壶、折腹盂、蛋壳彩陶杯、蛋壳彩陶碗等。晚期仍以灰陶为主，但红陶数量较中期增加。典型器形有厚胎红陶杯、喇叭形筒状擂钵、高颈扁折腹圈足壶、高圈足杯、袋足长颈鬲等。彩陶纺轮是屈家岭文化中、晚期的典型器物。彩陶纺轮都是细泥陶，胎以黄白色为主。彩绘多用红褐，黑色料少。彩纹的基本母题是直线、弧线、三角、圆点等。这些纹饰往往以纺轮的圆心为中心构成四面对称的图案，或组成螺旋纹、旋涡纹等。晚期的彩陶纺轮数量增多，形制变小，彩纹多作太极图式和对称的双弧线中夹斜线的图案。

长江中游地区到屈家岭文化时期，随着私有制和阶级的出现，各部族之间，尤其是与中原的炎帝、黄帝部族之间的战争日趋频繁，为防御性设施的城堡开始出现。已发现的屈家岭文化时期的城址有湖南省澧县车溪乡南岳村城头山和湖北省天门县石家河、石首市焦山河乡走马岭、江陵县荆州城西北的阴湘城、荆门刘集乡显灵村的马家垸等。这5座城址的特点：（1）时代早，年代都在距今5000～4500年，早于黄河流域的龙山文化古城；（2）规模大，面积一般都大于龙山文化古城；（3）在城内外的总体设计和布局上，为了交通方便、居民用水及城内排水，5座古城中有4座设置水门，将水门、护城河及自然河道相互沟通。

（二）长江下游地区

近几年，在长江下游西段的江西万年仙人洞和吊桶环两洞穴遗址的旧石器时代晚期文化层之上，发现了新石器时代早期文化遗存，其文化遗物有夹砂粗陶器、局部磨制的石器、骨器、穿孔蚌器等。孢粉分析结果，禾本科植物陡然增加，花粉粒度大，接近于水稻花粉的粒度。植硅石分析，有类似水稻的扇形体。[14]C测定的年代为距今1.4万～0.9万年。这是长江流域迄今发现的年代最早的新石器文化遗存。

皖西江淮地区的薛家岗文化是一支新石器时代晚期文化，其年代距今约为5300～4000年。该文化的典型石器是多孔石刀、有段石锛和扁平穿孔石铲等。多孔石刀，穿孔为1～13孔，孔数皆为奇数。陶器以罐形鼎、盆形鼎、釜形鼎、复合式甑、复合式甗、三足带把罐、盆形豆、圈足壶等最富特征。

长江下游的太湖流域，分布着三支先后相承的新石器时代文化：马家浜文化、崧泽文化、良渚文化。

马家浜文化的时代为新石器时代中期，距今约为7000～5500年。该文化的石器均通体磨光，穿孔技术比较发达。常见的器形有穿孔石铲、斧、锛、锄、镞、纺轮等。装饰品有璜、玦、环等。经济生活以稻作农业为主，在江苏省吴县草鞋山、上海青浦县崧泽、浙江桐乡县罗家角等遗址都发现水稻遗存。水稻品种有籼稻和粳稻。饲养的家畜有猪、狗和水牛。草鞋山遗址还发现以野生葛作原料的纺织品（葛布），这是长江流域现已发现的时代最早的纺织品，也是中国时代最早的纺织品。马家浜文化早期的陶器以红褐陶为主，黑陶次之，红陶最少。典型器形有筒形腰沿釜和支座、敛口钵、牛鼻形双耳或单耳罐、侧把盉等。晚期的陶器以夹砂红褐陶为主，泥质红陶次之。典型器形有釜和炉箅、鼎、豆、罐、钵等。江苏吴县草鞋山、武进县寺墩、浙江嘉兴马家浜等遗址都发现大量马家浜文化晚期的墓葬，其中有少量的同性合葬墓。同性合葬墓的出现，反映当时的社会尚处在母系制的鼎盛阶段，即对偶婚、对偶家庭阶段。

良渚文化时期，太湖流域以水稻为主的农业经济已发展到犁耕农业阶段。农业生产工具有三角形石犁、有段石锛、穿孔石斧、耘田器等。浙江吴兴县钱山漾、杭州水田畈等遗址出土的农作物种子有稻谷、花生、芝麻、蚕豆、甜瓜子、西瓜子等，是中国迄今发现的这类农作物时代最早的遗存。

良渚文化的陶器以轮制的泥质黑皮陶最具代表性，典型器形有贯耳壶、高颈壶、双贯耳罐、带盖宽把杯、竹节纹高柄豆和粗矮圈足豆等。器表打磨光亮，胎壁厚薄均匀，形制浑圆规整，造型美观。

良渚文化遗存中还有大量的竹编、草编织物和丝麻织品。竹编器物有竹席、篓、篮、箩等。麻织品有麻布和麻绳。丝织品有绢片、丝线和丝带。这些竹编器物和丝麻织品的制造水平都很高，竹编器物有一经一纬"人"字纹、二经二纬"人"字纹、梅花眼、菱形花格和密纬疏经"十"字纹等。苎麻织物，平纹，密度为经线 30.4 根/厘米、纬线 20.5 根/厘米。绢片为家蚕丝织物，经密 52 根/厘米，纬密 48 根/厘米。良渚文化的丝织品产生于良渚文化早期，绝对年代为距今 5000 年左右，这是中国迄今发现的证据确凿、年代最早的家蚕丝织品。

发达的玉器是良渚文化的特色之一。江苏、浙江、上海等地区的良渚文化大墓中都发现大批精致玉器，其种类有璧、琮、钺、镯、管、珠、冠状饰、三叉形饰、杖端饰、牌饰、半月形饰及玉鸟、鱼、蝉、龟等 20 多种。良渚文化玉器方圆规整，穿孔普遍使用管钻法，棱角分明。大多数玉器都有雕琢精美的纹饰。雕琢手法以阴线刻为主，有浅浮雕、圆雕、半圆雕和镂孔等。已出现主体纹、底纹和装饰纹三重纹饰，这种雕琢特色以及由两个侧面表现立体图形的特点，一直保存在后世青铜器上。玉器纹饰中以原始的兽面纹、神人兽面像、云雷纹、鸟纹等，最富特征性。良渚文化玉器纹饰的雕琢技艺，尤其是细如毫发的阴线组成的繁密图像，即使现代玉工也深感莫及。

最后把长江流域新石器时代文化谱系列为下表（表一）。

表一 长江流域新石器时代文化谱系

距今年代 类型 地区	长江上游		长江中游			长江下游		
	川西	川东	湘西	鄂西	江汉平原	赣东北	江淮地区 宁镇地区	太湖流域
4000	斗胆村类型大墩子·礼州文化	屈家岭文化	桂花树三期屈家岭文化	季家湖类型屈家岭文化	石家河文化	山背文化	良渚文化	
5000								
5500							薛家岗文化北阴阳营文化	崧泽文化
6000		大溪文化晚期	大溪文化	大溪文化				马家浜文化晚期
7000								
8000			皂市下层文化彭头山文化	城背溪文化				马家浜文化早期
10000						仙人洞文化		

（原载《长江论坛》1997 年第 4 期）

关于我国东部沿海地区新石器
时代文化系统的区分

我国东部沿海的江苏、山东、浙江三省地跨黄河、淮河、长江三大水系的下游。如何区分这一地区的新石器时代文化系统？这是我国考古界近几年来讨论的重要问题之一。

早在20世纪50年代，当苏北淮安县青莲岗发现新石器时代文化遗址后，凡是在江苏境内发现早于龙山文化和良渚文化的新石器时代遗址，一般都被称为青莲岗文化。近几年来，吴山菁同志在《略论青莲岗文化》（下面简称《略论》）一文中，更进一步主张把鲁南、江苏、浙北较早的新石器时代文化概称为青莲岗文化，并把这一文化分为江南和江北两个类型。又分江南类型为马家浜期、北阴阳营期和崧泽期，分江北类型为青莲岗期、刘林期和花厅期。对于这样区分江苏、山东、浙北的新石器时代文化系统，是值得进一步商榷的。

我们认为我国东部沿海的苏、鲁、浙北地区，大致可以分为三个文化系统：（一）鲁中、鲁南和苏北北部地区为一文化系统；（二）太湖流域和浙北地区为一文化系统；（三）以宁镇山脉为中心地区的长江两岸为一文化系统。

鲁中、鲁南和苏北北部地区的新石器文化系统，暂可用"大汶口文化"作为它的文化名称。大汶口文化可分为四期：大汶口早期、刘林期、花厅期、大汶口晚期。太湖流域和浙北地区的新石器文化系统，可根据夏鼐同志的建议，暂用"马家浜文化"作为这一文化系统的文化名称。马家浜文化可分为三期：马家浜期、崧泽期和张陵山期（表一）。以宁镇山脉为中心地区的新石器文化系统的分期工作做得较少，其分期目前还不清楚。

上述三个文化系统各文化期的内涵过去已有文章论述[1]，这里不再赘述。本文想就《略论》中所提出的关于区分苏、鲁、浙北的新石器文化系统的一些论点，提出一些不同的看法和吴山菁同志商榷。

表一　　　　　　　　　　**苏、鲁、浙北新石器时代文化分期表**

年代（公元前）	地 区				社会形态
	中原地区	鲁中、南和苏北		太湖流域和浙北	宁镇山脉为中心区	
6000				河姆渡文化		母系氏族制
5000	仰韶早期	大汶口文化				
	仰韶中期		大汶口文化早期	马家浜文化	马家浜期	
	仰韶晚期		刘林期		崧泽期	北阴阳营期	父系氏族制
4000			花厅期		张陵山期		
	庙底沟二期		大汶口文化晚期				
2000	河南龙山文化	龙山文化		良渚文化	湖熟早期	
					湖熟晚期	奴隶制

一

　　《略论》主张把苏南和浙北地区的新石器时代文化系统作为青莲岗文化的江南类型，并分为马家浜期、北阴阳营期和崧泽期的依据主要有：第一，在南京北阴阳营遗址可以找到北阴阳营期叠压在马家浜期之上的地层关系；第二，从葬制和出土物来看，"北阴阳营期与马家浜期较为接近，而崧泽期与之相比就有较大的距离"[2]。

　　下面我们就《略论》的上述依据来研究一下它的立论是否妥当。

　　先分析第一个依据。《略论》认为在北阴阳营存在"比墓葬更早的文化层和灰坑"，而这个"比墓葬更早的文化层和灰坑"其时代相当于马家浜期。这一论点是否正确，可用该遗址的地层叠压关系来验证。北阴阳营遗址的堆积共分四层：第1层为扰乱的表土层，第2、3层是湖熟文化层，第4层即最下层分为东、西两个部分，东部为居住区，西部为墓葬区。《略论》所指的"比墓葬更早的文化层和灰坑"，只能是指第4层和该层的两个灰坑（H68、H70）。既然是指和墓葬属同一层的第4层及其灰坑，那么这第4层及其灰坑怎么有可能比墓葬更早呢？至于地层和灰坑中的出土物有别于墓葬的随葬物，只可能是日常用品和随葬品的区别，不可能是时代上的区别。这就是说，在北阴阳营不可能存在比墓葬更早的文化层和灰坑，从而也就不存在"北阴阳营期"叠压在"马家浜期"之上的地层关系。

　　至于整个太湖流域和浙北地区是不是存在这种两者叠压的地层关系呢？也不存在。这个地区的许多典型遗址，如江苏吴县草鞋山、苏州越城、吴江梅堰、常州圩墩村，上海青浦崧泽，浙江余姚河姆渡、嘉兴马家浜等，它们的地层叠压关系，都是崧泽期的地层叠压在马家浜期之上，从未发现在这两期之间夹有北阴阳营期的地层。

再分析第二个依据。《略论》认为从葬制和出土物来看，"北阴阳营期与马家浜期较为接近，而崧泽期与之相比就有较大的距离"。实际情况并非如此。太湖流域和浙北地区许多遗址的出土物都证明：马家浜期和崧泽期是互相衔接的两期，这两期在陶器的质地和器形上都是一脉相承的，两者之间并不是"有较大的距离"。从陶系方面来说，马家浜期红陶的比例大于灰陶，到崧泽期仍然是红陶的比例大于灰陶，只是在总的趋势方面，红陶的比例下降，灰陶的比例增加。从器形方面来说，崧泽期的一些器形都是和马家浜期比较接近的，如鼎、釜、豆、钵、盆、罐等，都是两期所共有的，而其中的釜和钵，在两期中其形制变化都不大。此外，这两期的陶器都盛行鸡冠耳和牛鼻耳。

崧泽期和马家浜期比较接近，还可从草鞋山第7层的一些墓葬材料中得到证实。草鞋山的第7层曾发现6座墓葬，从其中骨骼保存较好的4座墓来看，头向都是朝北偏西，有3座仰身葬和1座俯身葬。随葬品多为陶器，其中包括夹砂红陶釜和鼎，泥质灰陶的罐、壶、盆、镂孔圈足豆等[3]。这6座墓葬的头向朝北，和马家浜期相同，葬式以仰身葬为主，又比较接近崧泽期，但出土陶器的陶系和器形则具有崧泽期的特点。这些情况说明，崧泽期和马家浜期比较接近，它是由马家浜期发展而来，两者之间并无缺环。

崧泽期不是由北阴阳营期发展而来，而是从马家浜期发展而来，还可以从马家浜期与崧泽期的某些陶器的演变得到证明。如马家浜期陶器的一个特点是釜多鼎少，到了崧泽期陶鼎的数量和形制增多，而陶釜则大量减少。以崧泽遗址为例，其下层（属马家浜期）釜的陶片大量存在，而鼎只发现残足部17件；到了中层（属崧泽期），陶釜大量减少，仅9件，而陶鼎则大量增多，出土了36件[4]。这一情况说明，陶釜从马家浜期到崧泽期都作为炊器使用，只是数量多少不同而已。但作为"北阴阳营期"代表的北阴阳营下层墓葬并不见类似的陶釜。一种文化系统从早期到晚期都存在的器物，不可能在它的中期却突然消失。这也说明"北阴阳营期"并不是该文化系统发展过程中的一期。

《略论》提出的在文化面貌上"北阴阳营期与马家浜期较为接近"这种看法，也不符合实际情况。就葬俗来说，两期的区别就相当大。如马家浜期盛行头向北的俯身葬，而北阴阳营期则盛行头向东北的仰身葬；北阴阳营期盛行用玉饰和生产工具随葬，而马家浜期却没有这一特点。

这里还必须指出，《略论》认为北阴阳营的二号灰坑（H2）是一个良渚文化的灰坑，从而证明良渚文化已达宁镇地区。这种看法也不符合实际情况。确定一个灰坑的时代要看其所属的地层及其出土物。二号灰坑的上部堆积已遭破坏，原来坑口所属的地层已难确定，只能根据灰坑中的出土物来确定其时代。灰坑的出土物主要有石锛、铜镞、大陶缸、鬶、盆等，其中的石锛和铜镞都是"标准式"的湖熟文化的遗物。一个灰坑如未经扰乱，其中的出土物只可能是一个时代的遗物，不可能是两个时代的遗物。也不可能灰坑的上层是一个时代，下层又是一个时代。再者，该灰坑的下层所出的一些陶器，亦即《略论》所认为是良渚文化遗物的陶鬶、陶缸等，在器形上也不同于一般良渚文化的遗物。从这些情况来看，北阴阳营的二号灰坑不可能是良渚文化的灰坑，只可能是湖熟文化的灰坑。在北阴阳营也不存在湖熟文化叠压在良渚文化之上的地层关系。

根据以上分析，我们认为江苏南部和浙北地区应分为两个文化系统，即太湖流域和浙北地区为一文化系统，以宁镇山脉为中心地区的长江两岸为另一文化系统。以北阴阳营下层墓葬为代表的"北阴阳营期"，不应归属太湖流域和浙北地区的新石器文化系统，而应归属以宁镇山脉为中心地区的新石器文化系统。

二

《略论》指出，苏南和浙北地区较早的新石器文化与鲁南及苏北地区的新石器文化："二者既有不同点，又有相同点。由于有相同点，所以我们都称它们为青莲岗文化；但又因为有其不同点，而这些不同点现在看来主要是由于地域上的原因造成的，所以我们又可以把它分为两个类型。"我们认为用这个标准来衡量是否属同一文化系统和类型，是不确切、不科学的。它很难将各种不同的新石器时代文化区分开来。因为从现有资料来看，我国黄河流域和长江流域新石器文化在较早时期有许多共同点：多红陶，多手制，一般是圜底器和平底器出现较早，三足器和圈足器出现较晚；一般都有鼎（或釜）、钵、盆、豆这类器形；并且大都有彩陶。如果认为有共同点就是同一种文化，那么，我国黄河流域和长江流域各地的新石器文化，岂不是都成了同一种文化了吗？我们认为衡量文化系统是否相同，其标准应当是：时代相当的文化，是否有一群代表性的器物大致相同；在埋葬制度、经济生活和社会形态等方面是否也大体相同。如果是大体相同的，就可称为同一文化，否则就不属于同一文化。文化面貌的某些相似，只能视为不同文化之间的互相交流和影响，不能视为文化系统的相同。用上述标准来衡量鲁中、鲁南和苏北北部地区的新石器文化与苏南及浙北地区的新石器文化之间的关系，我们认为它们应分属三个不同的文化系统。

下面再来分析马家浜文化和大汶口文化的关系。

太湖流域和浙北地区的马家浜文化与鲁中、鲁南和苏北北部地区的大汶口文化[5]，其文化面貌区别是很大的。如在生产工具方面，大汶口早期较多出现的扁平石铲，在马家浜文化马家浜期就不见。在陶器方面，这两种文化的区别就更大。例如，陶釜是马家浜文化中极普遍的炊器，但在山东地区的大汶口文化中就不见，只有在苏北北部的个别遗址中才出现较少量的陶釜，但器形也不相同。马家浜文化的陶釜呈深腹筒状，而苏北的陶釜腹则很浅。马家浜期常见的那种器表外红内黑的喇叭形高圈足豆、牛鼻式的双耳罐等，在大汶口早期也不见。反之，大汶口早期常见的内壁绘彩钵、羊角式把手等，则不见于马家浜文化。马家浜文化很少见彩陶，但大汶口文化的彩陶较普遍。大汶口文化和马家浜文化，它们愈向后发展，区分就愈大。如大汶口文化刘林期和花厅期所具有的一些特征性器物：三足觚形杯、高足钵形鼎、高圈足大镂孔豆、实足鬶、袋足鬶、背水壶等，都不见于同刘林期和花厅期时代相当的马家浜文化的崧泽期之中。

马家浜文化和大汶口文化在葬俗上也有显著区别。大汶口文化盛行头向东的单人仰身直肢葬，在刘林期还存在多人同性合葬和多人二次葬；并且普遍存在用龟甲、獐牙、獐牙钩形器、猪头或猪下颌骨以及男子用狗随葬的习俗。此外，还普遍流行对成年男女拔除侧门齿的风俗。这些葬俗在太湖流域和浙北地区的马家浜文化中都是不见或少见的。而马家浜文化所盛行的一些葬俗，如马家浜期多头向朝北的俯身葬，崧泽期多头向朝南的单人仰身直肢葬等，都不见于大汶口文化。

大汶口文化和马家浜文化两者的文化渊源和发展方向也是各不相同的。马家浜文化由河姆渡文化发展而来，这可从浙江余姚河姆渡遗址地层叠压和器物的演变找到根据。河姆渡遗址共分四大层：第 1 层相当于崧泽期；第 2 层相当于马家浜期；第 3 层相当于河姆渡文化向马家浜文化的过渡阶段；第 4 层的文化面貌比较一致，陶器大都为黑色与灰色的夹炭陶和夹砂陶，这一层的遗存即现在所称的"河姆渡文化"[6]。从河姆渡文化到马家浜文化，在陶器的演变上也是一脉相承的。例如，从河姆渡文化到马家浜文化的早期，都是以釜作为主要的炊器。作为架炊器的活动支座，从河姆渡文化到马家浜文化都一直存在，只是器形有所改变而已。河姆渡的第 3 层处于河姆渡文化向马家浜文化的过渡阶段，在这一层中既含有河姆渡文化的陶釜、双耳罐、钵、盆等，又含有马家浜文化中的一些典型器物，如外红内黑的喇叭形高圈足豆等。马家浜文化由河姆渡文化发展而来，它向后的发展则是良渚文化。大汶口文化的前身的文化面貌如何，目前还不清楚，但它的往后发展则是龙山文化。

总之，鲁中、鲁南和苏北北部地区的新石器时代文化，与太湖流域及浙北地区的新石器时代文化，它们的文化面貌区别很大，不应归属于同一文化系统，而应分属两个不同的文化系统。至于这两个文化系统，在文化面貌上的个别相似，只能视为两种文化的相互影响和交流，而不应作为文化系统的相同。

三

以宁镇山脉为中心地区的长江两岸的新石器文化与鲁中、鲁南及苏北北部的新石器文化，其文化面貌区别也十分明显。例如，在陶器方面，以北阴阳营下层墓葬为代表的"北阴阳营期"出土物的一个重要特点是，器物上多附有錾、耳、嘴等附加物，而大汶口文化则没有这一特点。反之，大汶口文化各期所具有的一些特征性器物，如上节所述的三足高柄杯、各种形制的鬶、高圈足大镂孔豆、背水壶、薄黑陶杯及浅盘双腹豆等，则为北阴阳营以及宁镇山脉的其他遗址中所不见。北阴阳营和大汶口虽然都具有一定数量的彩陶，但其风格是完全不同的。大汶口文化的彩陶，其器形和彩绘风格与中原地区仰韶文化庙底沟类型的彩陶比较接近，主要有回旋勾连纹、弧形三角纹、圆点纹、直线纹、曲线纹、波形线及八角星纹等。而北阴阳营的彩陶则是另一种风格，这种文化的彩陶多宽带纹，也有少量的菱形纹、网状纹、"十"字纹和圆圈纹等，彩绘多施于器物的口部、腹部或圈足等部位[7]。

在埋葬制度方面，两种文化的区别也很大。北阴阳营盛行头向东北的仰身直肢葬，多用生产工具和玉饰随葬。例如，北阴阳营第一、二次发掘中共清理225座墓葬，其中用生产工具随葬的就有159座，占全部墓葬的70%[8]。这些葬俗都不见于大汶口文化。反之，大汶口文化所盛行的一些葬俗，如多头向东的单人仰身直肢葬，并有一定数量的两人合葬、多人合葬、多人集体迁葬，以及用獐牙、龟甲、猪下颌骨随葬等习俗，都不见于北阴阳营。

以上分析说明，以宁镇山脉为中心地区的新石器时代文化，与鲁中、鲁南及苏北北部的新石器时代文化，在文化面貌上区别是很大的，它们不应归属于同一文化系统。

（原载《文物集刊》第1辑，文物出版社，1980年）

---

[1]　吴山菁：《略论青莲岗文化》，《文物》1973年第6期。

[2]　同[1]。

[3]　南京博物院：《江苏吴县草鞋山遗址》，《文物资料丛刊》第3辑，文物出版社，1980年。

[4]　上海市文物保管委员会：《上海市青浦县崧泽遗址的试掘》，《考古学报》1962年第2期。

[5]　关于该文化系统的名称，考古界意见不一致，有人主张将该文化系统的前一阶段称为青莲岗文化，后一阶段称为大汶口文化；也有人主张该文化系统从早期到晚期都称大汶口文化。本文采用后一种意见。

[6]　浙江省文管会、浙江省博物馆：《河姆渡发现原始社会重要遗址》，《文物》1976年第8期。

[7]　南京博物院：《南京市北阴阳营第一、二次发掘》，《考古学报》1958年第4期。

[8]　同[7]。

江苏史前考古的发现和研究

江苏省位于中国的东部沿海地区，东部为太湖流域，西部有宁镇山脉和茅山山脉；长江以东濒黄海，苏中为江淮平原，苏北为黄淮平原，江苏的这种地理形势，直接影响到史前文化的性质和文化面貌，使苏南、苏中和苏北的旧石器时代文化和新石器时代文化在文化性质和文化面貌上存在明显的区别。

一　旧石器时代

（一）苏南地区

苏南地区已发现的人类化石地点主要有句容放牛山旧石器时代晚期石器地点、南京直立人化石地点、镇江莲花洞晚期智人化石地点、太湖三山岛石器地点等。

1999年，南京博物院考古人员在江苏句容县进行考古调查时发现包括放牛山在内的三处旧石器地点。放牛山位于南京以东50千米，句容市区东15千米的春城镇第二窑厂内。石器地点位于句容县中部的低山岗地上，系太湖水系和秦淮河水系的分水岭。岗地顶部海拔大于25米，相对高度15米，第四纪堆积物的厚度大于8米。1999年冬南京博物院等单位对放牛山地点进行了发掘，发掘厚度大于7米。地层划分为10层，第2层以下为下蜀黄土。出土石制品的文化层可分为两组，第2层为A组，第6～9层为B组。发掘出土的标本共23件，其中石制品16件，加上采集品共50余件。石制品种类有石核、石片、砍砸器、刮削器、镐、薄刃斧等，均为大型石器。其文化面貌与邻近的安徽南部水阳江流域的旧石器文化面貌一致，属于中国南方的砾石文化传统。根据沉积物的性质判断，放牛山含石器的堆积物为原生堆积，石器地点的性质为古人类临时性停留地。通过区域性地质和气候地层的对比，结合下蜀黄土的测年数据，可知放牛山地点第6～9层出土的石器属于旧石器时代早期，绝对年代可能大于距今30万年；第2层的年代较晚，绝对年代大约为距今10万年左右[1]。

南京人化石发现于1993年春，1993年冬至1994年春，南京市博物馆对出土人化石的南京东郊汤山镇雷公山葫芦洞之小洞进行正式发掘。南京人化石共有3件：2件颅骨化石和1枚牙齿。1号颅骨是南京市博物馆工作人员在清理农民挖出的动物化石时发现的，一枚牙齿是在正式考古发掘时发现的。葫芦洞小洞的堆积层（由上而下分层）是：第 1 层为钙板层，第 2 层为棕红色粉沙黏土层，第 3 层为棕色黏土化石层，此层出土人化石 3 件。第 3 层出土的动物化石数千件，其中有棕熊、肿骨鹿、中国鬣狗、李氏野猪、犀牛等 15 种。发掘结果证明，小洞内没有人类生活的遗迹和遗物（包括用火遗迹和生产工具）。南京人的体质特征基本上和北京人相似，同时又具有自身的性状特点。根据体质人类学特征分析，南京人在中国人类演化序列中的位置，可排在北京人时期偏晚阶段，而早于安徽和县发现的和县人。这和南京人动物群的年代也是一致的，即南京人动物群相当于周口店第一地点（即北京人地点）的中部地层，即第 5～9 层，其地质时代为中更新世中期。南京人化石地点出土人化石地层的年代分别用不平衡铀系法和电子自旋共振（ESR）法进行年代测定。铀系法测定 2 个钙板样本（钙板覆盖动物化石、人化石地层），其年龄分别为距今 32 万年和距今 36 万年。电子自旋共振测年标本是 5 个与人化石同层的动物化石牙齿的珐琅质，所测年龄为距今 40 万～25 万年，平均为距今 35 万年，其中有 3 个样品同时用铀系法对比测年。综合上述两种测年数据，可以认为年龄为距今 35 万年左右比较适宜，其年代早于和县人，相当于北京人遗址中部堆积的年代[2]。

1981 年，南京博物院等单位在江苏镇江市丹徒县蒋乔檀山白龙岗北坡的莲花洞进行试掘，发现 1 颗智人牙齿和 15 种哺乳动物的化石。智人牙齿化石可能为下第二臼齿，第三臼齿尚未萌出，故这颗牙齿可能属于青少年个体。15 种哺乳动物化石中有典型的晚更新世动物最后鬣狗，而灭绝种只有 3 种（占动物种类的 18.8%），其地质时代应属晚更新世。莲花洞动物群为广布种，南北方动物都有，反映出当时的气候相当于现今的江淮地区[3]。

1985 年 12 月，南京博物院等单位在太湖三山岛西北东泊小山的一个溶洞前的一个石器地点进行发掘，共发现石制品 5263 件。石制品原料主要为燧石、石髓、玛瑙等。石制品利用小石块加工而成。打片主要采用锤击法，少数采用砸击法，尚未发现修理台面后打片和间接打击法。石器组合中以刮削器为主（复刃刮削器最多），少量的尖状器加工技术较高，有很少量的锥、钻、砍砸器和雕刻器。石器修理，向背腹面，交互和复向加工等。三山岛石器地点文化层的地质时代为晚更新世后期阶段到全新世初期，文化时代则为旧石器时代晚期之末或向新石器时代过渡[4]。

（二）苏北地区

苏北地区发现的旧石器地点主要有东海县爪墩。

爪墩遗址位于江苏省东海县山左口乡大贤庄西南约 2 千米的爪墩山，西北距山东省郯城县约 9 千米。爪墩石制品的原料以燧石、石英砂岩为主，次为脉石英，少数为石英和水晶。石器可分为细石器和大型石器两大类，细石器是爪墩文化的主体（占标本的92.9%），加工采用间接打击法。大型石器大多数用直接打击法制成，少数用砸击法。细石器中的石核有楔状石核、宽型楔状石核、窄型楔状石核、平底石核、船底形石核、漏斗状石核、锥状石核等，以前两种石核的数量最多。细石器的类型有刮削器、尖状器、雕刻器、锥、钻、镞等，以刮削器的数量最多，次为尖状器。大型石器的打片多数采用锤击法，少数采用砸击法。爪墩遗址的细石器与山西峙峪文化在器形方面都比较接近，文化时代相当，大约为旧石器时代晚期之末。与爪墩的细石器遗存相似的遗址，在山东临沂、日照和江苏连云港等地都有发现。爪墩文化是沂沭河流域具有代表性的细石器文化[5]。

二 新石器时代

江苏发现的新石器时代文化，根据文化性质可划分为宁镇地区、太湖流域、江淮东部地区、徐海地区等区域。

（一）宁镇地区

宁镇地区的新石器时代文化主要有分布于宁镇地区长江两岸的北阴阳营文化、句容县丁沙地文化遗存、丹徒县大港磨盘墩文化遗存、高淳县薛城文化遗存、金坛市西岗镇三星村文化遗存。具有宁镇地区新石器文化特色的文化遗存的分布，东到苏南的常州、溧阳一带，西到皖南的芜湖地区（水阳江流域），北抵长江北岸。其文化因素波及范围，西北到皖西的薛家岗文化，东北到江淮东部地区的龙虬庄文化，南到太湖流域的马家浜文化（晚期）、崧泽文化和良渚文化。

北阴阳营文化的分布以宁镇地区的长江两岸为中心地区，其文化因素的渗透范围，西北抵达大别山以南的鄂皖接壤的薛家岗文化，东北则到江淮东部的淮安青莲岗文化遗存，南部渗透到苏南金坛的三星村文化遗存中。江淮地区的龙虬庄文化、青墩文化中，都含有北阴阳营文化的因素。属于北阴阳营文化遗址的有南京市内的北阴阳营[6]、南京南郊的太岗寺[7]、南京江宁昝庙[8]和安徽芜湖市东郊的蒋公山等，其中北阴阳营、太岗寺和昝庙等都经过发掘，而北阴阳营遗址发掘面积达到3122平方米。北阴阳营文化可分为三期。第一期文化只在北阴阳营遗址发现了2个灰坑，其中出土的一件夹砂红陶腰檐釜和一件腹部有4个对称的鸡冠耳小平底罐，最具代表性。第二期文化以北阴阳营遗址西区（第4层）墓葬为代表，出土的文化遗物最丰富，代表了北阴阳营文化的主体。第二期文化的陶器可分为夹砂红陶、夹砂灰陶、泥质红陶和泥质灰陶四类。陶器的制作一般为手制，然后经慢轮修整。器表以素面为主，也有装饰性纹饰，有少量彩陶和红衣陶。器形中属于炊器的主要有鼎，盛食有豆、碗、盆、钵，盛储器有平底罐、三足罐、圈足罐等。生产工具有石斧、穿孔石斧、条形石锛、有段石锛、石刀等。2件七孔石刀系墓葬出土，具有礼器性质。用石器随葬是北阴阳营文化葬俗的特色。第三期文化遗存主要有北阴阳营遗址居住区的13

座墓葬出土物，眢庙遗址的下文化层及其墓葬出土物，太岗寺遗址的下文化层。第三期文化的陶器以夹细砂红陶为主，次为泥质灰陶。器形有鼎、罐、盆、豆、壶、杯等。北阴阳营文化的几个遗址均未测定具体年代，从文化面貌来看，大约处于新石器时代中期的后一个阶段，社会时代大约处于母系制的繁荣阶段，第三期文化的时代已经进入到新石器时代晚期阶段。

句容县丁沙地遗址，1988 年发掘。出土的陶器主要为釜和支座、罐、器盖等，不见三足器，均手制。以红褐陶为主，陶质疏松，陶胎厚重。有少量彩陶，为白地绘红、黑彩图案。石器有带足磨盘。这些文化特征，表明其文化时代较早，可归属新石器时代中期前一阶段。

古代长江下游有两个大湖，东段有太湖，西段有古丹阳湖。古丹阳湖渐渐淤塞湮没，只留存今皖苏交界处的石臼湖、固城湖、南漪湖（残存），其余部分变为湖荡沼泽地带。薛城遗址位于今石臼湖南岸，原为一岛形台地。这种生态环境既不同于太湖流域，更不同于宁镇山脉地带。不同的生态环境就会有不同的生产方式和生活习俗，从而产生不同的文化面貌。薛城文化具有很强的自身文化特征。如早期陶釜肩部有鸡冠耳，腹部有一周窄檐，并有大量外侧带脊的扁铲形鼎足。中期陶器以各种类型的平底釜、筒形罐、三系钵、彩绘豆等，颇具特征性。薛城文化早期大约相当于太湖流域马家浜文化晚期，中期大约相当于北阴阳营文化第二期，晚期相当于崧泽文化中、晚期[9]。

三星村遗址位于苏南长荡湖以西、茅山山脉以东，北邻宁镇山脉地区，东南邻近太湖流域。出土遗物主要有骨角牙蚌器、玉器、石器和陶器，其中以骨角牙蚌器出土的数量最多，并且制作精良，有些骨器制作精细并施以抛光和钻孔。玉器常见的有玦、璜、管等，其中一件玉玦，直径达 9 厘米，是中国迄今发现的最大一件新石器时代玉玦。石器的形制一般较小，大型石器较少。石器形制规整，磨制精致，常见的器形有锛、穿孔斧、三孔刀、锄等。七孔石刀共发现 2 件，其形制与南京北阴阳营遗址出土的七孔石刀完全一致。石钺 2 件，器形组合和结构完全相同，石钺由骨质钺饰、柄端饰、木柄及环刃穿孔石钺等四部分组成，这种制作精美而无使用痕迹的石钺应是一种礼器。陶器中有一件刻印云雷彩纹陶，是我国迄今发现最早的云雷纹。三星村文化遗存的文化面貌较多地接近北阴阳营文化，文化时代亦相当[10]。

磨盘墩遗址位于宁镇山脉东端北侧长江南岸，西距镇江市 28 千米，北距长江 550 米。遗址坐落在一个圆形的土墩上。磨盘墩的文化遗物可分为两期，即第一期文化和第二期文化。文化遗物有打制石器、磨制石器、玉器和陶器，但数量最多并反映文化特色的是小石器。在打制石器中，各种石钻占石器总数的 75%，是打制石器的主体。石器的原料大多数为黑色燧石，有少量玛瑙。石器的打片方法有锤击法和砸击法两种，以锤击法为主。石器以石片石器为主，可分为石钻、刮削器、尖状器、雕刻器等，其中以石钻的数量为多。根据钻头的横断面可将石钻分为三棱钻和四棱钻；如依照形态及钻身的长短，可将其分为三角钻、叶形钻、凿形钻、细腰扁身钻、长身钻、短身钻和两头钻等。从石钻的钻头部分无使用痕迹以及大量石核、石片、碎片、废石料来看，该遗址应是一处以制造石钻为主、兼作制玉的石器制造场。从磨盘墩出土文化遗物的文化面貌来看，其文化时代相当于北阴阳营文化第三期至第四期，亦即相当于太湖流域的崧泽文化晚期至良渚文化早期，距今5000年左右。与磨盘墩打制小石器相似的石器，在谏壁镇以西长达14千米的长江南岸都有发现，均分布在海拔20～25米的黄土岗上[11]。

（二）太湖流域

太湖流域的新石器时代文化主要有马家浜文化、崧泽文化和良渚文化。

马家浜文化是以1959年发现并发掘的浙江省嘉兴县马家浜遗址而命名的。马家浜文化的分布是以太湖流域为其中心地区，其影响所及，南到杭州湾以南，北达江淮地区，西抵宁镇地区。现已发掘的遗址有浙江桐乡罗家角[12]、嘉兴马家浜[13]、余杭吴家埠、吴兴邱城、江苏吴江梅堰、吴县草鞋山[14]、常州圩墩[15]、武进潘家塘和上海青浦崧泽、金山查山等。马家浜文化可分为四期，江苏和上海境内发现的马家浜文化遗存均为马家浜文化第三、四期，缺少马家浜文化第一、二期。房屋遗存在马家浜、草鞋山、梅堰等遗址都有发现，房屋的平面形制多为长方形，个别为圆形。马家浜文化的房屋大多用木板做柱础，居住面用螺蚌壳、陶片、碎石等铺垫夯打结实。水井发现于青浦崧泽、嘉兴马家浜遗址。墓葬在马家浜、草鞋山、圩墩村等遗址都有发现。第三期文化的墓葬分布集中、排列有序，一般都有整齐的墓列。一般无墓坑，就地堆土掩埋。无葬具，个别遗址发现葬具痕迹。盛行头向北的单人俯身直肢葬，有少量的仰身屈肢葬、侧身葬和二次葬。草鞋山和圩墩村都发现两人同性合葬。圩墩村一座双人合葬墓是年龄20岁的两女性合葬。草鞋山的5座双人合葬墓，其中3座是两女性合葬，2座为两男性合葬。马家浜文化第三期的石器，大多通体磨光，器形规整。穿孔已出现管穿孔技术。器形有石斧、穿孔石斧、石锛、穿孔石铲等。玉器有玦、璜、环等，玦的数量多于璜。陶器有夹砂红陶、泥质红陶、夹砂灰陶和泥质黑陶，其中以夹砂红陶的数量最多。陶器皆手制，有少量的慢轮修整，弦纹在慢轮修整时形成，主要器形有陶釜和支座（配套使用）、鼎、碗、钵、盘、豆、罐、壶等，其中鼎的数量很少，而且只在第三期后段才出现。太湖流域北部地区未发现用于支撑陶釜的支架，这一地区是用炉箅搁置在坑灶上，再用陶釜架在炉箅上。釜主要是弧腹腰檐釜和筒形腰檐釜。豆大多为喇叭状圈足，豆盘为外壁红内壁黑。罐有牛鼻耳。马家浜文化的经济以农业为主，水稻是当时的主要农作物。草鞋山遗址发现的水稻田有44块，用于排水、蓄水和灌溉的水沟有6条、水井10口、水塘2个。家畜有猪、狗、水牛等。草鞋山遗址还发现用野生葛做材料的纺织残片。根据[14]C测定，马家浜文化第二期的年代大约距今

6400～6000 年。文化时代是新石器时代中期。

崧泽文化是以上海青浦县崧泽遗址的中层文化遗存作为代表性遗存。崧泽文化的分布范围大体和马家浜文化一致。主要遗址有上海市崧泽[16]、寺前村、福泉山、松江汤庙村、姚家圈、江苏吴县草鞋山、张陵山、苏州越城、武进圩墩和浙江吴兴邱城、嘉兴双桥、南河浜[17]、嘉善大庄等。石器，一般通体精磨，穿孔使用管状器从两面对钻。常见的器形有斧、锛、凿、镯。陶器的制作以手制轮修为主，晚期出现少量轮制陶器。纹饰主要有附加堆纹、弦纹、压划纹、镂孔和彩绘。器形以平底、高圈足、矮圈足及花瓣形足、小方足较为流行。罐和壶的器身多折腹、折肩和瓦棱腹。豆的圈足呈竹节状。常见的器形有鼎、釜、复合式甑、豆、盘、钵、罐、壶、杯，其中以鼎、豆、罐、壶最为常见。浙江嘉兴市南河浜遗址发现一处太湖流域时代最早的祭坛，墓葬普遍采用平地堆土掩埋，中晚期见土坑埋葬。葬式以单人仰身直肢葬为主，早期偶见俯身葬。头向朝南，早期的墓则以北向为主。晚期有成年男女合葬墓。晚期的墓葬已出现明显的贫富差别，一些随葬品丰富的墓葬，有木质葬具。崧泽文化的陶鼎、豆、壶上已发现近 10 种刻划符号[18]。根据崧泽遗址的地层关系和墓葬分期，可将崧泽文化分为三期。根据崧泽中层两座墓葬的人骨所做的 ^{14}C 测定，二期的年代距今 5860±245 年，三期的年代约距今 5180±140 年。一般认为崧泽文化的年代大约为距今 6000～5200 年。

良渚文化是以 1936 年浙江西湖博物馆施昕更在浙江杭县（今杭州余杭区）的良渚、瓶窑、安溪三镇之间发现数个出土磨光石器、玉器和泥质黑陶为特征的新石器时代晚期遗址而命名的。良渚文化分布的中心地区在太湖流域，而以太湖流域的南部、东部和东北部分布最为密集。良渚文化传播的范围很广，北达苏北和鲁南，西到江苏的宁镇地区、安徽的江淮地区以及鄂西地区，南抵赣北和粤北地区。陶器以泥质黑皮陶和夹砂灰陶为主，有少量夹砂红陶和泥质红陶，其中以泥质黑皮陶和泥质灰陶最具特征。陶器制作有手制和轮制两种。陶器常见的纹饰有弦纹、竹节纹、鱼鳍纹、篮纹等。器形以圈足器和三足器为主，有少量平底器。常见的器形，炊器有鼎、甑，盛储器有贯耳壶、贯耳罐、高颈壶、竹节状高柄镂孔圈足豆、圈足盘、深腹盘、盆、钵等。石器均通体磨光，制作精致，普遍使用管穿法穿孔。农业生产工具有石犁、石铲、石锄、耘田器、石斧、石锛、有段石锛、半月形穿孔石刀、石镰等，渔猎工具有石镞、石矛、石网坠、石球等。玉器是良渚文化的重器，除一部分为装饰品外，大部分属于祭祀用的礼器。玉礼器是良渚文化玉器中最重要的部分，凡祭坛和大墓中都有玉礼器出土，其中有琮、璧、瑗、钺、圭、柱形器、三叉形器等。良渚文化遗址中曾发现绢片、丝线和丝带等物品，说明太湖流域在 5000 年前就开始出现麻布、麻绳、竹席、竹篓、竹篮等麻织品和竹编器物[19]。良渚文化遗址和墓葬中还发现过木质船桨和独木船棺，反映当时已用木船作为水上的交通工具。良渚文化遗址中还发现许多土坑井、竹木编扎井、圈式井、木筒圈式井等。作为精神生活重要组成部分的祭祀活动，在崧泽文化时期就已出现，到良渚文化时期已进入到史前时期的鼎盛阶段。太湖流域迄今为止发现的良渚文化祭坛或祭祀遗迹主要有江苏昆山市赵陵山[20]、武进县寺墩[21]，浙江余杭安溪瑶山[22]、瓶窑汇观山、海宁硖石镇大坟墩和上海青浦县福泉山[23]等。祭坛上常有排列较整齐的良渚文化大墓。太湖流域自崧泽文化时期开始出现刻划符号，但符号的种类和数量较少，到良渚文化时期，刻划符号的种类和数量增多，并由崧泽文化时期一件陶器上只有单个符号发展到一件陶器上有多个符号。江苏吴县澄湖遗址出土的一件泥质黑陶贯耳罐腹部外壁上刻划4个符号[24]。良渚文化的墓葬可分为大、中、小型，以及用来祭祀作为"人牲"的"丛葬墓"和用人作殉葬的人殉墓。大型墓都有单独的墓区，有精美的葬具，有丰富而精致的随葬品，其中包括玉石制或陶制的礼器，有的大墓墓内外有用作殉葬的"殉人"。财产私有，贫富区别，人与人之间产生等级分化，阶级剥削和压迫等，在良渚文化墓葬中得到了充分反映。良渚文化分布的中心地域出现以大型聚落为中心的聚落群，已具有氏族社会末期"万邦林立"的早期邦国的雏形。

（三）江淮东部地区

江淮地区东濒黄海。全新世最大一次海侵发生在距今8000~7000年，其海侵线仅从清江市（淮阴）至扬州这一段来看，大致在今京杭运河以西和高邮湖的西岸。海安县青墩和吉家墩、高邮龙虬庄等遗址的发现，说明至少在距今6500年之前，这一带已经成陆，成为人类生产和生活的地方。

青墩文化遗址经过考古发掘的有江苏海安县沙岗乡（今南莫乡）青墩、隆政乡吉家墩。青墩文化可分为早、中、晚三期。早期的陶器分为夹砂陶和泥质陶两类，夹砂陶掺和料多为蚌壳末或细砂，少数为粗砂粒。常见的纹饰有弦纹、瓦棱纹、锥刺纹、镂孔，陶器多见红衣，有少量彩陶。器形有鼎、豆、盆、钵、壶、罐、碗、杯等，其中带盖罐形鼎、三足带把罐、矮圈足豆、三足钵、高颈扁腹壶、侈口盆等，是该期的典型器形。中期的陶器以夹砂褐陶的数量最多，泥质红陶次之。多素面，纹饰有弦纹、瓦棱纹、篮纹、附加堆纹、镂孔和红衣，其中篮纹是早期所没有的。主要器形有鼎、豆、壶、罐、钵、杯等，以鼎、豆、壶、罐的数量最多。鼎有罐形、盆形和釜形三种。豆的圈足有矮喇叭形和粗短形，有一部分豆柄上部呈腰鼓形。壶多为长颈、圆腹、平底，腹部有弦纹或瓦棱纹。杯底有平底或三宽扁足。青墩遗址中文化层出土一件有柄穿孔陶斧，泥质红陶，分柄和穿孔斧两部分，柄为椭圆棒形，前段粗，后段细，前段翘起，有浅槽可嵌入穿孔斧；槽后有三孔，可穿绳缚住穿孔斧使其固定在槽内。中期的墓葬发现较多，埋葬制度和早期相比没有大的变化。长方形浅穴掩埋和平地堆土掩埋并存。头向东，以单人仰身直肢葬为主，有少量合葬墓。晚期的陶器以手制为主，壶、罐和杯等物已轮制。主要器形有鼎、三足罐、圈足碗、平底觚形杯、圈足盘、三足盘、假腹豆、高圈足杯、贯耳壶等。石器有穿孔石斧、锛、有段石锛、凿等。玉器有琮、璧、瑗等。青墩遗址下层两个 ^{14}C 年代数据分别为距今 5970 ± 77 年、5647 ± 77 年[25]。

龙虬庄文化是以江苏高邮龙虬庄遗址的文化遗存为代表的。现已发现的龙虬庄文化遗址除龙虬庄外，还有高邮唐王墩、兴化王家舍、淮安青莲岗、东台开庄等，其中经过发掘的遗址有龙虬庄和青莲岗。龙虬庄文化的诸多遗址分布于洪泽湖、高邮湖以东的江淮东部北段。龙虬庄第一期文化的年代约为距今 6500 年，亦即在第一次海侵以后（第一次海侵结束的年代为距今 7000 年前后）。龙虬庄遗址的第二期文化，发现 4 座房屋在建造时用狗奠基。龙虬庄遗址和青墩遗址所处的地理环境均属水网地区，遗址四周环水，人们只能选择空间较小的高地作墓地，在一个较小的高地上长期掩埋死者，从而形成墓葬层层叠压的情况。在少量的合葬墓中，时代较早者有"母子合葬"和同性合葬，时代较晚者有一对年龄相当的成年男女合葬。墓葬的头向绝大多数朝东。其中有一些特殊的葬俗，有的墓死者头顶上扣红陶豆、碗，豆的底部凿一孔，以供灵魂出入。龙虬庄遗址第 8 层至第 4 层都有炭化稻出土，水稻栽培贯穿整个江淮东部的新石器时代[26]。龙虬庄文化除鲜明的自身文化特征外，与周边同时代文化之间有许多联系。龙虬庄文化中来源于宁镇地区的石器有圆弧状穿孔石斧、厚体石斧、长方形或长条形石锛、"风"字形石锄、半圆形石刀、多孔石刀，玉器有璜、管、坠等。龙虬庄文化与宁镇地区新石器文化的交流是相互的，龙虬庄文化的一些精美陶器，如深腹罐、口下和圈足上饰有红彩的碗、高柄杯等，都传播到宁镇地区的新石器文化中。太湖流域的新石器文化对龙虬庄文化也有一定的影响，如陶器中的瓦棱壶、折腹罐、盘下有垂棱的豆、中腹有堆纹的罐、花瓣圈足杯、贯耳壶等，均来自于太湖流域。龙虬庄文化中亦可见到黄河下游海岱文化区的新石器文化因素，如两者都有东西向的墓坑，头向均朝东等。

江淮东部地区的青墩文化和龙虬庄文化都属水网地区，生态环境相似，农业经济均以水稻栽培为主，捕捞经济也占了一定的比重。两者均与长江以南的宁镇地区和太湖流域的新石器文化有一定的联系，其文化遗存中均有上述两地区新石器文化因素。龙虬庄文化和青墩文化也受到黄河下游海岱文化区新石器文化的影响，其文化遗存中均含有海岱文化区大汶口文化和龙山文化早期的文化因素，葬俗也大致一致。

（四）徐海地区

苏北从徐州至连云港一线的徐海地区的新石器时代文化主要有先后相承袭的北辛文化、大汶口文化、龙山文化等。地理位置偏南的沭阳县万北遗址的文化遗存则属另一个文化系统。

北辛文化类型的遗址主要有邳县大墩子下层[27]、连云港二涧村下层[28]、灌云县大伊山[29]等。根据北辛遗址的地层关系和出土的文化遗物来分析，北辛文化可分为早、中、晚三期，苏北境内属于北辛文化的遗址其文化时代大约属于北辛文化中期偏晚阶段至晚期阶段。常见的陶器有釜、支座、鼎、罐、盆、钵等，其中釜、支座、鼎为炊器，其余为盛储器。石器有打制和磨制两种，打制石器仍占一定的数量。北辛遗址的打制石器以斧和敲砸器的数量最多。磨制石器常见的器形有铲、刀、镰、磨盘和磨棒，以铲的数量最多。墓葬大多为东西方向，头向东。大伊山发现的墓葬均为石板棺。二涧村、大村和大伊山等遗址发现的墓葬，都见用红陶钵覆盖在死者头部的葬俗。根据北辛遗址和大墩子遗址下层的 ^{14}C 年代，北辛文化早期大约为距今 7300～6800 年。

大汶口文化遗址主要有邳县大墩子、刘林[30]、新沂花厅[31]、泗洪赵庄等。大汶口文化可分为四个大的发展阶段，即大汶口早期、刘林期、花厅期、大汶口晚期。大墩子遗址含大汶口文化早、中期遗存，刘林遗址的文化时代早于花厅，赵庄遗址文化遗存属大汶口文化晚期。刘林期的弧线、勾叶和圆点彩陶与中原地区庙底沟类型的彩陶钵十分相似，是庙底沟类型向东传播的结果。大墩子遗址和花厅遗址的文化遗存中都含太湖流域良渚文化因素，如良渚文化中的贯耳壶、有段石锛，在这两个遗址中都有发现；花厅遗址中还出土良渚文化中常见的贯耳罐、宽把有流有盖矮圈足杯和玉琮、玉瑗等，这是良渚文化向北传播的结果。刘林遗址已出现一对年龄相当的成年男女合葬墓，花厅遗址还发现殉人墓；贫富分化从刘林期开始出现，到花厅期则进一步加剧，这些都是人类社会进入父系制后的反映。

龙山文化的重要发现是在连云港市藤花落遗址发掘了一座龙山文化城址。该城址由内外两道城垣组成。外城平面呈圆角长方形，由城墙、城壕、城门等组成。城垣南北长 435、东西宽 325 米，面积约 14 万平方米。内城由城垣、城外道路、城门和哨所等组成。内城平面亦呈圆角长方形，南北长 207～209、东西宽 190～200 米，面积约 4 万平方米。内城南城门与外城门基本在一条直线上，稍有错位。在城内发现三处夯土台基，内城范围内有两处圆角方形夯土台基，另有一处台基位于内外城之间，平面为圆形。内城中的 II 号台基的中心部位发掘出一座平面呈"回"字形的房屋，外间面积达 100 平方米，内间面积达 31 平方米，这是一座具有特殊用途的房屋。遗址中还发现水田遗迹和大量炭化稻米。城址的建造年代在龙山文化早期晚段，废弃年代为龙山文化中期后段[32]。

沭阳县万北遗址第一期文化的主要特征是，炊器以釜和夹砂罐为主，陶器皆手制，除釜和钵外，一般器形偏小，器壁厚重。生产工具以骨器为主，未见石器工具。第二期文化的主要特征为，炊器以釜和支座为主，鼎的数量很少。陶器以夹砂红褐陶为主，泥质红陶中彩陶占相当比例。第一、二期文化的特征，都与淮河中游的安徽蚌埠双墩文化和定远县侯家寨第一期文化相近似。万北二期有两座儿童墓葬均用红陶钵覆盖头部，这种葬俗在江苏东部地区的新石器时代中期墓葬中也常发现。万北一期文化的 ^{14}C 年代为距今 6540±90 年（树轮校正值），二期文化下部地层的 ^{14}C 年代为距今 6435±195 年（树轮校正值）[33]。

这些年代也都与定远侯家寨一期的年代接近。这些都表明万北一、二期文化应归属淮河中游的文化系统。

三　江苏史前考古今后需探索的问题

（一）旧石器时代

1. 江苏境内旧石器时代文化的特征

通过以上对江苏境内发现的旧石器文化的分析，可以看出苏北和苏南两个地区在文化性质和文化面貌上的明显区别：东海县北部与鲁南邻近的"爪墩文化"有着与华北地区相似的文化特征，即石器以石片石器为主，旧石器时代晚期普遍出现用间接打击法剥片和修理的"细石器"；而长江以南的苏南地区则具有华南的"砾石文化传统"，要到旧石器时代晚期石器才趋向小型化，而华北地区制作石器所特有的间接打击法在旧石器时代始终都未出现。

现已发现的江苏境内的古人类化石和旧石器遗存的年代最早为距今35万年左右，这一年代数据符合早期人类在中国境内迁徙和流动的规律。根据中国境内现已发现的早期人类化石和旧石器文化遗存分布状况，可以得出这一规律：中国境内的早期人类和旧石器早期前一阶段文化遗存的分布是南方早、北方晚，而在长江流域则是中上游年代早、下游年代晚。江苏地处长江下游的东部沿海地区，古人类进入到江苏境内，其年代应晚于长江下游的西部和长江中游地区。

2. 江苏旧石器时代考古需要解决的问题

（1）苏南的宁镇山脉地区发现的南京人为距今约35万年的晚期直立人（俗称晚期猿人）。句容放牛山发现的旧石器地点，其第6~9层的年代大约距今30万年，第2层的年代约为距今10万年。镇江市丹徒县莲花洞发现的人化石属智人，地质时代为晚更新世。太湖三山岛发现的打制石器，其地质时代为晚更新世晚期，文化时代为旧石器时代晚期之末或向新石器时代过渡。宁镇山脉地区旧石器时代文化的一个明显缺环是尚未发现距今10万~5万年的旧石器时代中期文化遗存，这是需要今后探索的一个问题。

（2）南京东郊汤山溶洞中发现的两个晚期直立人头盖骨化石和一枚牙齿化石，表明距今35万年，古人类曾在这一带生活。但在南京地区迄今未发现与南京人时代相当的人类遗迹和遗物。汤山溶洞内很潮湿，原洞口朝北、不朝阳，洞口距地表约40米，不适宜人类的生产和生活。洞内未发现石器等生产工具，也没有人类用火等居住遗迹。这些情况说明，汤山溶洞并非古人类居住的洞穴，人头骨是从洞外进入的。在南京地区寻找与南京人时代相当的旧石器时代早期后段的人类遗迹和遗物是江苏旧石器时代考古的又一项任务。

（二）新石器时代

江苏地区新石器时代文化的特征是，徐海地区的新石器时代文化基本上属于鲁南的北辛文化、大汶口文化和龙山文化系统，与安徽接壤的地区属于淮河中游的双墩文化系统，江淮东部地区的青墩文化和龙虬庄文化虽较多地受到宁镇地区及太湖流域新石器文化的影响，但也受到鲁南地区大汶口文化的影响，又具有自身的文化特征，自身的文化特征决定其文化性质。宁镇地区和太湖流域则分别自成文化体系。

江苏地区新石器时代文化研究中需要解决的一个重要问题是新石器时代早期文化的探索。苏南地区迄今发现的新石器时代文化，其最早年代是吴县草鞋山第 11 层木板测定的^{14}C 年代，其年代为公元前 4456～前 4166 年（树轮校正值），一般认为距今年代不超过距今 6500 年（树轮校正值）。根据新石器时代早期遗址的分布规律和苏南新石器时代遗址的分布状况，宁镇山脉南北麓和茅山一带应是探寻新石器时代早期遗址的地区。江淮东部地区由于受到全新世中期海侵的影响，不可能有超过距今 6500 年的新石器文化遗存。苏北现今发现最早的新石器文化是邳县大墩子下层的北辛文化中、晚期文化遗存，能否在和鲁南接壤的山麓地带或山前平原找到更早的新石器时代遗址，也是一个值得探索的问题。

（原载《东南文化》2006 年第 2 期）

［1］ 房迎三等：《江苏发现旧石器时代早期地点》，《中国文物报》2001 年 1 月 26 日。

［2］ 南京市博物馆、北京大学考古系汤山考古发掘队：《南京人化石地点（1993～1994）》，文物出版社，1996 年。

［3］ 李文明等：《江苏丹徒莲花洞动物群》，《人类学学报》第 1 卷（1982 年）第 2 期。

［4］ 陈淳等：《三山文化——江苏吴县三山岛旧石器遗址发掘报告》，《南京博物院集刊》1987 年第 9 期。

［5］ 张祖方：《苏北马陵山中段的细石器》，《东南文化》第 1 辑，1985 年；张祖方：《爪墩文化》，《东南文化》1987 年第 2 期。

［6］ 南京博物院：《南京市北阴阳营第一、二次发掘》，《考古学报》1958 年第 1 期；南京博物院：《北阴阳营》，文物出版社，1993 年。

［7］ 江苏省文物工作队太岗寺工作组：《南京西善桥太岗寺遗址的发掘》，《考古》1962 年第 2 期。

［8］ 魏正瑾：《宁镇地区新石器时代文化的特点和分期》，《考古》1983 年第 9 期。

［9］ 南京市文物局等：《江苏高淳县薛城新石器时代遗址发掘简报》，《考古》2000 年第 5 期。

［10］ 江苏省三星村联合考古队：《金坛三星村遗址发掘报告》，《文物》2004 年第 2 期；王根富：《金坛三星村遗址发掘获重大成果》，《中国文物报》1996 年 9 月 22 日第 1 版。

［11］ 南京博物院等：《江苏丹徒磨盘墩遗址发掘报告》，《史前研究》1985 年第 2 期。

［12］ 罗家角考古队：《桐乡县罗家角遗址发掘报告》，《浙江省文物考古所学刊》，文物出版社，1981 年。

［13］　浙江省文物管理委员会：《浙江嘉兴马家浜新石器时代遗址的发掘》，《考古》1961 年第 7 期。

［14］　南京博物院：《江苏吴县草鞋山遗址》，《文物资料丛刊》第 3 辑，文物出版社，1980 年。

［15］　吴苏：《圩墩新石器时代遗址发掘简报》，《考古》1978 年第 4 期。

［16］　上海市文物保管委员会：《崧泽——新石器时代遗址发掘报告》，文物出版社，1987 年。

［17］　浙江省文物考古研究所：《南河浜遗址》，《浙江考古精华》，文物出版社，1999 年。

［18］　张明华等：《太湖地区新石器时代陶文》，《考古》1990 年第 10 期。

［19］　浙江省文物管理委员会：《吴兴钱山漾遗址第一、二次发掘报告》，《考古学报》1960 年第 2 期。

［20］　江苏省赵陵山考古队：《江苏昆山赵陵山遗址第一、二次发掘简报》，《东方文明之光——良渚文化发展 60
周年纪念文集》，海南国际新闻出版中心，1996 年；钱锋：《赵陵山遗址发掘获重大成果》，《中国文物
报》1992 年 8 月 2 日第 1 版。

［21］　南京博物院：《1982 年江苏武进寺墩遗址的发掘》，《考古》1984 年第 2 期。

［22］　浙江省文物考古研究所：《余杭瑶山良渚文化祭坛遗址发掘简报》，《文物》1988 年第 1 期。

［23］　上海市文物保管委员会：《上海青浦福泉山良渚文化墓葬》，《文物》1984 年第 2 期。

［24］　南京博物院等：《江苏吴县澄湖古井群的发掘》，《文物资料丛刊》第 9 辑，文物出版社，1985 年。

［25］　南京博物院：《江苏海安青墩遗址》，《考古学报》1983 年第 2 期。

［26］　龙虬庄遗址考古队：《龙虬庄——江淮东部新石器时代遗址发掘报告》，科学出版社，1999 年。

［27］　南京博物院：《江苏邳县四户镇大墩子遗址挖掘报告》，《考古学报》1964 年第 2 期；南京博物院：《江苏
邳县大墩子遗址第二次发掘》，《考古学集刊》第 1 集，中国社会科学出版社，1981 年。

［28］　江苏省文物工作队：《江苏连云港二涧村遗址第二次发掘》，《考古》1962 年第 3 期。

［29］　南京博物院等：《江苏灌云大伊山遗址 1986 年的发掘》，《文物》1991 年第 7 期。

［30］　南京博物院：《江苏邳县刘林新石器时代遗址第二次发掘》，《考古学报》1965 年第 2 期；江苏省文物工
作队：《江苏邳县刘林新石器时代遗址第一次发掘》，《考古学报》1962 年第 1 期。

［31］　南京博物院：《1987 年江苏新沂花厅遗址的发掘》，《文物》1990 年第 2 期。

［32］　林留根等：《藤花落遗址聚落考古取得重大收获》，《中国文物报》2000 年 6 月 25 日。

［33］　南京博物院：《江苏沭阳万北遗址新石器时代遗存发掘简报》，《东南文化》1992 年第 1 期。

河姆渡文化发现的意义

河姆渡文化是杭州湾以南地区一种颇具特色的新石器时代文化，其早期已进入到"锄耕农业阶段"，文化时代属新石器时代中期。河姆渡文化与马家浜文化早期的人工栽培稻是长江下游地区有确凿证据的年代最早的水稻。水稻的驯化地和新石器时代早期遗址的分布区，应在四明山与宁绍平原的过渡地带以及天目山山脉与太湖平原的交接地区。河姆渡文化早期的"干栏式"建筑是中国现已发现的时代最早的"干栏式"建筑遗存，这对研究当时的社会经济形态和生态环境都有重要意义。

一 河姆渡文化的文化时代

确定一个新石器时代文化的文化时代，需从该文化的农业经济形态、磨制石器、制陶业及其他手工业的发展水平来判断。

（一）农业经济的性质

原始农业大致可分为"火耕农业""锄耕农业"和"发达的锄耕农业"（有的地区可能为"犁耕农业"）三个发展阶段。

"火耕农业"亦称"砍倒烧光农业"，俗称"刀耕火种"，其特点是"焚而不耕"，即不翻土耕种。这种农业的种植程序是，先将野地里的树木砍倒、晒干、烧光，以草木灰作肥料，然后撒播或挖穴点播，既不中耕，也不除草，待作物成熟后收割其穗子或块根。

"锄耕农业"的最大特点是"翻土耕种"。新石器时代文化遗存中凡是出现石铲、石耜、石锄、骨（蚌）铲等翻土工具的，都说明其文化阶段的农业经济已进入到"锄耕农业"阶段。河姆渡遗址第4文化层出土数量众多的"骨耜"（骨铲）是一种很好的翻土工具，反映距今约7000年的河姆渡文化早期，该地区的人们已进入到"翻土耕种""熟荒耕作"的"锄耕农业"阶段。农业的发展为家畜饲养业提供了条件。根据河姆渡遗址出土的动物骨骼分析，可知当时饲养的家畜有猪和狗，水牛也可能被人工饲养[1]。

河姆渡遗址第4文化层，在10余个探方广达400多平方米的范围内都发现了稻谷遗存，有的稻谷、稻壳、稻秆及茎叶混杂在一起，形成了20~50厘米厚的堆积层。发现的水稻遗存，经鉴定，系栽培稻的籼亚种中晚稻型的水稻。

河姆渡遗址第4层普遍发现人工栽培稻遗存，水稻堆积厚达几十厘米。杭州湾以北地区与河姆渡文化时代相当的马家浜文化遗址中也普遍发现人工栽培稻遗存，这说明杭州湾地区在河姆渡文化早期，人们已普遍种植水稻，栽培早已越过驯化阶段，而进入到水稻栽培的成熟阶段。

根据中国现已公布的考古资料，属于禾本科的谷物性农作物（水稻、粟）的栽培要晚于园艺性农作物（瓜、果、蔬菜）和无性繁殖的根茎类作物[2]。中国有确凿证据的禾本科农作物（水稻、粟）的种植要到距今8000年以后，距今10000～8000年的新石器时代早期遗址中尚未发现人工栽培稻遗存。

（二）比较发达的制陶业

河姆渡文化早期的陶器除打磨光亮外，往往有比较繁密的花纹及各种装饰，如拍印的绳纹、各种刻划纹、动物形态堆塑和彩绘等。主要器形有釜、罐、钵、盘、盆、器盖、器座等，还有少量碗、杯、盂等。釜和支座是河姆渡文化早期的炊器，其种类和数量都很多。釜可分为敛口釜、敞口釜、盘口釜三大类[3]。就总体发展水平而言，河姆渡文化的制陶业早已越过陶器制作的初期阶段，而进入到制陶业的发展阶段。

（三）发达的木器和骨器制造业

大量的制作水平较高的木器是河姆渡文化的特色之一。河姆渡文化的木器，数量多，品种丰富，形式多样，加工精细，为研究河姆渡文化早期的生产力提供了实物证据。河姆渡文化早期的木制工具有木铲、矛、匕、纺轮、槌、器柄等，木制用具有木筒和"蝶形器"等。最能反映木器制作水平的是"干栏式"房屋建筑遗存中的各种木构件，如各种榫卯构件和企口板。河姆渡遗址第4文化层出土的带有榫卯的木构件有数十件，其种类有柱头及柱脚榫、梁头榫、带销钉孔的榫。榫头与卯孔互相套合，构成坚固的"干栏式"房屋建筑。企口板是一种衔接不见缝隙的拼板，拼接的地板牢固耐用，具有比较高的工艺水平。河姆渡文化早期的榫卯木构件及企口板的高超工艺，反映当时的木器制作技术已达到相当高的水平。

骨器是河姆渡文化早期遗物的主要部分，河姆渡遗址第一期发掘共发现各种骨器655件。骨器大多为生产工具，器形有骨耜、镞、哨、凿、锥、针、管状针等，占骨器总数的94%。其中属于农业生产工具的有骨耜，渔猎工具有骨镞、骨哨，纺织工具和缝纫工具有骨针、管状针、匕等。骨制的装饰品也很多，器类有笄、管、坠、牙饰等；此外，还有雕刻花纹和加工精细的"蝶形器"。各种骨器的制作都比较精致，具有比较高的工艺水平。河姆渡文化早期阶段，由于骨制生产工具的发达，从而制约了磨制石器的发展，故使其早期磨制石器数量较少。

河姆渡文化早期，农业经济已发展到锄耕农业阶段，属于禾本科农作物的水稻已普遍种植；制陶业和木器、骨器制造业都比较发达；这些都反映距今 7000 年左右的河姆渡文化早期不属于新石器时代早期，而属新石器时代中期。

二 河姆渡文化发现的意义

河姆渡文化的发现对探索农业和人工栽培稻的起源，探索长江下游及杭州湾地区新石器时代早期文化，研究当时的社会经济形态，了解全新世中期（距今 7000～6000 年）长江下游及杭州湾地区的气候及生态环境都有着重要意义。

（一）探索人工栽培稻的起源地

迄今在长江中游地区的大溪文化、屈家岭文化和山背文化，长江下游地区的马家浜文化、崧泽文化和良渚文化，杭州湾地区的河姆渡文化，都普遍发现人工栽培稻的遗存[4]。湖南澧县彭头山遗址（距今 8200～7800 年）的陶片和烧土块上发现炭化稻谷和稻壳[5]，尚未在遗址的地层堆积中发现如河姆渡遗址第 4 层那样堆积很厚的水稻遗存，目前很难确定彭头山文化时期就出现人工栽培稻。这些资料说明，长江中下游和杭州湾地区现已发现的有确凿证据的人工栽培稻遗存，以河姆渡文化和马家浜文化最早，应在这两种文化分布的长江下游和杭州湾地区探索人工栽培稻的起源。

马家浜文化和河姆渡文化，均分布于长江下游冲积平原和河谷平原地区，这些地区均非新石器时代早期人类的生产和生活地区，不是人工栽培稻的驯化地区。人工栽培稻的驯化地区，亦即新石器时代早期遗址的分布区，应在马家浜文化和河姆渡文化分布区附近的山麓地带。

（二）探索长江下游和杭州湾地区新石器时代早期文化的分布地区

黄河下游地区，距今 8000～7000 年的后李文化，分布于泰山、鲁山和沂山山系之北，小清河以南的泰沂山系北麓的冲积地带，遗址多位于高地之上[6]。黄河中游地区的磁山文化[7]和裴李岗文化[8]，则分布于太行山和华北平原的接壤地带及豫西山地与南部华北平原的过渡地带。长江中游地区距今 8000 年的彭头山文化和距今约 7000 年的皂市下层文化[9]，则分布于武陵山和洞庭盆地之间的过渡地带。这些新石器时代中期偏早阶段的遗址均分布于山脉和平原的过渡地区，长江下游和杭州湾地区新石器时代中期偏早阶段的遗址，亦应分布于本地区的山脉和平原的过渡地带，而新石器时代早期遗址则应分布于山麓地带，亦即分布于四明山和天目山的山麓地带。

（三）"干栏式"建筑所反映出的社会经济形态

河姆渡遗址的第4层和第3层（河姆渡文化早期）发现大量木构建筑遗存。木构建筑中，一排排木桩排列有序，为西北到东南走向，系背山面水而建的长条形建筑遗存。其建造程序是，先在地面上打下数排木桩，这是房屋的基础；然后在排桩上架梁，以承托地板，构成架空的基座，再于其上立柱架梁，建成高于地面的"干栏式"建筑。在已发掘的范围内，发现相互平行的四排木桩，间距有一定的规律。就已揭露的部分来看，长度至少23、宽8.3米，系一座"干栏式"长屋。房屋下面堆积着食剩的果壳、兽骨、鱼骨、龟甲以及作为农业工具的骨耜，还有各种供炊煮和饮食用的陶器。

河姆渡遗址的"干栏式"长屋，从木桩排列情况可看出房屋内部有一道前廊；结合民族学资料推断，这种前廊，除作为通道外，可能是未婚青年的公共宿舍和举行宴会的场所[10]。长屋后部是否隔成小间，无迹可寻。从房屋下面堆积的食剩遗物及炊煮用的陶器来看，人们炊煮即在房内。所发现的陶灶、陶釜容量都比较小，只能供几人食用，推测当时人们是以"小单位"各自为炊的。

就世界范围而言，长屋是在农业经济及定居生活发展到一定阶段后出现的。从河姆渡遗址下层发现的大量骨耜、堆积较厚的水稻遗存及发达的制陶业来分析，当时的农业经济已相当发达。河姆渡遗址以"干栏式"长屋为特征的聚落，其社会形态属何种性质，从长屋本身很难做出准确的判断。从河姆渡遗址下层文化遗存所反映出的总体经济文化发展水平以及邻近同时代的马家浜文化早期的社会经济形态来看，河姆渡文化早期阶段尚处在母系制的繁荣阶段，一座长屋可能代表一个母系氏族，抑或代表一个母系大家庭。

（四）了解7000年前杭州湾地区的气候及生态环境

河姆渡遗址第4文化层，亦即河姆渡文化早期阶段的地层中出土的动物骨骼种类繁多，有许多动物如亚洲象、犀、猕猴、红面猴等，早已在该地区绝灭。亚洲象和犀，现今分布于热带地区的森林中，中国只有云南西双版纳地区的密林中现在还有亚洲象群生存。猕猴和红面猴是旧大陆热带亚热带地区的典型动物，猕猴现今分布于中国西南、华南和长江流域，红面猴分布于广西、广东、福建和四川。这些动物骨骼在河姆渡遗址下层出土，说明距今约7000年的杭州湾地区气候温暖湿润，雨量充沛，气温比现在高，大致接近现今华南的广东、广西的南部和云南等地区的气候。

河姆渡遗址出土的动物骨骼中，有生活于芦苇沼泽地带的水鸟和兽类，如雁群、鸭群和獐、四不像等；又有栖息于山地林间灌木丛中的梅花鹿、水鹿、麂等鹿类；有半树栖半岩栖的猕猴；还有生活在密林深处的虎、熊、象、犀等大型兽类。这些资料说明，当时的河姆渡遗址周围的地理环境应是平原湖沼和丘陵山地的交接地带。孢粉分析，花粉谱中出现了既是禾本科草原植被又是森林植被两种类型同时并存的情况，是与遗址靠四明山、面对沼泽的自然地理环境一致的。

（原载《河姆渡文化研究》，杭州大学出版社，1998 年）

［1］ 浙江省博物馆自然组：《河姆渡遗址植物遗存的鉴定研究》，《考古学报》1978 年第 1 期。

［2］ 张之恒：《中国新石器时代文化》，第 262 页，南京大学出版社，1988 年。

［3］ 浙江省文物管理委员会：《河姆渡遗址第一期发掘报告》，《考古学报》1978 年第 1 期。

［4］ 陈文华：《论农业考古》，第 53～56 页，江西教育出版社，1990 年。

［5］ 湖南省文物考古研究所等：《湖南澧县彭头山新石器时代早期遗址发掘简报》，《文物》1990 年第 8 期；裴安平：《彭头山文化的稻作遗存与中国史前稻作农业》，《农业考古》1989 年第 2 期。

［6］ 任相宏：《黄河下游新发现的后李文化》，《中国文物报》1992 年 2 月 16 日。

［7］ 河北省文物管理处等：《河北武安磁山遗址》，《考古学报》1981 年第 3 期。

［8］ 开封地区文管会等：《河南新郑裴李岗新石器时代遗址》，《考古》1978 年第 2 期；中国社会科学院考古研究所河南一队：《1979 年裴李岗遗址发掘简报》，《考古》1982 年第 4 期。

［9］ 湖南省博物馆：《湖南石门皂市下层新石器遗存》，《考古》1986 年第 1 期。

［10］ 汪宁生：《中国考古发现中的"大房子"》，《考古学报》1983 年第 3 期。

良渚文化的分布、特征和分期

一 良渚文化的分布和文化特征

（一）良渚文化的分布

1936 年发现于浙江杭县（现属杭州余杭区）的良渚遗址，实际上是良渚、瓶窑、安溪三镇之间的许多遗址的总称。良渚文化分布在太湖流域，而遗址分布最密集的地区则在太湖流域的东北部、东部和东南部。杭州湾以南的宁绍平原及舟山群岛，近年来也发现了一些含良渚文化因素的遗址。良渚遗址分布比较密集的地区一般都发现良渚文化各期的遗存，而遗址分布比较稀疏的地区，只发现中、晚期的遗存，不见早期遗存。

良渚文化影响的地区是很广的。根据现已公布的资料，受到良渚文化影响的地区，北到苏北和鲁南，西到安徽的江淮流域及鄂西地区，南抵赣北和粤北地区。1976 年由南通博物馆调查，1978 年至 1979 年由南京博物院主持发掘的苏北海安青墩遗址的上文化层中曾发现有类似良渚文化的贯耳壶、有段石锛、玉琮、玉瑗等[1]。苏北新沂县花厅村[2]和邳县大墩子遗址[3]属于大汶口文化中期的墓葬中，曾出土和良渚文化近似的贯耳壶、小口扁腹罐、有肩穿孔石斧、双孔石斧等。安徽省潜山县薛家岗遗址的晚期文化遗存中也有与良渚文化相似的贯耳壶、鬶形器和有段石锛[4]。赣北的修水山背地区的新石器遗址中也发现有与良渚文化相似的有段石锛、袋足鬶和壶形器等[5]。广东曲江县石峡遗址中也出土许多和良渚文化类同的袋足鬶、穿孔石斧、有肩石斧、玉琮、玉璧和玉瑗等[6]。

中国东南沿海地区，和良渚文化同时代的诸新石器晚期文化，由于各文化之间的文化交流和相互影响，文化遗存中有许多共同的文化因素。如陶器都以灰陶和黑陶为主，轮制技术比较发达，弦纹和镂孔是最普遍的纹饰，器形以三足器和圈足器的数量最多，其次为平底器，共同的器形有贯耳壶、高颈圈足壶、子母口的圈足盘和高颈袋足鬶等。石器均通体磨光，穿孔技术比较发达，相同的器形有长方形的扁平穿孔石斧、双肩穿孔石斧和有段石锛等。

（二）良渚文化的特征

良渚文化遗址所处的地理环境大致可分为三类：（1）遗址位于土墩之上，土墩离地面

138

的高度一般在 6 米以上，也有少数高度在 2 米以上。这种"土墩遗址"的附近都有河流或湖泊，有的遗址附近有小山丘。土墩遗址是良渚文化中数量最多的一类遗址，约占良渚文化遗址的 60% 左右。（2）遗址分布于平地之上，周围有纵横交错的河流，有的遗址附近有小山。这类遗址占整个良渚文化遗址的 30% 左右。（3）遗址分布在高阜的古代海岸的岗身之上。这类遗址的数量最少，只占良渚文化遗址的 5% 左右，如上海马桥遗址。

陶器以泥质黑皮陶和夹砂灰黑陶为主，有少量的夹砂红陶和泥质红陶，其中以泥质黑皮陶最具特征。陶器的制作以轮制为主，器形浑圆、规整，胎壁薄。泥质陶器表面打磨光滑。常见的纹饰有弦纹、竹节纹、刻划纹和镂孔。镂孔以圆形和三角形为主，一般饰于圈足或豆柄上。器形大多为圈足器和三足器，有少量平底器。炊器以鱼鳍足或"T"字形足的鼎最富特征性。良渚文化中晚期还出现袋足炊器（鬶）。盛储器有贯耳壶、贯耳罐、高颈壶、竹节状高柄豆、镂孔粗矮圈足豆、圈足盘、带流宽把杯、卷唇深腹瓮等。

石器通体磨光，制作精致，棱脊分明。穿孔技术发达，穿孔使用较为进步的管钻法。石器中具有特征性的器形有扁平穿孔石斧、有肩穿孔石斧、有段石锛、两端上翘中上部穿孔的耘田器、有柄石刀、三角形穿孔石犁、石镞、石矛、石镰等。玉器的制作水平很高，已普遍使用切割、穿孔和抛光等技术。常见的器形有玉斧、玉璧、玉琮、玉瑗和各种饰件等，这些玉器的制作都很精致。玉琮和玉斧上饰有兽面纹、云雷纹和鸟纹等。

良渚文化的房屋建筑仅发现一些残迹。曾发现干栏式建筑。

良渚文化时期，太湖流域的农业经济已比较发达。根据许多遗址出土的石犁来看，良渚文化时期已进入犁耕农业阶段。水田可能已开始人工灌溉。浙江的钱山漾和水田畈等遗址的良渚文化地层中出土许多农作物的种子（水稻、花生、芝麻、西瓜子、甜瓜子）和水牛、猪、狗等家畜骨骼以及鹿、黿、蚌等动物遗骸。这说明当时的太湖流域和杭州湾地区，人们的经济生活是以农业为主，兼营家畜饲养，渔猎则为辅助性的经济。

浙江吴兴钱山漾遗址和杭州水田畈遗址中，还发现不少竹编器物、草编织物和丝麻织品。丝织品的出现，说明 5000 年前的中国太湖流域已出现丝织手工业，中国是世界上养蚕织绢最早的国家。还出土木桨，这是水上交通进一步发展的实物证据。有了舟楫之便，就可消除水域上的阻隔，为东南沿海地区各部族之间的文化交流和经济联系提供条件。

二 良渚文化的分期和年代

根据现已公布的资料，良渚文化大致可以分为早、中、晚三期。

（一）早期

早期的遗址有江苏吴县越城中文化层、吴县张陵山第 2 层及其墓葬和浙江吴兴邱城上文化层[7]、岱山县大衢岛孙家山[8]等。

早期陶器以泥质黑皮陶和泥质灰陶为主，有少量夹砂红陶和夹砂红褐陶。制法以轮制为主，有的器物兼用手制或模制。部分器表经打磨，胎壁薄而匀称。泥质灰陶大多呈灰白色，泥质黑衣陶火候较低，质软，黑衣呈灰黑色，极易脱落。常见的纹饰有弦纹、划纹、锥刺纹、附加堆纹和镂孔。器形以圈足器和三足器的数量最多，平底器次之，圜底器很少。早期的陶器由崧泽文化发展而来，如敛口镂孔矮圈足豆、圈足盘、折肩折腹壶、花瓣圈足杯、腹部有一道附加堆纹的折腹罐、瓦棱纹罐等，都具有崧泽文化晚期的特征与风格。

石器均通体磨光，制作较崧泽文化精致。穿孔技术发达，大多使用管钻法。

早期的一些大型墓已出现用玉斧、玉璧、玉琮等礼器性质的物品随葬。良渚文化早期的墓葬，大多头向南或东南，单人仰身直肢葬，少数有木棺。随葬品的多寡悬殊比崧泽文化时期突出，一些富有的大墓随葬品多达四五十件。用玉器随葬（有些研究者称为"玉殓葬"）是良渚文化时期所盛行的一种"葬俗"，玉璧、玉琮、玉瑗、玉斧具有"礼器"性质。

（二）中期

中期有杭州水田畈、良渚荀山[9]和上海马桥第5层、江苏武进寺墩、浙江吴兴钱山漾、海宁千金角[10]、上海松江广富林、青浦县福泉山[11]、江苏昆山绰墩[12]、吴江梅堰上文化层[13]等。

该期的陶器，泥质黑皮陶的数量比早期增多，泥质灰陶的数量减少。轮制技术比早期发达，器形规整，胎薄。泥质黑陶的器表一般都经打磨，使器物黑而发亮。弦纹、竹节纹和镂孔都比早期发达。圈足器和三足器比早期多，平底器比早期少。主要器形有鱼鳍形足和"T"字形足的鼎、实足鬶、袋足鬶、粗矮圈足豆、柄部有数道弦纹的高柄豆、圈足盘、子母口带盖簋形器、带盖贯耳壶、贯耳罐（鱼篓罐）、带盖宽把壶、宽把杯等。

中期的石器和早期相比变化不大，只是制作技术有所提高，器类有所增加。主要器形有长方形穿孔石斧、有段石锛、三角形穿孔石刀、条形石刀、有柄石刀、耘田器、扁平柳叶形石镞、断面呈菱形的石镞等。

1987年5月，在浙江余杭县安溪乡瑶山发现一处良渚文化中期的祭坛遗迹和11座良渚文化墓葬[14]。祭坛遗迹平面呈方形，由里外三部分组成。最里面一部分是一座红土台，红土台系生土。第二部分是环绕红土台的围沟。在灰土围沟的西、北、南三面，为黄褐色斑土筑成的土台（祭台的第三部分）。台面上为人工铺筑的砾石。南部的台面已遭后世破坏，整个祭坛外围每边长约20米，总面积约400平方米。

有12座墓葬分布于祭坛的范围内。墓葬集中分布于祭坛的南半部，有的墓有棺、椁之类的葬具。随葬品的数量各墓不一，随葬品最多的一墓（M12）随葬玉器达 344 件。

祭坛选择在瑶山之巅，含有通向上天之意。坛作方形，和传统的"地方说"相一致，这说明瑶山的土坛是用来祭祀天地的祭坛。

中期出现用较多玉器随葬的墓葬，有的墓随葬玉器达 500 余件，如反山 M20 随葬单件玉器达 511 件[15]。中期的玉琮有两种形制，一种是矮筒状的镯式琮，另一种是方柱体玉琮。方柱体玉琮外方内圆，上大下小；形体高矮不一，一节至十五节不等。玉琮的外表饰兽面纹、云雷纹、鸟纹等，有浮雕式花纹。

（三）晚期

晚期有良渚遗址和浙江嘉兴雀幕桥、湖州花城木构窖藏[16]、嘉善新港[17]，上海金山亭林，江苏吴县草鞋山、江阴璜塘垮古井[18]和常熟三条桥、黄土山、嘉菱荡[19]等。

该期的陶器以泥质黑皮陶为主，有少量的泥质灰陶和夹砂灰陶。泥质黑皮陶质地细腻，胎呈淡灰色。陶器的制作技术比中期进步，器形规整、美观、精致，出现胎壁很薄的蛋壳黑陶。器表以素面为主，部分器物饰有弦纹、竹节纹、刻划纹和镂孔。常见的器形有鱼鳍形足鼎、锥形足鼎、肥大袋足鬶、圈足盆、镂孔矮圈足豆和竹节状高柄豆、贯耳壶、贯耳罐、宽把壶、带流宽把杯、尊等，其中锥形足鼎和尊是新出现的器形。晚期的陶器和前期的区别是，袋足鬶的足比前期肥大，实足鬶消失，贯耳壶和贯耳罐的数量增加；贯耳壶的圈足变高，颈呈喇叭状，口径约为腹径的三分之二。

草鞋山第 198 号墓为一男性祔葬两女性的墓葬。其葬式是男性居于墓坑的中央，两个祔葬的女性分别埋于男性的头端和足端。男性的随葬品最多，其身份应为墓主。祔葬的两个女性为二次葬，其身份可能是墓主的妻妾。

良渚文化遗址经 [14]C 测定的年代数据共有 7 个。良渚文化早期，只有张陵山遗址第 2 层木炭测定的一个数据，其年代为距今 5160 ± 230 年（ZK－433）。这一年代数据，一般认为偏高。中期的 4 个数据皆用钱山漾下层的标本测定，其最大数据为距今 4700 ± 100 年，最小数据为距今 4140 ± 85 年（ZK－50）。晚期的 2 个年代数据均在距今 4000 年以下。

根据已测定年代的良渚文化遗址的文化面貌，结合 [14]C 年代，对良渚文化的绝对年代可做出这样的判断：早期大约为距今 5000～4500 年，中期大约为距今 4500～4000 年，晚期大约为距今 4000～3700 年。

关于良渚文化时期的社会形态，一般认为良渚文化早期处在母系制向父系制过渡阶段，中期进入父系制阶段，晚期跨进军事民主制阶段并向阶级社会过渡。寺墩第 3 号墓和反山第 20 号墓都随葬大量玉器，其中包括 50 余件玉琮和玉璧，这是死者生前富有的表现，也是其生前身份的象征。在中国古代，玉琮和玉璧是权力、地位和身份的象征，只有氏族显贵，才能拥有这些物品。草鞋山第 198 号墓是一座男性祔葬女性墓，女性应为男性的妻妾，是一夫多妻制的反映。"一夫多妻制，显然是奴隶制的产物，只有占据特殊地位的人物才能办到。"（恩格斯：《家庭、私有制和国家的起源》）这种占有多妻的人物，只能是富有的氏族显贵，即最早的奴隶主。这是阶级社会出现的标志。

（原载《南北朝前古杭州》，浙江人民出版社，1992 年）

[1]　南京博物院：《江苏海安青墩遗址》，《考古学报》1983 年第 2 期。

[2]　南京博物院新沂工作组：《新沂花厅村新石器时代遗址概况》，《文物参考资料》1956 年第 7 期。

[3]　南京博物院：《江苏邳县四户镇大墩子遗址探掘报告》，《考古学报》1964 年第 2 期。

[4]　杨德标：《谈薛家岗文化》，《中国考古学会第三次年会论文集》，第 44 页，文物出版社，1984 年。

[5]　江西省文物管理委员会：《江西修水山背地区考古调查与试掘》，《考古》1962 年第 7 期。

[6]　广东省博物馆等：《广东曲江石峡墓葬发掘简报》，《文物》1978 年第 7 期。

[7]　梅福根：《浙江吴兴邱城遗址发掘简介》，《考古》1959 年第 9 期。

[8]　王和平等：《舟山群岛发现新石器时代遗址》，《考古》1983 年第 1 期。

[9]　浙江省文物管理委员会：《良渚黑陶又一次重要发现》，《文物参考资料》1956 年第 2 期。

[10]　牟永抗：《浙江新石器时代文化的初步认识》，《中国考古学会第三次年会论文集》，第 1～14 页，文物出版社，1984 年。

[11]　上海市文物保管委员会：《上海福泉山良渚文化墓葬》，《文物》1984 年第 2 期。

[12]　南京博物院等：《江苏昆山绰墩遗址的调查与发掘》，《文物》1984 年第 2 期。

[13]　浙江省文物考古研究所：《余杭瑶山良渚文化祭坛遗址发掘简报》，《文物》1988 年第 1 期。

[14]　同 [13]。

[15]　浙江省文物考古研究所反山考古队：《浙江余杭反山良渚墓地发掘简报》，《文物》1988 年第 1 期。

[16]　隋金田：《湖州花城发现良渚文化木构窖藏》，《浙江省文物考古所学刊》，文物出版社，1981 年。

[17]　陆耀华等：《浙江嘉善新港发现良渚文化木筒水井》，《文物》1984 年第 2 期。

[18]　尤维组：《江苏江阴璜塘发现四口良渚文化古井》，《文物资料丛刊》第 5 辑，文物出版社，1981 年。

[19]　常熟市文物管理委员会：《江苏常熟良渚文化遗址》，《文物》1984 年第 2 期。

良渚文化聚落群研究

太湖流域是良渚文化分布的中心地区，近20年来在这一地区发现了一批聚落遗址和祭坛，约200座良渚文化墓葬。在这些遗址、祭坛和墓葬中出土了大量制作精致的玉璧、玉琮、玉钺和玉瑗等礼器。这些重要发现在中外考古界掀起了一股研究良渚文化的热潮，良渚文化分布的太湖流域被认为是中国文明起源的中心之一。

一 良渚文化聚落群

太湖流域，根据现已公布的考古发掘资料，良渚文化聚落群主要有莫角山、福泉山、赵陵山、寺墩等。这些聚落群基本上环绕太湖的南部、东部、北部和西北部分布。

（一）莫角山聚落群

莫角山聚落群位于今杭州市西北约25千米的余杭区的良渚、瓶窑、安溪镇一带。莫角山遗址位于大观山果园内，是这一聚落群的中心聚落；在其周围分布有反山[1]、瑶山[2]、汇观山[3]等良渚文化祭坛和大型墓葬以及40余处良渚文化遗址。

莫角山是一座大型的在自然土岗上夯筑的遗址，东西长约670、南北宽约450米，总面积达30余万平方米。夯筑层高度达7米。这一巨大人工堆筑的土台上有三个更高的称为大莫角山、小莫角山和乌龟山的土台。土台上发现有大片夯层、夯窝及成排大型柱洞等遗迹，夯筑遗存面积约3万平方米[4]。过去在莫角山上修筑围墙时发现一条壕沟，沟内出土数米长的大方木。在这个土台东北部的马余口良渚文化地层中也出土过同样的大方木[5]。这些发现说明，莫角山夯土台上原先有大规模的用土坯砌墙并有大型梁柱等木构件的建筑。据报道，在莫角山遗址的四角部位各堆筑一处良渚文化墓地，东北角为雉山墩，东南角为钟家山（发现过玉琮和玉璧），西南角为双池头（发现玉璧等玉石器），西北角是反山墓地。

位于莫角山西北的反山良渚文化墓地，是一座东西长90、南北宽30米，总面积2700平方米的人工堆筑"高台土冢"。土冢高约5米。其上发现良渚文化大墓11座。整个墓地的排列布局规整有序。墓穴都比较宽大，长约3、宽约2米，墓深一般为1.3米。在墓底筑有低土台状的"棺床"，其四周围以深约10厘米的浅沟。均有木棺，少数墓有木椁。这些大墓均有丰富的随葬品，其中包括数量很多的玉璧、玉琮、玉钺等玉礼器。例如第 20 号墓随葬玉璧 42 件、玉琮 4 件、石钺 14 件，还有大量陶器、玉石器、象牙器等。

瑶山祭坛在反山"高台土冢"东北约 7.5 千米。瑶山是余杭安溪乡下溪湾村附近的一座海拔高程为 35 米的小山，山顶较平缓。北面是紧靠天目山北支的崇山峻岭，南面是广阔的冲积平原，东苕溪在其东南逶迤而过。祭坛位于瑶山之顶。祭坛呈方形，里外三重，内重偏东，是一座边长为 5.9 ~ 7.7 米的略呈方形的生土红土台；红土台四周环绕 1.7 ~ 2.1 米的围沟，深度 0.65 ~ 0.85 米，沟中填以灰色斑土；灰土围沟的西、北、南三面由黄褐色斑土筑成。良渚文化大墓分布于祭坛的南半部，均为土坑竖穴墓，墓坑长 2.5 ~ 3.7、宽 0.8 ~ 2.15、深 0.35 ~ 1.75 米。有的墓有棺椁。一般都有比较多的随葬品，其中以第 12 号墓随葬品最多，随葬玉器就达 344 件，玉器中有琮 7 件、钺 1 件、小琮 1 件。

汇观山祭坛位于反山墓地西约 2 千米。祭坛为一红土生土台，东西长约 45、南北宽约 35 米，地势较低的北部边缘表面铺垫石块；东、西两侧的祭坛面上，各有两条小沟。祭坛的西南部有 4 座打破祭坛的良渚文化大墓。其中第 4 号墓规模最大，墓坑长 4.75、宽 2.6 米，棺椁齐全，随葬品中有石钺 48 件、玉琮 2 件、玉璧 1 件，陶鼎和陶尊各 1 件。

（二）福泉山聚落群

属于福泉山聚落群的有上海市青浦县福泉山和金山坟、马桥、金山县亭林、松江县广富林等一批良渚文化聚落遗址。福泉山是这一聚落群的中心聚落。

福泉山遗址位于上海市青浦县重固镇西首，是一座略呈方形的土墩，东西长 94、南北宽 84、高 7.5 米。遗址的第 4 层是良渚文化早期墓地，叠压在第 4 层上的第 1 ~ 3 层均系人工堆积，良渚文化晚期的墓葬均埋葬在这座人工堆筑的"高台土冢"上。在良渚文化晚期墓葬的北面有一个略呈长方形的祭祀坑，东西向最长处为 19.25 米，南北向最宽处为 7.5 米，深 0.25 ~ 1.15 米，坑的中心有一个长 1.95、宽 2.1、高 1.15 米的土台。埋葬在"高台土冢"上的良渚文化晚期墓葬，墓坑规模都比较大，大部分都有葬具，其上有朱红色彩绘；随葬品都很丰富，几乎每座墓葬都有随葬品百件左右，其中有玉琮、玉璧、玉斧、权杖等礼器及象征权力的器物。例如 T4M6 随葬有大量的玉石器，其中包括玉璧 4 件、玉琮 5 件、玉斧 2 件、石斧 9 件、玉镯 1 件、象牙器 1 件；又如 T22M5 是一座规模很大的刀形土坑墓，墓底有一层青赭泥，有葬具，随葬品达 126 件，其中有玉璧、玉琮、玉斧、玉杖各 2 件[6]。良渚文化晚期墓葬中还有 2 座殉人墓和 1 座有祔葬者的墓，殉人皆为女性[7]。上述大墓的随葬品不但数量多，而且制作精致，陶器的造型优美并有极细的花纹，玉器往往采用线刻、浮雕等技法。

亭林遗址位于金山县亭林镇西侧。遗址的西北部是良渚文化晚期墓地。18 座良渚文化晚期墓葬有两座有木板葬具。各墓均有随葬品，但数量多寡不一。最多的一墓（M16）随葬品达 79 件，最少的一墓（M2）仅有夹砂陶盆 1 件，明显地反映出贫富差距[8]。

福泉山是一座良渚文化时期作为墓地堆筑的土山，北部有一大型祭祀坑。墓葬规模较大，随葬品丰富而又精致，并有玉璧、玉琮、玉斧等礼器以及权力象征的权杖随葬。有些墓葬中还有殉人。这些特点，与广富林[9]、马桥[10]、亭林等遗址发现的掩埋于平地的一般良渚文化墓葬形成了鲜明的对照，显示出福泉山中心聚落的地位。

（三）赵陵山聚落群

赵陵山聚落群包括江苏昆山赵陵山[11]、少卿山、绰墩和吴县草鞋山、张陵山、越城等遗址。

赵陵山遗址，高 8 米余，面积 1 万多平方米，周围有古河道环绕。该遗址的中层为良渚文化层，其中心部位是人工堆筑的大型土台，厚近 4 米，东西长约 60、南北宽约 50 米，面积近 3000 平方米。土台南部已发现面积达七八十平方米的两层呈大土坯状的红烧土层，各厚 30~50 厘米，自北向南倾斜，似与原始宗教礼仪有关。在第二层红烧土之下有一批墓葬，有的在墓坑内的葬具外埋放杀殉人骨，有的单独埋放一个人头骨，有的墓主两腿间埋放一婴幼儿。在两个大墓的墓坑北面，埋有两具并列的婴儿骨架，在骨架之间特意安放一只特大的红陶鼎。土台西北部外围发现的 19 座小墓，均无墓坑，头向不一，多无随葬品，半数下肢被砍去，有的双腿被捆绑，还有仅见人头、无头人架、身首异处等人骨，经鉴定多为青少年。这些小墓中的死者均系"杀殉"之"牺牲"。

分布在土台之上和周边的 60 余座长方形浅穴土坑墓，排列有序，层次分明，大多有葬具，外施赭色颜料。随葬品较多，其中第 77 号大墓，长 3.3、宽 1.1 米，发现彩绘葬具痕迹，随葬品达 160 余件，其中各类玉器就有 125 件，包括大石钺、玉琮、象牙镯等。这些均属氏族显贵的墓葬。

上述资料说明，赵陵山在良渚文化时期曾是一处人工堆筑的"祭坛"，其上埋有一批用作祭祀的"人牲"，以后又用作埋葬"显贵人物"的墓地。

张陵山遗址位于江苏吴县甪直镇西南 2 千米，由东、西两座土墩（俗称"东山""西山"）组成，两土墩面积共 1.2 万平方米。墩高 8 米左右。遗址中层属良渚文化层，下层为崧泽文化层。西山发现良渚文化早期墓葬 5 座，东山发现良渚文化墓葬 1 座。东山的良渚文化墓葬中出土玉器 20 件，其中玉璧 4 件、玉琮 2 件、玉斧 1 件、玉杖头 1 件[12]。

草鞋山遗址位于江苏吴县唯亭镇东北 2 千米，阳澄湖南 650 米，是一座高出地面 10.5 米的土墩遗址。遗址东西长约 260、南北宽约 170 米，总面积 4.4 万平方米。遗址的文化堆积厚达 11 米。第 2 层为良渚文化晚期地层，第 4 层为良渚文化早期地层，第 6 层至第 10 层为崧泽文化层和马家浜文化层[13]。第 2 层发现良渚文化晚期墓葬 3 座（M198、M199、M200），排成一列，M198 在东部，M199 居中部，M200 在西部。M198 是一座一个男性袝葬两女性妻妾的墓葬。该墓坑南北长4.5、东西宽2、深0.3米。随葬品分3组，中间一组是男性墓主的随葬品，数量最多，其中有玉琮3件、玉璧1件、玉斧1件、石斧1件、玉镯1件及一些玉饰件，陶器8件；北部一组的随葬品有玉璧1件、玉琮1件和玉锥形串饰6件，陶器7件；南部一组随葬玉镯1件、玉珠11颗和陶贯耳壶2件。M199随葬玉琮2件、玉璧2件、玉佩1件、玉锥5件和9件陶器。M200随葬玉璧、玉琮和玉锥形饰各1件。M199、M200两座墓葬均遭破坏，随葬品系征集，故实际随葬品要超过上述数量[14]。从M198、M199和M200三座墓葬的规模及随葬玉琮、玉璧等玉礼器的情况来分析，应属一组贵族墓葬。

（四）寺墩聚落群

寺墩遗址位于常州市东北15千米，属武进县郑陆乡三皇庙村。遗址的下文化层属太湖流域崧泽文化类型，上文化层属良渚文化[15]。

寺墩遗址的总面积约90万平方米。遗址的中心部位是一个直径100多米、高20多米的人工堆筑的祭坛，其周围有一圈圆角方形的河道（内围沟）环绕，内围沟的四周是人工堆筑的贵族墓地，墓地的外围是较低平的居住区，居住区的外围又有一条河道（聚落外围沟）环绕。中央祭坛的正北部位现有一条河道连通内、外聚落围沟，正东部位经钻探也有一条河道连通内外聚落围沟，正南部和正西部可能也有同样的河道连通内、外围沟[16]。祭坛东南部的内围沟外已于20多年前挖去约2米，后来在此发掘了4座良渚文化大墓。内围沟外的西北部过去也曾发现良渚文化的玉琮、玉璧，也应属墓葬的随葬品。内围沟的西南部和东北部均高出周围的地面，可能也是墓地。

寺墩祭坛内围沟外的东南部发现的几座良渚文化大墓，东西向排成一列，M4西距M1为6.5米，东距M3为2.6米，显然这是一处排列有序的贵族墓地。先后发掘的4座良渚文化大墓均有丰富的随葬品，其中尤以M3随葬品最多。该墓无墓坑，无葬具，系堆土掩埋，死者为一年龄约20岁左右的男性青年。随葬品共达100多件，其中生活用陶器4件、玉石制生产工具14件、各种玉制装饰品9件、玉珠和玉管40件，以及几十件玉礼器。M3随葬品中最具特色的是24件玉璧和33件玉琮。其中有5件玉璧被分成两部分（可能是有意打破分开），置于相距较远的不同位置。玉璧破碎为数块的达21件，而其中的13件又有明显的火烧痕迹。玉琮被分为两截或两半的5件，有明显火烧痕迹的8件。穿孔石斧中也有3件经火烧而碎裂[17]。这些情况说明，在葬地曾举行某种殓葬的宗教仪式。

以上所分析的莫角山、福泉山、赵陵山、寺墩四个聚落群，只是根据现已公布的考古发掘资料而确定的良渚文化聚落群。太湖流域属于良渚文化时期的聚落群应还有一些，如浙江北部的嘉兴、平湖、海宁的三角地带和太湖南岸的湖州一带以及江苏常熟境内等，其他区域内的良渚文化遗址群，都可能是聚落群，只是根据现有考古资料，难以在这些聚落群中确定中心聚落。但在有的遗址群中，可以看出不同聚落之间的差别。如浙江海宁境内的荷叶地、三官墩、郜家岭、达泽庙等良渚文化遗址，在所发现的墓葬规模和随葬品性质上都有明显的区别。三官墩、郜家岭、达泽庙等遗址发现的良渚文化墓葬，均为小墓，而荷叶地发现的 16 座良渚文化墓葬，情况则不相同[18]。荷叶地墓地呈圜丘状，底部直径约 30 米。经解剖，圜丘由五花土、灰烬层和红烧土层堆筑而成，是一座人工营造的坟丘。16 座墓葬均为土坑竖穴墓，多数墓有棺椁，墓葬中既有随葬玉琮、玉璧等礼器的大墓，也有仅随葬陶器、石器的小墓。

二　良渚文化聚落群的性质和特征

（一）聚落的等级分化和政治中心的出现

良渚文化聚落群的一个重要特征是，每个聚落群中都有一个作为政治中心的中心聚落。上述聚落群中的莫角山、福泉山、赵陵山、寺墩等聚落，均为这些聚落群的中心聚落。

莫角山遗址总面积达 30 余平方米，夯筑基址高达 7 米，其上有大莫角山、小莫角山和乌龟山三个台基。台基上有大片夯层及成排的大型柱洞。整个基址夯筑面积达 3 万平方米。结合过去所发现的大量数米长的大方木，说明在三个夯土台上有用土坯砌墙的大型梁柱的木构建筑。莫角山遗址的东北、东南、西南和西北，则有雉山墩、钟家山、双池头和反山等贵族墓地。遗址的外围，北边有瑶山祭坛，西边有汇观山祭坛，祭坛上埋有贵族的墓葬。整个聚落在居住区、墓葬区、祭坛等方面，布局井然有序。中心聚落已形成具有类似后世的宫殿建筑、具有宗庙性质的祭坛和贵族墓等一套较为完善的结构。

分布在莫角山周围的 40 多个小型的聚落遗址和莫角山中心聚落则形成了鲜明的对照：一是夯筑面积达 3 万平方米的具有多座有大型梁柱的木构建筑，大型的棺椁齐全伴随大量精致的玉琮、玉璧、玉斧等随葬品的贵族墓葬；一则是出土物贫乏的小型聚落遗址，墓葬规模小、随葬品少而粗劣或无随葬品的平民小墓。福泉山、赵陵山等聚落群，其中心聚落与一般聚落之间的差别，也十分明显。聚落群的等级分化在太湖流域已具有普遍性。

良渚文化时期，财富和人口已向中心聚落集中，城乡对立，城市对乡村、中心聚落对一般聚落的统辖，业已出现。居住在中心聚落高台建筑内的贵族集团，已经成为早期的剥削阶段、统治阶级。以中心聚落的统治集团为代表的政治中心已经出现。

（二）政教合一的王权出现

余杭瑶山祭坛和汇观山祭坛之上都埋葬随葬大量精致玉琮、璧等礼器的贵族墓葬，这些埋葬在祭坛之上的氏族显贵应与祭祀活动有关，亦即这些贵族生前都是主持宗教活动的巫师。这些埋葬在祭坛上的贵族们，其生前既是行政首领，又是宗教领袖，一身兼二任，这是阶级社会早期阶段的一个重要特征。

根据《周礼·大宗伯》"以苍璧礼天，以黄琮礼地"和《周礼·典瑞》"疏璧琮以殓尸"等记载，玉琮和玉璧既是祭祀神祇的祭玉，又是可用来殓尸的葬玉。依照郑玄的理解，殓尸的琮、璧寓有通天地之意。以千万人力构筑的大型祭坛，其目的主要是祭祀天地、祖先、神灵，以保人与神、地与天之间的沟通。而沟通天地的操作者（巫师），则是掌握最高权力之人。由此可知，"政教合一"的王权在良渚文化时期已开始出现。太湖流域凡是良渚文化中晚期的大墓，其随葬品中均有一定数量的玉琮、玉璧、玉瑗、玉斧等礼器，有时还伴出玉制的权杖头，这反映出"政教合一"的王权在太湖流域已具普遍性。

（三）良渚文化中心聚落具有早期城堡的性质

"城垣"作为一种防御性设施在其早期不具有阶级性，原始社会时期的城堡一般都建筑在高阜或山坡上，它有抵御自然灾害和防止外族侵扰的作用。这种性质的城堡出现得很早，如西亚巴勒斯坦的耶利哥城堡，其建造年代为距今 11000 年，正处在新石器时代早期的前陶新石器时期，其社会形态为母系氏族制[19]。从中国城堡形成的历史来看，城垣建筑的前身是聚落围沟，内蒙古敖汉旗的兴隆洼遗址[20]、陕西临潼姜寨遗址[21]和西安半坡遗址[22]的下文化层均有聚落围沟，其产生年代为距今 7000～6500 年，亦即处在新石器时代中期阶段，其社会发展阶段则处在母系制的繁荣时期。中国最早的城垣建筑是河南郑州西山遗址的城堡，其文化时代相当于仰韶文化晚期，绝对年代为距今 5000 年左右[23]。到龙山文化时代普遍出现城堡。

城市是政治、经济、文化中心，这是城市的基本含义。从城市的发展历史来看，城垣建筑和城市没有必然的联系，有城垣建筑的不一定是城市，城市不一定有城垣建筑。前者如上述西亚巴勒斯坦的耶利哥城堡和中国郑州西山仰韶文化晚期城堡，这两个新石器时代的城堡，虽然有规整的城垣建筑，但还不能算作城市；后者如河南偃师二里头遗址、安阳殷墟商代后期都城遗址、陕西长安县丰镐西周都城遗址等，虽都是奴隶制时代的都市，但都没有城垣建筑。确定一个古代遗址是否是当时的城市，不是看它是否有城垣建筑，而是要看遗址的具体文化内涵。如果用这一标准来衡量，太湖流域的莫角山、赵陵山、福泉山和寺墩等中心聚落遗址，均和黄河流域的龙山文化城堡具有相同的性质，亦即均属最早期的雏形城市。

莫角山遗址有 3 万平方米的夯筑建筑，其上有 3 个土木结构的高台建筑，周围分布有多座祭坛及贵族墓地。40 多个小型聚落遗址环绕其四周。祭坛已具宗庙性质。贵族墓葬均有棺椁和丰富而精致的随葬品，其中包括大量的玉琮、玉璧、玉钺等礼器。莫角山遗址在聚落的规模布局及其文化内涵上，则类似西亚奴隶制时代早期的那种"地不过百里，人不过数万"，由数个农村公社围绕一个中心城市所组成的城市国家（城邦）[24]，其性质亦同于黄河流域龙山文化城堡。

寺墩遗址总面积达 90 万平方米，遗址的中心是一个人工堆筑的高 20 余米、直径 100 余米的圆形祭坛，环绕祭坛是一个人工开凿的内围沟，还有一条外围沟环绕整个聚落，有 4 条河道由内围沟向东、南、西、北四个方向伸展与外围沟相通。四条河道将氏族墓地分成 4 块。寺墩遗址的这种规模和布局，更具有早期雏形城市的特征。

三 良渚文化聚落群所反映的社会形态

浙江余杭瑶山祭坛和汇观山祭坛上的大墓、反山大墓，江苏吴县张陵山和草鞋山大墓，武进寺墩大墓，上海青浦福泉山大墓，大多有棺木葬具，均有大量制作精致的玉琮、玉璧、玉钺等礼器及丰富精美的陶器随葬。这些大墓的墓主均为当时各地区的贵族成员，说明良渚文化时期"贵族集团"已从氏族成员中分离出来，成为当时的统治阶级、剥削阶级。

福泉山良渚文化晚期大墓中有两座殉人墓，殉人为女性。赵陵山遗址数座用人殉葬的大墓，殉有成年人，也有婴儿。赵陵山祭坛上还发现大量用来祭祀的"人牲"，19 具"人牲"多数下肢被砍去，或身首异处，或仅见人头、无头人架。"人牲"多为青少年。这些情况表明，良渚文化时期，阶级压迫、阶级统治已十分显著。

太湖流域在崧泽文化时期，陶器上就出现刻划的文字符号。现已在上海青浦崧泽遗址崧泽文化的鼎、豆、壶上发现 7 个刻划的文字符号[25]。到良渚文化时期文字符号增多，在上海马桥、金山亭林和江苏吴县澄湖等良渚文化遗址出土的豆、盘、篓、杯、盉、罐上共发现 14 个刻划文字符号[26]，其中澄湖遗址良渚文化古井中出土的一件黑陶鱼篓形贯耳罐腹部并列刻划 4 个文字符号。另外，在良渚文化玉臂环、玉璧上也发现有刻划符号。有的研究者认为，崧泽文化和良渚文化陶器上的这些刻划符号，应属太湖流域的原始文字。

综上所述，太湖流域在良渚文化中、晚期，玉礼器已大量制作和使用；大型礼仪性建筑已普遍出现；政治中心和王权已露端倪；社会已分化为不同的利益集团，人与人之间的关系已失去民主和平等的原则，阶级压迫、阶级剥削已具有普遍性质；部族之间的战争加剧，聚敛财富和掠夺人口已成为战争的主要目的；早期小型雏形城市已经出现；聚落的等级分化，产生了城乡对立；宗教、礼仪活动，开始注入阶级内容；文字符号开始出现，成为记事和交际工具。这些都是早期文明社会的重要特点，只不过当时的国家机器还不像奴隶制发展阶段那样发达，一个政治实体所统辖的范围还比较小。这些特征，正好反映良渚文化时期正处在由氏族社会向文明社会、氏族制向国家制度过渡的阶段。从国家起源、形成的历史进程来考察，良渚文化时期每个以聚落群为单位（包括中心聚落和一般聚落）的政治实体，就是一个小型的独立的"城邦"，一个雏形的国家。从文明因素的发展程度来考察，这时文明因素的积累已开始发生"质变"，社会开始跨入文明的门槛。

（原载《东方文明之光——良渚文化发现 60 周年文集》，海南国际新闻出版中心，1996 年）

[1] 浙江省文物考古研究所反山考古队：《浙江余杭反山良渚墓地发掘简报》，《文物》1988 年第 1 期。

[2] 浙江省文物考古研究所：《余杭瑶山良渚文化祭坛遗址发掘简报》，《文物》1988 年第 1 期。

[3] 刘军：《从良渚文化考古资料看当时的社会性质》，《纪念城子崖遗址发掘 60 周年国际学术讨论会文集》，第 161 页，齐鲁书社，1993 年；《良渚文化考古又一重要发现，余杭汇观山发现祭坛及大墓》，《中国文物报》1991 年 8 月 11 日。

[4] 蒋迎春：《九三年全国十大考古新发现》，《中国文物报》1994 年 2 月 6 日。

[5] 严文明：《龙山时代考古新发现的思考》，《纪念城子崖遗址发掘 60 周年国际学术讨论会文集》，第 41 页，齐鲁书社，1993 年。

[6] 上海市文物保管委员会：《上海福泉山良渚文化墓葬》，《文物》1984 年第 2 期；上海市文物保管委员会：《上海青浦福泉山良渚文化墓地》，《文物》1986 年第 10 期；黄宣佩等：《上海青浦福泉山遗址》，《东南文化》1987 年第 1 期。

[7] 上海博物馆：《上海文物考古工作十年收获》，《文物考古工作十年》，第 94 ~ 96 页，文物出版社，1991 年。

[8] 同 [7]。

[9] 上海市文物保管委员会：《上海市松江县广富林新石器时代遗址试掘》，《考古》1962 年第 9 期。

[10] 上海市文物管理委员会：《上海马桥遗址第一、二次发掘》，《考古学报》1978 年第 1 期。

[11] 钱锋：《赵陵山遗址发掘获重大成果》，《中国文物报》1992 年 8 月 2 日第 1 版。

[12] 南京博物院：《江苏吴县张陵山遗址发掘简报》，《文物资料丛刊》第 6 辑，文物出版社，1982 年；南京博物院等：《江苏吴县张陵山东山遗址》，《文物》1986 年第 10 期。

[13] 南京博物院：《江苏吴县草鞋山遗址》，《文物资料丛刊》第 3 辑，文物出版社，1980 年。

[14] 汪遵国：《良渚文化"玉敛葬"述略》，《文物》1984 年第 2 期。

[15] 南京博物院：《江苏武进寺墩遗址试掘》，《考古》1981 年第 3 期。

[16] 车广锦：《玉琮与寺墩遗址》，《中国文物报》1995 年 12 月 31 日第 3 版。

[17] 南京博物院：《1982 年江苏常州武进寺墩遗址的发掘》，《考古》1984 年第 2 期。

[18] 刘斌：《海宁荷叶地良渚文化遗址》，《中国考古学年鉴（1988）》，文物出版社，1989 年。

[19] 北京大学历史系世界古代教研室等编：《世界古代史论丛》，第 42 ~ 46 页，三联书店，1982 年。

[20] 中国社会科学院考古研究所内蒙古工作队：《内蒙古敖汉旗兴隆洼遗址发掘简报》，《考古》1985 年第 10 期。

[21] 半坡博物馆等：《姜寨——新石器时代遗址发掘报告》，第 15 ~ 52 页，文物出版社，1988 年。

[22] 中国科学院考古研究所等：《西安半坡——原始氏族公社聚落遗址》，文物出版社，1963 年。

［23］ 张玉石等：《新石器时代考古获重大发现——郑州西山仰韶时代晚期遗址面世》，《中国文物报》1995 年 9
月 10 日第 1 版。

［24］ 崔连中：《世界古代史》，第 95～96 页，人民出版社，1983 年。

［25］ 上海市文物保管委员会：《上海市青浦县崧泽遗址的试掘》，《考古学报》1962 年第 3 期；黄宣佩等：《青
浦县崧泽遗址第二次发掘》，《考古学报》1980 年第 1 期。

［26］ 张明华等：《太湖地区新石器时代陶文》，《考古》1990 年第 10 期。

略论我国东南沿海地区的印纹陶

我国东南沿海的江苏、浙江、安徽、福建、台湾、江西、湖南、湖北、广东、广西等省区，从新石器时代晚期至汉代，都先后产生过以印纹陶为特征的古文化。本文想就印纹陶的一些问题，谈一点粗浅的看法。

根据印纹陶的特征，可将我国东南沿海地区的印纹陶划分为四个地区：（一）江、浙、皖地区；（二）闽、台地区；（三）江西地区；（四）广东地区。

一 印纹陶的分期

几何印纹陶到了汉代已趋衰落，这时各地印纹陶面貌比较一致，故本文对印纹陶的分期只到春秋战国为止。

（一）江、浙、皖地区

这一地区的印纹陶可分四期。

第一期的遗址主要有江苏无锡许巷、吴县华山、虎山、昆山正仪黄泥山等，其中以许巷遗址较为典型[1]。这一期的印纹陶皆为印纹软陶，在共存的陶器中所占的比重极小，一般不到5%。印纹大都拍印在罐的器表。和印纹陶共存的陶器多夹砂红陶，次为泥质红陶和灰陶。以手制为主，轮制的较少。共存的石器较多，器形有斧、刀、戈、镞、钺、砺石等。从这一期出土物的性质来看，其时代应属新石器时代晚期。

第二期，属于这一期的遗址主要有上海马桥（第4层）[2]，江苏无锡锡山公园（下层）、仙蠡墩（上层）、昆山荣庄（下层）[3]、丹徒葛村癞鼋墩和文昌阁（下层）[4]、南京北阴阳营（第3层）[5]、仪征城北曹家山和安徽滁县朱勤大山（上层）[6]、马鞍山李家山[7]等。其中以马桥遗址为典型。

这一期印纹陶的纹饰有三类：一类为与青铜器相同的纹饰，如云雷纹、回纹、鱼鸟纹；一类为纺织纹，如篮纹、叶脉纹、方格纹、席纹、曲折纹；另一类为拍印绳纹。陶器以夹砂红陶和泥质红陶为主，印纹陶在陶器中所占的比例仍较小。陶器的器形有鼎、甗、釜、鬲、鬶、盉、罐、瓿、豆、簋、尊、觚、觯等。与印纹陶共存的有石器和铜器。石器的种类有斧、锛、钺、锄、镰、犁、刀、凿、矛、镞、锥等。铜器多为小件器物。马桥出土的铜器经化学分析，质脆而含大量的杂质，但已使用浇铸法。

江、浙、皖地区的印纹陶进入到第二期，在陶器方面表现出一定的地域差别，如太湖流域在夹砂陶炊器方面多鼎，在泥质陶方面则多拍印纹饰的圜底器和凹底器；以宁镇山脉为中心地区的长江两岸丘陵地区，夹砂陶炊器多鬲，泥质陶中的硬陶和黑衣陶比重则小于太湖流域。

在意识形态方面，南京北阴阳营、扬州葫芦山等遗址都发现卜骨和卜甲[8]。南京锁金村还发现一件象征父权崇拜的陶祖[9]。

这一期墓葬在太岗寺等遗址都有发现。太岗寺中层发现的墓葬，人骨多在二十岁以下，大多肢骨不全，其中不少身首异处，并有捆绑痕迹[10]。

这期出土的扁平三角形石镞、石钺、石斧等，都与商代青铜镞、钺、斧近似。陶器中的瓠、觯、尊、簋等，也都和商代早、中期的同类陶器及青铜器相似。印纹陶中的纹饰也有与商代青铜器相似的。出土物中卜骨、卜甲和陶祖也是中原地区商文化中常见之物。出土物的这些特征说明这期印纹陶的时代相当于中原地区的商代。

关于这期印纹陶的绝对年代，北阴阳营第3层的[14]C数据为距今3490±90年，这一年代相当于商代中期。

第三期，属于这一期的遗址有江苏丹徒葛村（上层）、南京北阴阳营（第2层）、南京锁金村的上层、无锡锡山公园（中、上层），浙江衢县、遂昌县等。属于这一期的墓葬有江苏金坛鳖墩、句容浮山果园、溧水乌山镇[11]和安徽屯溪[12]等西周墓。该期陶器的特征是，印纹陶除印纹软陶外，开始出现几何印纹硬陶，并有原始瓷、釉陶及黑皮磨光陶与之共存。但在整个陶器中仍以夹砂红陶为主。轮制较发达，尤其是原始瓷和釉陶普遍使用轮制。几何印纹是这期陶器的主要纹饰，它不仅饰于软陶和硬陶上，而且普遍施于原始瓷及釉陶上。几何印纹有席纹、竹编器纹、波纹、方格纹、方格斜线纹、菱形纹、回纹、云雷纹等。

与这期印纹陶共存的石器，虽然数量仍不少，但随着冶铜业的发展，石器和前期相比相对地减少。这一情况在同期墓葬的随葬品方面表现得尤为明显。其特点是，已不见用石器随葬，而多用反映时代特征的几何印纹硬陶、釉陶、原始瓷及青铜器随葬。

具有该期特征的印纹硬陶、釉陶及原始瓷等，往往在西周墓中出现。因此该期印纹陶的时代应属西周。关于这期印纹陶的绝对年代，金坛鳖墩西周墓的[14]C数据为距今2935±130年，相当于西周中、晚期。

第四期，属春秋战国时期。属这一期的遗址有江苏吴县草鞋山（第1层）、苏州越城，上海青浦崧泽（上层）、马桥（上层）和浙江吴兴钱山漾、杭州水田畈、嘉兴双桥、寿昌杨树岗等。几何印纹陶发展到春秋战国，已达它的鼎盛时期。故这期的几何印纹陶分布最密、范围最广，整个淮河以南的苏、皖的长江流域和太湖流域都发现有这期的几何印纹陶，甚至在苏北的连云港地区也发现有战国时期的印纹陶[13]。

春秋战国时期的印纹陶，多为印纹硬陶，有的遗址有原始瓷、釉陶与之共存。印纹陶的特征是火候极高、质地坚硬、印纹很深、纹饰繁缛。常见的纹饰有细方格纹、"米"字纹、席纹、回纹、曲折纹、米筛纹、网格纹、蕉叶纹等。与印纹硬陶共存的釉陶通常是在硬陶上施一层黄绿色或黄褐色釉，器内壁均有轮旋纹。该期很少见石器与印纹硬陶共存。

总括以上四期，可知江、浙、皖地区的印纹陶演变的情况是，印纹软陶萌芽于新石器晚期。萌芽期印纹陶的特征是，极少量的印纹软陶与大量的夹砂陶共存。共存的石器较多，铜器尚未出现。到第二期，印纹软陶比前期增多，有与商代青铜器相似的纹饰及器形。有铜器共存，但不见釉陶和原始瓷。其时代相当于商代。第三期的印纹陶以印纹硬陶为主，有釉下饰几何印纹的釉陶和原始瓷共存。与印纹陶共存的石器较少。其时代为西周。第四期的印纹陶其时代为春秋战国。这一期的印纹陶已发展到它的极盛时期，印纹陶在陶器中所占的比例最大，种类繁多。

（二）闽、台地区

福建和台湾地区含印纹陶的遗址发掘得不多，已发掘的遗址主要有福建闽侯昙石山、榕岸庄边山、福清东张、福州浮村和台湾凤鼻头等。根据已发掘的遗址及调查的遗址，可将该地区的印纹陶分为四期。

第一期可以昙石山[14]、庄边山[15]、东张[16]等遗址的下层为代表。这些遗址的下层在福建地区属新石器晚期。该期陶器的特征是以印纹夹砂陶为主，次为泥质软陶、泥质磨光陶和极少量的印纹硬陶。印纹夹砂陶的特点是火候低，陶质松软。印纹有篮纹、绳纹、菱形纹，以篮纹和绳纹为多。纹饰单一，印纹粗糙，多交叉拍印。共存的石器较多。

第二期可以昙石山的第2层、庄边山的上层、东张的中层为代表。台湾凤鼻头文化的所谓"黑陶文化类型"以及圆山文化中的印纹陶也可归入这一期。该期的陶器以印纹硬陶为主，兼有灰（黑）皮磨光陶及少量的彩陶和夹砂陶。印纹硬陶和彩陶共存是其特征。这一期的印纹硬陶已向原始瓷发展，印纹陶的纹饰有方格纹、席纹、篮纹、菱格纹、波浪纹、绳纹、雷纹、条纹、叶脉纹等。共存的石器磨制得都很精致，种类有锛、斧和镞等。东张遗址的这期遗存被压在具有西周中、晚期特征的遗存下面，因此该期的时代可能为商代后期至西周初期。

第三期的典型遗址有福建福州浮村（下层）[17]、东张（上层）、昙石山（第1层）。同类遗址在闽南的仙游、永春、南安、长汀河田[18]和闽北的建阳、建瓯[19]、光泽的油家垱、沙帽山、坪山、腰垱山[20]等地都有发现。这一期的陶器以几何印纹硬陶为主，有原始瓷、釉陶和青铜器共存。印纹硬陶的纹饰和前期相比变化不大，只是数量比前期增多。有釉下饰几何印纹的釉陶。釉陶和原始瓷，火候很高，质地坚硬。器形多豆、钵和罐。共存的石器中以有段石锛为典型器物。本期的原始瓷和釉陶的形制及纹饰，与长江流域西周墓（如安徽屯溪西周墓）中的同类器相近似，故时代应属西周。

第四期属春秋战国时期。这一期的几何印纹陶在福建各地都有发现。台湾北部的"植物园文化"中的印纹陶也具有这期印纹陶的特征。这期的几何印纹陶仍以硬陶为主，常有釉陶、原始瓷及青铜器共存。印纹陶的特点是器表满拍花纹，有的底部也有花纹。花纹的种类比前期多，常见的纹饰有方格纹、双线格纹、篮纹、曲尺纹、鳞形纹、蕉叶纹、直线纹、雷纹、菱形纹及成排短直线等。福建类型的这期印纹陶都有石器共存，这是有别于其他类型的一个特点。

从上述四期印纹陶发展演化情况看，这一地区的印纹陶特征为：印纹软陶只是在新石器晚期的遗址中较多地出现，此后很快就被印纹硬陶所代替；印纹硬陶在这一地区出现的时间很早，在新石器晚期的一些遗址中就已很少量的出现，到第二期（即相当于商代后期），它就取代了印纹软陶而占主导地位。与印纹硬陶共存的彩陶，在这一期也得到相应的发展。第三期的特点是，硬陶的比例增多，釉陶大量出现，并与青铜器共存。但印纹陶开始出现发展缓慢并逐步走向衰落的趋势。到西周末至春秋时期，这种衰落的趋势就更加明显。福建地区和印纹陶共存的石器延续的时间很长，在春秋战国的遗址中都常见石器。

（三）江西地区

江西地区（包括湖北南部和湖南东部）的印纹陶可分五期。

第一期可以江西清江筑卫城遗址为代表[21]。江西万年仙人洞的上文化层也可归属这一期[22]。这期的陶器以夹砂红陶和灰陶为主，次为黑皮磨光陶及少量的印纹软陶。共存的石器较多，种类有斧、锛、凿、刀、铲、镞等。其中的有段石锛为典型器物。

第二期可以江西清江吴城遗址的第一期为代表[23]。该期的陶器以夹砂灰软陶为主，并有少量的印纹硬陶、釉陶和原始瓷。有少量的铜器共存。陶器纹饰以粗绳纹为多。印纹有方格纹、弦纹、篮纹、锯齿状堆纹、"S"形纹、圆圈纹等。这一期的原始瓷除少数为素面施釉外，多数在釉下有几何印纹。吴城一期陶器的某些器形，如鬲、豆、罐、盆等，与郑州二里岗商代遗址的同类器相近，时代应为商代中期。

第三期可以清江营盘中层[24]和吴城二期为代表。该期陶器中的印纹硬陶、釉陶和原始瓷的比例都比前期增多。但整个陶器仍以印纹软陶为主。陶器的纹饰比前期种类多，主要有绳纹、绳纹加堆纹、曲折纹、方格纹、回纹、编织纹、叶脉纹、"S"形纹、圈点纹、弦纹、划纹等。其中以绳纹、曲折纹、方格纹的数量最多。原始瓷也多有几何印纹，其纹饰同印纹陶。印纹较粗，无细而工整的印纹。该期陶器的器形特征和安阳殷墟早、中期的器物相似，时代应属商代后期。

第四期可以吴城三期为代表。这期陶器中的印纹硬陶、釉陶和原始瓷比前期都有大幅度的增加。吴城三期的印纹硬陶、原始瓷和釉陶共占整个陶器的39%。但灰色软陶在整个陶器中仍占多数。陶器的纹饰有"人"字纹、划纹、水波纹、圈点纹、弦纹、锯齿状堆纹、叶脉纹、云雷纹、"米"字纹、席纹以及几种花纹相组合的纹饰。吴城三期的陶器具有中原地区西周陶器的特征，其时代相当于西周。

第五期印纹陶的时代相当于春秋时期。属于这期的遗址主要有筑卫城（上层）、营盘里（上层）、修水山背村[25]等。湖北黄石市东方乡[26]和湖南长沙县烟墩冲[27]等遗址的印纹陶也可归属这一期。该期的陶器以印纹硬陶为主。印纹的特征是细而工整，有一部分则疏密不一，大都构成几何形图案。纹饰的种类比前期复杂，主要有细格纹、双线格纹、编织纹、回纹、席纹、菱形方格纹、曲折纹、蛛网纹、篦纹、绳纹夹弦纹。共存的石器很少，多小型器，磨制精致。

第五期以后，该地区的几何印纹陶趋向衰落，纹饰单纯，只有篮纹和细格纹，并出现一部分素面硬陶。陶片的胎壁一般都比较薄。

总括以上五期，可知江西地区印纹陶演变的情况是：印纹陶萌芽于新石器晚期；从第二期到第四期，亦即从商代到西周，印纹软陶逐渐减少，印纹硬陶、原始瓷和釉陶则逐渐增多。

（四）广东地区

广东地区（包括广西东部）的印纹陶大致可分四期。

第一期的印纹陶皆为印纹软陶，都包含在该地区新石器晚期的遗存中。这期的遗址多分布在广东东部和中部地区。主要遗址有广东增城金兰寺[28]、曲江石峡（下层之上部）、潮安梅林湖（上层）、翁源青塘仙佛岩、佛头岩黄岩门三号洞（上层）[29]、海丰拔仔园、陆丰角清山[30]、广州菱圹岗、青山岗（下层之上部）。这一期陶器以夹砂粗黑陶为主，有少量的印纹软陶。该期的陶器除泥质软陶有印纹外，粗砂陶上也有印纹。这期印纹陶，大都火候较低，陶质松软，红黄色较多。印纹主要为篮纹、曲尺纹和方格纹。共存的石器多通体磨光，有的有打制痕迹，并有一些大型打制石器。磨制石器中的有段、有肩有段石锛是典型器物。

第二期的遗址可以金兰寺（第二文化层之上层）和石峡中层[31]为代表。该期陶器仍以粗砂黑陶为主，但印纹软陶的比例大量增加。金兰寺这期的印纹软陶占整个陶器的39%。印纹以曲尺纹为主，次为云雷纹、方格纹、双线格纹，并出现曲尺纹分别与云雷纹、圆圈纹、方格纹等的组合纹饰。这期印纹陶的时代大约相当于商代。

第三期印纹陶，在粤北、粤中、粤东等地都有较多的发现，主要遗址有粤北的曲江石峡（上文化层）、粤中的佛山河宕和粤东的潮阳葫芦山、揭阳庙山、河源龙祖山[32]等。此期印纹陶以印纹软陶在陶器中所占的比例最大。这种印纹软陶火候一般不高，器壁较薄。

多手制，部分陶器口沿有轮修痕迹。花纹较前两期增多，主要有夔纹、曲尺纹、篮纹、方格纹、双圈纹、乳丁纹和附加堆纹，也有一些工整的雷纹、云纹和划纹。在这一期的陶器中已出现很少量的原始瓷和釉陶。与印纹陶共存的石器，其种类和形制都比较复杂，磨制的石器特别多。其中以长身的、有段的、有肩有段的器形较普遍。这一期印纹陶中的夔纹、云雷纹、乳丁纹、双圈纹及一些陶器的器形，都与殷周青铜器相似，其时代可能相当于西周。

第四期的几何印纹陶分布范围最广，除遍布整个广东地区外，广西东南部的一些地区，如灵山、合浦和东兴等地也发现有这期的几何印纹陶[33]。该期的陶器以几何印纹硬陶为主。其特征是陶土较细，火候很高，胎壁较薄，质地坚硬，击之有铿锵声。花纹种类复杂，有凸、凹、单线、双线等几种形式。常见的纹饰有大小方格纹、夔纹、雷纹和几种花纹相组合的纹饰。还有较晚的"米"字纹、水波纹、篦纹及纺织纹。花纹多饰于器物的腹部，也有少数底部饰花纹的。这期的几何印纹陶有和釉陶、原始瓷及青铜器共存的，但不见或很少见和石器共存。该期印纹陶的形制和花纹多有与东周青铜器相似之处，其时代应为春秋战国。

总观以上四期，可知广东地区印纹陶的特征是，印纹软陶延续的时间长，印纹硬陶出现的时间晚。印纹软陶从新石器晚期开始，一直延续到西周时期，到春秋战国时期才出现印纹硬陶、原始瓷及釉陶。

二 各地区印纹陶的特征

我国东南沿海各地区的印纹陶在其发展过程中，虽有不少共同的特征及演变规律，但又有各自的特征，又是沿着各自不同的道路发展的。

各地区的印纹陶在第一期（新石器晚期）差别不大。各地区之间的差别主要是从第二期开始的。

江、浙、皖地区的第二期，印纹软陶比前期增多，但未出现几何印纹硬陶、原始瓷及釉陶。而福建地区的这一期，印纹硬陶在陶器中已占主导地位。江西地区的第二、三期（该地区的第二、三期均属商代，即相当于其他地区的第二期）和上述地区不同的是，出现了很少量的釉陶、原始瓷及印纹硬陶。广东地区的第二期，印纹软陶比前期增多，但未出现印纹硬陶。

印纹陶发展到第三期（相当于西周时期），各地区的文化面貌是：江、浙、皖地区和福建地区，同时出现釉陶和原始瓷。江西地区的这一期则不同，陶器以印纹软陶为主，共存的印纹硬陶、釉陶和原始瓷其比例比前期大。广东地区的这一期，陶器仍以印纹软陶为主，还未出现釉陶及原始瓷。

印纹陶演进到第四期，即春秋战国时期，各地区普遍都以印纹硬陶为主，都有釉陶及原始瓷共存。但由于各地区之间前几期文化面貌的不同，该期的印纹陶也呈现出不同的面貌。江、浙、皖地区和福建地区在春秋战国时期印纹陶处在鼎盛时期，而江西地区印纹陶的鼎盛期则在春秋时期，到战国时期印纹陶已走向衰落。广东地区的印纹陶发展得最缓慢，到春秋战国时期几何印纹硬陶才在陶器中占主导地位，才开始出现釉陶和原始瓷。

从以上的对比分析中可以看出，我国东南沿海各地区的印纹陶从第二期起就各自沿着不同的道路发展。其中突出的几点是：

（1）印纹硬陶在福建地区出现的时间最早。它在福建地区萌芽于新石器晚期，到第二期就在陶器中占最大的比例。（2）釉陶和原始瓷在江西地区出现的时间最早。江西地区的第二期（商代中期）就出现少量的原始瓷和釉陶，此后比例渐增。但江西地区的印纹陶衰落的时间也较早，在战国时期就趋向衰落。（3）几何印纹硬陶、釉陶和原始瓷在广东地区出现的时间最晚，即到西周晚期才出现。（4）与印纹陶共存的铜器在各地区出现的时间也各不相同。江西地区出现的时间最早，大约出现于商代中期；江、浙、皖地区次之，出现于商代后期；福建地区又次之，大约出现于西周时期；广东地区则最晚，到西周晚期，才有铜器与印纹陶共存。

三　关于印纹陶的起源及演变规律

我国东南沿海各地区的印纹陶是怎样发展起来的，是否有一个较早的地区先产生，然后再向其他地区传播，还是各地区是独自发展起来的？这是一个值得研究的问题。

我们认为我国东南沿海四个地区的印纹陶各有其发展中心，每个地区的印纹陶都是在各自的分布区域，由其中心区（这里所讲的中心区是指在该地区中印纹陶产生最早的区域）向周围地区发展。下面就按照印纹陶的四个地区阐述这一问题。

江、浙、皖地区的印纹陶发展的中心地区在太湖流域。太湖流域的印纹陶萌芽于新石器时代晚期，到西周时期向周围地区发展。

苏、皖地区以宁镇山脉为中心区域的长江两岸所发现的印纹陶，都是相当于商代的印纹软陶，以及西周至汉代的印纹硬陶。安徽地区的印纹陶除与江苏接壤的地区发现过几处相当于商代的印纹软陶外，其他地区所发现的印纹陶都是西周至汉代的印纹硬陶。这些情况说明，太湖流域的印纹陶向西的发展，到商代发展到以宁镇山脉为中心地区的长江两岸，到西周时期才发展到安徽地区的长江流域。太湖流域的印纹陶向南和向北的发展也都要到商周时期。

东南沿海地区印纹陶各类型分期表

遗址及特征\类型\分期	江浙类型		福建类型		江西类型		广东类型	
	遗址	文化特征	遗址	文化特征	遗址	文化特征	遗址	文化特征
四期（春秋战国）	上海：马桥上层（三层）江苏：草鞋山第一层	以几何印纹陶为主	福建各地均分布有这期遗址	以印纹硬陶为主	江西：筑卫城上层、营盘里上层 湖北黄石市 湖南长沙县	以印纹硬陶为主	广东：各地区均有这期印纹陶 广西：灵山、合浦东兴	以印纹硬陶为主
三期（西周）	江苏：葛村上层、北阴阳营二层 安徽：屯溪西周墓	印纹软陶、硬陶及原始瓷共存	福建：浮村下层、东张上层	印纹硬陶与原始瓷、釉陶及青铜器共存	江西：吴城三期	印纹软陶与较多的印纹硬陶、釉陶、原始瓷共存	广东：石峡上层、潮阳葫芦山、佛山河宕	以印纹硬陶为主
二期（商代）	上海：马桥第四层 江苏：北阴阳营三层 安徽：朱勤大山	印纹软陶与少量青铜器共存	福建：东张中层、昙石山上层、庄边山上层 台湾：凤鼻头文化黑陶类型	印纹硬陶与少量彩陶、夹砂陶共存	江西：吴城一、二期和营盘里	印纹软陶、硬陶、釉陶、原始瓷及青铜器共存	广东：金兰寺二层之上层、石峡中层	夹砂粗黑陶与较多的印纹软陶共存
一期（新石器晚期）	江苏：无锡许巷、吴县华山	少量的印纹软陶与大量的夹砂陶共存	福建：昙石山、庄边山、东张等下层 台湾：凤鼻头文化红陶文化类型	印纹夹砂陶、泥质软陶及极少印纹硬陶共存	江西：筑卫城下层、仙人洞上层	大量的夹砂红灰陶与少量印纹软陶共存	广东：金兰寺二层之下层、梅林湖上层	大量的夹砂粗黑陶与极少量印纹软陶共存

闽、台地区印纹陶发展的中心地区在闽中沿海和台湾西部沿海。闽中沿海和台湾西海岸的印纹陶都出现于新石器晚期，此后再向周围地区发展。该地区第一期印纹陶主要分布在闽江下游和台湾西海岸，第二期印纹陶由闽江下游向闽东北和闽南沿海地区发展。第三、四期的印纹硬陶才由沿海地区发展到闽南、闽北、闽江中上游各地及台湾的北部地区。

江西地区的印纹陶发展的中心地区在赣中和赣东北。赣中和赣东北的印纹陶产生于新石器晚期，到商周时期向四周发展。根据现有资料来看，江西地区印纹陶的第一期遗存都发现在赣中和赣东北。第二期至第四期的印纹陶主要分布在赣中地区。到第五期才由赣中和赣东北发展到赣北、赣南、鄂南和湘东等地区。江西地区的印纹陶发展到湖南东部和湖北南部已是印纹陶的尾声了。

广东地区印纹陶的中心区在粤中和粤东。中心区的印纹陶也萌芽于新石器晚期，到商周时期向南、向西发展。该地区印纹陶的分布是逐步扩大的。它的第一、二期遗存主要分布在粤中和粤东地区，到第三期才向西部地区发展。第四期的分布范围最广，向南和向西的发展分别到达海南岛和广西东部地区。

以上情况表明，我国东南沿海各地区的印纹陶都有其发展中心。各中心区的印纹陶都萌芽于新石器晚期，到商周时期再由各中心区向周围地区发展。我国东南沿海地区的印纹陶，不是由一个地区首先发生，然后再向其他地区传播，而基本上是新石器晚期在各个地区发展起来的。当然，各地区的印纹陶在它们的发展过程中，还有着文化上的互相交流和影响。

我国东南沿海地区的印纹陶，由于在发展过程中各地区之间的文化交流和影响，它们都有许多共同的特征和演变规律。主要是：（1）新石器晚期萌芽阶段的印纹陶，都是在大量的夹砂陶中含有少量的印纹软陶。这一时期的印纹陶印纹都很简单，大都是在泥质软陶和夹砂陶上拍印绳纹和篮纹等纹饰。这些简单的印纹还未构成几何图形。（2）商周时期的印纹陶，其纹饰主要有两类：一类是编织纹，如席纹、方格纹、叶脉纹等；另一类是与商周青铜器相似的纹饰，如回纹、云纹、雷纹、乳丁纹等。并有与青铜器相似的器形。（3）各类型的印纹陶从早期到晚期，共同的演变规律是：陶质从软陶向硬陶发展；纹饰由简单发展到复杂，由非几何图形发展为工整细密的几何图形，并出现一些由几种花纹构成的组合性纹饰。

此外，关于东南沿海地区以印纹陶为特征的古文化和中原地区商周青铜文化的关系问题，我们认为两者是互相影响和促进的。印纹陶中的陶器和中原地区的商周青铜器都有许多共同的器形和纹饰。两者在原始瓷和釉陶的发展方面也基本一致。江西吴城商代中、晚期的原始瓷和釉陶，与郑州商代遗址及安阳殷墟的原始瓷和釉陶，其发展水平都大体相同。东南沿海地区以印纹陶为特征的古文化和中原地区商周青铜文化，在文化面貌上的某些相似是两者在文化上互相交流和影响的结果。

综上所述，关于我国东南沿海地区印纹陶的演化，大致可分为这样几个发展阶段：新石器晚期是印纹陶的萌芽期，商至西周是它的发展期，春秋战国是它的鼎盛期，战国以后是它的衰落期。

我国东南沿海地区以印纹陶为特征的古文化是我国奴隶制时代的商周文化的一个组成部分。中原地区的青铜文化和东南沿海地区以印纹陶为特征的古文化是互相影响的，两者之间有着密切的联系。东南沿海地区的印纹陶在商周时期经历了漫长的发展阶段，到春秋战国时期，随着铁器在我国广泛使用，促进了生产力的发展和生产关系的变革，使封建制取代了奴隶制，这时印纹陶也就逐渐衰落下去了。

（原载《文物集刊》第 3 辑，文物出版社，1981 年）

[1] 江苏省文物工作队：《江苏无锡许巷村新石器时代遗址》，《考古》1961 年第 8 期。

[2] 上海市文物管理委员会：《上海马桥遗址第一、二次发掘》，《考古学报》1978 年第 1 期。

[3] 江苏省文物管理委员会：《江苏无锡锡山公园古遗址清理简报》，《文物参考资料》1956 年第 1 期。

[4] 江苏省文物管理委员会：《江苏无锡仙蠡墩新石器时代遗址清理简报》，《文物参考资料》1955 年第 8 期；王德庆：《江苏昆山荣庄新石器时代遗址》，《考古》1960 年第 6 期；南京博物院：《江苏丹徒葛村新石器时代遗址挖掘记》，《考古通讯》1957 年第 5 期。

[5] 南京博物院：《南京市北阴阳营第一、二次发掘》，《考古学报》1958 年第 1 期。

[6] 南京博物院：《江苏仪六地区湖熟文化遗址调查》，《考古》1962 年第 3 期。

[7] 尹焕章、张正祥：《宁镇山脉及秦淮地区新石器时代遗址普查报告》，《考古学报》1959 年第 1 期。

[8] 同［6］。

[9] 尹焕章等：《南京锁金村遗址第一、二次发掘报告》，《考古学报》1957 年第 3 期。

[10] 江苏省文物工作队太岗寺工作组：《南京西善桥太岗寺遗址的发掘》，《考古》1962 年第 3 期。

[11] 镇江市博物馆等：《江苏金坛鳌墩西周墓》，《考古》1978 年第 3 期；南京博物院：《江苏句容县浮山果园西周墓》，《考古》1977 年第 5 期；镇江博物馆等：《江苏溧水发现西周墓》，《考古》1976 年第 4 期。

[12] 安徽省文化局文物工作队：《安徽屯溪西周墓发掘报告》，《考古学报》1959 年第 4 期。

[13] 江苏省文物工作队：《江苏连云港市九龙口商和战国遗址》，《考古》1962 年第 3 期。

[14] 福建省文物管理委员会等：《闽侯县昙石山新石器时代遗址第二至第四次发掘简报》，《考古》1961 年第 12 期；张其海、吕荣芳：《福建闽侯县昙石山遗址陶器分析》，《考古》1965 年第 4 期。

[15] 福建省文物管理委员会：《闽侯庄边山新石器时代遗址试掘简报》，《考古》1961 年第 1 期。

[16] 福建省文物管理委员会：《福建福清东张新石器时代遗址发掘报告》，《考古》1965 年第 2 期。

[17] 曾凡：《福州浮村遗址的发掘》，《考古学报》1958 年第 2 期。

[18] 福建省文物管理委员会：《闽南新石器时代遗址的调查》，《考古》1961 年第 5 期。

[19] 福建省文物管理委员会：《闽北建瓯和建阳新石器时代遗址调查》，《考古》1961 年第 4 期。

[20] 福建省文物管理委员会：《福建光泽新石器时代遗址的调查》，《考古学报》1957 年第 1 期。

[21] 江西省博物馆、北京大学历史系考古专业等：《清江筑卫城遗址发掘简报》，《考古》1978 年第 6 期。

[22] 江西省博物馆：《江西万年大源仙人洞洞穴遗址第二次发掘报告》，《文物》1976 年第 12 期。

[23] 江西省博物馆、北京大学历史系考古专业、清江县博物馆：《江西清江吴城商代遗址发掘简报》，《文物》1976 年第 5 期；李科友、彭适凡：《略论江西吴城商代原始瓷器》，《文物》1975 年第 5 期。

[24] 江西省文物管理委员会：《江西清江营盘里遗址发掘报告》，《考古》1982 年第 4 期。

[25] 江西省文物管理委员会：《江西修水山背地区考古调查与试掘》，《考古》1962 年第 7 期。

[26] 小毛：《湖北黄石市东方乡发现古代遗址、遗物》，《文物参考资料》1956 年第 1 期。

[27] 湖南省文物管理委员会：《湖南省文管会清理了长沙县烟墩冲新石器时代遗址，并调查了朴塘、岱峰山、

蝶屏里古遗址》，《文物参考资料》1956 年第 4 期。

[28]　莫稚：《广东考古调查发掘的新收获》，《考古》1961 年第 12 期。

[29]　广东省文物管理委员会：《广东潮安的贝丘遗址》，《考古》1961 年第 11 期；广东省博物馆：《广东翁源县青塘新石器时代遗址》，《考古》1961 年第 11 期。

[30]　广东省博物馆：《广东东部地区新石器时代遗存》，《考古》1961 年第 12 期。

[31]　广东省博物馆等：《广东曲江石峡墓葬发掘简报》，《文物》1978 年第 7 期。

[32]　同〔30〕。

[33]　广东省文物管理委员会：《广东南路地区原始文化遗存》，《考古》1961 年第 11 期。

试论大溪文化

一　分布和文化特征

大溪文化是 1959 年在我国长江三峡地区发现的一种新石器时代文化。近年来，这种文化在三峡以东地区也陆续发现。就目前已知的资料来看，这一文化的分布范围，西达川东，东到汉水，南到湘北，其北界似达湖北荆州地区北部。遗址分布比较密集的地区是长江中游的宜昌地区和荆州地区，而其早期遗存则多分布在长江西陵峡至江陵一带。迄今已发现的大溪文化遗址主要有四川巫山大溪、巫山县域；湖北秭归县朝天嘴，宜昌杨家湾、中堡岛、渡河口（即四渡河）、青鱼背，宜都县红花套，枝江县关庙山，当阳县杨木岗，松滋县桂花树，江陵毛家山、蔡家台，公安王家岗；湖南澧县三元宫等。

大溪文化的文化特征是：陶器，早期以红陶为主，灰、黑陶的数量很少；晚期以黑陶为主，灰陶次之。器形以圈足器、圜底器为主，平底器和三足器较少；常见的器形有釜、支座、甑、碗、簋、钵、盘、筒形瓶、曲腹杯、壶、瓮、罐、器盖、器座、陶球等；其中最具特征的器形是圈足盘、圈足扁罐、簋、筒形瓶、曲腹杯、细颈壶、带花纹的陶球和各种形制的器盖等。陶器的纹饰，早期多素面，只有少量的弦纹和镂孔；中期，纹饰的种类和数量增多，主要有戳印纹、瓦棱纹、刻划纹、弦纹、篦划纹、附加堆纹等；其中颇具特征的纹饰是戳印纹、瓦棱纹、篦划纹等。彩陶，早期少见，中期数量增多，晚期衰退；彩纹主要有宽带纹、平行条纹、横"人"字纹、漩涡纹、绳索纹、草叶纹、菱形格子纹、弧形三角纹、太阳纹等。早期的红陶，器表打磨光滑，有红衣；有一部分红衣陶，如碗、簋、圈足盘等，器身的外表红色，口沿和内壁黑色。

大溪文化的石器，早期的器形较大，磨制粗糙，钻孔的器形很少；中期的器形变小，磨制精致，钻孔比较普遍，开始出现有肩石器。

大溪文化分布的地域较广，不同的地区文化面貌也有所不同。长江三峡地区，石器多大型厚重，制作粗糙；小型石器，只有少量的锛、凿之类；石器原料多为砾石；利用砾石制作的石器，其一面大都为不加工的水磨面，另一面加以简单的打制，精磨的器形很少。三峡以东地区，小型石器较多，磨制较精致。陶器，三峡地区，炊器以陶釜和支座为主，中期开始出现少量的鼎。三峡以东地区，炊器则以鼎为主。湘北是大溪文化分布的南部边缘地区，其新石器文化既受到大溪文化的影响，又受到其他文化的影响，故其文化面貌和鄂西地区的大溪文化区别较大,如陶器多壶、豆、侈口束颈瓶,而缺少大溪文化中常见的圈足盘、筒形瓶、曲腹杯等;彩陶多条纹、点纹、网纹,缺乏大溪文化中常见的横"人"字纹、绳索纹等。

二 文化分期

根据现有资料可将大溪文化分为五期。

第一期 属于该期的遗址有关庙山(第6层)[1]、红花套(第7层)[2]、中堡岛(下层)[3]。

这期的陶器以夹砂和夹炭红陶为主,有少量的泥质灰陶和黑陶。陶器皆手制,器壁较厚。红陶大都有红衣;部分红陶,外壁红色,内壁和口沿黑色。器形大都为圈足器和圜底器,三足器数量较少。常见的器类有釜、支座、碗、钵、盆、盘、杯、罐、器盖、器座等,其中以敞口折壁碗、敞口尖唇直壁碗、尖唇敞腹盘、三足盘、大圈足盘、圈足扁罐、鼓形器座、伞状盖钮等为其典型器形。器表以素面为主,偶见弦纹和圆形镂孔。彩陶很少,大都为红底黑彩;彩纹有条纹、平行线纹等。

第二期 属于该期的遗址有关庙山(第5层)、红花套(第6层)、中堡岛(第8、9层)、青鱼背(下层)[4]。

该期的陶器以泥质红陶为主,灰、黑陶的数量较少,出现少量的白陶。红陶大都有浓厚的红衣。器形种类比第一期增多,主要器类有鼎、釜、支座、甑、碗、钵、碟、杯、单耳杯、盘、盆、缸、簋形器、器盖、器座等,其中具有代表性的器形是敛口圈足盘(图一,7)、敛口圈足碗(图一,5)、平底钵、蛋壳彩陶杯、圜底侈口扁腹罐(图一,8)、彩陶罐等。该期陶器的一个重要特征是:口沿内敛、颈部变长和圈足加高。陶器的纹饰主要有弦纹、戳印纹、划纹和镂孔。这一期的彩陶,其种类和数量比前期增多。

第三期 属于第三期的遗址有关庙山第4层、桂花树[5]、大溪(墓葬部分)[6]、毛家山[7]、三元宫(第5层)[8]、中堡岛(第6、7层)、杨家湾(下层)[9]等。

该期的陶器仍以泥质红陶为主,次为夹砂和夹炭红陶,有一定数量的灰、褐陶和黑陶。陶器的制作多用泥条盘筑,部分陶器的口沿经慢轮修整。陶器的纹饰种类繁多,主要有戳印纹、弦纹、瓦棱纹、方格纹、刻划纹、圆窝纹、乳丁纹、附加堆纹和镂孔,其中以戳印纹和瓦棱纹最具特征。彩陶数量较多,彩绘主要有两种:一种为黑彩施于红陶器上,另一种为朱彩施于黑陶器上,前一种数量为多。彩纹主要有平行纹夹"人"字纹、波浪纹、绳索纹、弧线三角纹、草叶纹等。典型器形有彩陶筒形瓶、瓦棱纹罐、子母口的豆和簋、曲腹杯、彩陶罐、细颈壶(图一,9~15)等。

第三期是大溪文化的鼎盛时期。这期的文化遗存分布最广,陶器的种类最多,大溪文化中最具特征的器形均出现于这一期。

第四期　属于该期的遗址有关庙山（第3层）、桂花树、三元宫（第4层，即该遗址新石器文化第2层）、杨家湾中层、中堡岛（第5层）。

该期陶器和前期相比，黑陶显著增加，红陶大量减少。大溪文化早、中期的一些典型器形，如红陶圈足盘、圈足碗、豆等，到第四期大量减少，而被黑陶深腹豆、黑陶圈足碗、黑陶曲腹杯等所代替。这一期新出现的器形有黑陶带流罐、匜等。筒形瓶到该期衰落，制作粗糙，器形不规整，数量减少；彩陶筒形瓶已绝迹。

第五期　属于这一期的遗址有三元宫、王家岗墓葬、杨家湾上层等。

该期的陶器以黑陶为主，典型器形有黑陶曲腹杯、高圈足曲腹杯、瓦棱纹罐、细颈球腹壶、簋、侈口束颈瓶、双腹豆等。这期的陶器，形制规整，器身浑圆，腹薄而均匀。部分器皿已开始轮制。大溪文化的一些典型器形，如筒形瓶、圈足盘等在该期均已消失。该期的陶器，无论是在陶色、陶质上，还是在器形上，已出现"质"的飞跃，而向另一种文化过渡。

总括以上分析，可将大溪文化的五期分为三个阶段：早期、中期、晚期。第一期为早期阶段，第二、三期为中期阶段，第四、五期为晚期阶段。

早期阶段是大溪文化的萌芽时期。该文化的一些基本特征刚开始出现。早期阶段的陶器以红陶圈足器为主，常见的器形有圈足盘、碗、罐、器座等。器表多素面，纹饰很少见。彩陶虽已出现，但数量很少。该文化的一些颇具特征的器形，如筒形瓶、曲腹杯、簋等，在早期阶段都未出现。

中期阶段是大溪文化的繁荣时期。大溪文化的几种典型陶器，均出现于这一阶段，并在数量和种类上达到高峰。陶器的纹饰，其种类最多；彩陶也最丰富多彩。

晚期阶段是大溪文化走向衰落并向另一种文化演变的阶段。这一阶段，红陶大量减少且被黑陶所代替。大溪文化的几种典型器形，到这一阶段逐步衰落并被一些新的器形所取代。晚期阶段，随着筒形瓶的消失而出现了侈口束颈瓶和细颈球腹壶。彩陶到了晚期则逐渐减少。

以上我们将大溪文化分为五期三段，这种分期是粗略的。从各期器物演变的情况来看，在有的分期之间尚有缺环。由于受资料的限制，目前要将大溪文化器物的演变总结出一个详细的规律，还有一定的困难。在此，只能就现有资料，将其几种主要陶器的演化归纳出一些规律。

曲腹杯，其雏形出现于第二期（图一，6），但形制规整的曲腹杯，则开始于第三期（图一，10）。曲腹杯的演变趋势是，器身由低矮向高大发展，器底由平底发展为平底内凹；如从器腹中部的折棱来分上、下腹，其腹部的演化是，下腹由低变高，上腹则相应的由高变低。

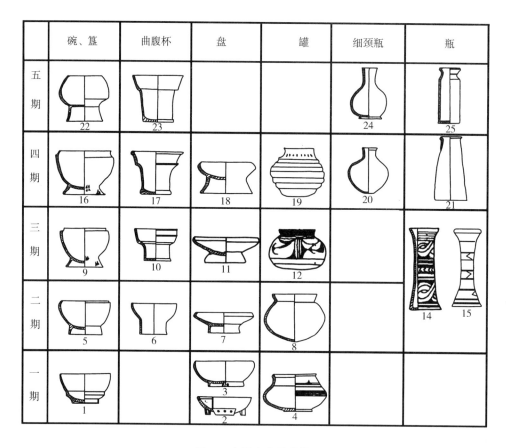

图一　大溪文化的分期

碗、簋虽属两种器皿，但从其器形的演化规律来看可归属一类。子母口的圈足簋开始于第三期（图一，9），但是它的雏形则是第二期的敛口圈足碗（图一，5）。簋的演化趋势是，圈足由低向高发展，口沿由子母口演变为敛口。子母口和敛口皆可承盖。第四期的簋和第五期的簋，从器腹和口沿的变化情况看，两者之间尚有缺环。

圈足盘，从第一期开始延续到第四期；它在器形上的演变规律是，口沿由直口向敛口发展，圈足由低向高发展。

细颈瓶开始于第四期，延至第五期；其器形的演化是，颈部由粗变细，腹部由圆而扁。

三　文化时代

（一）相对年代

大溪文化第二期中的红陶敛口圜底钵、曲腹盆、侈口鼓腹杯、尖底罐等，都与仰韶文化庙底沟类型的同类器相似。第二期中的双唇口状盖纽，也和庙底沟类型双唇口尖底瓶的口部相似。大溪文化中期阶段的彩陶纹饰，如弧线三角纹、漩涡纹、太阳纹等，也和庙底沟类型的同类纹饰相似。大溪文化和仰韶文化在文化内涵上的这些共同因素，既反映了两者在文化上的相互影响，也反映了两者在时代上的相近。上述分析说明，大溪文化的中期阶段大体与仰韶文化的庙底沟类型相当，其早期阶段大体和仰韶文化的半坡类型相当。

湖北郧县大寺遗址、青龙泉遗址[10]和河南淅川下王岗遗址[11]都发现屈家岭文化层叠压在仰韶文化层之上；而在长江中游地区，屈家岭文化则叠压在大溪文化层之上。这些地层叠压关系也间接地说明大溪文化的时代大体和仰韶文化相当。

大溪文化早、中期的红陶大都有红衣，部分圈足器的器壁外红内黑，这和长江下游马家浜文化的某些圈足器（豆）具有相同的特征。这些相同的特征，反映大溪文化的时代大致和长江下游的马家浜文化相当。

关庙山、红花套、桂花树[12]等遗址，都发现含屈家岭文化晚期因素的文化层叠压在大溪文化层之上，这种地层关系说明大溪文化要早于屈家岭文化。

（二）绝对年代

关于大溪文化的绝对年代，迄今已公布三批共7个数据[13]。如剔除这7个数据中偏高和偏低的年代，再参照与其时代相当的其他文化的年代，我们认为大溪文化的绝对年代可能为距今6000～5300年，亦即这一文化延续了约六百年以上。

关于大溪文化的社会形态，因其本身的材料太少，很难做出准确的判断。在此只能根据一些零星材料做一些推测。属于大溪文化中期阶段的桂花树遗址，曾发现一座多人二次合葬墓；大溪遗址的早期墓葬，分布密集，排列有序；各墓随葬品的数量也大体相同。这些材料说明，大溪文化早、中期可能处在母系阶段。晚于大溪文化的屈家岭文化已进入父系制阶段[14]。由此推断，大溪文化晚期可能处在由母系向父系的过渡阶段或父系制阶段。

四　大溪文化和屈家岭文化的关系

关于大溪文化和屈家岭文化的关系，目前主要有两种观点：（1）屈家岭文化是由大溪文化直接发展而来[15]。（2）大溪文化和屈家岭文化起源于两个不同的地域，两者之间只有相互影响的关系，没有承袭关系[16]。持第一种观点者，主要从器物的演化来进行论证。持第二种观点者认为，大溪文化起源于鄂西，以鄂西为中心向东发展；屈家岭文化起源于江汉平原，以江汉平原为中心向西发展；这两种文化，交错发展，互相影响。

我们认为，第一种观点从器物的演化来论证两种文化之间的关系，这是必要的。但这种论证却忽视了两种文化的地域分布和地层关系。

从两种文化的分布来看，大溪文化分布在汉水以西的鄂西地区，但遗址较密集又有早期遗存的中心地区，则在漳水以西和秭归以东的长江流域。屈家岭文化的分布虽达整个湖北地区，但其中心地区却在江汉平原。大溪文化和屈家岭文化虽在鄂西地区有共同的分布地域，但在这地域内的屈家岭文化，只含有其晚期遗存而无早期遗存，亦即屈家岭文化早期和大溪文化没有共同的分布地域。如果屈家岭文化是由大溪文化发展而来，那么，屈家岭早期文化和大溪文化就一定要有共同的分布地域。

再从两种文化的地层关系来看，虽在桂花树、红花套和关庙山等遗址发现大溪文化和屈家岭文化有地层叠压关系，但这种地层叠压关系只是屈家岭文化晚期地层叠压在大溪文化层之上，而没有发现含屈家岭文化早期遗存的文化层叠压在大溪文化层之上。如没有后一种地层关系，是不能证明屈家岭文化是从大溪文化发展来的。

研究一个文化的性质，讨论两种不同文化之间的关系，必须明确这样一个问题：一个文化分布的中心地区和受其影响的地区，其文化遗存的性质是不同的。中心地区是该文化系统发展的地区，其文化发展的系统性强，"来龙去脉"清楚。中心地区的文化内涵比较单纯，而受一个文化所影响的地区，尤其是两种文化相接壤的地区，其文化遗存中往往含有两种不同的文化因素。中国新石器时代，处于过渡地区的文化，其文化面貌往往带有一定的过渡性。这种过渡性是不同文化相互影响的结果。江汉平原以西地区，既是大溪文化的分布地域，同时又受到屈家岭文化的影响，故在大溪文化之末，出现一种既含有大溪文化晚期因素，又含有屈家岭文化因素的文化遗存。红花套、关庙山等遗址中的所谓屈家岭文化层，其陶器中的双腹豆、双腹碗、卷沿盆等，都和大溪文化晚期遗存中的同类器相似。这说明，这些地区的所谓屈家岭文化的晚期遗存，既承袭了屈家岭文化因素，又承袭了大溪文化的因素。

基于以上分析，可知屈家岭文化并非大溪文化的发展，屈家岭文化究竟由何种文化发展而来，应从其中心地区即江汉平原去寻找线索。

（原载《江汉考古》1982 年第 1 期）

[1]　中国社会科学院考古研究所湖北工作队：《湖北枝江县关庙山新石器时代遗址发掘简报》，《考古》1981 年第 4 期。该遗址的西半部和东半部的堆积层次不同，西半部分六层，东半部分四层。本文采用西半部的分层。

[2]　长办考古队 1974 年发掘资料。

[3]　中国科学院考古研究所长江三峡工作组：《长江西陵峡考古调查与发掘》，《考古》1961 年第 5 期。

[4]　湖北宜昌地区考古资料。

[5]　湖北省荆州地区博物馆：《湖北松滋县桂花树新石器时代遗址》，《考古》1976 年第 3 期。

［6］ 四川长江流域文物保护委员会文物考古队：《四川巫山大溪新石器时代遗址发掘记略》，《文物》1961 年第 11 期；四川省博物馆：《巫山大溪遗址第三次发掘》，《考古学报》1981 年第 4 期。

［7］ 纪南城文物考古发掘队：《江陵毛家山发掘记》，《考古》1977 年第 3 期。

［8］ 湖南省博物馆：《澧县梦溪新石器时代遗址试掘简报》，《文物》1972 年第 2 期；湖南省博物馆：《澧县梦溪三元宫遗址》，《考古学报》1979 年第 4 期。

［9］ 杨锡璋：《长江中游湖北地区考古调查》，《考古》1960 年第 10 期。

［10］ 长办文物考古队直属工作队：《一九五八至一九六一年湖北郧县和均县发掘简报》，《考古》1961 年第 10 期。

［11］ 河南省博物馆、长办考古队河南分队：《河南淅川下王岗遗址的试掘》，《文物》1972 年第 10 期。

［12］ 同［6］。

［13］ 大溪文化的七个 ^{14}C 数据为：ZK－352，4355±115BP，中国社会科学院考古研究所实验室：《放射性碳素测定年代报告（五）》，《考古》1978 年第 4 期；ZK－683，7555±130 年 BP；ZK－684，4745±90BP；ZK－685，5035±70BP；ZK－686，4745±90BP；ZK－685，5035±70BP；ZK－686，4760±300BP；ZK－687，5775±120BP；同上：《放射性碳素测定年代报告（七）》，《考古》1980 年第 4 期；ZK－832，4760±110BP，同上：《放射性碳素测定年代报告（八）》，《考古》1981 年第 4 期。

［14］ 中国科学院考古研究所编：《京山屈家岭》，科学出版社，1965 年。

［15］ 李文杰：《试论大溪文化与屈家岭文化、仰韶文化的关系》，《考古》1979 年第 2 期。

［16］ 王劲：《江汉地区新石器时代文化综述》，《江汉考古》1980 年第 1 期。

重庆地区史前文化之特征

一　旧石器时代文化

重庆所辖地区，更新世期间的动物群属华南地区的"大熊猫—剑齿象动物群"，反映了一种温暖湿润、草木郁郁葱葱的生态环境。这种生态环境很适合灵长类和人类生存。

重庆市境内经过考古发掘的最早的旧石器时代文化遗存，是巫山县龙骨坡洞穴中发现的人类化石和石器。该洞穴位于巫山县庙宇镇龙坪村标高 830 米的山顶平面上。1985～1988 年对该洞穴进行过 4 次发掘，发现了人类的左下颌骨（带有 P4—M1）和一枚上门齿，并发现可能是石器的文化遗存[1]。该洞穴中发现的巨猿动物群化石属早更新世，这是中国六个巨猿产地位置最北的一个。根据古地磁测定，含人类化石的层位为距今 204 万～201 万年。巫山龙骨坡发现的灵长类化石是否属于人类，多以石灰岩作原料的石块是否为人类打制的石器，学术界争议比较大。

如不包括巫山龙骨坡发现的人化石和石制品在内，重庆市境内的旧石器时代文化，主要有下列几个阶段的旧石器文化遗存。

（1）旧石器时代早期偏晚或中期偏早阶段的有丰都县高家镇、井水湾、冉家路口等。

高家镇遗址是一处旷野遗址，石制品丰富。石制品的打制方法以锤击法和碰砧法为主，亦有摔击法的运用。石器以大中型的砍砸器为主，有少量的刮削器。其文化面貌属于中国南方的砾石文化传统。文化遗存所在地层为中更新世末至晚更新世初[2]。

（2）旧石器时代晚期

重庆地区的旧石器时代晚期文化遗存可分为三个阶段，即旧石器时代晚期的早期阶段、中期阶段、末期阶段。

旧石器时代晚期早期阶段的遗址以丰都县烟墩堡为代表[3]，属于同一阶段的遗址还有奉节藕塘、万州区大地坪、忠县乌杨[4]。

烟墩堡遗址自 1994 年以来进行过多次发掘，出土 1000 余件石制品。石器的制作以锤击法为主，亦有锐棱砸击法。石制品以石片石器为主，大、中、小型并存。石器的器形有石核刮削器、凹缺器、端刮器、刮削器、尖状器、砍砸器、锥、钝背刀、似盘状器和复合工具等。烟墩堡遗址以石片石器为主的特点及复杂的石器类型，与中国南方以砾石石器为主的工业文化不同，可能代表华南地区一种新的文化类型。烟墩堡遗址的地质时代属晚更新世中期，文化时代为旧石器时代晚期偏早阶段。

旧石器时代晚期中期阶段的文化以铜梁文化为代表。据 ^{14}C 测定，铜梁文化的年代为距今 25000 年左右，分布于涪江和沱江流域。已发现的铜梁文化遗址除铜梁外，还有四川资阳人地点、重庆九龙坡区桃花溪、大渡口区马王场、合川小河乡小河村、合川铜溪桥角村、遂宁郪口等。铜梁文化的石器以石英砾石为原料，有少量燧石砾石。打片技术以锤击法为主，次为碰砧法，还有少量的摔击法。石器加工粗糙，陡向加工为主。大、中型石器所占比例较大[5]。石器的类型简单，以刮削器为主，次为尖状器和砍砸器。铜梁文化与黔西观音洞、湖北大冶石龙头文化有一定的联系。

旧石器时代晚期末期阶段的文化遗存可以奉节县鱼腹浦遗址的文化遗存为代表。该遗址 1997 年发掘，发现石、骨标本 1000 余件。石制品有石核、各种类型的石片、刮削器、砍砸器和石锤等，还发现有规律排列的 12 个烧土堆及烧石、烧骨等。发现的石器、骨器多呈条带状分布在烧土周围。根据地层及采集标本的年代测定，遗址的年代为距今 8000 ~ 7000 年[6]。重庆市境内与鱼腹浦遗址年代相当、属于更新世末或全新世初的地点还有 10 余处，主要分布在长江沿岸的二级阶地上。

从现已公布的考古资料来看，重庆地区的旧石器时代文化总体上属华南地区的砾石文化传统（华南地区旧石器时代文化的主工业）。石器的打片和第二步加工以锤击法为主，也有碰砧法、摔击法和锐棱砸击法，未发现华北地区小石器文化传统的垂直砸击法，也没有发现华北地区在旧石器时代晚期产生的包括压制法在内的间接打击法。石器的陡向加工是该地区旧石器工艺技术特征之一。以烟墩堡遗址的石器为代表的一类文化遗存，虽以石片石器为主，与华南地区的主工业在文化面貌上有一定的差异；但石器的打片方法仍以锤击法为主，并有华南旧石器文化中特有的锐棱砸击法，其特征不同于华北地区的石片文化传统。

二 新石器时代文化

以长江三峡为中心地区的新石器时代文化，可以分为三峡东段和鄂西地区、三峡西段和渝东地区。

（一）三峡东段和鄂西地区

三峡东段的新石器时代文化序列为城背溪文化、大溪文化、屈家岭文化和石家河文化。

城背溪文化主要分布在湖北枝城以西至西陵峡区域内的沿江一带，代表性遗址有湖北枝城（宜都）城背溪[7]、枝城北、枝江青龙山、秭归柳林溪、朝天嘴等。城背溪文化的石器有打制石器和磨制石器两类，以打制石器为主。陶器多夹砂和夹炭陶，用泥片贴塑法制作，多绳纹。圜底器发达，平底器和三足器极少。常见的器形有釜和支座、罐和钵等。

近几年，有些研究者将西陵峡区域内的湖北秭归柳林溪遗址一期文化遗存单独作为一种文化类型看待，称为"柳林溪一期"，作为城背溪文化向大溪文化演化的过渡性类型。类似"柳林溪一期"的文化遗存在湖北宜昌杨家湾、伍相庙和秭归朝天嘴、龚家大沟等遗址也有发现。柳林溪一期的陶器上发现了一批刻划符号。笔者认为，"柳林溪一期"可归属城背溪文化的晚期。

大溪文化是继承了城背溪文化的文化因素发展起来的，其分布地域要比城背溪文化大得多。有的研究者将大溪文化分为三峡地区的中堡岛类型、江汉平原西部的关庙山类型和汉水以东的油子岭类型。中堡岛类型与渝东地区的大溪文化面貌相同，其分布地域的西界大约到瞿塘峡东口。中堡岛类型的典型遗址有湖北宜昌中堡岛[8]、伍相庙、清水滩、杨家湾，秭归龚家大沟、朝天嘴、重庆巫山大溪、江东嘴和欧家老屋等。大溪文化的陶器有一部分为红衣陶、夹砂陶，彩陶多黑彩，盛食器（圈足器）外壁红内壁黑。陶器的器形多圈足器和圜底器，常见的器形有釜和支座、圈足盘、曲腹杯、豆、筒形杯和器座等。中堡岛类型的石器多打制，磨制石器少。陶器多釜和支座、罐、圈足盘、豆等。杨家湾遗址出土圈足器的圈足上发现较多的刻划符号，一般在一件陶器上只有一个符号[9]。

屈家岭文化分布的中心地域在江汉地区，晚期阶段向西进入长江三峡地区，瞿塘峡东口是其向西发展的西界。湖北宜昌中堡岛、重庆巫山大溪[10]等遗址都发现有屈家岭文化中晚期遗存。屈家岭文化时期，随着社会生产力水平的提高，社会结构发生了明显的变化，母系制向父系制演化。大型的祭祖活动遗存在湖北天门县石家河[11]、宜昌中堡岛等遗址都有发现。中堡岛中部约80平方米的范围内，发现了23个器物坑，坑内出土陶、石、玉器1000余件，其中陶器数量最多，多为高圈足杯[12]。这应是多次祭祀活动的场所。

三峡地区的大溪文化与屈家岭文化遗址大多分布在长江干流及其支流沿岸，缺少两湖平原地区的大型遗址，故未发现大型的中心聚落和城址。

石家河文化已进入到新石器时代之末期。江汉地区是石家河文化分布的中心地域，其向西的发展达三峡地区的东段，如湖北秭归庙坪遗址就发现有石家河文化遗存。

（二）三峡西段和渝东地区

瞿塘峡的东口是鄂渝地区两个文化区系的交汇地带，瞿塘峡以东是城背溪文化、大溪文化、屈家岭文化和石家河文化的分布区，瞿塘峡以西是渝东文化区。大溪遗址发现与大溪文化末期共存的"哨棚嘴文化"遗物以及新石器时代末期的"老关庙文化"[13]；大溪遗址第三次发掘还在其上层发现屈家岭文化晚期的文化遗存，这都表明该地区是鄂西和渝东两个文化区系的交汇地带。

渝东地区的新石器时代遗址除巫山大溪遗址发现早、考古发掘和研究工作比较深入外，其他的地区则缺乏广泛的发掘和研究，文化分区和分期工作还不深入，目前只能根据重庆和四川两省市所公布的资料及研究成果，将渝东地区的新石器时代文化分为"玉溪一期文化""哨棚嘴文化"和"老关庙文化"。

1. 玉溪一期文化

"玉溪一期文化"是以玉溪遗址下层文化遗物作为典型文化遗存的。玉溪遗址位于重庆丰都县高家镇金刚村长江南岸一级阶地上。文化遗物大多出土于第18～23层，文化层基本上为骨渣层与淤沙层相间，平均厚3米，最厚达5米，江边的堆积最厚。

石制品出土数量很大，总数有上万件，大多数为打制石器，少量仅见刃部磨光。器形较大，以毛坯、残片、断裂品为主，完整器较少。

陶器出土数量较少，总数不足1000片。陶土未经淘洗，胎内夹杂磨圆度很高的泥岩颗粒。陶器均为泥片贴塑法制作，烧成温度较低，陶质极为疏松，陶色红褐不匀。器表多饰绳纹，多为散乱或纵向的粗绳纹，少量为细绳纹。流行按压花边，多施于器口及圈足下部。素面陶有一部分抹红色泥浆。器形以圜底器为主，圈足器次之，有少量平底器，无三足器。器类简单，仅釜、钵、碗、罐四类。圈足器多由圜底加泥条制成，结合部很厚。

玉溪下层出土的动物骨骼数量很多，种类有鹿、羊、水牛、狼以及鱼类、田螺等。大量动物骨骼的出土，说明狩猎和捕捞在人们的经济生活中仍占有很大的比重，农业经济不占主导地位。

2. 哨棚嘴文化

哨棚嘴遗址是重庆忠县㽏井沟遗址群中的一处，该遗址群中还有瓦渣地、中坝等遗址，故哨棚嘴文化曾有"长江沿岸㽏井沟类型"[14]"哨棚嘴一期类型"[15]等命名。

哨棚嘴文化主要分布于渝东和川北的山地和丘陵地区，遗址多分布在河流附近的小山或山坡上；地势不开阔，但较平坦、向阳、背风；遗址面积不大，未形成成都平原那样大型的聚落遗址。属于哨棚嘴文化的遗址主要有重庆忠县哨棚嘴、瓦渣地，巫山县魏家梁子、锁龙；四川通江擂鼓寨、巴中月亮岩等。该文化分布的东界抵达重庆巫山县境内，巫山大溪遗址、江东嘴遗址（大宁河口东侧）都发现哨棚嘴文化遗存。

陶器以夹砂红褐陶为主，泥质红褐陶次之，有少量褐胎黑皮陶。纹饰以绳纹或绳纹组成的菱格纹为主，有较发达的箍带纹和水波纹。盛行平底器，有少量的圈足器；器形以侈口折沿深腹盆、宽平沿直腹或鼓腹盆、小底花边深腹缸为主，有少量小侈口鼓腹罐、侈口深腹罐、浅盘豆等[16]。石器有打制和磨制两种，打制石器以石片刮削器和砍伐器最有代表，磨制石器以精致的小石锛和小石凿、大小不一的石球最具特色[17]。通江擂鼓寨遗址 ^{14}C测定的年代为距今4480±120年，树轮校正年代为距今4995±159年[18]。

3. 老关庙文化

奉节老关庙遗址的文化堆积分上、下两层，下层为新石器时代晚期。下层陶器以夹砂陶为主，陶色多为红褐色，有少量灰褐或黑褐色；绳纹占98%；制法以手制为主，较多陶器口沿加厚，唇部压出花边、短线或凹槽；器形多直口或敞口，侈口较少，多平底器或尖底器，圈足器较少；主要器形有粗砂罐、细砂罐和尖底缸，其次为壶、盘、碗、钵、豆和器盖。发现墓葬一座（编号95M1），为长方形土坑竖穴墓，仰身屈肢葬，头南足北。随葬石铲1件，置于头骨西侧；陶豆1件，置于足部[19]。

2000年巫山大溪遗址的发掘也发现了与老关庙下层相似的文化遗存，典型陶器有大花边口尖底缸、敛口浅盘豆、斜折壁盆、卷沿瘦腹罐、侈口鼓肩罐、盘口器等。以夹砂红褐陶为主，器物口沿常施风格粗犷的花边，器身常饰斜向粗绳纹以及由粗绳纹交叉而成的大菱格纹[20]。2001年巫山江东嘴遗址的发掘也发现类似老关庙文化的遗物。老关庙文化的陶器以夹砂红褐陶为主，纹饰以绳纹或绳纹交叉组成的菱格纹较多，器物口沿常见花边。器形多平底器，圈足器比较少。这些特征都与哨棚嘴文化相同，应视为哨棚嘴文化因素的继承和发展。

三 结论

（一）旧石器时代文化之特征

重庆地区的旧石器时代遗址出土的动物化石皆属"大熊猫—剑齿象动物群"，反映了一种暖湿的气候、中亚热带的生态环境。

重庆地区的旧石器时代文化总体上属华南地区的砾石文化传统，即华南地区旧石器文化的主工业。制作石器的原料大多为砾石。石器的打片方法以锤击法为主，也使用碰砧法、摔击法及锐棱砸击法。华北地区小石器文化传统（周口店第一地点—峙峪系）中常见的垂直砸击法和旧石器时代晚期产生的压制法，在重庆地区的旧石器时代没有出现。石器多陡向加工。烟墩堡类型的石器虽以石片石器为主，但它与华北地区石片文化传统的"周口店第一地点—峙峪系"（船头状刮削器—雕刻器传统）和"匼河—丁村系"（大石片砍砸器—三棱大尖状器传统）[21]，不论在打片方法上，还是在第二步加工上，都有所不同；在器形上也缺乏华北地区两个文化传统的典型器形。上述重庆地区的旧石器时代文化与华北地区的旧石器时代文化的区别，是由两者不同的经济性质所决定的，而两者经济性质的不同则取决于两者不同的生态环境。重庆地区在更新世期间都为温暖湿润、草木茂盛的生态环境，这种生态环境决定其经济性质是以采集和捕捞为主，狩猎经济不占主导地位，这种经济性质又决定了重庆地区砾石文化传统的两种文化类型。

（二）新石器时代文化之特征

重庆地区在地域上属长江上游的东部，其气候、土壤、植被等生态环境因素上都有自己的特征，故在史前文化上也有自身的特征。

重庆地区的新石器时代文化，在瞿塘峡以东地区大体上属鄂西地区的大溪文化、屈家岭文化系统，瞿塘峡以西的渝东地区则属玉溪一期文化、哨棚嘴文化、老关庙文化系统。

玉溪一期文化的时代与鄂西、三峡东段的城背溪文化相当，两者在文化面貌上也有一定的联系，如石器多为打制，均以砾石作原料，器形较大。陶器多以贴筑法制作，器形以圜底器为主，有少量平底器，炊器以釜为主。但两者在文化面貌上的区别也是明显的，如玉溪一期陶器的口沿及圈足下部的花边装饰，不见于城背溪文化；而城背溪文化中常见的扁壶、支座和纹饰中常见的刻划纹，则不见于玉溪一期文化。分布于湘西北地区的皂市下层文化，文化时代与玉溪一期文化相当。两者的文化面貌既有相似，又有区别；相似之处为两者的炊器均以圜底釜为主，不同之处为玉溪一期文化的陶器中没有皂市下层文化常见的镂空圈足盘和双耳罐，也不见皂市下层文化中的白陶和刻划纹。

哨棚嘴文化、老关庙文化，在石器、陶器和葬俗方面，其特征如下：

（1）石器有打制和磨制两种，以打制石器为主。石器大多以砾石作为原料。打制石器的制作比较粗糙，用江、河滩上的砾石进行简单的制作即行使用；器形以刮削器和砍伐器最有代表性。磨制石器以精磨的小石锛和小石凿为典型器形。

（2）陶器多夹砂红褐陶，有一部分泥质红褐陶和褐胎黑皮陶。纹饰以绳纹和绳纹组成的菱格纹为主，有一部分箍带纹和水波纹，常见花边口沿。陶器的制作为手制，不见器形规整和胎壁很薄的轮制陶器。器形以平底器为主，有少量的圈足器，晚期阶段有尖底器；炊器以釜、罐为主，不见三足鼎和袋足的鬲、斝、鬹等。陶器的这些特征，既不同于东部鄂西地区的新石器文化，也不同于其北邻的陕南的新石器文化，即自身的文化特征较强。

（3）渝东地区新石器时代墓葬发现很少，很难根据为数极少的墓葬总结其特征。巫山大溪遗址发现数量较多的墓葬，也只是反映三峡地区大溪文化的特征。奉节老关庙下层发现的一座长方形土坑竖穴墓，仰身屈肢葬，头南足北；随葬1件石铲和1件陶豆，分别置于头部西侧和足部。这些葬式和葬俗，与大溪文化既有联系，又有区别。

（三）瞿塘峡以西的渝东地区所发现的新石器时代文化皆属新石器时代中晚期，迄今尚未发现新石器时代早期文化遗存

渝东地区迄今尚未发现新石器时代早期文化遗存的原因，可能有下列两点：

（1）渝东地区属多山的亚热带地区，气温比长江中下游地区高，雨量充沛，植物生长期较长，为旧石器时代的人们提供了终年可供采集的植物性食物。优越的生态环境，丰富

的天然食物，使人们不思变革和改变生产方式，从而使农业产生较晚，旧石器时代延续的时间比较长。奉节鱼腹浦遗址为距今 8000～7000 年，这一年代晚于地处长江中游的彭头山文化，大约和黄河中游的老官台文化、磁山文化、裴李岗文化的年代相当。这反映渝东地区，由于农业产生的时间较晚，新石器时代开始的年代也相应的较晚。

（2）重庆和川东北地区考古发掘工作起步较晚，新石器时代遗址发掘得比较少，研究工作还不够深入，故未发现新石器时代早期遗址。

上述所分析的重庆地区迄今尚未发现新石器时代早期遗址的两个原因，前一个原因是主要的，后一个原因只是推测。1972 年，中国科学院考古研究所[14]C 实验室根据贵阳地球化学研究所 1965 年采集的"与资阳人同一地层的木头"，测定其年代为距今 7500±130 年；这一年代也只相当于长江中游地区新石器时代中期偏早阶段，在考古学界曾引起争议[22]。如果这一年代代表了资阳人的真实年代，也可作为重庆地区旧石器时代延续时间较长的一个佐证。

（原载《重庆·2001 三峡文物保护学术研讨会论文集》，科学出版社，2003 年）

[1] 黄万坡等：《巫山猿人遗址》，海洋出版社，1991 年；徐自强：《巫山龙骨坡遗址发掘研究综述》，《中国文物报》1998 年 4 月 15 日。

[2] 《三峡淹没区旧石器时代考古训练班结业，丰都桂花村遗址发掘获得重大成果》，《中国文物报》1996 年 1 月 28 日；中国科学院古脊椎动物与古人类研究所三峡考古队：《丰都高家镇遗址 1997 年发掘简报》（内部资料）。

[3] 林圣龙：《丰都烟墩堡旧石器时代遗址发掘成果丰硕》，《中国文物报》1997 年 2 月 2 日。

[4] 卫奇、林圣龙等：《三峡库区的旧石器遗存及古人类与古脊椎动物化石》，《中国三峡建设年鉴》，1997 年。

[5] 李宣民、张森水：《铜梁旧石器文化之研究》，《古脊椎动物与古人类》1981 年第 4 期；张森水等：《铜梁旧石器遗址自然环境》，《古脊椎动物与古人类》1982 年第 2 期。

[6] 重庆市博物馆：《重庆市考古工作五十年》，《新中国考古五十年》，文物出版社，1999 年。

[7] 陈振裕等：《湖北宜都城背溪遗址》，《史前研究》1989 年。

[8] 湖北省宜昌地区博物馆等：《宜昌中堡岛新石器时代遗址》，《考古学报》1987 年第 1 期。

[9] 余秀翠：《宜昌杨家湾在新石器时代陶器上发现刻划符号》，《考古》1987 年第 8 期。

[10] 四川省博物馆：《巫山大溪遗址第三次发掘》，《考古学报》1981 年第 4 期。

[11] 张绪球：《长江中游新石器时代文化概论》，湖北科技出版社，1992 年。

[12] 卢德佩：《湖北宜昌中堡岛发现原始社会群体器物坑》，《江汉考古》1994 年第 4 期。

[13] 邹后曦等：《配合三峡文物抢救 巫山大溪遗址再次发掘》，《中国文物报》2001 年 9 月 7 日。

[14] 赵殿增：《四川原始文化类型初探》，《中国考古学会第三次年会论文集》，文物出版社，1984 年。

[15] 王鑫：《忠县㽏井沟遗址群哨棚嘴遗址分析——兼论川东地区的新石器文化及早期青铜文化》，《四川考古

论文集》，文物出版社，1996 年。

［16］　同［15］。

［17］　中国社会科学院考古研究所三峡考古工作队：《四川巫山魏家梁子遗址的发掘》，《考古》1996 年第 8 期。

［18］　四川省文物考古研究所等：《通江县擂鼓寨遗址试掘报告》，《四川考古报告集》，文物出版社，1998 年。

［19］　吉林大学考古系等：《奉节老关庙遗址第三次发掘》，《四川考古报告集》，文物出版社，1998 年。

［20］　同［13］。

［21］　贾兰坡等：《山西峙峪旧石器时代遗址发掘报告》，《考古学报》1972 年第 1 期。

［22］　成都地质学院第四纪科研组：《资阳人化石地层时代问题的商榷》，《考古学报》1974 年第 2 期。

华南地区的前陶新石器文化

近三十年来，在西亚、东南亚、东南欧等地区，都发现了大量的"前陶新石器文化"（或称"无陶新石器文化"）遗址[1]。大量前陶新石器文化的发现，说明陶器的产生已不再是新石器时代开端的一个标志。西亚和东南亚的一些地区，陶器产生前两千年，新石器时代就已开始。新石器时代需要划分为前陶新石器时代和有陶新石器时代两个阶段。

根据目前已公布的资料，中国的前陶新石器遗址，以华南地区发现的最多，其次是华北和东北地区。

一 华南地区前陶新石器文化的性质和特征

华南地区属于前陶新石器时代的文化遗址有广东阳春独石仔[2]、封开县黄岩洞[3]、广西柳州白莲洞[4]、台湾玉山[5]等；可能属于前陶新石器时代遗址的有广东翁源青塘的吊珠岩[6]、贵州平坝县飞虎山洞二 T2 的第二文化层上部[7]。上述遗址中的独石仔、黄岩洞、白莲洞、飞虎山等，皆已正式发掘。

独石仔遗址先后经过三次发掘，有明确的地层关系。该遗址分为上、中、下三个文化层，其文化的发展有一定的连续性。黄岩洞遗址的文化时代相当于独石仔的上文化层。

独石仔遗址的上、中、下三个文化层，均发现打制石器、磨制石器和骨器，而未发现陶器。石器的原料均为河砾石；石核石器多，石片石器少；打制石器用单面打击法，其砍砸器和石斧大都经简单加工，器身保留大部分砾石面；磨制石器比较粗糙，大都为凿打后加磨；器形种类少，形制不规整；主要器形有石斧、切割器和穿孔石器。独石仔遗址的三个文化层之间，其文化遗存有一定的差别：下文化层打制石器的数量远远多于上文化层，其比例为三比一；但上文化层的打制石器比下文化层规整，加工修理精细；磨制石器，上文化层的数量多于下文化层，上文化层占四分之三，下文化层只占四分之一；穿孔石器，上文化层则比下文化层进步：上文化层的穿孔石器是凿打后加磨穿孔的，两面孔径大小相等；而下文化层的穿孔石器，有的只经凿打穿孔而未经磨制，孔径或较大，或两面不等。骨镞出自上文化层，中、下文化层未曾发现。遗址中出土的哺乳动物化石皆为现生种。

白莲洞遗址东部堆积的第3、4层和西部堆积的第2、3层，其文化遗存中有原始的刃部磨光的石斧、穿孔砾石、磨制的小砾石切割器、燧石小石器，还包括石镞之类的小型石器。骨角器有磨制角凿和装饰品。未发现陶器。和上述文化遗存共存的动物皆为现代哺乳动物群。

台湾玉山发现的石器有石斧、石镞、石枪头等，皆为打制，未见磨制石器。也未发现陶器。但打制石器的器形均与台湾新石器时代磨制石器中的同类器相似。

飞虎山洞穴遗址洞二 T2 的第 1 层为有陶新石器文化层，出土物有绳纹陶，打制和磨制两种石器，通体磨光的骨刀，打琢、刮削的骨铲和骨锥。第 2 层的出土物以打制石器为主，其中有的打制石斧与新石器时代的磨制石斧相似，但通体打琢，未经磨光，似为用于磨制的“毛坯”；同样的器形也见于洞二西部堆积的第 2 层。东部堆积中还出土铲、锥等骨器。与上述文化遗物共存的哺乳动物化石皆属现生种。

以上所分析的华南地区的前陶新石器遗址，在文化面貌上的共同特征是：石器以打制为主，但大多数遗址已出现刃部磨光的磨制石器；在石器中已出现一定数量的农业生产工具，如砍伐器、石斧、石刀、穿孔砾石等；骨角器中也已出现骨铲、角铲等农业生产工具；这说明，这些前陶新石器遗址，其原始农业已经产生。

华南地区的前陶新石器文化，与其文化遗存共存的哺乳动物皆属现生种，表明这些文化遗存所属的地质时代为全新世。

关于华南地区前陶新石器文化的年代，已测定的 ^{14}C 数据共有 6 个（表一）。在这些 ^{14}C 年代数据中，有的年代明显偏高，其数据已超过距今 12000 年。据研究，华南石灰岩地区用水生动物（螺壳、贝壳）所测定的 ^{14}C 年代，普遍偏老 1000～2000 年[8]。华南地区的前陶新石器文化的年代有的偏老，这与所测的样品为水生动物有关。

表一　　　　　　　　　　华南地区前陶新石器文化 ^{14}C 年代

遗址	采样地层	样品名称	距今年代	实验室编号
广东封开黄岩洞	黄褐色堆积层	蚌壳	10950±300	ZK－677－I
同上	灰褐色堆积层	蚌壳	11930±200	ZK－676－I
广东阳春独石仔	T3 上层	螺壳	14900±300	ZK－714－I
广西柳州白莲洞	东部上层	螺壳	12900±150	
贵州平坝飞虎山	洞二 T2②	木炭	12920±350	GC－702
同上	同上	木炭	13340±500	

二　华南地区前陶新石器文化与该地区旧石器晚期文化及有陶新石器文化的联系

（一）与旧石器晚期文化的联系

据研究，华南地区的旧石器时代晚期文化，其石器的制作技术，主要有以下几个特点：（1）打击石片的方法主要有锤击法、砸击法、锐棱砸击法、碰砧法等直接打法，至今未发现击棒法和压制法产生的石片；也未发现石叶及与其相应的柱状、锥状和楔状石核；上述四种直接打片法以锤击法使用最为普遍，用这种方法产生的石片，其石核基本上不修理台面和石核体；打片常用转向打法，从而使石核和石片的形制大多不规整。（2）石器常见的器形主要有砍砸器、刮削器和尖状器，不见石镞、石球、石锥等工具；砍砸器和刮削器是数量最多的器形；从石器的总体上看，以大、中型石器为主，小石器的地点很少。（3）石器的修理大都用锤击法，不见用压制法修理的器形；用锤击法修理石器，有向背面、向破裂面、复向和错向的，很少用交互打击法修理石器；由于用上述方法修理石器，故使加工出来的器形大多不匀称，刃缘曲折和刃口上常有小石片疤，从而使器形显得粗糙[9]。

华南地区的前陶新石器文化与该地区的旧石器时代晚期文化相比，两者在文化面貌方面有许多是一脉相承的。在石片的打击技术上，两者都以锤击法为主，不见包括压制法在内的间接打法；石器的修理也都是以锤击法为主，未发现用间接打法进行加工的器形；修理石器多用单面打击法，器身常保留砾石面。在石器的器形方面，前陶新石器时代和旧石器时代晚期一样，都以大、中型石器为主，而缺乏以间接打法剥片和修理的"细石器"；从具体的器形来看，前陶新石器时代和旧石器时代晚期相比，既有继承的一面，又有发展的一面：砍砸器是旧石器时代晚期和前陶新石器时代所共有的器形，但前陶新石器时代的砍砸器在数量上则远远超过旧石器时代晚期；前陶新石器时代还产生了一些由旧石器时代的砍砸器发展而来的打制石斧和刃部磨光的石斧。前陶新石器阶段，砍砸器数量的增多和打制石斧、刃部磨光石斧及石锛的出现，这与前陶新石器阶段人类经济生活的改变是紧密相关的；砍砸器数量的增加以及石斧、石锛等新型器形的产生，反映当时人类大量砍伐林木，从事"砍倒烧光"的"火耕农业"，使旧石器时代单纯的"采集性经济"向前陶新石器时代的"生产性经济"过渡。

（二）与新石器时代早期的有陶新石器文化的联系

华南地区属于新石器时代早期的有陶新石器文化遗址主要有广东翁源青塘的几处洞穴遗址、潮安石尾山[10]、江西万年仙人洞第一期文化[11]、广西柳州大龙潭鲤鱼嘴第一期文化[12]等。这些新石器时代早期的有陶新石器文化，在文化面貌上的共同特征和前陶新石器文化是前后相承袭的：（1）打制石器，两者都是以砾石作原料；打击石片和第二步加工都以锤击法为主；第二步加工大多数为一面打击，很少使用交互打击；打制石器的制作都比较粗糙，只在砾石的边缘加以打击，使之成刃，绝大多数石器的器身上保留有砾石面；打制石器常见的器形有砍砸器、刮削器、尖状器等，其中以砍砸器的数量最多。（2）磨制石器的技术比前陶新石器阶段有了发展，石器的磨制部分已由刃部发展到器身；常见的器形有石斧、石铲、石刀、石镰、穿孔砾石等；这些器形大多在前陶新石器阶段就已产生。

（3）骨、角、蚌器比前陶新石器阶段有了较大的发展，其数量和器类都远远超过前陶新石器阶段；常见的器形有骨镞、骨鱼镖、骨矛、骨锥、骨针、骨凿、角凿、穿孔蚌器等。

华南地区从旧石器时代晚期，中经前陶新石器阶段，到有陶新石器阶段，在物质文化发展过程中所存在的一脉相承的特征，是华南地区特定的自然条件及其经济生活所决定的。华南地区属热带和亚热带气候，气温高，雨量充沛，植物资源丰富，在旧石器时代有利于采集经济的发展；旧石器时代向新石器时代过渡时，也有利于采集经济向农业经济过渡。华南地区自旧石器时代晚期到新石器时代早期，石器均以大、中型为主，而缺少中国北方常见的"细石器"。据研究，大型的石器，如砍砸器和大尖状器，主要跟采集生活有关，所反映的经济生活以采集为主，渔猎辅之；而细石器如石镞、投射器、小刮器等，均属渔猎工具或与渔猎生活有关的用具，所反映的经济生活则以渔猎为主，采集辅之[13]。华南地区，旧石器时代晚期占绝对优势的大、中型打制石器，则是采集经济的反映；新石器时代早期的大、中型打制和磨制石器大都为农业工具，则是农业经济的反映。

三 华南地区前陶新石器文化与中国北方及中南半岛前陶新石器文化的关系

（一）与中国北方前陶新石器文化的关系

中国北方比较典型的前陶新石器遗址有山西怀仁鹅毛口[14]、内蒙古哲里木盟扎鲁特旗南勿呼井[15]、科尔沁右翼中旗嘎查[16]等。

鹅毛口遗址所发现的石器绝大多数是打制的，磨制石器极少。由于该遗址是一个石器制造场，在打制石器中有一部分是未经磨制的半成品（毛坯）。石器的打片和第二步加工以锤击法为主，有一部分使用击棒法一类的间接打法。石器的器形有大石片砍砸器、尖状器、刮削器、手斧、一般形制的石斧、石锄、石镰、石球、石锤等，其中的石斧、石锄、石镰，属农业生产工具。

根据鹅毛口遗址调查报告对其地层关系所做的研究，该遗址的地质时代属全新世，其文化遗存中已出现少量的磨制石器和农业生产工具，说明该遗址已进入新石器时代，但文化遗存中尚未发现陶器，故应归属前陶新石器时代。

鹅毛口遗址的石器大多为大型石器，器形以大石片砍砸器、厚尖状器、手斧为主；这些石器在华北的两大石器传统中属"匼河—丁村系"，即"大石片砍砸器—三棱大尖状器传统"[17]。这一文化传统在旧石器时代，其经济生活以采集为主，渔猎辅之；由旧石器时代向新石器时代过渡时，其经济生活则由采集经济向农业经济过渡。这一文化传统由旧石器时代进入新石器时代，其大型的打制石器则为大型的磨制石器所代替；细石器在这一文化传统中始终未占主导地位。

南勿呼井遗址发现的一批大型打制石器，其器形有砍伐器、敲砸器、龟背状石器、扁桃形手斧、石锛、石镰、石锤、石球等，其中的砍伐器、石锛、石镰等，均为农业工具，说明其原始农业已经产生。该遗址的大部分石器与鹅毛口新石器时代早期的石器相似，反映两者在文化上有一定的联系。

嘎查遗址发现的石器有石片石器、砾石石器和细石器三类，其中以石片石器的数量最多。石片石器和砾石石器的制作以锤击法为主，细石器的制作则采用压制法。石片石器有石斧、石锛、石刀、石凿、尖状器、雕刻器、刮削器等。砾石石器有砍砸器和刮削器，以砍砸器为主。嘎查遗址的石器中虽未发现磨制石器，但打制石器中有的石斧、石锛、石刀、石凿等，都是新石器时代遗址中常见的器形，故应归属新石器时代。

以上所分析的中国北方地区的几个前陶新石器遗址，根据其文化遗址的性质可分为两类：其一以鹅毛口遗址为代表，其石制工具皆为大型石器，无细石器共存；打击石片和修理石器皆以锤击法为主，未见压制法修理的器形。其二以嘎查遗址为代表，其文化遗存中的大型石器与典型的细石器共存；石器的第二步加工以间接打击法为主，只有砾石石器和少量的石片石器使用锤击法加工。这两类遗址的共同特点是，其大型石器中都有一定数量的石斧、石锛、石镰、石锄等农业生产工具，说明其原始农业均已产生。

中国北方地区的两类前陶新石器遗址的文化遗存和华南地区的前陶新石器文化比较，其主要区别是：华南地区的前陶新石器文化，石器的制作，不论是打击石片，还是石器的修理，皆以锤击法为主，未发现压制法之类的间接打法；而中国北方地区的两类前陶新石器文化，其石器的制作皆出现间接打击法，尤其是第二类文化遗址，已普遍使用压制法修理石器；在石器的形制方面，华南地区的前陶新石器文化，其石器以大、中型为主，未发现用间接打击法制作的"典型细石器"，而中国北方的一部分前陶新石器文化，其大型石器则和典型细石器共存。

（二）与中南半岛地区前陶新石器文化的关系

中南半岛地区属于前陶新石器文化的有和平文化及北山文化中的一部分早期文化遗存[18]。

和平文化主要分布在中南半岛地区的越南北部、泰国及其邻近地区。迄今，在越南北部的和平、宁平、清化、义安、广平等省的石灰岩山区，共发现和平文化遗址 70 多处[19]。和平文化可分为早、中、晚三期，能反映其文化特征的是早、中期阶段的文化遗址，其文化特征是：（1）石器大都以砾石作原料；打击石片和修理石器大多使用锤击法；石器以单面打制为主，两面打制的很少；石器的形制都比较大，没有典型的细石器；常见的器形有砍砸器、刮削器和尖状器等。（2）磨制石器常见的器形有刃部磨光的石斧、石锛、石刀等农业工具，以及用于加工食物的磨盘、磨棒、石杵等生活用具[20]。磨制石器的出现是和平文化的一个重要特征。据报道，在越南北部的和平文化遗址中，已普遍出现刃部磨光的石斧；有的遗址（瓦营乡、多福）刃部磨光的石斧多达几十件；盐洞遗址的刃部磨光的石斧则占全部石器的18%。（3）属于和平文化早期阶段的泰国仙人洞遗址的第4层至第2层的地层中，发现有蚕豆、豌豆、蔓豆、菜豆、瓠、胡椒、黄瓜、橄榄、槟榔、油桐子、胡桃、樱桃、菱等农作物遗存[21]。

根据近年所公布的资料，在和平文化地层中发现的哺乳动物化石皆属现生种。关于和平文化的年代，在泰国仙人洞遗址共测得9个[14]C数据，其中第4层的4个数据中，最大者为距今11690±560年（FSU315），最小者为距今9455±360年（GAK1845）；第2层的3个数据，其中最大者为距今8806±200年（GAK1846），最小者为距今8750±140年（TF802）[22]。一般认为，和平文化早期阶段的年代为距今10000年左右，中期阶段的年代为距今8000~7000年。以上分析说明，和平文化时期，其地质时代应为全新世，而不是过去所认为的更新世晚期。

北山文化与和平文化的区别不大，其石器中也已出现刃部磨光的横剖面为方形的石斧、扁平石斧、有肩石斧等；在山区已开始种植水稻，饲养水牛；还发现纺织物和编织物。

中南半岛地区的和平文化和北山文化，其石器中均已出现刃部磨光的农业生产工具和谷物加工工具，人们已开始种植农作物和饲养家畜，这些都是和平文化和北山文化进入新石器时代的重要标志，但其文化遗存中尚未发现陶器，故应归属前陶新石器时代。

中南半岛地区的前陶新石器文化与华南地区的前陶新石器文化相比较，在文化面貌上有一些共同特征：石器，两者均以砾石作原料；打击石片和修理石器都以锤击法为主，没有发现包括压制法在内的间接打法；打制石器均以单面打制为主，两面打制较少；石器皆以大、中型为主，没有"典型细石器"；石器均以打制为主，但都出现一定数量的刃部磨光的器形；石器中均有一定数量的石斧、石锛、石镰、石刀等农业生产工具。

在此需说明，华南地区的前陶新石器文化与中南半岛地区的和平文化，虽有上述共同特征，但仍有许多区别，两者并不属同一文化系统。两者在文化面貌上的某些相似，是由于两者所在区域有大致相同的气候、自然条件以及文化交流的结果。过去所谓"大一统"的和平文化，即把整个东南亚地区，其中包括中国的南方地区，都包括在和平文化的分布范围内，这是不恰当的。

四　两个有关问题的探讨

（一）划分旧石器时代和新石器时代的根本标志

本文通过对华南、华北（包括东北）和东南亚地区各类前陶新石器文化的分析，可知这些不同类型的前陶新石器文化，虽在文化面貌上有一定的区别，但在石器中都有一定数量的石斧、石锛、石镰、石刀等农业生产工具；在有的遗址中还发现豆类、瓜类、果树类等多种农作物遗存以及人工饲养的家畜骨骼，从而说明这些不同类型的前陶新石器文化，其原始农业或畜牧业均已产生。

按照传统的观点，历史和考古学界将磨制石器、制陶业、农业和畜牧业的产生作为新石器时代开端的四个要素。但大量前陶新石器文化的发现，说明制陶业的有无已不再是新石器时代开始的一个标志。在有些前陶新石器遗址中虽然发现一定数量的打制石斧、石锛、石刀、石镰、石锄等农业生产工具；但磨制石器发现很少，甚至不见磨制石器。这说明，磨制石器并不是每个前陶新石器遗址中都普遍存在的一种文化遗存；磨制石器的普遍出现和大量制作要到有陶新石器时代。目前，国内外大量资料证明，衡量一个石器时代遗址是否属于新石器时代，除要看其地质时代是否已进入全新世外，其根本标志是农牧业是否产生。

旧石器时代发展到新石器时代，其主要变化是生产方式和经济生活的不同。旧石器时代人们以采集和渔猎为生，只能利用天然产物作为食物；新石器时代产生了农牧业，从而使人类能够通过自己的生产活动来"生产食物"。旧石器时代是"攫取性经济"或称"掠夺性经济"，新石器时代则为"生产性经济"。恩格斯指出："蒙昧时代是以采集现成的天然产物为主的时期；人类的制造品主要是用作这种采集的辅助工具。野蛮时代是学会经营畜牧业和农业的时期，是学会靠人类的活动来增加天然产物生产的方法的时期。"[23] 显而易见，恩格斯是把生产方式和经济生活的变革，亦即由采集和渔猎经济发展到农牧业经济，作为划分旧石器时代和新石器时代的根本标志。

前陶新石器文化发现前，中外考古界往往以陶器和磨制石器是否出现作为划分旧石器时代和新石器时代的主要标志；并按照欧洲考古学家在 19 世纪后半叶和 20 世纪初叶所确立的中石器时代的概念，将一部分陶器或磨制石器尚未发现，但在打制石器中已出现新石器时代的石斧、石锛、石刀、石镰、石锄等农业工具的前陶新石器遗址，归属所谓"中石器时代"。现今，我们在研究旧石器时代和新石器时代之交的石器文化时，必须将上述的前陶新石器文化遗址，从所谓的"中石器时代"遗址中区分出来。对于所谓"中石器时代"的概念及其有关问题，也必须重新研讨。

（二）华南地区较早产生农牧业的原因

华南地区是中国前陶新石器遗址发现较多的地区，也是中国原始农牧业产生较早的地区。华南地区之所以较早地产生原始农牧业，其主要原因有：（1）据研究，更新世晚期，冰河首先在华南消融，使其气候逐渐温暖多雨，为农作物的栽培提供了有利条件。（2）华南地区多无性繁殖的根茎、果树类植物；无性繁殖的植物易于人工栽培，故在华南地区最早被人们种植。（3）华南地区自旧石器时代早期至旧石器时代晚期，都发现较多的文化遗址，反映出该地区文化发展的连续性；文化发展的连续性和继承性，尤其是采集和狩猎经验的积累和继承，是产生原始农牧业的一个重要前提，而生产力的发展、生产工具制作技术的进步，是攫取性经济发展到生产性经济的基础。（4）华南地区旧石器时代晚期遗址十分丰富，反映当时华南地区人口的大量增加；人口的迅速增长，食物需求量的大量增加，促使人们去寻求新的食物来源；食物范围的扩大和食物利用的改善，最终导致了原始农牧业的产生。

总之，生产力的发展，生产工具的进步；气候和自然条件的变化；人口的增长，食物需求量的增加；这些都促使人类去探求一条新的谋取食物的途径，促使人类社会由采集和渔猎经济向农牧业经济过渡。这种由攫取经济向生产经济的发展，是社会因素和自然因素相结合的结果，是生产力发展到一定阶段的必然结果，也是人类社会发展到旧石器时代晚期的一种必然趋势。

（原载《考古与文物》1985 年第 4 期）

[1] 北京大学历史系等：《世界古代史论丛》第一集，第 25～126 页，三联书店，1982 年。

[2] 邱立诚等：《广东阳春独石仔新石器时代洞穴遗址的发掘》，《考古》1982 年第 5 期；邱立诚等：《广东阳春独石仔洞穴文化遗址发掘简讯》，《古脊椎动物与古人类》1980 年第 18 卷第 1 期。

[3] 宋方义等：《广东封开黄岩洞洞穴遗址》，《考古》1983 年第 1 期。

[4] 周国兴：《白莲洞遗址的发现及其意义》，《史前研究》1982 年第 2 期。

[5] 陈仲玉：《玉山地区的考古学探察》（打印稿），1969 年。

[6] 广东省博物馆：《广东翁源县青塘新石器时代遗址》，《考古》1961 年第 11 期。

[7] 李衍恒等：《飞虎山洞穴遗址的试掘与初步研究》，《史前研究》1984 年第 3 期。

[8] 北京大学历史系考古专业 ^{14}C 实验室等：《石灰岩地区 ^{14}C 样品年代的可靠性与甑皮岩等遗址的年代问题》，《考古学报》1982 年第 2 期。

[9] 张森水：《我国南方旧石器时代晚期文化的若干问题》，《人类学学报》1983 年第 2 卷第 3 期。

[10] 广东省文物管理委员会：《广东潮安的贝丘遗址》，《考古》1961 年第 11 期。

[11] 江西省文物管理委员会：《江西万年大源仙人洞洞穴遗址试掘》，《考古学报》1963 年第 1 期；江西省文物管理委员会：《江西万年大源仙人洞洞穴遗址第二次发掘》，《文物》1976 年第 12 期。

[12] 柳州市博物馆等：《柳州市大龙潭鲤鱼嘴新石器时代贝丘遗址》，《考古》1983 年第 9 期。

[13] 贾兰坡等：《山西峙峪旧石器时代遗址发掘报告》，《考古学报》1972 年第 1 期。

[14] 贾兰坡等：《山西怀仁鹅毛口石器制造场遗址》，《考古学报》1973 年第 2 期。

[15] 吉林省考古研究室等：《统一的多民族国家的历史见证——吉林省文物考古工作三十年的收获》，《文物考古工作三十年》，文物出版社，1979 年。

［16］ 吉林省文物工作队：《内蒙古科尔沁右翼中旗嘎查石器时代遗址的调查》，《考古》1983 年第 8 期。

［17］ 杰里米·戴维森：《越南近年来的考古活动》，《考古学参考资料》第 2 辑，第 75 页，文物出版社，1979 年。

［18］ 同［13］。

［19］ ［越南］黄春征：《关于和平文化阶段》，《考古学参考资料》第 5 辑，文物出版社，1982 年。

［20］ ［美］张光直：《中国南部的史前文化》，载《"中央研究院"历史语言研究所集刊》第 42 本第 1 分册，第 152～154 页，1970 年。

［21］ 切斯特·戈尔曼：《和平文化及其以后——更新世晚期与全新世初期东南亚人类的生存方式》，《考古学参考资料》第 2 辑，第 124 页，文物出版社，1979 年。

［22］ C·F·戈尔曼：《古代东南亚和平文化的变化》，《考古学参考资料》第 5 辑，文物出版社，1982 年。

［23］ 恩格斯：《家庭、私有制和国家的起源》，《马克思恩格斯选集》第 4 卷，第 23 页。

华南地区新石器时代文化的分期和特征

本文所研究的华南地区系指南岭至武夷山脉一线以南地区，行政区划包括现今的台湾、福建、广东、广西和贵州的东部地区。这一地区属热带亚热带，气候湿热，雨量充沛，有丰富的动植物资源，生态环境比较优越，是中国原始农业产生较早的地区，也是中国新石器时代文化出现最早的地区之一。

华南地区既有丰富的旧石器时代遗址，又有众多的新石器时代遗址。研究华南地区的新石器时代文化，既可解决中国旧石器时代向新石器时代过渡的有关问题，又可解决有关中国农业起源问题。

一　文化分期

华南地区的新石器时代文化大致可分为早期、中期和晚期。

（一）早期

早期又可分前、后两段，前段为"前陶新石器文化时期"或称"无陶新石器文化时期"，后段为"陶器萌芽时期"。

1. 前段

属于早期前段的遗址有广西柳州白莲洞第二期文化[1]、来宾龙洞岩[2]、武鸣苞桥、芭勋、腾翔和桂林北门附近的四处洞穴遗址[3]，广东阳春独石仔[4]、封开黄岩洞[5]，贵州平坝县飞虎山洞二第二文化层[6]，台湾玉山[7]等。这些遗址除台湾玉山外，均属洞穴遗址。该期的洞穴遗址，大多位于石灰岩孤山的下部；洞口向阳，大多朝南或东南；附近有水源；周围或洞前有开阔的平地。

封开黄岩洞的黄褐色堆积层和灰褐色堆积层用蚌壳测定的 ^{14}C 年代分别为距今 10950 ± 300 年（ZK－677－I）、距今 11930 ± 200 年（ZK－676－I）。柳州白莲洞第二期文化用螺壳测定的 ^{14}C 数据为距今 12900 ± 300 年。由于华南石灰岩地区流水中含有大量石灰岩溶液带来的几乎不含放射性碳素的古老碳酸盐，因此，^{14}C 测定的年代一般偏高。据研究，水下生长的动植物样品的 ^{14}C 年代，一般偏老 $1000 \sim 2000$ 年。以上 3 个用水下生长的软体动物外壳测定的 ^{14}C 年代，如扣除其偏老部分，该期的绝对年代为距今 $11000 \sim 9500$ 年。

华南地区的前陶新石器文化，在地层堆积、动物群和文化遗存等方面的共同特征如下：

（1）文化堆积一般胶结坚硬，多呈灰黄色或灰褐色。堆积中含大量螺蚌等软体动物的外壳、灰烬、炭屑、烧骨、石器和脊椎动物化石等，均属所谓"含介壳及文化层的堆积"[8]。在堆积层位上，这种含介壳的文化层叠压在属于旧石器时代晚期的不含介壳的堆积之上。例如，白莲洞遗址的文化遗存分为三期：第一期文化包括西部堆积的第7层和东部堆积的第6层，为不含螺壳的棕红色亚黏土堆积；文化遗存包括打制石器和用火遗迹；出土的动物化石为含智人化石的"大熊猫—剑齿象动物群"；地质时代为晚更新世晚期；文化时代为旧石器时代晚期。第二期文化包括东部堆积的第3、4层和西部堆积的第2、3层，为含螺壳的灰黄色堆积层；堆积中含原始的刃部磨光的石斧、穿孔砥石、磨制的小砥石切割器、砥石小石器（其中有石镞）及骨角器等，未发现陶器；出土的动物化石皆属现生种；其地质时代为全新世；文化时代为新石器时代早期前段（前陶新石器时代）。第三期文化的主要堆积为东部堆积的第1层，这是含原始陶片的钙华板层；文化时代为新石器时代早期后段。

（2）与文化遗存共存的哺乳动物化石大多为现生种，只有个别时代较早的遗址有一两种在当地现已绝灭的种。如白莲洞第二期文化、黄岩洞、武鸣和桂林的几处洞穴遗址，出土的哺乳动物化石皆为现生种，只有独石仔遗址出土的动物化石中有两种动物（犀、貘）在当地现已绝灭。犀，虽然在现今的华南地区已经绝灭，但在中国南方地区一直生存到全新世中期，如距今6900年的河姆渡文化早期的地层中就出土犀和亚洲象的化石[9]。这说明，华南地区的前陶新石器文化遗址的地质时代均属全新世。

（3）文化遗存有石器、骨器和角器，无陶器共存。石器有打制和磨制两种，以打制石器为主。打制石器大多用砥石制作；石核石器多，石片石器少；器身上大都保留砥石面，经第二步加工的石器很少；打制石器的制作以锤击法为主，多单面单向打击；器形主要有砍砸器、刮削器、尖状器和穿孔石等，以砍砸器的数量最多。磨制石器只在刃部磨光，通体磨光的器形罕见；常见的器形有斧、锛、切割器、磨盘和磨棒等（图一）。骨角器的主要器形有骨铲、角铲、角锥等。

（4）根据考古资料分析，华南地区在前陶新石器时期，原始农业已经产生。其证据和条件有以下几点：

第一，华南地区的前陶新石器遗址中都出土数量较多的用于砍伐树木的砍砸器、石斧、石锛、穿孔砥石（重石）等。飞虎山遗址还出土一定数量的可能属于农业工具的骨铲。武鸣和桂林的一些洞穴遗址还发现用于加工谷物的石磨盘和磨棒[10]。最原始的农业是一种"焚而不耕"的"火耕农业"。这种"火耕农业"只需要简单粗糙的砍伐器、石斧、木棒（套以重石）就能满足耕作的需要，并不需要锄耕农业阶段常见的用于翻土耕种的石铲、石耜、石锄等。

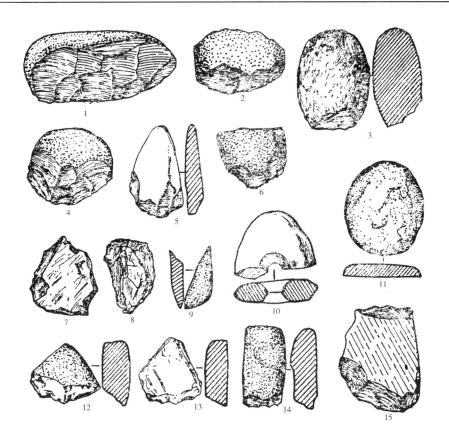

图一　华南地区前陶新石器时代文化石器

1、2、4、5、12~15. 砍砸器　3. 石锤　6~8. 刮削器　9. 石斧　10. 穿孔石器　11. 石砧

（1、2、4、6~10 为广东封开黄岩洞出土，余为阳春独石仔遗址出土）

第二，从孢粉分析来看，1964 年台湾大学在日月潭采了一个深达 12.79 米的湖底泥心，做了一次孢粉分析，发现从距今 12000 年起，当地的植被发生了显著的变化，即木本植物递减而禾本科及莎草科植物急速增加，次生树木海金沙也在增加，而且湖底淤泥中木炭的数量开始持续增多[11]。这反映人类的生产活动对原始森林的砍伐及焚烧。

第三，华南地区有适宜人类最早栽培的野生植物，如芋类、薯蓣、瓜类、豆类、水生作物、果树等。根茎果类植物大都为无性繁殖，易于被人类栽培。

第四，更新世末期，冰河首先在华南地区消退，由冰期寒冷的气候转入冰后期的温暖多雨的气候，为农作物的栽培创造了有利条件。

以上四点，前两点是农业产生的证据，后两点是农业产生的自然条件。华南地区在全新世早期原始农业产生的客观条件已经成熟，遗址中已经出现一定数量的农业生产工具和谷物加工用具，孢粉分析也反映农业活动的出现。这都说明，华南地区在前陶新石器时期原始农业已经产生。

2. 后段

属于早期后段的遗址有广东翁源青塘的朱屋岩、狮头岩黄岩门[12]、灵山钟秀山滑岩洞[13]、潮安石尾山[14]，广西柳州大龙潭鲤鱼嘴第一期文化[15]、南宁豹子头的下层[16]、桂林甑皮岩的下层[17]、防城（原归属广东东兴）亚菩山、马兰咀下层[18]、武鸣县瓦洞和来宾县芭拉洞[19]等。甑皮岩下层共测定了 8 个 14C 年代，其中用木炭测定的一个数据为距今 9000±150 年（ZK-911），用兽骨测定的数据为距今 9100±250 年（BK-79314）。广西南宁豹子头下层用螺壳测定的两个 14C 年代分别为：距今 10565±200 年（ZK841-I）、距今 10735±200 年（ZK842-I）。豹子头的这两个 14C 数据，如扣除石灰岩地区水下生长的动物 14C 年代偏老部分，其年代均在距今 9500 年前后。

后段和前段相比，在遗址类型上的一个很大区别是，开始出现一定数量的河旁台地贝丘遗址及滨海贝丘遗址。这两种贝丘遗址的出现，一方面说明，当时该地区的人们除了以洞穴作为住所外，已经离开洞穴到洞外居住；另一方面则说明，当时的人们以软体动物作为主要食物之一。该期出现的贝丘遗址，如属滨海贝丘，大都位于近海或河流入海的交汇处，遗址一般分布在小山岗上，距海平面 10 米左右，背山临海，附近有河流通过；如属河旁台地贝丘，遗址常位于大河的拐弯处，或在大小河流汇合的三角地带，背山临水，附近有开阔的平地。防城亚菩山、马兰咀遗址属前一种类型，广西左江、右江和邕江流域的贝丘遗址属后一种类型。

文化遗存方面，后段和前段的一个很大区别是陶器的出现。该期出现的陶器特点是，各遗址出土陶片的数量和类型都比较少，如大龙潭鲤鱼嘴遗址在 56 平方米的发掘范围内只出土陶片 8 块；大都是夹砂陶，泥质陶的数量很少；火候都比较低，据已测定的陶器的烧成温度，桂林甑皮岩和翁源青塘均为 680℃，南宁豹子头为 800℃；胎壁厚薄不均，器表凹凸不平；器形以圜底器为主，有少量平底器，不见圈足器和三足器；常见的器形是罐和钵。这些特征，都是陶器制作技术十分原始的反映。石器（图二）和前段相比，后段磨制石器的种类和数量都比前期增多，磨制部分也由刃部扩大到器身，但通体磨光的石器仍很少。后段的打制石器，其打制方法除单面单向打击外，有许多石器采用两面交互打击；经第二步加工的石器比前段增多。

华南地区的新石器时代早期文化，在文化面貌上除有上述共同特征外，还存在一定的地域差别。如陶器，滨海地区陶器的纹饰除绳纹外，还有贝印纹、篦点纹、指甲纹和刻划纹等，而内陆地区陶器的纹饰则以绳纹为主，不见贝印纹和指甲纹。又如石器，内陆地区，打制石器大多采用单面单向打击，使用两面交互打击的很少，石器的类型，以砍砸器的比重较大；滨海地区，打制石器大多采用两面交互打击，采用单面单向打击的很少，石器的类型以尖状器的数量比较多；内陆地区磨制石器的制作比滨海地区进步，但打制石器的制作没有滨海地区精致。

华南地区的新石器时代文化发展到早期后段，原始农业虽有一定的发展，但在整个经济生活中所占比重仍很小，在经济生活中占主导地位的仍然是采集和渔猎。

（二）中期

华南地区属于新石器时代中期的遗址主要有广西柳州大龙潭鲤鱼嘴第二期文化[20]、桂林甑皮岩上文化层[21]、扶绥江西岸、敢造、横县西津[22]，广东潮安陈桥村海角山、澄海苏北村、内底村[23]、台湾台北县八里乡大坌坑下文化层[24]等。桂林甑皮岩上层用木炭测定的[14]C 年代为距今 7680 ± 150 年（ZK – 910），用兽骨测定的年代为距今 7580 ± 410 年（ZK – 280 – 0）。

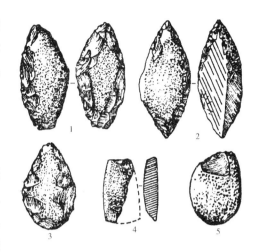

图二　华南地区新石器时代早期石器
1、3. 尖状器　2. 蚝蛎　4. 石锛　5. 砍砸器
（均为陈桥村出土）

中期的遗址主要有洞穴、贝丘和台地三种类型。洞穴遗址和贝丘遗址的地理环境和前期大致相同，只是在文化堆积上，该期的文化层往往叠压在前期的文化层之上。该期的台地遗址大都位于河口或海岸的低台地上，背邻低山茂林，附近有水源。

文化遗存有石器、骨器、角器、蚌器和陶器。石器有打制和磨制两种，磨制石器多于打制石器。和早期相比，该期磨制石器的种类增多，形体变小，出现一部分通体磨光的器形和少量原始型的有肩石器。磨制石器常见的器形有斧、锛、镞、穿孔石器和网坠等。

中期的陶器和早期相比，夹砂陶的数量减少，泥质陶的数量增多，并出现一部分泥质磨光陶。夹砂陶的掺和料为石英砂粒或蚌壳粉末。陶器以灰褐色的最多，有一部器表外红内黑或外灰内红。潮安的贝丘遗址中，还有一部分夹砂粗红陶上施红衣或饰赭红彩的。泥质陶的火候较高，胎壁较薄，陶器的纹饰以绳纹为主，有少量的刻划纹、圆窝纹、弦纹和波折纹，时代较晚的甑皮岩上层还出现篮纹和席纹。大坌坑文化的陶器有一部分为在外壁上涂红彩的粗线纹。仍以圜底器和平底器为主，但开始出现少量的圈足器和三足器。常见的器形有罐、钵、釜、碗、瓮等。

滨海地区的大坌坑文化主要分布在台湾北部、西部沿海地区。大坌坑文化的陶器以粗绳纹陶为特征，有些学者称为"绳纹陶文化"[25]。夹砂绳纹陶是整个华南地区新石器时代早中期文化在文化面貌上的共同特征，这说明大坌坑文化和华南地区的新石器时代文化有着密切的联系。

华南地区从旧石器时代至前陶新石器时期，都未发现明显的墓葬遗迹，只是在遗址的堆积中发现一些零星的人骨。属于新石器时代早期后段的柳州大龙潭鲤鱼嘴第一期文化中开始出现几座墓葬。新石器时代中期的墓葬发现比较多，广西桂林甑皮岩、扶绥敢造、横县西津、邕宁长塘以及广东潮安陈桥村等遗址都发现了数量较多的墓葬。这些墓葬的共同特征是：一般不挖墓坑，就地堆土掩埋；葬式以屈肢蹲葬为主，有少量仰身屈肢葬、俯身屈肢葬、仰身直肢葬和二次葬等；一般无随葬品，少数墓有一两件随葬品。陈桥村、甑皮岩和南宁地区的几处贝丘遗址中的墓葬，在人骨架上或人骨的周围有红色的赤铁矿粉末。甑皮岩遗址发现的 14 个人头骨中，有 6 个顶骨人工穿孔。这种顶骨人工穿孔属何种性质，尚待研究。

（三）晚期

华南地区属于新石器时代晚期文化的主要有珠江流域的石峡文化[26]和西樵山文化[27]、广西南部地区的大龙潭文化[28]、闽江流域的昙石山文化[29]、台湾西北部沿海地区的圆山文化[30]和东部沿海的麒麟文化[31]及卑南文化等。其中西樵山文化遗址是一处以制造双肩石器和有段石器为特征的石器制造场，大龙潭文化和麒麟文化为祭祀遗存，卑南文化是一种以石柱、石板棺、石槽和石杵为主要特征的文化遗存[32]。

石峡遗址第三期文化用木炭测定的两个 ^{14}C 年代分别为距今 4330 ± 90 年（BK75064）和距今 4020 ± 100 年（BK75050）。台湾台东县成功镇麒麟遗址的一个 ^{14}C 年代为距今 3060 ± 280 年[33]。圆山遗址上层用贝壳测定的 ^{14}C 年代为距今 3190 ± 80 年。华南地区新石器时代晚期文化延续的年代，大约为距今 4500 ~ 3000 年；台湾新石器时代文化结束的年代比大陆地区晚，大约要到距今 2000 年，随着大陆的青铜器和铁器的传入，新石器时代才结束。

华南地区的新石器时代文化发展到晚期阶段，随着农业经济的发展，贝丘遗址大量减少，洞穴遗址基本消失。

华南地区到新石器时代晚期，农牧业经济已进入到发达的锄耕农业阶段，作为禾本科作物的水稻已被普遍种植，猪、水牛等家畜已被大量饲养。在石峡遗址的窖穴中发现炭化稻米，火塘和墙壁的烧土块中有稻谷壳和稻的茎叶等掺和料，墓葬中也有作为随葬品的稻米。经鉴定，石峡遗址的水稻遗存有籼稻和粳稻两种，以籼稻为主[34]。

华南地区新石器时代文化的早、中期阶段，除滨海地区和内陆地区在文化面貌上有些差别外，文化的地域性差别不大。到新石器时代晚期，文化的地域性差别逐步扩大，文化类型增多。但华南地区的诸新石器晚期文化，由于分布地域的邻近和生态环境的相似，在文化面貌上仍有许多共同特征。例如，石器大多通体磨光，都有大量的双肩石器和有段石器，石器的磨制、切割和穿孔技术都比较发达；共同的器形有舌形石斧、穿孔石斧、双肩石斧、双肩石锛、有段石锛和石镞等。再如，陶器大都以灰陶和黑陶为主，制造以轮制为主；器形除早、中期已有的平底器和圜底器外，普遍出现三足器和圈足器；常见的器形有夹砂陶的釜、鼎、鬶和泥质陶的钵、豆、壶、杯、罐等。

以上将华南地区新石器时代文化分为早、中、晚三大期，只是一种粗略的分期，实际上这三期的同期各遗址之间在文化面貌上仍有一定的差别，还可细分。例如，早期前段的独石仔遗址，其上层文化遗存要比下层进步，可再作分期。又如早期后段的石尾山遗址，其石器只有打制石器，而无磨制石器，陶器也只有几片火候很低的粗砂素面陶，石尾山遗址的文化遗存，无疑要比同期其他遗址的文化遗存原始。再如中期的鲤鱼嘴第二期文化，不论是石器，还是陶器，都比同期的甑皮岩上层原始，亦可进一步分期。晚期诸文化之间也有早晚的差别，如石峡文化早于昙石山文化，而昙石山文化本身又分为早、晚两期，这说明华南地区的新石器时代晚期文化，最少可分出三期（表一）。

表一 华南地区新石器时代文化分期表

文化分期	距今年代	珠江流域	邕江流域	闽江流域及沿海诸岛	台湾
晚期	3000	石峡文化 西樵山文化	大龙潭文化	昙石山文化 金门富国墩上层	麒麟文化 圆山文化
中期	4500 7500	潮安陈桥村海角山 澄海苏北村、内底村	桂林甑皮岩上层 扶绥江西岸、敢造、 横县西津 大龙潭鲤鱼嘴第二期 文化	金门富国墩下层	台北八里乡大坌 坑下层
早期 后段		翁源青塘朱屋岩、狮 头岩、灵山钟秀山滑 岩洞、潮安石尾山	大龙潭鲤鱼嘴第一期 文化 南宁豹子头下层 桂林甑皮岩下层 武鸣县瓦洞 防城亚菩山下层		
早期 前段	9500 11000	封开黄岩洞 阳春独石仔	武鸣苞桥、芭勋、腾 翔、桂林北门等 白莲洞第二期文化		玉山遗址

二 文化特征

以上按早期、中期、晚期三个阶段阐述了华南地区新石器时代文化面貌和一般特征，如将华南地区和黄河流域进行比较，华南地区的新石器时代文化还有以下特征：

1. 新石器时代早、中期，农业和家畜饲养业很不发达，而采集和渔猎经济则比较发达。新石器时代早、中期的农业经济以栽培根茎果树类等无性繁殖的作物为主，对禾本科

（水稻）农作物的栽培要到新石器时代晚期。

2. 新石器时代早、中期，磨制石器和陶器的数量都很少，制作也比较原始落后，到新石器时代晚期磨制石器和陶器才得到发展。

3. 新石器时代早期，石器的制作均以砾石作原料，打击石片和修理石器均用直接打击法，不见间接打击法；砾石石器的器形一般都比较粗大，无典型的细石器（用间接打法剥片和修理的细石器）；到新石器时代中、晚期才在珠江流域出现少量的典型细石器。

和黄河流域相比，华南地区的农业经济虽然产生较早，但发展非常缓慢。在漫长的新石器时代早、中期只是栽培少量的根茎果树类作物，人们的食物来源主要依靠采集和捕捞。直到新石器时代晚期，当禾本科农作物栽培以后，农业和家畜饲养业才成为经济生活的主体。华南地区新石器时代早、中期，由于农业经济的不发达，从而使其磨制石器和陶器也不发达。因为磨制石器和陶器都与农业有直接关系，只有农业的发展才能使磨制石器和陶器得到发展；反之，农业经济长期停滞不前，磨制石器和陶器也就发展缓慢。

华南地区新石器时代早、中期农业经济和文化发展缓慢与该地区的生态环境有密切关系。华南地区属热带亚热带气候，温暖多雨，动植物资源很丰富，为人类提供了丰富的天然食物，使人们即使到了新石器时代仍将采集、捕捞作为主要的经济手段，从而抑制了农业和家畜饲养业的发展。而黄河流域情况就大不相同。黄河流域新石器时代开始的年代大致和华南地区相当，但新石器时代经济和文化的发展速度，却要比华南地区快得多。在距今7000多年的磁山文化、裴李岗文化和老官台文化时期，农业和家畜饲养业就已经比较发达，属于禾本科作物的粟已被大量种植[35]，猪、狗等家畜已被较多的饲养[36]。到距今6000年的仰韶文化早期阶段，农牧业经济得到了进一步的发展。至距今4000多年的新石器时代晚期，黄河流域已由氏族社会向文明时代过渡。新石器时代，黄河流域经济与文化发展的速度和社会前进的步伐之所以快于华南地区，这和该地区的气候及其他自然条件有着密切的关系。黄河流域地处温带，既没有热带亚热带地区那种湿热的气候、丰富的动植物资源，也没有寒带地区那种使当时人们难以战胜的严酷自然环境。全新世早、中期，中国黄河流域的生态环境对史前人类经济和文化的发展起着促进作用。这是黄河流域率先在中国进入文明时代的重要原因之一。

三 几个有关问题的讨论

（一）区分旧石器时代和新石器时代的根本标志

旧石器时代发展到新石器时代，其主要变化是生产方式和经济生活的不同。旧石器时代，人们以采集和渔猎为生，能利用天然产物作为食物。新石器时代出现了农业和家畜饲养业，从而使人类能够通过自己的生产活动来"生产食物"。旧石器时代是"攫取性经济"或称"掠夺性经济"，新石器时代则为"生产性经济"。将生产方式和经济生活的变革，亦即由"掠夺性经济"变为"生产性经济"，作为区分旧石器时代和新石器时代的根本标志，已被国内外越来越多的考古学者所接受。

考古和历史学界的传统观点，是将磨制石器、制陶业、农业和家畜饲养业的产生，作为新石器时代开端的四个要素。西亚、东南欧、北非[37]、东南亚和中国[38]等地区大量前陶新石器文化遗址的发现，说明陶器的产生已不是新石器时代开端的一个标志。磨制石器是适应农耕的需要而逐步产生和发展起来的。农业产生的最初阶段，农业生产工具往往沿袭旧石器时代的打制石器（如砍伐器），即使有很少量的磨制石器，其磨制部分一般也只在刃部，有的遗址甚至不见磨制石器。例如，广东阳春独石仔遗址，除数量很少的穿孔砾石外，无磨制石器；青海贵南拉乙亥遗址，除一件用砾石制作的凹腰石斧和几件用砾石制作的磨盘和磨棒外，其余均为大型的打制石器和细石器[39]。磨制石器的大量出现要到锄耕农业阶段。判断一个史前遗址是否属于新石器时代，主要有两个标准：第一，文化遗存中是否有农业生产工具、农作物遗存（孢粉、种子、农作物茎叶等）和家畜骨骼等；第二，遗址所处的地质时代是否进入全新世。

（二）关于中国的"中石器时代"问题

中国是否和欧洲一样，在旧石器时代和新石器时代之间存在一个"中石器时代"，这是中国考古学上一个有争议的问题。

近30多年来，中国考古界所发表的一些所谓"中石器时代"遗址主要有陕西大荔沙苑[40]，河南许昌灵井[41]，黑龙江海拉尔松山[42]，西藏黑河（那曲县）、聂拉木县[43]、申扎、双湖[44]，青海贵南拉乙亥[45]，广西武鸣和桂林的四处洞穴遗址等。这些遗址除少数因文化遗物纯属地表采集，所采集的石器又比较零星，很难断定其文化时代外，大致可以分为两类：第一类遗址的地质时代属于晚更新世，文化时代属于旧石器时代晚期的后一阶段，河南许昌灵井和黑龙江海拉尔松山遗址属于这类；第二类遗址的地质时代属于全新世，文化时代为前陶新石器时期，青海贵南拉乙亥和陕西大荔沙苑属于此类。下面扼要地分析这两类遗址。

第一类遗址中的灵井遗址，其石器有石片石器、砾石石器和细石器。与石器共存的动物化石有披毛犀、赤鹿和安氏鸵鸟等，这些动物都是华北更新世晚期常见的种类，其地质时代属晚更新世。该遗址的石片石器和砾石石器的器形均为华北旧石器时代晚期文化中常见的类型，而其细石器中的锥状石核、楔状石核和雕刻器等，都与属于旧石器时代晚期的山西沁水下川遗址上文化层的同类器相似[46]。这说明灵井遗址文化遗存的时代属旧石器时代晚期。海拉尔松山遗址的石器大都采集于流动沙丘的地表，发现石器的流动沙丘是更新世的沙层被风刮起后而堆积成的。该遗址的船底形、扁锥形和楔形石核，器形都比较原始，加工也比较粗糙；细石器中的屋脊形雕刻器、长刮器、短刮器和圆刮器等，器形都与华北旧石器时代晚期文化的同类器相似，文化时代亦相当。

第二类遗址中的拉乙亥遗址，其石器有打制的凹腰石斧、砍伐器、磨盘和磨棒等农业工具和谷物加工用具。与石器共存的动物骨骼尚未石化，其种类皆为现生种[47]。这表明拉乙亥遗址的文化时代应归属前陶新石器时代。沙苑文化的石片石器中有属于新石器时代的有肩石斧，细石器中有华北新石器文化中常见的锥状石核和柱状石核，以及类似新石器文化中的圆刮器、长刮器和雕刻器等，其文化时代亦应属前陶新石器时代。

上述两类遗址之所以被一些学者归属"中石器时代"遗址，其主要原因是：对第一类遗址的研究，没有搞清楚文化遗存所在地层的地质时代，从而将晚更新世地层视为全新世地层，同时对石器的性质，也缺乏科学的分析；对第二类遗址的研究，缺乏明确的划分旧石器时代和新石器时代的标准，仍将陶器的出现作为新石器时代开端的一个标志，因而将一些陶器没有出现的前陶新石器时代遗址归属"中石器时代"。

世界各个地区的自然条件和生态环境是不同的，各个不同地区人类的生产方式和生活习俗也是不同的，这就决定了人类社会的发展进程也各不相同。从现有资料来看，中国在末次冰期结束后没有出现一个较长的未产生农业的阶段，中国是否也像欧洲那样，也经历过"中石器时代"，这是一个值得探讨的问题。

（原载《中国考古学会第七次年会论文集》，文物出版社，1997 年）

［1］　周国兴：《白莲洞遗址的发现及其意义》，《史前研究》1984 年第 2 期。

［2］　贾兰坡等：《广西洞穴中打击石器的时代》，《古脊椎动物与古人类》1960 年第 2 卷第 1 期。

［3］　裴文中：《广西洞穴的中石器时代石器》，《中国地质学会志》14 卷（1935）。

［4］　邱立诚等：《广东阳春独石仔新石器时代洞穴遗址发掘》，《考古》1982 年第 5 期。

［5］　宋方义等：《广东封开黄岩洞洞穴遗址》，《考古》1983 年第 1 期；宋方义等：《广东封开黄岩洞古人类文化遗址简讯》，《古脊椎动物与古人类》1981 年第 1 期；黄万波：《广东高要、罗定、封开等地洞穴及其堆积物概述》，《古脊椎动物与古人类》1963 年第 1 期。

［6］　李衍垣等：《飞虎山洞穴遗址的试掘与初步研究》，《史前研究》1984 年第 3 期。

［7］　陈仲玉：《玉山地区的考古学探察》（油印稿），1969 年。

［8］　同［2］。

［9］　浙江省博物馆自然组：《河姆渡遗址动植物遗存的鉴定研究》，《考古学报》1978 年第 1 期。

［10］　同［3］。

［11］　韩起：《台湾省原始社会考古概述》，《考古》1979 年第 3 期；张光直：《中国南部的史前文化》，《"中央研究院"历史语言研究所集刊》第 42 本第 1 分册，1970 年。

［12］ 广东省博物馆：《广东翁源县青塘新石器时代遗址》，《考古》1961 年第 11 期。

［13］ 顾玉珉：《广东灵山洞穴遗址调查报告》，《古脊椎动物与古人类》1962 年第 2 期。

［14］ 广东省文物管理委员会：《广东潮安的贝丘遗址》，《考古》1961 年第 11 期。

［15］ 柳州市博物馆等：《柳州市大龙潭鲤鱼嘴新石器时代贝丘遗址》，《考古》1983 年第 9 期。

［16］ 广西壮族自治区文物考古训练班等：《广西南宁地区新石器时代贝丘遗址》，《考古》1975 年第 5 期。

［17］ 广西壮族自治区文物工作队等：《广西桂林甑皮岩洞穴遗址的试掘》，《考古》1976 年第 3 期。

［18］ 广东省博物馆：《广东东兴新石器时代贝丘遗址》，《考古》1961 年第 12 期。

［19］ 裴文中：《柳城巨猿洞的发掘和广西其他山洞的探查》，科学出版社，1965 年；何乃汉：《广西贝丘遗址初探》，《考古》1984 年第 11 期。

［20］ 同［15］。

［21］ 同［17］。

［22］ 同［16］。

［23］ 同［14］。

［24］ 同［11］张文。

［25］ 同［11］张文。

［26］ 广东省博物馆等：《广东曲江石峡墓葬发掘简报》，《文物》1978 年第 7 期。

［27］ 黄慰文等：《广东南海县西樵山遗址的复查》，《考古》1979 年第 4 期；广东省博物馆：《广东南海县西樵山遗址》，《考古》1983 年第 12 期。

［28］ 广西壮族自治区文物工作队：《广西隆安大龙潭新石器时代遗址发掘简报》，《考古》1982 年第 1 期。

［29］ 华东文物工作队福建组等：《闽侯县石山新石器时代遗址探掘报告》，《考古学报》1955 年第 10 期；福建省文物管理委员会等：《闽侯县石山新石器时代遗址第二至四次发掘简报》，《考古》1961 年第 12 期。

［30］ 同［11］韩文。

［31］ 宋文薰：《台湾东海岸的巨石文化》，《民族》（日文）第 6 号，1976 年。

［32］ 游学华：《台湾卑南遗址发掘简介》，《史前研究》1978 年第 1 期。

［33］ 张之恒：《台湾新石器时代文化综述》，《史前研究》1985 年第 4 期。

［34］ 广东省博物馆：《谈谈石峡发现的栽培稻遗迹》，《文物》1978 年第 7 期；严文明：《中国稻作农业的起源（一）》，《农业考古》1982 年第 1 期。

［35］ 河北省文物管理处等：《河北武安磁山遗址》，《考古学报》1981 年第 3 期。

［36］ 周本雄：《河北武安磁山遗址的动物骨骸》，《考古学报》1981 年第 3 期。

［37］ 北京大学历史系等编：《世界古代史论丛》第一集，三联书店，1982 年。

［38］ 张之恒：《华南地区的前陶新石器文化》，《考古与文物》1985 年第 4 期。

［39］ 盖培等：《黄河上游拉乙亥中石器时代遗址》，《人类学学报》1983 年第 1 期。

［40］ 安志敏等：《陕西朝邑大荔沙苑地区的石器时代遗存》，《考古学报》1957 年第 3 期；西安半坡博物馆等：《陕西大荔沙苑地区考古调查报告》，《史前研究》1983 年创刊号。

［41］ 周国兴：《河南许昌灵井的石器时代遗存》，《考古》1974 年第 2 期。

［42］ 安志敏：《海拉尔的中石器遗存——兼论细石器的起源和传统》，《考古学报》1978 年第 3 期。

［43］ 戴尔俭：《西藏聂拉木县发现的石器》，《考古》1972 年第 1 期。

［44］ 安志敏等：《藏北申扎、双湖的旧石器和细石器》，《考古》1979 年第 6 期。

［45］　同［39］。

［46］　王建等：《下川文化——山西下川遗址调查报告》，《考古学报》1978 年第 3 期。

［47］　甘肃省博物馆等：《甘肃秦安大地湾新石器时代早期遗存》，《文物》1981 年第 4 期。大地湾一期用木炭标本测定的^{14}C 年代为距今 7355±165 年。

谈华南地区新石器时代早期文化的两个问题

我国华南地区的台湾、福建、广东、广西、江西等地区，位于北纬 19°～29°之间，属于热带和亚热带气候，气温较高，潮湿多雨。新石器时代，人们在这里创造了独特的文化，滨海地区留有大量的贝丘遗址，内陆地区则有洞穴遗址和滨河贝丘遗址。滨海地区和内陆地区的新石器时代早期文化，虽有许多共同特征，但在文化面貌上还有一定的区别。基于这一情况，笔者将该地区的新石器时代早期文化分为滨海和内陆两个地区类型。本文试对华南地区新石器时代早期文化的年代、分期及其与中南半岛新石器时代早期文化的关系做一探讨。

一 分期和年代

华南地区的新石器时代早期文化遗址，经科学发掘的较少，目前所公布的资料大多为调查资料。近十几年来所公布的 ^{14}C 年代，测定所用的标本大多数都是水生动物（蚌壳、螺壳），误差较大，基于上述原因，本文所用的文化分期主要根据是各遗址的地层关系和文化面貌方面的差别，并考虑有关遗址的 ^{14}C 年代。

根据现有资料，华南地区的新石器时代早期文化，可以分为两段三期：前段属前陶新石器文化，为第一期；后段为有陶新石器文化，可分为两期，即第二、第三期。下面按三期来分析文化面貌（表一）。

表一 　　　　　　　　　华南地区新石器时代早期文化的分期和年代

	距今 11000～9500 年	距今 9500～8000 年	距今 8000～6500 年
	第一期	第二期	第三期
滨海区	海雷洞文化期	陈桥村下层文化期	大垄坑下层文化期
内陆区	白莲洞二期文化期	仙人洞下层文化期	甑皮岩上层文化期

第一期，属于该期的内陆地区的遗址以广西柳州白莲洞第二期文化[1]为代表，同期的遗址有广西来宾龙洞岩[2]、桂林穿山月岩东岩洞[3]、武鸣苞桥、芭勋、腾翔和桂林北门附近发现的四处洞穴遗址[4]，广东阳春独石仔[5]、英德青塘吊珠岩[6]、封开黄岩洞[7]，贵

州平坝县飞虎山洞二 T2 第二文化层上部[8]等；滨海地区的遗址以台湾东县长滨乡的海雷洞遗址[9]为代表，同期遗址有台东长滨乡的潮音洞、乾元洞、玉山遗址[10]等。第一期的遗址除台湾玉山外，均为洞穴遗址，该期的绝对年代为距今11000～9500年。

根据广西武鸣和桂林的几处洞穴遗址及柳州白莲洞、阳春独石仔、封开黄岩洞、飞虎山等遗址的地层关系和文化面貌，可知华南地区的前陶新石器遗址有下列特征。

1. 文化堆积一般胶结坚硬，多呈灰黄色或灰褐色，堆积中含大量螺壳、灰烬、炭屑、烧骨、石器和脊椎动物化石等，均属所谓"含介壳的文化堆积"。在堆积层位上，这种"含介壳的文化堆积"叠压在属于旧石器时代晚期的不含介壳的堆积之上[11]。白莲洞和飞虎山两洞穴遗址在前陶新石器文化层之上叠压着有陶新石器文化层。

2. 与文化遗存共存的动物骨骼皆属现生种，表明这些遗址的地质时代已进入全新世。

3. 文化遗存中有石器、骨器和角器，无陶器共存。石器有打制和磨制两种，以打制石器为主。打制石器的制作以锤击法为主，多单面单向打击，经第二步加工的石器很少，器身上都保留砾石面，打制石器大多用砾石制作，石核石器多，石片石器少，器形主要有砍砸器、刮削器、尖状器和穿孔石器等，以砍砸器的数量极多；磨制石器只在刃部磨光，不见通体磨光的器形，磨制石器常见的器形有斧、锛、切割器、磨盘和磨棒等。骨角器主要有骨铲、角铲、骨锥、角锥等。

华南地区的前陶新石器文化，内陆地区和滨海地区在文化面貌上已产生一定的差别。石器，内陆地区出现少量磨制石器，而滨海地区则不见磨制石器，但在打制石器中已出现石斧、石镞、石枪头等新石器时代遗址中常见的器形。内陆地区的打制石器，采用单面单向打击，器形普遍较大，以砍砸器的数量最多，普遍出现穿孔石器；而滨海地区石器的制作采用一面或两面交互打击，石器中有一定数量的小型石器，但缺乏穿孔石器。滨海地区骨器中的长条尖状器、一端带关节的尖器、穿孔骨针、两端尖的骨针等，都是内陆地区所没有的。

第二期，属于该期的内陆地区的遗址以江西万年仙人洞第一期文化的前期[12]为代表，同期遗址有广东英德青塘的朱屋岩、黄岩门1号洞[13]、灵山钟秀山滑岩洞[14]、广西桂林甑皮岩下层[15]、柳州大龙潭鲤鱼嘴第一期文化[16]、南宁的豹子头下层[17]等。滨海地区的遗址以广东潮安陈桥村下层为代表，同期遗址有潮安石尾山[18]。该期的绝对年代为距今9500～8000年。

该期和前期相比，其最大区别是，除大量洞穴遗址外，开始出现一定数量的贝丘遗址。贝丘遗址的出现，说明当时该地区的人们除以洞穴作为住所外，已经离开洞穴到洞外居住，这是该地区的人们在居住方面的一大进步。这一期出现的贝丘遗址，如地处滨海地区，一般分布在小山岗上，附近有河流通过；如分布在内陆地区，遗址常位于大河的拐弯处，或在大小河流汇合处的三角地带，临江背山，附近有较开阔的平地。陈桥村贝丘遗址属前一种类型，广西左江、右江和邕江流域的 14 处贝丘遗址属后一种类型。

在文化遗存方面，第二期与第一期的一个很大的区别是陶器的出现。这期出现的陶器大都是夹砂陶，泥质陶很少，陶器的火候比较低，质地粗疏，捏之即碎，胎壁厚薄不均，器表凹凸不平。纹饰以绳纹为主，有少量的划纹和网纹。器形以圜底器为主，有少量的平底器，不见圈足器和三足器。最常见的器形是圜底罐。这些特征都是陶器制作技术十分原始的表现。石器，第二期磨制石器的种类和数量都比第一期增多。磨制的部分也由刃部扩大到器身；打制石器的制作除单向打击外，有些石器采用两面交互打击；经第二步加工修理的石器，其数量也比前期增多。在骨、角、蚌器方面，该期和前期相比，制作技术有较大的进步，器类也有增加；该期新增加的器形有骨鱼镖、镰、刀和穿孔蚌器。

第二期的石器，内陆地区（类型）和滨海地区（类型）有着明显的区别。内陆地区的石器制作以单面单向打击为主，使用交互打击的很少，其石器的形制以砍砸器为主；滨海地区的石器制作大多采用交互打击，器形以尖状器为主，制作比较精致。

华南地区在旧石器时代和前陶新石器时代，都未发现明显的墓葬遗迹，而只是在遗址的堆积中发现一些零星的人骨。从该期开始，在华南地区的洞穴遗址和贝丘遗址中都发现了许多墓葬。该期的墓葬，无明显的墓坑，葬式以屈肢蹲葬为主，一般无葬具、无随葬器，常见的葬俗是在尸骨上或尸骨周围撒上赤铁矿粉末。

第三期，属于该期的内陆地区的遗址以广西桂林甑皮岩上文化层为代表，同期遗址有广西柳州大龙潭鲤鱼嘴第二期文化；滨海地区的遗址以台湾台北县八里乡大坌坑遗址下层为代表[19]，同期遗址有广西扶绥江西岸三、四层[20]、东兴亚菩山、马兰嘴下层[21]、广东潮安海角山、澄海苏北村、内底村等[22]。这一期的绝对年代为距今 8000 ~ 6500 年。

该期在遗址的类型方面，除前期已有的洞穴遗址和贝丘遗址外，开始出现一定数量的台地遗址。洞穴遗址和贝丘遗址的地理环境与前期大致相同，只是在文化堆积上，该期的文化层往往叠压在前期的文化层之上，如甑皮岩和鲤鱼嘴两遗址即属这种情况。这一期的台地遗址大部分位于河口和海岸的低台地上，背邻低山茂林，附近有水源，对采集、渔猎和农耕都比较方便。

第三期的文化遗存，不论是生产工具方面的石器、骨器和蚌器，还是生活用具方面的陶器，都比前期进步。该期打制石器的数量比前期减少，磨制石器的数量比前期增加。打制石器的制作比前期进步，两面交互打击的器形比前期增多，加工修理也较精细。这期的磨制石器不但数量增多，而且出现了穿孔技术和通体磨光的器形，磨制石器常见的器形有斧、锛、穿孔石器、镞、网坠等，该期的石器和前期相比，有一种形体变小的趋势。

陶器制作技术的进步较石器显著。该期陶器和前期的区别是，夹砂陶的数量减少，泥质陶的数量增多，并出现一部分泥质磨光陶。这一期的泥质陶，火候高，胎壁薄，陶器的纹饰比前期繁缛，常见的纹饰有绳纹、刻划纹、圆窝纹、弦纹、波折纹等。一些时代较晚的遗址中还出现篮纹和席纹。东兴和潮安的滨海贝丘遗址中，还有一部分夹砂粗红陶上施红衣或饰赭红彩。大垄坑文化的陶器中还有一部分在外壁上涂红彩的粗线纹，陶器的器形仍以圜底器和平底器为主，但已出现少量的圈足器和三足器。主要器形有罐、钵、碗、釜、瓶、瓮等。

华南地区的新石器时代早期文化发展到第三期，内陆地区和滨海地区在文化面貌上的区别比前期显著。

滨海地区打制石器的制作较内陆地区进步，但磨制石器的制作技术比内陆地区落后，磨制石器的数量滨海地区比内陆地区少。滨海地区的打制石器，其典型器形是一种称为"蚝蛎啄"的尖状器，这种器形的制作均采用两面交互打击法，在尖端相交的两个刃缘修理得比较精细。内陆地区的典型石器——砍砸器，通常采用单面单向打击，器形较大，制作粗糙。

滨海地区的大垄坑文化，主要分布在台湾北部、西部沿海及其岛屿。这种文化的陶器以粗绳陶为特征，有些学者称为"绳纹陶文化"[23]。夹砂绳纹陶是整个华南地区新石器时代早期文化的共同特征，这说明大垄坑文化和华南地区的新石器时代早期文化有着密切的联系。但大垄坑文化与华南地区的新石器时代早期文化在文化面貌方面还有一些差别，如石器，大垄坑文化中的两头或两头和腰部打出缺面的网坠，长三角形中心穿孔的石镞，有一面磨成多条平行沟槽的"树皮布打棒"等，都是内陆地区所没有的器形。又如陶器，大垄坑文化的陶器唇部上缘薄，到颈部加厚，有的厚成一道脊状突起；有些陶器附柱状把手和具有镂孔的低圈足；这些特征都是华南地区其他同时代文化中所没有的。大垄坑文化中用陶土烧成的带孔的方形板和中间穿孔的短圆柱形器，也不见于内陆地区。

以上将华南地区的新石器时代早期文化分为三大期，这是一个粗略的分期。这三期的同期各遗址之间在文化面貌上还有一定的差异，还可再作小的分期。如第一期中的独石仔遗址，其上层文化遗存要比下层文化遗存进步，这两层还可再分出一期。又如第二期中的石尾山遗址，其文化遗存中出现了陶器，已进入有陶新石器时代，但其石器只有打制石器，而无磨制石器；陶器一共发现4片，并且都是火候很低的素面粗砂陶；石尾山遗址的文化遗存，无疑要比同期其他遗址的文化遗存原始，还可在第二期中再分出一期。

关于华南地区新石器时代早期文化的绝对年代，现已测定的[14]C数据共有十余个（表二），由于华南石灰岩地区流水中含有大量由石灰岩溶液带来的几乎不含放射性碳素的古老碳酸盐，因此[14]C年代一般偏高。据研究，陆生动植物（除蜗牛外）样品的[14]C年代不受石灰岩特殊环境的影响，至少无显著的影响，而水下生长的动植物样品[14]C年代则偏老1000~2000年。表二所列的[14]C年代中如扣除水生动物样品年代的偏高部分，第一期年代均在距今12000年以下，第二期年代约在距今9500年以下，第三期年代约在距今8000~6500年。

表二　　　　　　　　　　　　　华南地区新石器时代早期文化年代

分期	遗址	采样地层	样品	距今年代	实验室编号
第一期	广东封开黄岩洞	黄褐色堆积层	蚌壳	10950 ± 300	ZK - 677 - 1
	同上	灰褐色堆积层	蚌壳	11930 ± 200	ZK - 676 - 1
	广东阳春独石仔	T3 上层	螺壳	14900 ± 300	ZK - 714 - 1
	广西柳州白莲洞	东部上层	螺壳	12900 ± 150	
	贵州平坝飞虎山	洞二 T2①	木炭	12920 ± 350	GC - 702
第二期	江西万年仙洞	下文化层	兽骨	8825 ± 240	ZK - 92 - 0
	南宁豹子头	距地表190厘米	螺壳	10656 ± 200	ZK - 841
	同上	距地表200厘米	螺壳	10735 ± 200	ZK - 842
	桂林甑皮岩	79KJDT6 第二层钙华板下 170 厘米	木炭末	9000 ± 150	ZK - 911
	同上	79KJDT6 上钙华板下 170 厘米	兽骨	9100 ± 250	BK - 79314
第三期	广西扶绥江西岸	距地 0～60 厘米	螺壳	8950 ± 130	ZK - 850
	同上	距地表110厘米	螺壳	9245 ± 140	ZK - 851
	桂林甑皮岩	79KJDT6 上钙华板下 30 厘米	木炭末	7680 ± 150	ZK - 910
	同上	79KJDT5 紧靠上钙华板	螺壳	8970 ± 100	BK - 79308

二　华南地区新石器时代早期文化与中南半岛新石器时代早期文化的关系

中南半岛地区属于新石器时代早期文化的主要有和平文化、北山文化和琼文文化。

和平文化主要分布在越南北部及其邻近地区的上寮、中寮和泰国的东北部。迄今在越南北部的和平、宁平、清化、义安、广平等省的石灰岩山区，已发现和发掘了 70 多个遗址。和平文化遗址主要为滨河岩溶地区的洞穴遗址，有少数为滨海地区的海岸遗址，洞穴遗址最常见的地点是位于小河附近的高原岩溶地区，或者位于紧邻河流沿岸有森林覆盖的半山区。文化层堆积中常有螺壳、兽骨等动物遗骸。和平文化可分为早、中、晚三期。早期是和平文化典型工具即将形成的阶段，早期石器以砾石制作的形体粗大的砍砸器数量最多，用砾石制作的切割器也占一定的数量[24]。中期是和平文化典型工具出现的阶段，现已发现的和平文化遗址多属中期阶段。中期文化遗存的特征是：石器大都以砾石作原料，打击石片和修理石器大多使用锤击法；石器以单面打制为主，两面打制的很少；石器的形体一般都较大，没有典型的细石器（用间接打击法制作的细石器）；打制石器的主要器形有砍砸器、刮削器、尖状器等，其中以砍砸器的数量最多；磨制石器只在刃部磨光，常见的器形有石斧、石锛、石刀等农业生产工具，以及用于加工谷物的磨盘、磨棒等生活用具。磨制石器的出现是和平文化的一个重要特征，据报道，在越南北部的和平文化遗址中已普遍出现刃部磨光的石斧，有的遗址（瓦背乡、多福）刃部磨光的石斧多达几十种，盐洞遗址的刃部磨光的石斧则占全部石器的18%。和平文化晚期阶段的主要特征是绳纹陶的出现。

属于和平文化早期阶段的泰国仙人洞遗址第 4 层至第 2 层的地层中发现有蚕豆、豌豆、蔓豆、瓠、胡椒、黄瓜、橄榄、槟榔、油桐子、胡桃、樱桃、菱等农作物[25]。

根据近几年所公布的资料，在和平文化遗址的地层中所发现的哺乳动物皆为现生种，表明其地质时代已进入全新世。关于和平文化的年代，根据泰国仙人洞遗址的[14]C 数据，其早期阶段为距今 11000～9000 年，中期阶段约距今 9000～8000 年，晚期阶段为距今 8000～7000 年。

北山文化相当于和平文化的晚期阶段。石器主要有用砾石制作的横剖面为方形的石斧、扁平石斧、原始型的有肩石斧。还发现石制、骨制和蚌制的装饰器。陶器有绳纹陶和篮纹陶两种。有的遗址中还发现编织物和纺织物，可能已饲养水牛，在山区种植水稻。

琼文文化属于北山文化的沿海类型，其分布地区主要在越南北部，大多为贝丘遗址。石器由天然的火成岩石块或石片制成，器形有双面石斧、单面刮削器、磨石、杵、臼、石核石器和一些石片工具。出土的陶器比较粗劣，以素面为主，有少量绳纹陶；器形多为圜底器[26]。琼文遗址的上层有几个墓葬群，共有墓葬 30 座，葬式为屈肢蹲葬，墓坑呈圆形，随葬品有石制的工具以及石制和骨制的装饰品、穿孔贝壳等[27]。

将中南半岛的新石器时代早期文化和我国华南地区的新石器时代早期文化对比，可知两者在文化面貌上有一些共同特征：（1）石器都以砾石作原料；打击石片和修理石器都以锤击法为主，不使用包括压制法在内的间接打法；打制石器均以单面单向打制为主，两面交互打制的较少，打制石器皆以大、中型为主，没有"典型的细石器"。（2）在前陶新石器时代，石器均以打制为主，但都出现一定数量的刃部磨光的器形。磨制石器常见的器形有石斧、石锛、石刀、石镰等农业工具以及磨盘、磨棒、杵、臼等谷物加工用具。（3）在新石器时代早期的后一阶段，磨制石器的数量增加，同时出现以粗绳纹陶和圜底器为特征的夹砂粗陶。（4）墓葬以屈肢蹲葬为主。一般无随葬品，有随葬品的墓葬只随葬几件石制工具和少量的装饰品。

中南半岛北部地区的和平文化和北山文化与华南地区的新石器时代早期文化虽有上述共同特征，但仍有许多区别，如华南地区滨海贝丘遗址中使用两面交互打击制作的尖状器（蚝蛎啄）以及属于渔猎工具的骨、角、蚌器（骨鱼镖、枪头、穿孔蚌器），都不见于和平文化与北山文化遗存中；又如陶器，和平文化与北山文化只见夹砂陶一种，而华南地区的新石器时代早期文化除夹砂陶外，还有少量的泥质陶；陶器的纹饰，中南半岛的新石器时代早期文化的陶器纹饰主要是绳纹一种，很少见其他纹饰，而华南地区的新石器时代文化陶器纹饰除绳纹外，还有刻划纹、席纹、圆窝纹、贝印纹、指甲纹等。

中南半岛地区和华南地区的新石器时代早期文化，在文化面貌上的一些共同特征并非文化传播的结果，而是由两者的一些共同因素所决定的：（1）中南半岛和华南地区有相似的气候和地理环境，如两者均为热带和亚热带地区，气候湿热，有丰富的动植物资源；内陆均为滨河岩溶地区。（2）旧石器时代文化传统相同。两者均属砾石—砍砸器文化传统。

（3）文化发展阶段相同，两者均处于新石器时代早期阶段。

石器时代，各个地区文化的发展各有其连续性和继承性，一种新文化因素的出现应从这一文化内部寻找根源，中南半岛的文化和北山文化与华南地区的新石器早期文化都是在各自地区的旧石器晚期文化的基础上发展起来的，两者不属同一文化系统。

（原载《东南文化》1989 年第 3 期）

[1]　周国兴：《白莲洞遗址的发现及其意义》，《史前研究》1984 年第 2 期：《中国广西柳州白莲石器时代洞穴遗址》，《东南文化》第三辑。

[2]　贾兰坡：《广西洞穴中打击石器的时代》，《古脊椎动物与古人类》1960 年第 2 卷第 1 期。

[3]　吴新智等：《广西东北地区调查简报》，《古脊椎动物与古人类》1962 年第 6 卷第 4 期。

[4]　裴文中：《广西洞穴的中石器时代石器》（英文），《中国地质学会志》1935 年第 14 卷，第 393 ~ 412 页。

[5]　邱立诚等：《广东阳春独石仔新石器时代洞穴遗址的发掘》，《考古》1982 年第 5 期；邱立诚等：《广东阳春独石仔洞穴文化遗址发掘简讯》，《古脊椎动物与古人类》1980 年第 18 卷第 1 期。

[6]　广东省博物馆：《广东翁源县青塘新石器时代遗址》，《考古》1961 年第 11 期。

[7]　宋方义等：《广东封开黄岩洞洞穴遗址》，《考古》1983 年第 1 期；宋方义：《广东封开黄岩洞古人类文化遗址简讯》，《古脊椎动物与古人类》1981 年第 19 卷第 1 期。

[8]　李衍垣：《飞虎山洞穴遗址的试掘与初步研究》，《史前研究》1984 年第 3 期。

[9]　韩起：《台湾省原始社会考古概述》，《考古》1979 年第 3 期。

[10]　陈仲玉：《玉山地区的考古学探寮》（油印稿），1969 年。

[11]　何乃汉等：《试论岭南中石器时代》，《人类学学报》1985 年第 4 卷第 4 期。

[12]　江西省文物管理委员会：《江西万年大源仙人洞洞穴遗址试掘》，《考古学报》1963 年第 1 期；江西省博物馆：《江西万年大源仙人洞洞穴遗址第三次发掘报告》，《文物》1976 年第 12 期。

[13]　同 [6]。

[14]　顾玉珉：《广东灵山洞穴遗址调查报告》，《古脊椎动物与古人类》1962 年第 6 卷第 2 期。

[15]　广西壮族自治区文物工作队等：《广西桂林甑皮岩洞穴遗址的试掘》，《考古》1976 年第 3 期。

[16]　柳州市博物馆等：《柳州市大龙潭鲤鱼嘴新石器时代贝丘遗址》，《考古》1983 年第 9 期。

[17]　广西壮族自治区文物考古训练班等：《广西南宁地区新石器时代贝丘遗址》，《考古》1975 年第 5 期。

[18]　广东省文物管理委员会：《广东潮安的贝丘遗址》，《考古》1961 年第 11 期。

[19]　张光直：《中国南部的史前文化》，《"中央研究院"历史语言研究所集刊》，第 42 本第 1 分册，1970 年。

[20]　同 [17]。

[21]　广东省博物馆：《广东东兴新石器时代贝丘遗址》，《考古》1961 年第 12 期。东兴现属广西自治区防城各族自治县。

[22]　同 [18]。

[23]　张光直：《中国南部的史前文化》，《"中央研究院"历史语言研究所集刊》第 42 本第 1 分册，1970 年。

[24]　[越南] 黄春征：《关于和平文化阶段》，《考古学参考资料》第 5 辑，文物出版社，1982 年。

［25］　［美］切斯特·戈尔曼：《和平文化及其以后——更新年世晚期与全新世初期东南亚人类的生存方式》，《考古学参考资料》第 2 辑，文物出版社，1979 年。

［26］　［法］埃德蒙·索兰等：《印度支那半岛的史前文化》，《考古学参考资料》第 2 辑，文物出版社，1979 年。

［27］　［英］杰里米·戴维森：《越南近年来的考古活动》，《考古学参考资料》第 2 辑，文物出版社，1979 年。

台湾新石器时代文化综述

一　新石器早期文化

（一）前陶新石器文化

在经调查的遗址中，可能属于前陶新石器遗址的有台湾中部的玉山。玉山遗址发现的石器有石斧、石镞、石枪头等，这些石器均为打制；未发现磨光石器，也未发现陶器；但打制石器的器形均与台湾新石器文化的磨制石器中的同类器相似[1]；故其文化时代应归属新石器时代。

1964 年，曾对台湾日月潭湖底淤泥做花粉分析。其结论是，在 12000 年前，日月潭附近，原始森林逐渐被次生森林所代替。这种对原始森林持续性的破坏，是人类进行农耕活动的结果。原始农业的出现是新石器时代开端的一个重要标志。这说明，在 12000 年前，台湾的一些地区已进入新石器时代，原始农业已经产生。

（二）大坌坑文化

大坌坑文化发现于 1964 年，主要分布在台湾西海岸地区，东海岸地区只有零星发现。大坌坑文化遗址大都位于河口两岸和海岸低台地上。

大坌坑文化以粗绳纹陶为特征，一些研究者称"粗绳纹陶文化"。大坌坑文化遗存都出现在新石器遗址的最下层，是台湾迄今发现的时代较早的新石器文化。该文化的年代，只测得一个 ^{14}C 数据，为距今 5480±55 年[2]。这一年代属于该文化的晚期。大坌坑文化在年代上的幅度，可能在距今 10000～5000 年。但目前在台湾发现的大坌坑文化遗存，均属其中、晚期，其早期遗存尚未发现。有些研究者认为，大坌坑文化与旧石器晚期的长滨文化，其距离较大，两文化时代不相连接。

大坌坑文化的陶器多粗砂陶，火候低，质软而粗疏，胎厚呈灰色，器表为红色或红褐色；纹饰以粗绳纹为主，有的在肩部和腹部施以划纹；有的在器表饰以红色彩的粗线纹；器形简单，常见的器形有碗、罐、瓶、瓮等；以平底器和圜底器为主，有少量的圈足器，不见三足；瓮、罐的口部薄，至颈部加厚，在唇下常有一道脊状突起（图一）。石器有打制和磨制两种；磨制石器的制作比较粗糙，器身上常有打制的痕迹；主要器形有打制的

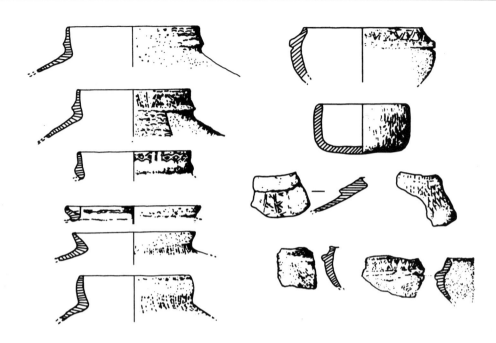

图一　大坌坑文化陶器

（采自张光直等，1969 年）

石斧、石网坠，磨制的石锛、石凿、三角形中带小孔的石镰等。

大坌坑文化石器中磨制石锛、打制石斧等农业生产工具的普遍出现，说明农业在经济生活中已占较大的比重。根据日月潭花粉分析的结果，在 6200 年前，在禾本科的花粉之中，至少有三分之二是谷类植物。有的学者认为，大坌坑文化时期已有豆类、硬果类、根茎类、果树类等农作物[3]。大坌坑文化石器中石镞、石网坠等渔猎工具的出土，说明渔猎在当时仍是较重要的生产部门。

二　西北部的新石器文化

台湾西北部继大坌坑文化之后是"圆山文化"，该文化可分为早、晚两期[4]。也有的研究者主张把植物园期单独作为一种文化，称为"植物园文化"[5]。

（一）圆山早期（圆山期）

圆山文化开始的年代，大约在公元前 2000 年前后。圆山文化早期的遗物有石器、陶器、骨角器等。石器的类型较多，其典型器形有磨制的大型石铲、石锄、常型石锛、有段石锛（图二）、有肩石斧（图三）、扁平石凿、石镰、石枪头（图四）等，其中尤以有段石锛和有肩石斧最具特征。台湾西海岸中南部同时代文化中常见的多种形制的石刀，不见

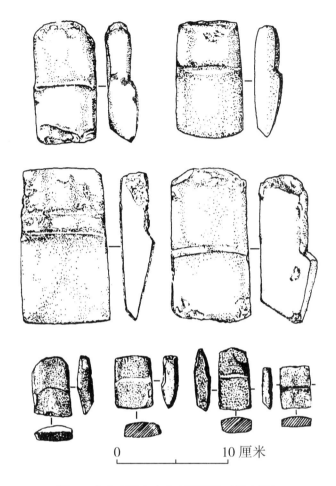

图二　台北市圆山出土有段石锛（圆山期）

于圆山文化。

圆山文化的骨、角器，以小型的凿形器数量最多，而具有倒刺的骨渔叉，则颇具特征。

圆山文化早期的陶器，大多数是含细砂的棕灰色陶。素面陶常有红衣，或有彩绘的点纹及条纹；少量器皿的器表施网印纹。器形主要有罐、钵、碗、壶、支座等，其中以浅棕色素面的圜底罐数量最多，圈足圜底罐次之。圜底罐常有一对左右对称的由口缘到肩部的竖行把手，而显示其特征（图五）。此外，还出现少量的器形十分特殊的双口或三口的圈足瓶，其口部大多有流。

从圆山文化早期大量出土的有段石锛、有肩石斧、石铲、石锄等农业生产工具看，其农业经济比大坌坑文化时期有了较大的发展，但采集和渔猎经济仍占一定的比重。

209

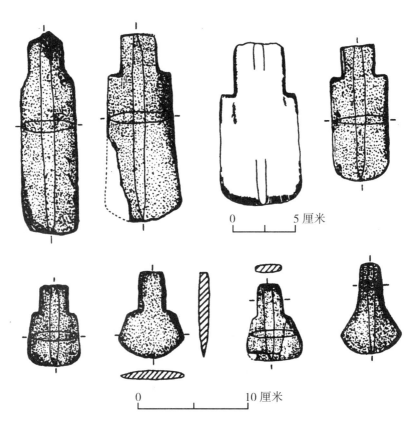

图三　台北市圆山出土有肩石斧（圆山期）

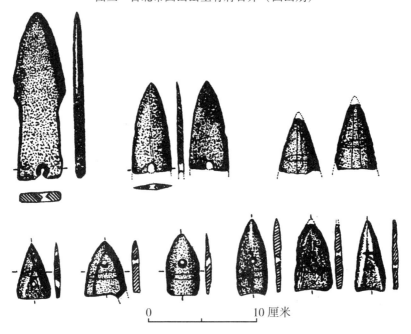

图四　台北市圆山出土石枪头、石镞（圆山期）

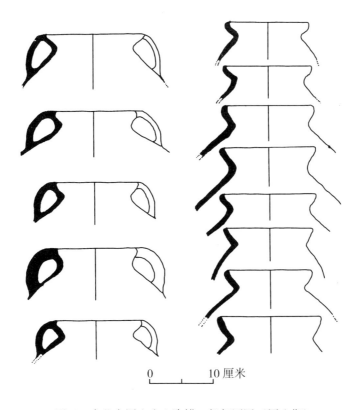

0　　　　　　　10厘米

图五　台北市圆山出土陶罐口部复原图（圆山期）

（二）圆山晚期（植物园期）

大约在公元前700～前500年前后，圆山文化由早期进入晚期。圆山文化晚期的分布范围大致和早期相同，其典型遗址是台北县树林镇狗蹄山。

植物园期的典型陶器是方格纹的印纹陶。圆山期的素面陶到植物园期大量减少，而被印纹陶所代替。石器，植物园期有段石锛的厚度增加，有肩石斧消失，出现一种长条形弧刃石锄。

新石器时代晚期，我国长江以南直至华南沿海普遍出现一种以印纹为特征的印纹陶。有的研究者把江南地区的印纹陶分为四个地区（类型）：（1）江、浙、皖地区；（2）闽、台地区；（3）江西地区；（4）广东地区[6]。植物园期的方格纹印纹陶在福建闽侯庄边山上层[7]、福清东张中层[8]等都有较多的发现，应属于上述四个类型中的闽、台类型。

圆山文化墓葬的人骨大都有拔齿的现象，同样的习俗亦见于台湾的泰雅、赛夏、布农及若干平埔族。其葬俗大都为不同棺椁的仰身直肢葬。

据研究，有拔齿现象的遗址年代，有一个由北往南递减的趋势：大汶口文化最早，马家浜文化稍晚，江汉地区屈家岭文化和华南原始文化更晚。这种年代早晚关系与拔牙风俗在地理分布上的"流动"方向是基本一致的。从现有资料来看，大汶口文化的分布地区（黄河下游）是拔牙风俗最早的发源地，台湾少数民族的拔牙风俗很可能在比昙石山遗址时代更早的时候由大陆沿海传入[9]。

圆山文化延续的时间有两千年之久，约于公元前后，该文化被属于铁器时代的"十三行文化"所取代。

三 西海岸中部的新石器文化

关于台湾西海岸中部和南部的新石器文化系统的区分，目前大体有两种不同的意见：一种意见，把台湾西海岸中、南部继大坌坑文化之后的新石器文化统称为"凤鼻头文化"，并将该文化分为红陶文化类型、素面和刻纹黑陶文化类型、印纹和刻划纹黑陶文化类型[10]；另一种意见，则把台湾西海岸中部和南部的新石器文化分别归属两个不同的文化系统：中部在大坌坑文化之后是牛骂头文化—营埔文化—大邱园文化；南部为牛稠子文化—大湖文化（见表一）[11]。笔者认为，前一种意见，将所谓"凤鼻头文化"按照陶器的颜色和纹饰分为前后相承袭的三个文化类型的方法，容易混淆不同文化的性质，亦即会将陶器颜色和纹饰相同、而器形及文化内涵不同的文化，混同为相同的文化。

根据已发现的资料，台湾西海岸中部和南部的新石器时代文化，其文化面貌区别较大。如西海岸南部的凤鼻头上层文化和同时代的西海岸中部的营埔文化，其文化面貌就可有很大区别：凤鼻头上层的红陶和灰陶各占百分之四五十，黑陶只占百分之一；而营埔文化以灰、黑陶为主，红陶极少；两者陶器的种类也不同，鼎是营埔文化的主要炊器，而凤鼻头文化却缺乏这种器形。

以上分析说明，台湾西海岸中部和南部，在大坌坑文化之后，其新石器文化面貌区别较大，不应归属同一文化系统，而应归属两个不同的文化系统。

（一）牛骂头文化

该文化以台中县清水镇牛骂头的下层文化为其典型遗存[12]，同类遗址还有南投县草屯镇的草鞋屯。

牛骂头文化的陶器以泥质红陶为主，灰陶数量较少；陶器皆手制；平底器和圈足器的数量最多，主要器形有碗、盆、壶、罐等；器皿的口缘大都外侈，少内敛；纹饰主要有线纹、绳纹、席纹；部分器物的足有镂孔。石器主要器形有斧、锛、穿孔石刀、网坠等。不见北部沿海圆山文化中常见的有肩石斧和有段石锛。

表一　　　　　　　　　　　**台湾原始文化序列**

（根据宋 1980 年层次表改制）

		西海岸			东海岸地区
		北部地区	中部地区	南部地区	
1600 1000	铁器时代	十三行文化	番仔园文化 / 大邱园文化	茑松文化	阿其文化
AD 公元 BC	新石器时代	植物园期 / 圆山文化	营埔文化	大湖文化	麒麟文化 / 卑南文化
1000					
2000		园山期	牛骂头文化（晚期 / 早期）	牛稠子文化	
3000					
4000		大坌坑文化			
5000 10000 15000	旧石器时代	长滨文化			

213

（二）营埔文化

属于该文化的主要遗址有台中县大肚乡营埔[13]、南投县埔里镇大马磷[14]等。

营埔文化的陶器以灰、黑色为主，红陶数量较少。器表多素面，纹饰有绳纹、附加堆纹、划纹，有少量彩陶。陶器的种类较多，主要器形有鼎、钵、盆、豆、壶、罐等（图六），其中以鼎和带鼻壶颇具特征。石器有打制和磨制两种，以磨制石器为主；常见的器形有石锛、石刀、马鞍形石刀、多孔石刀、石镰、穿孔石镞、带铤石镞等，其中以多孔石刀、马鞍形石刀、有孔石镰最具特征性。

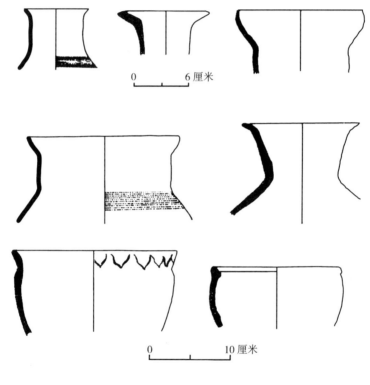

0 —————— 6 厘米

0 —————— 10 厘米

图六　营埔文化陶器

（采自金关、国分，1979 年）

营埔文化的生产工具以农业工具最多，反映其农业经济比较发达。1966 年发掘营埔遗址时，曾发现印在陶片表层中的稻壳痕迹，这是目前在台湾发现最早的水稻遗存，说明在当时水稻的栽培已由东南沿海地区传入台湾。

关于营埔文化的年代，在营埔遗址共测定了三个^{14}C 数据[15]：Y－7630，2970±80BP，或 1020±80BC；Y－1631，2810±100BP，或 960±100BC；Y－1632，2250±60BP，或 300±60BC。根据上述^{14}C 数据，结合其他营埔文化遗址的年代，把该文化的绝对年代放在公元前 1000 年至公元前二三百年，较为适宜。

（三）大邱园文化

大邱园文化在台湾西海岸中部新石器时代文化的发展序列中，一度曾置于营埔文化之前[16]。近年来，根据一些新发表的[14]C年代，已将大邱园文化移置于营埔文化之后，其晚期则与铁器时代的番仔园文化初期并行[17]。

大邱园文化的石器大都为磨光石器，常见的器形有石斧、石锛、穿孔石刀、石矛、石镞等。陶器多素面，部分器皿的口部以下饰贝纹；主要器形有盘口釜、敛口钵、壶、罐等，其中以盘口釜颇具特征。

四　西海岸南部的新石器文化

台湾西南沿海地区的新石器时代文化，继大坌坑文化之后是牛稠子文化和大湖文化。这两个不同发展阶段的新石器文化，在高雄县凤鼻头遗址有清楚的地层叠压关系。凤鼻头遗址的下层以粗绳纹陶为主，中层则为细泥红陶，上层为灰、黑陶；下层属大坌坑文化，中层属牛稠子文化，上层属大湖文化。

（一）牛稠子文化

属于牛稠子文化的遗址有台南县永宁乡牛稠子贝丘[18]、高雄县凤鼻头[19]等。

牛稠子文化的陶器以细泥红陶最有代表性，红陶分泥质磨光陶和红衣陶两种。手制，用泥条或泥圈盘筑。纹饰多细绳纹，有少量的刻划纹、附加堆纹和彩绘。主要器形有圆柱足的鼎、钵、碗、盆、长颈瓶、大浅盘镂孔圈足豆、小口广肩罐等（圈七），其中以小口广肩罐、长颈瓶和大浅盘镂孔圈足豆颇具特征。

石器大都以橄榄石、玄武岩和页岩为石料，磨制精致。常见的器形有大型磨光石斧、石锛、长方形及半月形穿孔石刀、石凿、石靴形器、石矛、石镞等，其中以大型磨光石斧、长方形及半月形穿孔石刀、石靴形器等为最具特征的器物。

（二）大湖文化

属于大湖文化的遗址有高雄县湖内乡大湖贝丘[20]、凤鼻头（上文化层）[21]和台南县六甲顶等。

大湖文化的陶器有夹砂红陶、夹砂灰陶和泥质黑陶，其中以泥质黑陶代表该文化的特征。夹砂红陶的器形主要有钵、簋、杯、小口瓮等（图八，上），纹饰有篮纹和刻划纹。夹砂灰陶的器形有盆、罍、杯、小罐等（图九，下），纹饰有附加堆纹和波浪纹。泥质黑陶为黑皮陶，灰胎，体薄，表面刻划条纹；主要器形有壶、杯、钵、碗、盆、罐等；纹饰

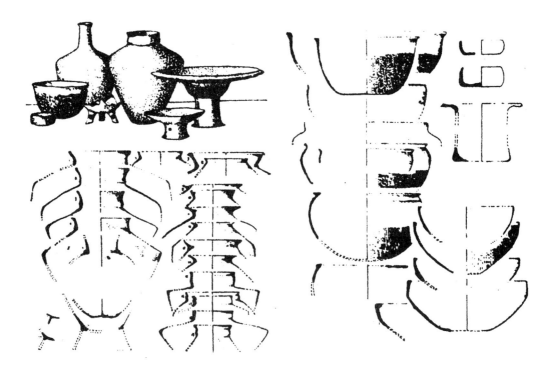

图七　牛稠子文化陶器

（凤鼻头出土细泥红陶，采自张光直等，1969 年）

有波纹、刻划条纹和少量彩陶；彩绘为深红色，彩纹有"人"字纹和卵点；部分器皿的口部有刻划符号。

石器大多用板岩制作，主要器形有石斧、石刀、石镞等。

台湾西海岸的中部和南部地区，大体上和北部一样，都在公元前后逐渐由新石器时代进入铁器时代。中部地区进入铁器时代的是"番仔园文化"，南部地区是"茑松文化"（表一）。在这些文化中，开始出现青铜器和铁器。

五　东海岸的新石器文化

台湾东海岸地区，新石器时代早期只有一些零星分布的大坌坑文化。该地区新石器时代晚期，有麒麟文化[22]和卑南文化[23]。

麒麟文化主要分布于海岸山脉东麓边缘，卑南文化除一小部分和麒麟文化重叠分布外，大都集中于花东人谷，而其若干要素则波及恒春半岛（表二）。卑南文化的内涵之一的石板棺，波及西海岸的一些新石器文化。麒麟文化和卑南文化，在东海岸地区是平行发展的两个文化，但卑南文化开始和结束的年代都晚于麒麟文化。

(一) 麒麟文化

麒麟文化又称巨石文化,其最大特色是大量的大型石制遗存,主要包括岩棺、石壁、巨型石柱、单石、石象、有孔石盘及整套的巨石构筑等。麒麟文化遗址中常有成群的单石,这些单石可能是原来的人像或神像形式化和抽象化的结果。数量众多的单石和大量的有孔石盘共存,或成排竖立,或有规则的堆叠,可能与祭祀及其他仪式有关。

台东县成功镇麒麟遗址的一个 ^{14}C 年代为距今 3060 ± 280 年,这是该文化鼎盛时期的年代。

麒麟文化遗存,除在台湾东海岸和恒春半岛发现外,不见于台湾的其他地区,也不见于南部沿海地区。中南半岛发现的巨石文化,是否与麒麟文化有关,目前还不清楚。

(二) 卑南文化

卑南文化的代表性遗址是台东市南王里。该文化的典型遗存有板岩石柱、石板棺、石槽等。石制工具有打制的石斧和磨制的石锛、穿孔石刀、石镰等。陶器以夹砂红陶为主,次为泥质黑陶。夹砂红陶的器形主要有鼎、圈足盘、碗、罐、钵、杯、器盖、纺轮、把手等。

卑南文化结束的年代比较晚,可能已到铁器时代。有的研究者认为,该文化可能与现居于东海岸的阿美族的古代文化有关[24]。

图八　大湖文化陶器

(上为夹砂红陶,下为夹砂灰陶,均为凤鼻头出土,采自张光直等,1969 年)

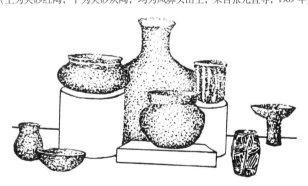

图九　大湖文化黑陶

(凤鼻头出土,采自张光直等,1969 年)

表二　　　　　　　　　　　　**台湾东海岸各种石制遗物分析表**

（参看宋文薰文，1980 年）

			板岩石柱	板岩石槽	石板棺	岩棺	石壁	巨石石柱	单石	石象	有孔石凿
海岸山脉东侧	1	新社				+		+	+		+
	2	丰滨				+					
	3	奇苞山				+					
	4	加湾							+		+
	5	扫别									+
	6	竹湖							+		+
	7	宁埔					+				
	8	胆曼					+		+		+
	9	白守莲				+			+	+	
	10	三民里							+		+
	11	麒麟				+			+	+	+
	12	八边				+					
	13	和平				+			+		+
	14	泰源			+		+		+		+
	15	东河							+		
	16	都兰			+	+	+		+		+
海岸山脉西侧	17	平林	+		+						
	18	太巴塱				+					
	19	舞鹤	+								
	20	石牌	+								
	21	红叶		+	+						
	22	卑南	+	+	+						
	23	鲤鱼山	+	+	+						
恒春半岛	24	太麻里	+		+						
	25	达仁									
	26	工作地	+								
	27	南仁坑	+								

六　结语

　　台湾自古以来就是祖国的一部分。台湾自有人类活动以来，就和祖国大陆有着密切的文化联系。台湾的旧石器文化——长滨文化，和华南的旧石器晚期文化有许多共同的特征。进入新石器时代以后，台湾和东南沿海地区的文化联系更为密切。台湾新石器文化的一个重要特征是，靠近大陆的西海岸地区，文化类型比较多，而这些不同的文化类型都可在我国东南沿海地区找到相似的新石器文化，从而反映东南沿海地区的新石器文化对台湾新石器文化的影响。台湾最早的新石器文化——大坌坑文化，和华南地区的新石器早期文化有许多相同的特征。大坌坑文化之后，西海岸北部地区的圆山文化、中部地区的牛骂头文化、营埔文化和大邱园文化，南部地区的牛稠子文化和大湖文化等，都和祖国东南沿海地区相应的新石器文化有着密切的联系。

台湾、福建、广东、广西等地区，均属热带和亚热带气候，气温较高，潮湿多雨；并都有广阔的海岸线，沿海多岛屿。这些相似的自然条件，使其新石器文化有许多共同的特征：（1）新石器时代前半期，石器以打制为主，磨制石器不发达；石器中多渔猎和采集工具，农业工具较少。（2）生产工具的上述特征，反映其经济生活以采集和渔猎为主，农业经济不发达；该地域内农业经济的发展要到新石器时代后半期。（3）新石器时代前半期，由于农业经济的不发达，人们的食物不是以农谷物为主，故对陶器的需求量较小，使制陶业得不到发展；华南地区的制陶业要到新石器时代后半期，伴随农业经济的发展而发展。（4）多贝丘遗址；华南地区的贝丘遗址形成于全新世的海退期[25]；由于海退，在海岸地带出现广阔的海岸平原和滨海区；低潮时，在广阔的海滩上出现大量的贝类，为人类提供了丰富的食物资源。

台湾位于祖国东南沿海的边缘地区，黄河流域先进的青铜文化对其影响较晚，使其新石器时代延续的时间较长；当祖国大陆进入铁器时代后，青铜器和铁器才逐步传入台湾。台湾西海岸各地，大约在公元前后，因铁器等物品从大陆传入，开始由石器时代向铁器时代过渡。过渡阶段的文化特征是，石器显著减少，各遗址普遍出现青铜器和铁器；陶器则为火候较高的几何印纹硬陶，这种几何印纹硬陶和福建地区的几何印纹硬陶相似。

台湾进入铁器时代以后，正是封建经济兴盛的汉代，先进的汉文化由东南沿海传入台湾，加速了台湾历史前进的步伐。

（原载《史前研究》1985 年第 4 期）

[1]　陈仲玉：《玉山地区的考古学探察》（油印稿），1969 年。

[2]　《台南县归乡八甲村遗址调查》，《考古人类学刊》1974 年第 35、36 期，第 66 页。

[3]　张光直：《中国南部的史前文化》，载《“中央研究院”历史语言研究所集刊》第 42 本第 1 分册，第 58 ~ 161 页，1970 年。

[4]　宋文熏：《由考古学看台湾》，《中国的台湾》，第 125 页，1980 年。

[5]　韩起：《台湾省原始社会考古概述》，《考古》1979 年第 3 期。

[6]　张之恒：《略论我国东南沿海地区的印纹陶》，《文物集刊》第 3 辑，文物出版社，1981 年。

[7]　福建省文物管理委员会：《闽侯庄边山新石器时代遗址试掘简报》，《考古》1961 年第 1 期。

［8］ 福建省文物管理委员会：《福建省清东张新石器时代遗址发掘报告》，《考古》1965 年第 2 期。

［9］ 韩康信等：《我国拔牙风俗的源流及其意义》，《考古》1981 年第 1 期。

［10］ 同［5］；张光直：《中国南部的史前文化》，载《"中央研究院"历史语言研究所集刊》第 42 本第 1 分册，1970 年。

［11］ 同［4］，插图 16。

［12］ 刘斌雄：《台中县清水镇牛骂头遗址调查报告》，《台湾文献》1955 年第 6 卷第 4 期。

［13］ 金关丈夫、国分直一：《台中县营埔遗址调查预报》，《台湾考古志》（日文），第 73～82 页，法政大学出版局，1979 年。

［14］ 石璋如：《台湾大马磷遗址发掘简报》，《考古人类学报》1953 年第 1 期。

［15］ 宋文熏：《台湾西部史前文化年代（学术座谈会）》，《台湾文献》1965 年第 16 卷第 4 期。

［16］ 宋文熏：《台湾西海岸中部地区的文化层序》，《考古人类学刊》1957 年第 37、38 期。

［17］ 宋文熏等：《台湾史前文化层序》（图表及说明），陈列于台南市民族文化馆，1979 年。

［18］ 国分直一：《台湾先史时代之贝丘》（日文），日本农林省水产讲习所研究报告，人文科学篇，第 7 号，1962 年。

［19］ 张光直等：《凤鼻头、大坌坑和台湾史前史》，《耶鲁大学人类学刊》（英文），第 73 号，1969 年。

［20］ 同［18］。

［21］ 同［19］。

［22］ 宋文熏：《台湾东海岸的巨石文化》，《民族》（日文），第 6 号，1976 年。

［23］ 金关丈夫、国分直一：《台湾东海岸卑南遗迹发掘报告》，《台湾考古志》（日文），第 98～138 页，法政大学出版局，1979 年。

［24］ 金关丈夫、国分直一：《台湾东海岸卑南遗址发掘报告》，农林省水产讲习所研究报告，人文科学篇，第 2 号，1957 年。

［25］ 吕荣芳：《福建、台湾的贝丘遗址及其文化关系》，载厦门大学历史系等编《考古论文选》第 1 集，1980 年。

农业的产生在旧石器时代向新石器
时代过渡中的作用

一 新石器时代早期几个农业萌芽的典型遗址

（一）华南地区的广西壮族自治区桂林市庙岩遗址

庙岩遗址出土的石器均为打制石器，不见磨制石器，器表均保留有较多的砾石面。石器的器形有砍砸器、刮削器、石锤、石砧、穿孔器、盘状器、铲形器、球形器、砺石等，其中以石锤、石钻、砍砸器的数量较多。

在庙岩遗址的第 5 层（最下面的文化层）出土了 5 块制作极原始的、粗糙的灰黑色陶片。此外还有比较丰富的骨、蚌制器，骨器有锥形器、尖形器、铲形器、扁形器，加工有打制、磨制两种方法；蚌制品有蚌刀、穿孔器。

北京大学考古系实验室测定的陶片标本的 ^{14}C 年代分别为距今 15560 ± 500 年、15660 ± 260 年；陶片标本 ^{14}C 年代的准确性不如木炭标本。据此推断，庙岩遗址的年代大约为距今 15000 年左右[1]。

（二）南岭北麓的湖南道县玉蟾岩遗址

玉蟾岩遗址洞内文化层的厚度为 1.2 ~ 1.8 米，地层保存基本完好，文化性质比较单纯。出土的文化遗物有石器、陶器、骨器、角器、牙器等，还出土水稻遗存。石器全部打制，无磨制石器。打制石器的器形有砍砸器、刮削器、切割器、锄形器、刀等。石器制作粗糙，以中、小型石器为主，缺乏细小石器。骨器有骨铲和骨锥。堆积中发现的陶片数量很少。陶片为黑褐色，火候很低，质地疏松，胎厚近 2 厘米，夹炭和粗砂。陶片贴塑，可见交错纹理。陶片内外均饰绳纹。

两次发掘，在文化堆积的层面中部发现水稻谷壳。1993 年出土的稻谷为普通野生稻，但具有人工干预的痕迹。1993 年发掘的三个层位，发现稻属的植硅体。1995 年出土的稻谷为栽培稻，但兼具野稻、籼稻和粳稻的特征，是一种由野稻向栽培稻演化的古栽培稻类型。玉蟾岩 T9 第 3B2 层、3E 层的兽骨经 ^{14}C 测定的年代，分别为公元前 8327 年、前 7911 年（树轮校正值）。玉蟾岩遗址出土的石器全部为打制，没有磨制石器，但原始陶器的出土，说明其文化时代已进入新石器时代[2]。

（三）长江中游的江西省万年县仙人洞和吊桶环遗址

仙人洞位于江西省万年县城东北 15 千米的大源小河山，是怀玉山东麓的一处石灰岩洞穴遗址。洞穴中的文化堆积可分为旧石器时代晚期和新石器时代早期两个大的层次，即下文化层为旧石器时代晚期，上文化层为新石器时代早期。这两个文化层的出土遗物有明显的区别：上文化层有夹砂陶片，而下文化层无陶片。上文化层有磨制石器，而下文化层只有打制石器，无磨制石器。上文化层有较多的人们食剩的螺壳，下文化层则少见或不见这类遗物。上文化层的文化遗物有陶片、打制石器和磨制石器、骨器、角器、蚌器等。陶器均为碎片，全部为夹砂红陶，质地粗疏，掺和大小不一的石英粒；火候低，易碎，厚胎，器壁凹凸不平，厚薄不均；陶器纹饰以绳纹为主，有少量刻划纹和圆窝纹，有些陶器的内外表均饰绳纹，内外绳纹不一致。有的陶片涂朱。口沿为直口，也有口沿微外侈或内敛的。器底有平底和圜底。打制石器有砍砸器、刮削器和石核石器。磨制石器磨制比较粗糙，器形有梭形器、穿孔石器和砺石。骨器均经不同程度的磨制，器形有针、锥、有倒刺的鱼镖。蚌器有人工穿孔，分单孔、双孔和多孔。

吊桶环系高出盆地约 30 米的岩棚遗址，距仙人洞遗址仅 800 米。文化堆积可分为上、下两大层，上层出土夹粗砂陶片，局部磨制的石器、骨器，穿孔蚌器和大量兽骨。下层出土的文化遗物与仙人洞下层一致。从吊桶环遗址所处的地理位置、地形及文化遗物和大量兽骨分析，其文化内涵与仙人洞有内在的联系，它应是栖息于仙人洞的居民在这一带的临时性营地和屠宰场。

仙人洞和吊桶环两遗址的孢粉分析结果显示，上层禾本科植物陡然增加，花粉粒度较大，接近于水稻花粉的粒度。桂硅石分析结果显示，上层有类似水稻的扇形体，从而为探索水稻的起源提供了重要线索。

仙人洞和吊桶环两遗址 ^{14}C 测定的年代数据为，上层大约为距今 1.4 万 ~ 0.9 万年，出土陶器的地层为距今 1.2 万 ~ 1 万年，下文化层为距今 2 万 ~ 1.5 万年；亦即新石器时代早期的地层为距今 1.4 万 ~ 0.9 万年，旧石器时代末期的地层为距今 2 万 ~ 1.5 万年。

二 新石器时代早期几个农业萌芽的典型遗址的文化特征

通过以上华南地区的桂林市庙岩、南岭北麓的湖南道县玉蟾岩、长江中游的江西万年县仙人洞和吊桶环等遗存的分析，可知这几个新石器时代早期遗址在文化遗存方面虽有一些差别，例如有的遗址有打制石器而无磨制石器，但这些遗址具有一些共同特征：（1）陶器已经产生（只有平底器和圜底器，无圈足器和三足器）。（2）农业（水稻）已经萌芽。

（3）人们的食物结构，主体部分不是禾本科农作物，而是依靠采集软体动物（螺）、植物块根和少量果蔬园艺作物。（4）这几个新石器时代早期遗址均为洞穴遗址。

三　新石器时代开端的几个最重要的标志

传统的观点将农业、家畜饲养业、陶器和磨制石器作为新石器时代文化的四个要素，由于各个地区的生态环境、文化传统和生产力发展的水平不同，这四个要素的出现，则有前有后。尽管上述新石器时代文化四要素的出现有前有后，但在这四个要素中，农业是其中最重要的因素，只有农业的产生和发展才能促进家畜饲养业、陶器和磨制石器制造业的发展。在中国北方的沙漠草原地区，由于农业出现比较晚，发展又非常缓慢，故使家畜饲养业、磨制石器和陶器制造业发展也很缓慢，人们的食物来源主要依靠狩猎，而不是农业。狩猎经济的发展则促进细石器及用细石器制造的工具（弓箭、小切割器、小尖状器）的发展。

（原载《中国文物报》2008 年 9 月 12 日）

---

[1]　谌世龙：《桂林庙岩洞穴遗址的发掘与研究》，《中石器文化及有关问题研讨会论文集》，广东人民出版社，1999 年。

[2]　袁家荣：《玉蟾岩获水稻起源重要新物证》，《中国文物报》1996 年 3 月 3 日第 1 版。

中国原始农业的产生和发展

农牧业的产生在人类历史上具有划时代的意义，它使人类由只能以"天然产物"作为食物的"攫取经济"，跨进到能进行食物生产的"生产经济"，为人类社会转入文明时代奠定了物质基础。

中国的农业起源于何时，原始农业的发展可分为几个阶段？这些问题，在中国的历史学和考古学界，认识还不一致。

根据现有考古学、民族学和古文献资料，可把中国原始农业的产生和发展划分为三个阶段：一、火耕农业（或称"刀耕农业"）阶段；二、锄耕农业阶段；三、发达的锄耕农业或犁耕农业阶段（表一）。

表一　　　　　　　　　　　　中国原始农业的分期

年代和分期 ＼ 地区		华南地区	长江流域	黄河流域
	发达锄耕或犁耕农业	山背文化 圆山文化 石峡文化 昙石山文化	青龙泉三期文化 屈家岭文化 良渚文化	齐家文化 大汶口文化 各种龙山文化
4500 6000 8000 10000	锄耕或耜耕农业 — 后期	金兰寺下层文化	北阴阳营下层文化 薛家岗文化早期 大溪文化 马家浜文化中、晚期	大汶口文化早、中期 仰韶文化
	锄耕或耜耕农业 — 前期	大坌坑文化 甑皮岩文化	马家浜文化早期 河姆渡文化	老官台文化 磁山·裴李岗文化
	火耕农业	潮安石尾山 翁源青塘 万年仙人洞		

一　火耕农业阶段

从现有考古资料分析，中国农业最早出现的地区在华南。

华南地区，反映原始农业已经产生的新石器时代早期的遗址有江西万年仙人洞（下层）[1]和广东翁源青塘几处洞穴遗址[2]以及广东潮安石尾山贝丘遗址[3]等。

上述遗址的共同特征是：（1）遗址皆位于山麓的洞穴内，或在山丘上；（2）石器有打制和磨制两种，以打制石器为主，其种类有砍砸器、尖状器、刮削器和极少量的石锛；（3）陶器以夹砂粗红陶为主，器形多圜底器和平底器；（4）文化堆积中都有一定数量的兽骨，其中包括已被饲养的羊、牛等家畜的骨骼[4]。

根据华南地区这些新石器时代早期遗址的特征，可以看出其原始农业已经产生。

首先，从生产工具来看，这些遗址的石器以砍砸器为主，这正是火耕农业中在播种前用于砍伐树木的最有力的工具。在此需指出，有的研究者在研究原始农业时，把有无磨制的石斧、石锛、石铲、石锄等锄耕农业中用于翻土和中耕的工具，作为农业是否出现的一种标志，这种看法是不妥的。最原始的火耕农业，只是将野外的树木砍倒、晒干、烧光，以草木灰作肥料，用削尖的竹木棒挖穴播种。播种前不翻土，播种后也不中耕除草。原始农业的最初阶段，只有用于砍伐树木的砍砸工具和用于播种的竹木棒。这些工具基本上承袭了旧石器时代的采集和狩猎工具，如砍砸器、尖状器、刮削器和木棒，只是在制作上有所进步。因此，在火耕农业阶段，是没有石锛、石铲、石耜、石锄等翻土和中耕工具的。至于用于挖穴播种的木棒，由于这种工具缺乏明显的特征，和一般木棒没有显著的区别，同时又因为木质工具容易腐烂，故在考古发掘中很难发现。

其次，这些遗址中都出土一定数量的用于炊煮谷物性食物的陶器。据研究，陶器的产生是为了适应炊煮谷物性食物的需要。在农业出现后，人类开始以谷物作为食物，而谷物性食物（包括根茎类食物在内）必须用陶器来炊煮。这就是陶器产生的根本原因。新石器时代，凡是农业经济比较发达的新石器文化，其制陶业都比较发达；反之，凡是农业经济不发达，而渔猎和采集经济比较发达的新石器文化，其制陶业都不发达。根据国外考古资料，在西亚和南欧（爱琴地区）等地区，新石器时代划分为前陶新石器和有陶新石器两个阶段；凡是已进入有陶新石器阶段的，其农业皆已产生[5]。

根据有关学者研究，华南地区最早被栽培的农作物是根茎类植物（芋、薯蓣）、葫芦、水生作物、果树、竹等[6]。

华南地区，在农业产生的同时，也出现了家畜饲养业。该地区最早被人工饲养的动物是羊、牛等食草动物。

以上所列举的遗址，虽然农业已经产生，但渔猎和采集在经济生活中仍占很大的比重。万年仙人洞和翁源青塘几处洞穴遗址出土大量的兽骨和鱼骨，骨器中有镞和鱼镖等渔猎工具；潮安石尾山遗址有较厚的贝壳堆积，并有数量较多的采集工具。这些情况说明，在当时，农业虽已产生，但人们的经济生活仍以渔猎和采集为主。

仙人洞遗址下层的 ^{14}C 年代为距今 8575 ± 235 年。翁源青塘几处洞穴遗址和潮安石尾山遗址，没有测定年代，但其文化面貌都比仙人洞下层文化原始，其年代应比仙人洞下层早，距今年代可能达1万年左右。中国也和西亚等地区一样，是世界上农业产生的最早地区之一，大约在距今1万年前后，农牧业就已产生。

华南是中国农业产生的最早地区，但是，由于华南地区，特别是其沿海地区，在新石器时代，因渔猎和采集经济比较发达，使农业经济长期得不到发展。华南地区农业经济的发展，普遍要到新石器时代晚期。

二 锄耕农业阶段

中国的锄耕（或称耜耕）农业，根据其经济、文化的发展水平，可分为前、后两期。

（一）前期

代表锄耕农业阶段前期的新石器文化，黄河流域有磁山—裴李岗文化、老官台文化，长江流域有河姆渡文化、马家浜文化早期，华南地区有大坌坑文化早、中期和以桂林甑皮岩遗址为代表的文化遗存。

中国锄耕农业阶段前期，各个地区在经济生活方面有许多共同之处：（1）在生产力的发展水平上，都进入锄耕阶段。（2）石器有打制和磨制两种，以磨制石器为主，磨制石器中普遍出现石斧、石锛、石铲、石锄等翻土和中耕的工具，以及磨盘和磨棒之类的加工谷物的用具；骨器中也有骨耜、骨铲等翻土工具；这些工具的普遍出现，是进入锄耕农业阶段的标志。（3）在农作物的种类方面，普遍种植禾本科的谷类作物，如粟[7]、稷[8]、水稻[9]等；同时，油菜[10]、葫芦[11]之类的蔬菜作物也已出现。（4）随着农业生产的发展，家畜饲养业也得到了相应的发展；火耕农业阶段人们只能饲养羊、牛等食草动物，到锄耕农业阶段，由于农业的发展，可提供一定数量的谷物性饲料，这时，需要以谷物作饲料的猪、狗，开始被人们饲养。（5）随着农业生产的发展，渔猎和采集在经济生活中的比重比前一阶段降低，但仍是经济生活中的重要部门。

中国原始农业进入锄耕农业阶段以后，人们在经济生活方面虽有以上共同之处，但由于各个地区自然条件的不同，人们在生产和生活上仍存在一定的差别，如在生产工具方面，黄河流域的磁山—裴李岗文化和老官台文化的农业生产工具以磨制的石斧、石锛、石铲为主，而宁绍平原的河姆渡文化早期，其农业生产工具则以骨耜为主；又如在农作物方面，黄河流域以粟和稷为主，而长江流域则以水稻为主。

（二）后期

属于锄耕农业阶段后期的新石器文化，黄河流域有仰韶文化[12]和大汶口文化早、中期，长江流域有马家浜文化中、晚期[13]和北阴阳营下层文化[14]、薛家岗早期文化[15]、大溪文化，东北地区有红山文化[16]，华南地区有以广东增城金兰寺下层为代表的文化遗存[17]。

锄耕农业阶段后期与前期相比，生产力的水平有了较大的提高。后期的农业生产工具，不论是在磨制技术上，还是在工具的形制上，都比前期有较大的进步。前期的磨制石器绝大多数为局部磨光，后期的石器大多数为通体磨光；石器的穿孔，前期少见，后期则比较普遍。在工具的种类方面，后期新增加的农业工具有穿孔石斧、石锄、石耙、穿孔石刀、陶刀等。

锄耕农业阶段后期，长江流域的水稻种植业已相当发达。据统计，这一阶段长江流域已发现水稻遗存的新石器遗址有16处之多[18]，有些遗址的水稻遗存成层的散布在文化堆积中。水稻是一种需要在耕地中长期保存一定水量的作物，如没有一定的灌溉设施，水稻种植是不能发展的。因此，锄耕农业阶段，长江流域比较发达的水稻种植，是以一定的排灌设施为前提的。属于马家浜文化中期的浙江吴兴邱城遗址，在建筑遗存的周围发现9条人工开凿的排水沟[19]，这说明，当时人们已懂得开沟排水。在水稻种植中进行人工排灌，是当时人们的技术水平所具备的。

这一时期，农作物的种类，黄河流域仍然以粟和稷为主，长江流域仍以水稻为主。鉴于这一时期的各种新石器文化中普遍发现以植物纤维为原料的纺织物，可能麻类在当时已作为农作物被栽培。

锄耕农业阶段后期，随着农业生产的发展，家畜饲养业也相应地获得了发展。这一时期家畜饲养业的主要特点是，猪的饲养量大量增加，羊、牛的饲养量相对减少。猪的饲养量增加，这是农业发展的一个标志。

中国北方的沙漠草原地区，其经济的发展和其他地区不同。该地区在整个新石器时代，其经济生活都以渔猎为主，只是到了新石器时代中期才开始饲养少量的狗、羊、牛等家畜。家猪没有发现。猪未被饲养，这与该地区农业未得到发展有关。

锄耕农业阶段后期，随着农业的发展，男子开始投入农业生产劳动，这推动了锄耕农业的发展，促进了母系制向父系制的过渡。

三　发达的锄耕农业或犁耕农业阶段

属于发达的锄耕农业或犁耕农业阶段的新石器文化，黄河流域有大汶口文化中晚期、龙山文化和齐家文化，长江流域有良渚文化、屈家岭文化和青龙泉三期文化[20]，华南地区有闽江下游的昙石山文化[21]、台湾的圆山文化[22]、江西的山背文化[23]和广东的石峡文化[24]等。

中国的新石器时代，在进入发达的锄耕农业阶段后，各地农业的发展存在一定的差异。

中国的东南沿海地区，在这一阶段出现了许多有别于其他地区的新型农业生产工具，其中属于翻土和破土的工具有石犁、有肩石铲、有段石锛、破土器，属于中耕除草的工具有石锄、石耘田器，收割工具有石镰、双孔石刀、半月形穿孔石刀等（表二）。石犁的普遍出现，说明该地区在这时已进入犁耕农业阶段；耘田器（表三）和石锄的普遍使用，表明该地区的水稻种植已进行中耕除草。石制的破土器，不但可用于碎土，进行"精耕细作"；它和石铲配合使用，还可用来开沟排水，是灌溉农业中的一种重要工具。

表二　　　　　　　　　　　中国原始农业工具、农作物和家畜

社会形态	农业发展阶段		主要农业工具	农作物	家畜
父系制	发达锄耕或犁耕农业		石犁、有段石锛、石锄、有肩石铲、破土器、有肩石斧、耘田器、石刀、石镰、蚌镰	粟、稷、水稻、蚕豆、蔬菜、瓜果	猪、狗、牛、羊、马、驴
母系制	锄耕农业	后期	石斧、石锛、石耜、石铲、穿孔石刀、陶刀	粟、稷、水稻、蔬菜	猪、狗、牛、羊
		前期	石斧、石铲、石锛、骨耜	粟、稷、水稻、蔬菜	猪、狗、牛、羊
	火耕农业		砍砸器、尖状器、木棒	芋类、豆类、果树类	羊、牛

注：木棒用于播种，因易腐烂，在遗址中难以发现。

表三　　　　　　　　　　　中国东南沿海出土的原始石犁和耘田器

地区　器类	江苏	浙江、上海	台湾
石犁	昆山陈墓镇、荣庄无锡洛社张明桥、吴江梅堰、南京太岗寺	吴兴钱山漾、邱城、杭州水田畈、上海汤庙、广富林	龟山、大马璘、垦丁、火烧岛、金山、花岗山、圆山、社寮岛
耘田器	吴江梅堰	吴兴钱山漾、杭州水田畈	

东南沿海地区当时出现的犁耕，是用人作牵引力还是牛耕？现在还缺乏资料予以证明。鉴于华南地区牛出现得较早，新石器时代晚期，牛已被普遍饲养，当时用牛进行耕作，也不是没有可能的。

犁耕具有翻地快、耕地深的优点，又可利用畜力，这不仅提高了耕地的效率，同时也为开垦荒地和扩大耕地面积提供了条件，从而极大地促进了农业生产的发展。

从浙江吴兴钱山漾[25]和杭州水田畈[26]出土的植物种子来看，当时的太湖流域除以种

植水稻为主要农作物外，还种植蚕豆、花生、芝麻、西瓜、甜瓜等作物。钱山漾还出土绢片、丝线、麻布和竹编器等；这说明在当时的太湖流域，养蚕、抽丝织绢，种麻织布，栽竹等，已很盛行。

黄河流域在发达的锄耕农业阶段出现的新型农业生产工具有骨铲、蚌铲、穿孔石刀、骨镰、蚌镰等。安柄使用的穿孔石刀、石镰、蚌镰，可用来收割连秆的作物。生产工具的进步促进了农业生产的发展，而农业的发展又促进了家畜饲养业的发展。河南陕县庙底沟遗址 26 个龙山文化灰坑所出土的家畜骨骼，远远超过该遗址 168 个仰韶文化灰坑所出土的家畜骨骼的总和。各类家畜中以猪的饲养量最多。

北方沙漠草原地区，新石器时代晚期，开始由狩猎经济向游牧经济过渡。

发达的锄耕农业或犁耕农业，需要大量强壮劳动力投入农业生产；妇女对这种农业劳动已不能胜任，男子取代女子成为农业生产的主要担当者。男子一旦成了社会生产的主体，人类社会也就完成了由母系制向父系制的过渡。

发达的锄耕农业阶段，中国的黄河流域已出现铜器。当时，铜虽然没有用来制造农业生产工具，但铜器的出现，是生产力发展的一个重要标志，为文明时代的产生奠定了物质基础。

四 几个有关问题的探讨

（一）农牧业产生的原因

大约距今 1 万年左右，在西亚、东南欧（爱琴海地区）、东南亚和中国的华南等地区，农牧业都已产生。农牧业的产生是新石器时代开始的一个重要标志。国外历史学和考古学界，把农牧业的产生称为"新石器革命"或"农业革命"。

新石器革命或农业革命产生的原因是什么？对这个问题的讨论和争论已达三十年。问题的讨论主要集中在西亚。在讨论这个问题时，一种观点认为，"外因"是产生农业革命的主要原因，即把更新世末和全新世初气候的变化作为农牧业产生的主要原因；另一种观点认为，"内因"是农业革命的主要原因，即"技术的发达和文化的扩展，是发生食物生产革命或经济革命的重要原因"[27]。

上述两种观点，都从不同角度探讨了农牧业产生的原因，但都有其片面性。笔者认为，生产力的发展，文化的进步，是农牧业产生的根本原因。人类在长期采集植物性食物的过程中，逐步掌握了野生植物的生长规律，才有可能从采集发展到种植；而更新世末，冰河的消融，气候由冷变暖，这在客观上为农作物的栽培提供了条件。动物的饲养也是一样，人们只有在长期猎获野生动物的过程中，才能逐步掌握某些动物的习性，其中包括在自然状态下繁殖的过程。旧石器时代向新石器时代过渡期间，狩猎工具的进步，尤其是弓箭、投矛器等复合工具的广泛使用，捕获动物的数量大量增加，才可能使幼兽以及易于驯服的动物得到饲养和繁殖的机会。此外，全新世初期，人口迅速增长，食物的缺乏，也促使人类去探求新的谋生手段。

（二）华南地区原始农业产生的条件

本文根据考古发掘和民族学资料的研究，认为中国的农业首先在华南地区产生。华南地区之所以首先产生原始农业，主要有下列几个条件：

（1）华南地区有丰富的旧石器时代遗址，自旧石器时代早期至旧石器时代晚期，都有人类生活。文化的连续性和继承性，尤其是采集和狩猎经验的积累和继承，是产生原始农业的一个重要前提。

（2）更新世末期，冰河首先在华南地区消退，由冰期寒冷的气候转入间冰期的温暖多雨的气候，为该地区农作物的栽培提供了有利条件。

（3）华南地区有适宜被人类最早栽培的野生植物，如芋类、薯蓣、瓜类、豆类、水生作物、果树等。据研究，华南地区，根茎类作物的栽培早于谷类作物的栽培[28]。根茎果类作物大都为无性繁殖的作物；这类作物易于培植，故在华南地区最早被人类所栽培。

农业的起源问题，主要是各种农作物的起源问题。不同的农作物有不同的起源背景和不同的培植史。某个地区的人们把某种作物培植以后，不一定就能很快地把这种作物传播到其他地区去种植。每一个地区都有适宜在该地区最早被人工栽培的作物群。华南地区适宜最早被人工栽培的作物是根茎果类作物，而不是谷类作物。

中国的黄河流域和长江流域，最早被人工栽培的是粟、稷和水稻等谷类作物。但是，目前在黄河流域和长江流域所发现的这些时代最早的农作物，其栽培时间均属锄耕农业阶段，还没有发现火耕农业阶段的农作物遗存。再者，人类并不是一开始就发现最适合的野生品种并加以驯化的。人类是通过长期的种植实践，从各种作物中逐渐淘汰掉不适宜利用的品种，选择适宜在所在地区栽培的品种。这就是说，在黄河流域和长江流域，在谷类作物驯化定型之前，应存在一个相当长的选择过程。根据上述两点，我们认为，在今后的考古发掘中，在黄河流域和长江流域可以发现更原始的农业。粟、稷和水稻等农作物的栽培史，可以提前到更早的时代。

（三）农业和家畜饲养业的关系

农作物的栽培和动物的饲养，两者谁先产生？在西亚（近东）是家畜饲养早于农作物的栽培[29]；在中国的华南，两者差不多是同时产生的。农业和家畜饲养业，究竟谁先产生，还是两者同时产生？还有待于更多的考古发掘资料来证明。

现今人类所饲养的几种家畜，哪一种最早被人类饲养？传统的看法是，狗是最早被饲养的动物，但近十几年来西亚的考古发掘和研究证明，羊是最早被人类饲养的动物[30]。中国最早饲养的动物，也是羊和牛等食草动物（见表二）。羊、牛等动物之所以最早被人类饲养，其主要原因是，这些动物的饲料是野草，不需要农业提供谷物性饲料，故在农业生产未获得发展前，就能被人类饲养。狗和猪都是杂食性动物，需要农业提供一定数量的谷物性饲料，所以晚于羊、牛被人类饲养。猪和狗相比，猪所需要的谷物性饲料大于狗，故家猪饲养业的发展完全依赖于农业的发展。考古资料证明，在新石器时代，猪是随着农业的发展而逐渐增加其饲养量的。

（原载《农业考古》1984 年第 1 期）

[1] 江西省博物馆：《江西大源万年仙人洞洞穴遗址第二次发掘报告》，《文物》1976 年第 12 期；江西省文物管理委员会：《江西万年大源仙人洞遗址试掘》，《考古学报》1963 年第 1 期。

[2] 广东省博物馆：《广东翁源县青塘新石器时代遗址》，《考古》1961 年第 11 期。

[3] 广东省文物管理委员会：《广东潮安的贝丘遗址》，《考古》1961 年第 11 期。

[4] 仙人洞和翁源青塘洞穴遗址都有羊的骨骼，石尾山则出土牛的骨骼。

[5] 北京大学历史系等编：《近三十年来前陶新石器公社的发现》，载《世界古代史论丛》第一集，第 25～126 页，三联书店，1982 年。

[6] 张光直：《中国南部的史前文化》，载《"中央研究院"历史语言研究所集刊》第 42 本第 1 分册，第 151 页，1970 年。

[7] 河北省文物管理处等：《河北武安磁山遗址》，《考古学报》1981 年第 8 期。

[8] 甘肃省博物馆等：《一九八〇年秦安大地湾一期文化遗存发掘简报》，《考古与文物》1982 年第 2 期。

[9] 浙江省博物馆自然组：《河姆渡遗址动植物遗存的鉴定研究》，《考古学报》1978 年第 1 期。

[10] 同［8］。

[11] 同［9］。

[12] 中国科学院考古研究所编著：《西安半坡》，文物出版社，1963 年；中国科学院考古研究所编著：《庙底沟与三里桥》，科学出版社，1959 年。

[13] 浙江省文物管理委员会：《浙江嘉兴马家浜新石器时代遗址的发掘》，《考古》1961 年第 7 期。

[14] 南京博物馆：《南京北阴阳营第一、二次发掘》，《考古学报》1958 年第 1 期。

[15] 安徽省文物工作队：《潜山薛家岗新石器时代遗址》，《考古学报》1982 年第 3 期。

[16] 佟柱臣：《试论中国北方和东北地区含细石器的诸文化问题》，《考古学报》1979 年第 4 期。

[17] 莫稚：《广东考古调查发掘的新收获》，《考古》1961 年第 12 期。

[18] 严文明：《中国稻作农业的起源（一）》，《农业考古》1982 年第 1 期。

[19] 梅福根：《浙江吴兴邱城遗址发掘简介》，《考古》1959 年第 9 期。

[20] 王劲：《江汉地区新石器时代文化综述》，《江汉考古》1980 年第 1 期。

［21］ 吴绵吉：《试论昙石山遗址的文化性质及其文化命名》，《厦门大学学报》（社科版）1979 年第 2 期。

［22］ 宋文熏：《由考古学看台湾》，载《中国的台湾》，1980 年。

［23］ 彭适凡：《试论山背文化》，《考古》1982 年第 1 期。

［24］ 广东省博物馆：《广东曲江石峡墓葬发掘简报》，《文物》1978 年第 7 期。

［25］ 浙江省文物管理委员会：《吴兴钱山漾遗址第一、二次发掘报告》，《考古学报》1960 年第 2 期。

［26］ 浙江省文物管理委员会：《杭州水田畈遗址发掘报告》，《考古学报》1960 年第 2 期。

［27］ H. E. 莱特：《东部地中海的气候和史前人类》，1960 年，参阅辛格：《西亚新石器文化》，第 9 ~ 10 页，1974 年。

［28］ 张光直：《中国南部的史前文化》，载《"中央研究院"历史语言研究所集刊》第 42 本第 1 分，第 160 页，1970 年。

［29］ 杭州大学历史系等编：《世界上古史纲》（上册），第 110 页，人民出版社，1979 年。

［30］ 孔令平：《西亚动物家养的起源》，《考古》1980 年第 6 期。

中国原始农业的分区和发展阶段的划分

一 中国原始农业的分区

根据考古资料和中国的生态环境，中国的原始农业可分为四个大的区域：（一）华南地区（主要指武夷山至南岭一线以南地区）；（二）长江流域（主要指长江中下游地区）；（三）黄河流域；（四）北方沙漠草原地区。秦岭至淮河一线是长江流域和黄河流域两大原始农业区域的过渡地区。

（一）华南地区

武夷山至南岭一线以南的华南地区大部分属南亚热带，一部分属北热带。这一地区纬度较低，气候湿热，年平均气温为20℃～24℃，年平均降水量为1800～2000毫米。夏季受东南季风的影响，平均气温28℃左右，降水量高达2000毫米以上[1]。华南地区基本上没有霜与雪，只有在强寒潮入侵所经地区时可发生霜冻。常年山青水绿，郁郁葱葱，动植物资源非常丰富。华南地区的这种自然条件，一方面给史前人类提供了充足的天然食物资源，同时也为原始农作物的栽培创造了有利条件。华南地区有丰富的根茎果类等无性繁殖的植物，这些无性繁殖的植物与种子植物相比，易于被人类栽培。

华南地区是中国原始农牧业产生的最早地区之一，在前陶新石器时代原始农业和家畜饲养业就已萌芽[2]。华南地区在许多前陶新石器时代遗址中就出土数量较多的农业生产工具，如砍伐器、石斧、石锛、穿孔石器（重石）等。贵州平坝县飞虎山洞穴遗址中还出土一定数量的可能属于农业工具的骨铲[3]。广西武鸣和桂林的一些洞穴遗址发现用于加工谷物的石磨盘和磨棒[4]。1964年台湾大学在日月潭采集了一个深达12.79米的湖底泥心做了一次孢粉分析。分析的结果，发现自12000年前起，当地的植被发生了显著的变化，即木本植物递减而禾本科及莎草科植物急速增加，次生树种和海金沙也在增加，而且湖底淤泥中的木炭数量开始持续性增多[5]。这些变化反映了人类的生产活动对原始森林的砍伐。华南地区，从旧石器时代早期至晚期，都有丰富的文化遗存；文化发展的连续性和继承性，尤其是采集和狩猎经验的积累与继承，是产生原始农业的一个重要前提。

华南地区新石器时代经济生活的特点是，新石器时代早、中期，农业和家畜饲养极不发达，采集和渔猎在经济生活中占有较大的比重，到新石器时代晚期农牧业经济才发达起来。这说明，华南地区的原始农业和家畜饲养业虽然开始得很早，但发展得非常缓慢。在漫长的新石器时代都只是栽培少量的根茎果树类等无性繁殖的作物。人们的食物来源主要依赖采集和渔猎，直到新石器时代晚期当禾本科作物（水稻）栽培以后，农牧业才成为经济生活的主体。

（二）长江流域

长江中下游地区属于亚热带的湿润地区，年平均气温为 16℃～18℃，日平均气温大于 15℃ 的持续期达 170 天；年平均降水量为 1200～1400 毫米，湘、赣、浙、闽和皖南山地丘陵年降水量为 1500～1800 毫米[6]。长江中下游地区，丰富的热量及夏季高温高湿非常有利于喜温的水稻生长，是史前时期中国最重要的水稻栽培区。

根据考古发掘资料，长江中游地区的前大溪文化、大溪文化、屈家岭文化、青龙泉三期文化和桂花树三期文化，下游的河姆渡文化、马家浜文化、崧泽文化、良渚文化和薛家岗文化遗存中，都发现水稻遗存，总数达 60 余处[7]。到新石器时代晚期，农作物的品种增多，如浙江吴兴钱山漾遗址[8]和杭州水田畈遗址[9]。在良渚文化的地层中发现了水稻、蚕豆、芝麻、花生、西瓜子、酸枣核、葫芦等农作物的种子。钱山漾遗址中，还发现了不少竹编器物、草编织物和丝麻织品。竹编器物有竹席、篓、篮、箩、千箅、簸箕等。麻织物有麻布和麻绳。丝织品有绢片、丝线和丝带等。这些织物的出土，说明早在四五千年前，栽培竹、麻和养蚕，已成为太湖流域先民的重要农副业。

新石器时代中、晚期，长江中下游地区已普遍饲养猪、狗、水牛。江苏吴县草鞋山遗址[10]、浙江桐乡罗家角遗址[11]和余姚河姆渡遗址[12]等，都发现水牛、猪、狗的遗骨。湖北枝江关庙山[13]、宜昌中堡岛和清不滩、秭归朝天嘴[14]等新石器时代遗址中，除发现猪、狗、牛等家畜遗骨外，还出土羊的遗骸。

（三）黄河流域

黄河流域的大部分地区属于南温带的亚湿润地区。黄河流域的黄土高原和华北平原年平均气温为 12℃～14℃，青海高原的东缘气温稍低。黄河流域的年平均降水量，一般自南向北、自东向西减少，东部的华北平原年平均降水量为 600～700 毫米，黄河中游的降水量为 400～600 毫米。黄河流域的降水量 60% 以上集中于夏季，作物生长期内（4 月至 10 月）的降水量一般为 400～500 毫米，黄土高原也多于 350 毫米[15]。这种降水集中于生长季节的情况，有利于农作物的生长。黄河流域的气候适宜粟、黍、稷之类的耐旱作物的生长，黄河流域是这些农作物的发源地和重要产区。

据不完全统计，黄河流域发现粟、黍、稷等农作物遗存的新石器时代遗址达 30 多处[16]。农作物遗存覆盖整个黄河流域，其中包括黄河上游的大地湾一期文化、马家窑文化和齐家文化[17]，中游地区的老官台文化、磁山文化、裴李岗文化、仰韶文化，下游地区的北辛文化、大汶口文化和龙山文化[18]等。与农作物遗存共存的有狗、猪等家畜骨骼，有的遗址还出土羊、牛、马等家畜骨骼[19]。

秦岭至淮河一线，在中国的气候区划上是南温带和北亚热带的分界线，在史前文化的分区上是黄河流域新石器文化和长江流域新石器文化的过渡地区[20]，在史前农业的区划上是黄河流域以粟、黍、稷为主的旱地作物和长江流域的稻作的交汇区。地处秦岭以南的豫西南的淅川黄楝树新石器时代遗址中既发现粟的遗存，又发现稻谷遗存[21]；淅川下王岗遗址也发现水稻遗存[22]。属于淮河流域的苏北邳县大墩子遗址曾发现粟的遗存[23]，而与其邻近的连云港二涧村和赣榆盐仓城两处新石器遗址也发现稻壳和稻粒的遗存[24]。到新石器时代晚期，水稻的栽培向北移动到黄河流域[25]，但栽培数量很少，只是作为黄河流域旱地作物（粟、黍、稷）的补充。

（四）北方沙漠草原地区

北方沙漠草原地区包括东北平原以北和大兴安岭以西的地区、内蒙古高原、河套地区和河西走廊地区等。这些地区大部分处于中温带的干旱和半干旱地区，一部分属高原气候区的干旱和亚干旱地区。该地区除山岭外，海拔大部分在1000～1500米之间，为一夷平面的高原面。阴山山脉横亘于本区的中南部，大体上将全区分为南北两大部分：阴山以北是狭义的内蒙古高原，包括呼伦贝尔、锡林郭勒和乌兰察布等高原；阴山以南主要有河套断陷平原和鄂尔多斯高原。因太平洋季风受大兴安岭、燕山山地和阴山山地的阻滞，使该地区形成明显的内陆半干旱的自然环境，为多年生、旱生低温草本植物的生长创造了有利条件，构成了中国北方最广大的干草原[26]。全区年平均降水量为200～400毫米，由东南向西北减少；内蒙古高原的东部地区，气候比较温和，年降水量为150～450毫米，草被较好；内蒙古高原的西部地区，气候较东部地区干燥，年降水量为100～150毫米，不适宜于农作物生长。

内蒙古大青山后察右中旗大义发泉细石器遗址的孢粉分析，为阴山以北的史前环境提供了资料。该遗址的采样中花粉含量不多，说明当时生长的植物不茂盛。花粉组合的特征是几乎全为耐旱的蒿属、藜科等草本植物和麻黄属的小灌木，乔木花粉有松属和栎属，大体接近现今该地区的荒漠草原环境。花粉中未见禾本科花粉和农作物花粉，说明在干寒的自然条件下，不可能出现农业[27]。在气候条件较好的西辽河流域的草原地区出现了农业经济，如内蒙古敖汉旗兴隆洼遗址和巴林左旗富河沟门遗址，均发现长期稳定的聚落和农业遗存。富河沟门遗址发现房屋遗迹150多座（其中已发掘的有37座），文化遗存除大量反映渔猎经济的压制的细石器以外，有石锄、石镑等农业生产工具，说明农业已经出现。在出土的动物骨骼中以鹿类最多，其次为野猪和狗；全部为野生动物，未见家畜骨骼[28]。动物遗骨的性质，说明北方沙漠草原地区畜牧业出现较晚，该地区畜牧业出现要到新石器时代末期，甚至更晚。

据研究，北方沙漠草原地区以细石器为特征的新石器时代文化遗存所反映的经济生活以渔猎为主，采集为辅[29]。北方沙漠草原地区史前时期的细石器主要有两类：一类以石镞和大型尖状器为主，属于渔猎工具；一类以刮削器、小刮器和小尖状器为主，属剥刮兽皮和切割兽肉的工具。这两类工具均说明细石器所反映的经济生活是以渔猎经济为主。

二　中国原始农业的发展阶段

中国的原始农业大致可分为三个发展阶段：火耕农业、锄耕农业和发达的锄耕农业阶段（表一）。

表一　　　　　　　　　　　　　中国史前农业的分区和分期

			华南地区	长江流域	黄河流域	北方沙漠草原地区
4000	发达的锄耕农业	后段	大龙潭文化 昙石山文化 圆山文化 石峡文化	桂花树三期文化 青龙泉三期文化 良渚文化	龙山文化 齐家文化 庙底沟二期文化	富河文化
		前段	西樵山文化	屈家岭文化 崧泽文化 薛家岗文化 北阴阳营文化	大汶口文化晚期 马家窑文化	红山文化 新开流文化
5000 6000	锄耕农业	后段	大坌坑文化	大溪文化 河姆渡文化晚期 马家浜文化晚期	大河村类型 后岗一期文化 仰韶文化早中期	小珠山下文化层 新乐下文化层 后洼遗存
		前段	扶绥江西岸三、四层 鲤鱼嘴第二期文化 甑皮岩上文化层	前大溪文化 河姆渡文化早期 马家浜文化早期	北辛文化 裴李岗文化 磁山文化 老官台文化	兴隆洼文化 昂昂溪类型
8000 9000	火耕农业	后段	英德青塘几处洞穴 鲤鱼嘴一期文化 豹子头下文化层 陈桥村下文化层	万年仙人洞下文化层		
		前段	武鸣苞桥、芭勋、腾翔和桂林4处洞穴 白莲洞二期文化 阳春独石仔 封开黄岩洞 台东海雷洞		贵南拉乙亥 大荔沙苑文化 怀仁鹅毛口	科尔沁旗嘎查 扎鲁特旗南勿呼井
11000						

（一）火耕农业阶段

"火耕农业"又称"砍倒烧光农业"，俗称"刀耕火种"，是一种最原始的农业。火耕的最大特点是"焚而不耕"，不需翻土耕种。其工作程序是，将野地里的树木砍倒、晒干、烧光，以草木灰作肥料，以竹木棒挖穴点播或撒播；既不中耕，也不除草，待作物成熟后，收获其种子或块根。由于火耕农业不需翻土耕种，不需使用石锄、石铲、石耜等翻土工具，只需石斧或砍伐器、竹木棒之类的工具就能满足耕作的需要。新石器时代早期遗址中常见的工具是打制的或局部磨光的砍伐器、石斧、穿孔石器（重石）、骨锥、骨铲（用于挖穴播种）等。这一阶段的石器，由于刚刚跨入农耕阶段，往往带有打制石器的特征，打制石器的数量还很多，少量的磨制石器只是局部磨光（刃部磨光），通体磨光的石器尚未出现。

华南地区属于火耕农业阶段的新石器时代早期遗址，按其农业的发展水平和文化遗存的差别，可分为前、后两段。属于前段的有广西柳州白莲洞第二期文化[30]，来宾龙洞岩[31]，桂林穿山月岩东岩洞[32]，武鸣苞桥、芭勋、腾翔和桂林北门附近发现的四处洞穴遗址[33]；广东阳春独石仔[34]，英德县青塘吊珠岩[35]，封开县黄岩洞[36]；台湾台东县长滨县海雷洞[37]等。属于后段的有广东英德县青塘的朱屋岩、黄岩门一号洞，灵山钟秀山滑岩洞[38]，潮安陈桥村下层、石尾山[39]；广西桂林甑皮岩底部[40]，柳州大龙潭鲤鱼嘴第一期文化[41]，南宁豹子头下层[42]。前段的年代为距今11000～9500年，后段的年代为距今9500～8000年。前、后段在文化遗存方面的主要区别是：前段陶器尚未出现，属于前陶新石器文化，后段陶器开始出现，属新石器时代早期的有陶新石器文化；前段的石器以打制为主，只有少量刃部磨光的石器，后段磨制石器增加，打制石器减少。

华南地区新石器时代早期的生产工具大致可分为两大类：一类是农业工具和谷物加工工具，如打制石器中的砍伐器、石斧、穿孔石器、石磨盘和石磨棒等，磨制石器中的石斧、石锛、石铲，角蚌器中的铲；另一类是采集和渔猎工具，如打制石器中的尖状器（蚝蛎啄）、镞、矛，磨制石器中的矛、镞、网坠，蚌器中的鱼钩、网坠等。大量采集和渔猎工具的出现，说明在火耕农业阶段，农业虽已产生，但采集和渔猎在经济生活中仍占很重要的地位。

华南地区的新石器时代早期遗址主要有两种类型（就遗址的类型而言，而非指文化性质）：洞穴遗址、贝丘遗址。洞穴遗址主要分布在内陆的岩溶地区，这种地区多石灰岩溶洞，新石器时代早期人们常以这种洞穴作为住所；贝丘遗址大都在滨海地区和内陆的河流沿岸。洞穴遗址中的生产工具以砍伐器、石斧、石锛为主，说明农业已经出现。贝丘遗址中除少量的石斧、石锛等农业工具外，大量的是用于采集软体动物的"蚝蛎啄"（打制的尖状器），这表明当时的人们是以采集软体动物（螺、蚌）作为主要食物的。人们将吃剩的软体动物的外壳堆积在居所的附近，旷日持久就成了贝丘。翁源青塘、潮安石尾山、陈桥村等遗址均发现羊、牛骨骼。兽骨未经鉴定，报告中没有说明是否为家畜；但根据当时生产力发展的水平，牛、羊等食草动物有可能被人类饲养。

长江流域迄今只发现一处属于火耕农业阶段的新石器时代早期遗址，即江西万年大源仙人洞遗址（第一期文化）。仙人洞遗址于1962年和1964年进行过两次发掘，在第一期文化中发现的农业工具有砍伐器、穿孔石器、角铲，渔猎工具有骨镞、骨鱼镖、骨矛等[43]。这说明仙人洞遗址第一期文化时期农业已经萌芽，但采集和渔猎经济占主导地位。遗址中发现羊骨，说明羊已被人类饲养。仙人洞第一期文化^{14}C年代为距今8575±23年。

黄河流域迄今发现的属于火耕农业阶段的遗址只有3处，即青海贵南的拉乙亥、山西怀仁鹅毛口和陕西大荔沙苑。这三处遗址均未见陶器，属前陶新石器遗址。拉乙亥遗址中发现了打制的凹腰石斧、砍伐器、磨盘和磨棒等农业工具和谷物加工工具[44]。鹅毛口遗址是一个石器加工场，其中发现的农业工具有打制的或刃部稍经磨光的石斧、石锄和大量的砍伐器[45]。大荔沙苑文化遗存以细石器为主，但也有极少量的打制石斧[46]。这些遗址均出现少量的农业工具和谷物加工工具，说明其原始农业已经产生。这一时期人们所种植的农作物是什么，目前还未发现有关证据。但从农作物驯化规律来看，像粟、黍、稷之类的耐旱作物有可能已开始种植，因为时代晚于这些遗址的大地湾一期文化（老官台文化）和磁山—裴李岗文化，其农业经济已相当发达，粟、黍、稷等农作物不但早已完全驯化，而且产量很高。人类开始驯化这些植物应该在更早的阶段。

中国北方沙漠草原地区，由于在全新世早期气候比较干燥寒冷，不利于农业的产生，在考古发掘中很少发现有农业遗存的新石器时代早期遗址。目前只在西辽河上游气候和自然条件都比较好的地区，发现了两处农业可能已经产生的新石器时代早期遗址，即内蒙古科尔沁右翼中旗的嘎查和扎鲁特旗的南勿呼井。嘎查遗址位于西辽河上游的霍林河中游的二级阶地上，出土的石器有细石器、石片石器和砾石石器，其中以石片石器的数量最多。在石片石器中有条形石锛、常形石锛、石斧和砍伐器等农业生产工具[47]。该遗址的文化遗存中未发现磨光石器和陶器，应属前陶新石器遗址。南勿呼井遗址中有大型的打制的砍伐器、石锛、石镰等农业工具[48]。这两处新石器时代早期遗址中均发现农业工具，说明西辽河上游自然条件较好的草原地区，在全新世早期原始农业已经产生。

（二）锄耕农业阶段

根据中国的考古资料，判断一个新石器时代遗址是否进入锄耕农业阶段，主要有以下几个标准：（1）磨制石器大量增加，已成为农业工具的主体，磨制石器已发展到通体磨光，并出现较多的石铲、石耜（或骨耜）、石锄等翻土耕种的工具；（2）农作物已完全驯化并有较高的产量，在农业比较发达的地区，家猪大量被饲养而成为一种主要家畜；（3）

人们过着长期稳定的定居生活，出现了较大规模的聚落，遗址的文化堆积一般都比较厚；（4）随着农业经济的发展，尤其是禾本科农作物的发展，制陶业也得到相应的发展。

华南地区属于锄耕农业阶段的新石器时代中期的遗址主要有广西桂林甑皮岩的上文化层，柳州大龙潭鲤鱼嘴第一期文化，扶绥江西岸三、四文化层[49]；台湾台北八里乡大坌坑的下文化层[50]等。锄耕农业阶段的新石器时代遗址，除前一阶段已出现的洞穴遗址和贝丘遗址外，开始出现台地遗址。洞穴遗址和贝丘遗址的地理环境大致和前一阶段相同。台地遗址大部分位于河口和海岸的低台上，背邻低山茂林，附近有水源，既利于农耕，又有利于采集和渔猎。生产工具以通体磨光的磨制石器为主，打制石器只占很小的比例。磨制石器常见的器形有斧、锛、穿孔石器、镞、渔叉、网坠等，前三种器形为农业工具，后三种器形为渔猎工具。

长江流域属于锄耕农业阶段的新石器时代文化大致可分为前、后两段。属于前段的有长江中游的前大溪文化，下游的河姆渡文化早期、马家浜文化早期；后段有长江中游的大溪文化，下游的河姆渡文化晚期、马家浜文化晚期。前、后段的农业工具方面的主要区别是，前段的长江中游地区还有少量的打制石器，后段打制石器消失；后段的磨制石器大多通体磨光，并出现较多的穿孔石器（斧、铲）。河姆渡文化早期，农业工具主要是骨耜，晚期骨耜消失，被磨制石器所取代。从前段开始，水稻就已成为主要的农作物。如浙江余姚河姆渡遗址的第 4 文化层，在 5000 平方米的范围内都发现了水稻遗存，堆积物的厚度达 40 ~ 50 厘米[51]。浙江桐乡罗家角遗址第 4 层的土壤经孢粉分析，其中禾本科植物占孢粉组合的 97%；研究者认为，如此单一、集中的禾本科花粉，应是当时人类栽培的水稻的花粉[52]。前段水稻品种是单一的籼稻，从前段后期开始，粳稻出现，籼稻和粳稻成了两种主要的水稻品种。水牛、猪、狗，在前段就开始饲养，是长江流域的三种主要家畜。

黄河流域属于锄耕农业阶段的新石器时代中期文化，亦可分为前、后两段。属于前段的有黄河中游的老官台文化、磁山文化、裴李岗文化，下游的北辛文化；属于后段的有黄河中游的仰韶文化早、中期，下游的大汶口文化早期。前段打制石器仍占一定的比例，后段打制石器基本消失，磨制石器成为农业工具的主体，作为翻土耕种的石铲从前段开始就成为一种主要的农业工具；前段不见穿孔石器，后段穿孔石器逐渐增多。粟、黍、稷等耐旱作物作为黄河流域的主要农作物，从前段开始就已完全驯化，被普遍种植，并有很高的产量：如河北武安磁山遗址，共发现储存粟的窖穴 88 个，其中 18 个窖穴在发掘时还保存粟粒，堆积最厚者达 2.9 米[53]。据统计，磁山遗址 88 个窖穴粟的堆积体积约为 109 立方米，折合重量约为 13 万余斤[54]。由此可见，磁山文化时期的农业生产已相当发达。猪、狗在当时已成为主要的家畜，牛、羊也开始饲养。据 [14]C 年代测定，磁山文化的年代为距今 7300 ~ 7200 年，裴李岗文化和老官台文化的年代与其相当。

中国北方沙漠草原地区，属于新石器时代中期的文化主要有辽河流域的兴隆洼文化、新乐下层文化，辽东半岛的后洼遗存、小珠山下层文化，嫩江流域的昂昂溪遗存。以内蒙古敖汉旗兴隆洼遗址为代表的文化遗存，主要分布在西辽河、大凌河流域。兴隆洼遗址的周围有人工围沟所环绕，其中东北—西南走向的长 183 米，东南—西北走向的长 166 米；沟宽 1.5 ~ 2、深 0.55 ~ 1 米。围沟内有规则地排列着房屋 12 排，每排有房屋 10 座。这是一个具有长期定居生活的氏族聚落。石器有打制、琢制、磨制和压制四种，以打制石器数量最多，器形也最大。农业工具有石斧、石铲、石锄、石锛、石磨盘和石磨棒。渔猎工具有骨梗石刃鱼镖、有倒刺的骨鱼镖和骨镞等。兴隆洼遗存的 ^{14}C 测定的年代为公元前 5290 ± 95 年[55]。沈阳新乐遗址的石器有细石器、打制石器和磨制石器三种，以细石器的数量最多，占全部石器的二分之一，其次为磨制石器。石器中的农业工具和谷物加工工具有石斧、石锛、石磨盘和石磨棒，渔猎工具有石镞、石网坠等。新乐下层用木炭测定的数据为距今 6140 ± 120 年[56]。辽宁省东沟县马家店乡三家子村的后洼遗存[57]和小珠山下层文化[58]，农业生产发展水平与新乐下层文化相当。黑龙江齐齐哈尔昂昂溪遗址的石器有压制的细石器、大型的打制石器和磨制石器，以细石器的数量最多。细石器多为石镞、投枪头等渔猎工具，骨器中也有一定数量的渔猎工具，如带倒刺的骨渔叉和无倒刺的鱼镖，反映渔猎经济在经济生活中占有较大的比重。石器中也有一定数量的农业工具，如石斧、石锛、石刀等，反映农业经济也占一定的比重[59]。总观北方沙漠草原地区的上述锄耕农业阶段的新石器时代文化遗存，反映渔猎经济的细石器和打制石器比较发达，反映农业经济的磨制石器则不发达，陶器的制作也比较落后，这说明，北方沙漠草原地区农业经济的发展水平，没有长江流域和黄河流域的同时代诸文化发达。

（三）发达的锄耕农业阶段

中国的原始农业进入发达的锄耕农业阶段后，打制石器在大部分地区已消失，磨制石器的制作都很精致，穿孔技术比较发达，器形趋向小型化。一批新型的生产工具，如双肩石斧、石锛、有段石锛、多孔石刀、半月形石刀、石犁、耘田器和各种形制的蚌制工具等，在各地区纷纷出现。铜器的出现，是这一阶段生产力提高的重要标志；当时铜器虽然只是用来制作手工工具和装饰器，而没有用来制造农业工具，但它是生产力发展到一定阶段的产物，是生产力提高的重要标志，为中国奴隶制时代的到来，为阶级和国家的出现奠定了基础。

华南地区属于发达锄耕农业阶段的新石器时代晚期文化，主要有粤北的石峡文化、珠江流域的西樵山文化、广西南部地区的大龙潭文化、闽江下游的昙石山文化、台湾北部的圆山文化等。这些文化，其遗址的类型有贝丘、台地、沙丘、山岗（或称山坡）等。洞穴遗址已基本消失，说明到新石器时代晚期，随着农业经济的发展，人们逐渐离开洞穴，到山岗、台地、沙丘等地居住，从事以农业为主的生产活动。该地区这一时期最具特色的生产工具是有段石器（有段石锛）、双肩石器（双肩石铲、双肩石斧）等。有段石器和双肩石器都是利用"段"和"肩"将器柄牢固地绑在器身上，以防石器脱落。有段石器和双肩石器的大量使用，提高了人们砍伐林木和开垦荒地的效率。石峡文化中还有一种长身弓背、两端刃的石镬，也是一种很好的砍、劈工具。这一时期水稻已开始在华南种植，在台湾台中县的营埔、台北芝山岩[60]，福建省福清东张[61]和南安狮子山[62]以及广东省石峡[63]等新石器时代遗址中都发现水稻遗存。

长江流域属于发达的锄耕农业阶段的新石器时代晚期文化，主要有长江中游的屈家岭文化、石家河文化、山背文化和筑卫城文化，下游的薛家岗文化、北阴阳营下层文化、青墩文化、崧泽文化和良渚文化等。这些文化中具有代表性的农业工具有大型的柱状石斧、穿孔石斧、高级型有段石锛、三角形穿孔石犁、石耘田器、石镰和各种形制的石刀（长方形多孔石刀、半月形石刀、条形石刀）等。石犁只发现于太湖流域，这说明当时的太湖流域已出现犁耕。这些新型农业工具的使用，促进了长江中下游地区农业生产的发展。和前一个阶段相比，水稻种植更为普遍，并出现花生、芝麻、蚕豆等农作物。养蚕织绢也成了当时的副业生产。在手工业生产中最突出的成就是玉器的制作。浙江余杭的反山[64]和瑶山[65]、上海市的福泉山[66]、江苏常州寺墩[67]等遗址中，都发现了大量精致的玉琮、玉璧、玉瑗、玉斧等玉器。这些玉器的制作都非常精致，并刻有细密的云雷纹和兽面纹。高超的玉器制作，也是农业高度发达的反映；因为只有农业的高度发达，出现了剩余产品，才能为农业和手工业的分工，为手工业的高度发展创造条件。

黄河流域发达的锄耕农业阶段可分为前、后两段。属于前段的有黄河上游的马家窑文化，中游的仰韶文化晚期，下游的大汶口文化中晚期；后段有黄河上游的齐家文化，中游的庙底沟二期文化和各种龙山文化等。前、后段在文化遗存方面的主要区别是，前段穿孔石斧、穿孔石铲和穿孔石刀较少，后段穿孔石器较多，并出现石镰、陶刀等收割工具。前段铜器罕见，后段整个黄河流域普遍发现黄铜器和青铜器。陶器的制作，前段只有极少量的小型陶器使用轮制，后段普遍出现轮制，黄河下游龙山文化的蛋壳黑陶是轮制陶器的最杰出的成就。袋足炊器（鬲、斝、鬶、甗）的普遍出现，既是制陶业的一大进步，又是农业的高度发展在炊器方面的反映。前段未出现城堡，后段在黄河中、下游地区普遍出现。如在黄河中游的河南登封王城岗、淮阳平粮台和下游的山东寿光边线王等，均发现城址。山东历城城子崖遗址也可能有城堡建筑；王城岗的城堡内发现几个埋有儿童和成人的奠基坑，每个夯筑的奠基坑，少者埋人两具，多者埋人七具[68]；边线王的城墙基槽内也埋有用于奠基的人和猪；平粮台的城堡规模较大，长、宽各185米，南、北城墙的中部均有城门，南城门有门卫房，在门道的路土之下有陶排水管道，城内一个灰坑（H15）中发现铜渣，说明已出现冶铜业[69]。城堡、人祭和冶铜业的出现，是农业高度发达、农业和手工业分离、阶级和国家出现的标志，是文明时代即将到来的象征。黄河流域之所以是中国古文化的摇篮，中国古代文化发生的最早地区，这和黄河流域特定的历史地理条件和农业的高度发展密切相关。

北方沙漠草原地区属于发达的锄耕农业阶段的新石器文化主要有辽河流域的红山文化、富河文化和乌苏里江上游的新开流文化[70]等。这些新石器时代晚期文化的共同特征是，石器中都有一定数量的细石器及大型打制石器与磨制石器共存，说明渔猎经济在经济生活中仍占一定比重；大量磨光石制农业工具及谷物加工工具（石斧、石锛、石锄、穿孔石铲、石耜、双孔石刀、石磨盘和石磨棒）的出现，反映农业经济有较大的发展。粟、黍、稷等耐旱农作物在自然条件较好的地区已被种植，在辽宁赤峰蜘蛛山、旅大郭家、沈阳新乐和吉林永吉杨屯、黑龙江宁安东康等遗址中，均发现粟、黍、稷的遗存[71]。在这一阶段的末期，家畜饲养业开始发展，但大规模的游牧经济可能要到青铜时代或更晚的时期才出现。近几年来，在辽西的喀喇沁左翼蒙古族自治县的东山嘴发现一处属于红山文化晚期的大型石砌祭祀遗址[72]，距东山嘴50千米的建平与凌源两县交界处的牛河梁发现一座所谓"女神庙"和几十处积石冢群[73]，以及一座面积约4万平方米的石砌围墙遗址。牛河梁积石冢中除出土大量玉器，如玉猪龙、双联及三联玉璧、玉佩、玉环和各种玉鸟、玉兽、玉鱼等，还在第4号墓中发现铜环，说明红山文化晚期已经进入铜石并用时代。上述大型祭祀遗址和大规模积石冢群的发现，说明在四五千年前，西辽河流域的农业经济已发展到相当高的水平，有了长期稳定和相当繁荣的社会环境，人类社会正迈入阶级社会的门槛。

三　几个有关问题的探讨

（一）原始农业与磨制石器、制陶业的关系

人类发明农耕和畜牧，从"攫取性经济"（或称"掠夺性经济"）发展到"生产性经济"，是石器时代经济、文化和自然条件诸因素之间相互作用的结果，其中生产经验的积累、技术的提高、生产工具的进步和人类社会的需要起了决定作用。而全新世初期适宜的生态环境只是为人类从事农牧业生产提供了一定的条件，但并没有导致农牧业的产生，只有当工具和技术发展到一定的水平，亦即生产力发展到一定水平，人类所积累的生产经验能上升到对客观环境综合认识的程度，在生态环境变化所提供的客观条件下，农牧业才有可能产生。

磨制石器是适应农耕的需要而逐步发展起来的。原始农业的早期阶段（火耕农业阶段），农业生产工具大都沿袭旧石器时代的打制石器，少量的磨制石器只是局部磨光。磨制石器的大量出现要到锄耕农业阶段。磨制石器与农业生产有着密切的联系，凡是农业经

济发达的新石器时代文化，其磨制石器都比较发达；反之，凡是农业经济不发达而渔猎和采集经济比较发达的新石器文化，如华南地区以"贝丘遗址"为特征的新石器文化和中国北方沙漠草原地区以细石器为特征的诸新石器文化，由于前者的经济生活以采集软体动物和捕捞为主，后者的经济生活以渔猎为主，故其磨制石器都不发达。

陶器是在农业产生后，为了适应炊煮谷物性食物的需要而逐步产生和发展起来。人类在漫长的旧石器时代，以采集和渔猎为生，采集的鲜果和干果不需炊煮就能直接食用，猎获的兽类和捕捞的鱼类，放在火上烧烤就能为食，故在旧石器时代人类没有制作和使用陶器来炊煮食物的需要。新石器时代最初阶段即前陶新石器时代，农业虽已发生，但农作物的栽培数量很少，食物来源主要依靠采集和渔猎，这时人们对陶器的需求还不迫切，陶器没有产生。当原始农业获得一定的发展，谷物性食物大量增加时，人类迫切需要一种便于炊煮谷物性食物的器物。而陶器是在当时的客观条件下一种最为理想的炊器，这时陶器的产生就成为一种必然。原始农业的初步发展，谷物性食物的增加，这就是陶器产生的客观条件和必然性。中国的考古资料证明，凡是农业经济比较发达的新石器时代文化，如上述黄河流域和长江流域的诸新石器文化，制陶业都比较发达；反之，凡是农业经济不发达而采集和渔猎经济比较发达的新石器时代文化，如上述华南地区以"贝丘遗址"为特征的各种新石器文化和中国北方沙漠草原地区以细石器为特征的新石器文化，制陶业都不发达。采集和渔猎经济比较发达的新石器文化，其制陶业之所以不发达，这是因为从事采集和渔猎的部落，食物以兽类、鱼类、软体动物、块根和果实为主，食用谷物性食物很少，故对陶器的需求量较小。

在农业、磨制石器和陶器等新石器文化诸要素中，农业是其核心。只有农业的发展，才能促进磨制石器和陶器的发展；只有农业发达的新石器文化，磨制石器和陶器才比较发达；反之，凡是农业经济不发达而采集和渔猎经济比较发达的新石器文化，磨制石器和陶器则都不发达。

（二）中国稻作农业和粟作农业起源地的探寻

迄今发现的时代较早的水稻遗存，均发现于杭州湾地区的河姆渡文化和马家浜文化的遗存中。长江流域稻作农业的分布和传播规律是，由以杭州湾为中心地区的长江下游向长江中游、华南地区及淮河流域传播。河姆渡文化和马家浜文化时期的稻作农业已相当发达，早已超越起始阶段。根据农业生产和发展规律，起始阶段的农业应在山前地带，而不在平原和低地。距今约6900年的浙江余姚河姆渡遗址位于姚江河谷平原，距今约7000年的属于马家浜文化早期的浙江桐乡罗家角遗址位于杭嘉湖平原的中部，这些地区都不是栽培稻的发源地。杭州湾地区的稻作起源地应在杭州湾以南的四明山北麓和杭州湾以北的天目山及其余脉的东麓地带。这些地区既是栽培稻的发源地，也是长江下游地区新石器时代早期遗址的所在地。

河北武安磁山遗址是发现粟遗存最多的遗址，文化时代相近的河南新郑裴李岗[74]和沙窝李遗址[75]也发现粟的遗存。磁山遗址位于太行山和华北平原之间的过渡地区，裴李岗遗址和沙窝李遗址则位于嵩山与淮河上游平原（华北平原南部）之间的过渡地带。如前所述磁山文化的经济已相当发达，粟的产量很高，早已越过粟作农业的起始阶段。裴李岗文化的农业生产水平也与磁山文化相当。磁山文化和裴李岗文化均属新石器时代中期，而不属新石器时代早期。太行山和嵩山东麓的山前地带，可能是粟作农业的发源地，也是黄河中游地区新石器时代早期遗址的所在地。根据现已发表的考古资料，粟作农业的传播路线是，由上述粟作的发源地向西传播进入泾渭流域，向东传播到黄河下游，向北传播到西辽河流域。

（三）生态环境对农业发展的影响

构成生态环境的有气候、地貌、土壤、动植物等因素，这些因素分属于物质环境和生物界两大类。它们的变化和相互作用形成生态环境系统。生态环境作为一个整体为人类提供食物和劳动资料，是人类生存和进行生产活动、创造物质和精神财富必不可少的条件。人类的生产活动必须在一定的生态环境中进行，其生产和生活要受生态环境的制约。史前时期，由于生产力水平极端低下，人类的生产活动还不可能摆脱对生态环境的依赖，受生态环境的制约。如果生态环境过于严酷，人们难以获得食物资源，生产力中物的因素长期不足，使物质资料的生产极为困难，而劳动者的智慧和认识能力还不足以克服这些困难时，生产力的发展就会长期停滞。反之，如果生态条件过于优越，人们无需花费很多时间和努力即能维持物质资料的再生产，这样就抑制了劳动者的需要，影响了劳动者在生产中的主观能动作用和创造能力。人们在非常优越的自然条件下总是能够长期不断地获得足够的食物资源，就无需寻求新的、不同的经济活动，也无需不断地改造生产工具，从而抑制了劳动力这个因素的发展，阻碍了这个地区生产力的发展。

生态环境对史前农业发展的影响，在华南地区和黄河流域最为明显。华南地区，距今11000年前后原始农牧业就已产生，亦即新石器时代就已开始。华南地区的新石器时代文化有两大特点：（1）新石器时代早、中期，农牧业经济极不发达，采集和渔猎经济在经济生活中占有较大的比重，到新石器时代晚期农牧业经济才发展起来；（2）新石器时代早、中期由于农业经济不发达，故使磨制石器和制陶业也较原始落后，到新石器时代晚期随着农业经济的发展磨制石器才得到发展。这两大特点说明，华南地区的农牧业经济虽然开始得很早，但发展得很缓慢，在漫长的新石器时代早、中期只是栽培少量的根茎果类作物，人们的食物来源主要还是依赖采集和渔猎，直到新石器时代晚期当禾本科作物栽培以后，农牧业才成为经济生活的主体。新石器时代华南地区农牧业经济发展缓慢的主要原因是该地区的生态环境比较优越。华南地区属热带和亚热带气候，温暖多雨，动植物资源丰富，为史前人类提供了丰富的天然食物，使人们即使到了农牧业产生后的新石器时代，仍将采集和渔猎作为主要的经济部门，从而抑制了人们的创造能力，使农牧业经济长期停滞不前。如将黄河流域和华南地区比较，情况就大不相同了。黄河流域新石器时代开始的年代大致和华南地区相当，但在新石器时代经济和文化发展的速度，黄河流域却比华南地区快得多。黄河流域大约在距今 7000 多年的磁山—裴李岗文化时期，农业经济已相当发达，属禾本科作物的粟、黍、稷已被广泛种植，产量也很高；猪、狗等家畜已被普遍饲养。到大约距今 6000 多年的仰韶文化时期，农牧业经济则获得了进一步的发展。大约到距今 4000 年的龙山文化时期，在农牧业经济高度发达的基础上，农业和手工业进一步分离，冶铜业普遍出现，黄河流域则由氏族社会向文明时代过渡。新石器时代，黄河流域经济、文化发展的速度和社会前进的步伐之所以快于华南地区，这和黄河流域的生态环境有着密切的关系。黄河流域地处温带，既无热带和亚热带地区温暖多雨的气候、丰富的天然食物资源，也无寒带地区那种使当时的人们难以战胜的严酷的自然环境。黄河流域的生态环境对史前时期人类经济、文化的发展起着一定的推进作用，使之最早进入文明时代。

　　总之，在史前时期，生态环境对经济、文化的发展有着不可低估的影响。适宜的生态环境能促进经济和文化的发展；反之，则影响经济、文化的发展，阻碍社会的前进。

（原载《农业的起源和发展》，南京大学出版社，1995 年）

[1]　任美锷：《中国自然地理纲要》（修订版），第 237～242 页，商务印书馆，1982 年。

[2]　张之恒：《华南地区的前陶新石器文化》，《考古与文物》1985 年第 4 期。

[3]　李衍垣等：《飞虎山洞穴遗址的试掘与初步研究》，《史前研究》1984 年第 3 期。

[4]　裴文中：《广西洞穴的中石器时代（？）石器》（英文），《中国地质学会志》第 14 卷，第 393～412 页，1935 年。

[5]　韩起：《台湾省原始社会考古概述》，《考古》1979 年第 3 期。

[6]　雍万里：《中国自然地理》，第 229～231 页，上海教育出版社，1985 年。

[7]　严文明：《中国稻作农业的起源》，《农业考古》1982 年第 1、2 期；严文明：《再论中国稻作农业的起源》，《农业考古》1989 年第 2 期。

[8]　浙江省文物管理委员会：《吴兴钱山漾遗址第一、二次发掘报告》，《考古学报》1960 年第 2 期。

[9]　浙江省文物管理委员会：《杭州水田畈遗址发掘报告》，《考古学报》1960 年第 2 期。

[10]　南京博物院：《江苏吴县草鞋山遗址》，《文物资料丛刊》第 3 辑，第 1～9 页，文物出版社，1980 年。

[11]　张明华：《罗家角遗址的动物群》，《浙江省文物考古所学刊》，文物出版社，1981 年。

[12]　浙江省博物馆自然组：《河姆渡遗址动植物遗存的鉴定研究》，《考古学报》1978 年第 1 期。

[13]　中国社会科学院考古研究所湖北工作队：《湖北枝江关庙山遗址第二次发掘报告》，《考古》1983 年第 1

期。

[14] 卢德佩:《浅谈鄂西原始农业》,《农业考古》1985 年第 1 期。

[15] 同［1］,第 160～161 页。

[16] 陈文华等:《中国古代农业考古资料索引（十二）》,《农业考古》1987 年第 1 期。

[17] 何双全:《甘肃先秦农业考古概述》,《农业考古》1987 年第 1 期。

[18] 吴汝祚:《海岱文化区的史前农业》,《农业考古》1985 年第 1 期;吴诗池:《山东新石器时代农业考古概述》,《农业考古》1989 年第 2 期。

[19] 谢崇安:《中国原始畜牧业的起源和发展》,《农业考古》1985 年第 1 期。

[20] 张之恒:《中国新石器时代文化》,第 25～26 页,南京大学出版社,1988 年。

[21] 李璠等:《生物史》第五册,第 29 页。

[22] 安志敏:《略论三十年来我国的新石器时代考古》,《考古》1979 年第 5 期。

[23] 南京博物院:《江苏文物考古工作三十年》,第 201 页,文物出版社,1981 年。

[24] 李洪甫:《连云港地区农业考古概述》,《农业考古》1985 年第 2 期。

[25] 严文明:《中国稻作农业的起源》,《农业考古》1982 年第 1 期。

[26] 同［6］,第 311～316 页。

[27] 周昆叔等:《察右中旗大义发泉村细石器文化遗址花粉分析》,《考古》1975 年第 1 期。

[28] 中国科学院考古研究所内蒙古工作队:《内蒙古巴林左旗富河沟门遗址发掘简报》,《考古》1964 年第 1 期。

[29] 张之恒:《新石器时代早期文化几个问题的探讨》,《考古与文物》1984 年第 1 期。

[30] 周国兴:《白莲洞遗址的发现及其意义》,《史前研究》1984 年第 2 期。

[31] 贾兰坡等:《广西洞穴打击石器的时代》,《古脊椎动物与古人类》第 2 卷（1960）第 1 期。

[32] 吴新智等:《广西东北地区调查简报》,《古脊椎动物与古人类》第 6 卷（1962）第 4 期。

[33] 同［4］。

[34] 邱立诚等:《广东阳春独石仔新石器时代洞穴遗址发掘》,《考古》1982 年第 5 期。

[35] 广东省博物馆:《广东翁源县青塘新石器时代遗址》,《考古》1961 年第 11 期。

[36] 宋方义等:《广东封开黄岩洞洞穴遗址》,《考古》1983 年第 1 期。

[37] 同［5］。

[38] 顾玉珉:《广东灵山洞穴遗址调查报告》,《古脊椎动物与古人类》第 6 卷（1962 年）第 2 期。

[39] 广东省文物管理委员会:《广东潮安的贝丘遗址》,《考古》1961 年第 11 期。

[40] 广西壮族自治区文物工作队等:《广西桂林甑皮岩洞穴遗址的试掘》,《考古》1976 年第 3 期。

[41] 柳州市博物馆:《柳州市大龙潭鲤鱼嘴新石器时代贝丘遗址》,《考古》1983 年第 9 期。

[42] 广西壮族自治区文物考古训练班等:《广西南宁地区新石器时代贝丘遗址》,《考古》1975 年第 5 期。

[43] 江西省文物管理委员会:《江西万年大源仙人洞洞穴遗址试掘》,《考古学报》1963 年第 1 期;江西省博物馆:《江西万年大源仙人洞洞穴遗址第二次发掘报告》,《文物》1976 年第 12 期。

[44] 盖培等:《黄河上游拉乙亥中石器时代遗址发掘报告》,《人类学学报》第 2 卷（1983 年）第 1 期。

[45] 贾兰坡等:《山西怀仁鹅毛口石器制造场遗址》,《考古学报》1973 年第 2 期。

[46] 西安半坡博物馆等:《陕西大荔沙苑地区考古调查报告》,《史前研究》1983 年第 1 期。

[47] 吉林省文物工作队:《内蒙古科尔沁右翼中旗嘎查石器时代遗址的调查》,《考古》1983 年第 8 期。

［48］ 吉林省考古研究室：《统一的多民族国家的历史见证——吉林省文物考古工作三十年的主要收获》，《文物考古工作三十年》，文物出版社，1979 年，第 101 页。

［49］ 同［42］。

［50］ 张光直：《中国南部的史前文化》，《"中央研究院"历史语言研究所集刊》第 42 本第 1 分册，1979 年。

［51］ 浙江省文物管理委员会等：《河姆渡遗址第一期发掘报告》，《考古学报》1978 年第 1 期。

［52］ 罗家角考古队：《桐乡县罗家角遗址发掘报告》，《浙江省文物考古所学刊》，第 20 页，文物出版社，1981 年。

［53］ 河北省文物管理处等：《河北武安磁山遗址》，《考古学报》1981 年第 3 期。

［54］ 佟伟华：《磁山遗址的原始农业遗存及其相关的问题》，《农业考古》1984 年第 1 期。

［55］ 中国社会科学院考古研究所内蒙古工作队：《内蒙古敖汉旗兴隆洼遗址发掘简报》，《考古》1985 年第 10 期。

［56］ 沈阳市文物管理办公室：《沈阳新乐遗址试掘报告》，《考古学报》1978 年第 4 期。

［57］ 卜昭文等：《后洼遗址出土 40 多件原始图腾石雕和人形陶像》，《光明日报》1987 年 5 月 18 日。

［58］ 辽宁省博物馆等：《长海县广鹿岛大长山岛贝丘遗址》，《考古学报》1981 年第 1 期。

［59］ 梁思永：《昂昂溪史前遗址》，《梁思永考古论文集》，第 31～40 页，科学出版社，1955 年；黑龙江博物馆：《昂昂溪新石器时代遗址调查》，《考古》1974 年第 2 期。

［60］ 同［7］。

［61］ 福建省文物管理委员会：《福建福清东张新石器时代遗址发掘报告》，《考古》1965 年第 2 期。

［62］ 泉州海外交通史博物馆等：《福建丰州狮子山新石器时代遗址》，《考古》1961 年第 4 期。

［63］ 杨式挺：《谈谈石峡发现的栽培稻遗迹》，《文物》1978 年第 7 期。

［64］ 浙江省文物考古研究所反山考古队：《浙江余杭反山良渚墓地发掘简报》，《文物》1988 年第 1 期。

［65］ 浙江省文物考古研究所：《余杭瑶山良渚文化祭坛遗址发掘简报》，《文物》1988 年第 1 期。

［66］ 上海市文物保管委员会：《上海福泉山良渚文化墓葬》，《文物》1984 年第 2 期。

［67］ 南京博物馆：《1982 年江苏武进寺墩遗址的发掘》，《考古》1984 年第 2 期。

［68］ 河南省文物研究所等：《登封王城岗遗址的发掘》，《文物》1983 年第 3 期。

［69］ 河南省文物研究所等：《河南淮阳平粮台龙山文化城址试掘简报》，《文物》1983 年第 3 期。

［70］ 黑龙江文化局考古工作队：《密山县新开流遗址》，《考古学报》1979 年第 4 期。

［71］ 同［16］。

［72］ 郭大顺等：《辽宁省喀左县东山嘴红山文化建筑群址发掘简报》，《文物》1984 年第 11 期。

［73］ 辽宁省文物考古研究所：《辽宁牛河梁红山文化"女神庙"与积石冢群发掘简报》，《文物》1986 年第 8 期。

［74］ 中国社会科学院考古研究所河南一队：《1979 年裴李岗遗址发掘报告》，《考古学报》1984 年第 1 期。

［75］ 中国社会科学院考古研究所河南一队：《河南新郑沙窝李新石器时代遗址》，《考古》1983 年第 12 期。

黄河流域的史前粟作农业

农业是古文明形成和发展的根基，世界上凡是古文明产生较早的地区都是农业产生较早和发展较快的地区。黄河流域之所以成为中国古文明的摇篮，其原因之一就是黄河流域的粟作农业产生较早和发展较快。

中国新石器时代早中期按经济文化类型来划分，可分为黄河流域的粟作农业经济文化、长江流域的稻作农业经济文化、北方草原地区的狩猎经济（兼有农业）文化和南方地区（指武夷山至南岭一线以南地区）以采集经济为主兼有农业（园艺农业）的经济文化。

从农业起源和发展的角度来考察，不论是稻作农业，还是粟作农业，都必须经历选育及驯化、诞生及早期发展和发达等几个阶段。选育、驯化阶段大体相当于新石器时代早期的"火耕农业"阶段，诞生阶段相当于新石器时代中期前一阶段的"锄耕农业"早期阶段，早期发展和发达阶段相当于新石器时代中晚期的发达锄耕农业阶段。黄河流域迄今尚未发现属于粟作选育、驯化阶段的代表性遗址，本文主要论述其诞生、早期发展阶段和发达阶段的经济、文化，并结合探寻新石器时代早期遗址来探索黄河流域粟作农业的起源地。

中国古代对粟的称呼有禾、粟、谷、小米等。本文的粟作农业泛指粟、黍之类的旱作农业。

一　粟作农业的诞生及早期发展阶段

黄河流域属粟作农业诞生及早期发展阶段的新石器时代文化有磁山文化、裴李岗文化、北辛文化和老官台文化（大地湾一期文化）等。

（一）磁山文化

磁山文化分布于冀中、冀南和豫北地区，遗址分布最密集的地区在太行山东南麓的河北武安县境内。经过大规模发掘或试掘的磁山文化遗址有河北武安县磁山、牛洼堡、西万年（第一区）等。

磁山文化已有发达的磨制石器、陶器、粟作农业和家畜饲养业。石器大多为农业生产工具和谷物加工工具。属于农业生产工具的有石斧、铲、锛、镰，谷物加工工具有石磨盘和磨棒。陶器有属于炊器的夹砂陶盂和支架，属于饮食器和盛储器的有泥质陶的三足钵、碗、罐、盘等。

磁山遗址发现了大量粟的遗存，在 80 个窖穴内都发现有粮食堆积，一般堆积厚度为 0.3 ~ 2 米，有 10 个窖穴堆积在 2 米以上。出土时有一部分颗粒清晰可见，不久即风化成灰。取 H65 的标本作灰象分析，发现有粟。发掘出土的植物果实有炭化的榛子、胡桃、小叶朴等[1]。武安牛洼堡遗址也发现两个灰坑（H4、H6）的下半部有粮食堆积，其中一个灰坑（H4）的粮食堆积厚达 1.4 米，经鉴定为粟[2]。

磁山文化的家畜有狗和猪。磁山遗址的一座灰坑（H5）在其粮食的底部有两具猪骨，分置三堆。另有三座灰坑（H12、H14、H265）在粮食堆积的底部各有猪骨一具。一座灰坑（H10）发现狗骨架一具。牛是否为家畜尚不能肯定。鸡有可能是家禽[3]。

磁山遗址的两座灰坑（H145、H48）内的两件木炭标本 ^{14}C 测定的年代分别为距今 7355 ± 105 年（ZK0439）和距今 7235 ± 105 年（ZK0440），树轮校正年代为公元前 6032 ~ 前 5750 年，这两个数据与磁山文化面貌所反映的年代大体吻合。

（二）裴李岗文化

裴李岗文化分布的中心地域是华北平原南端西缘与伏牛山东麓的接壤地带。裴李岗文化的磨制石器、陶器和农业的发展水平，大体与磁山文化相当，磨制石器属于生产工具的有石铲、斧、镰，谷物加工工具有石磨盘和磨棒。陶器的形制比磁山文化多，主要器形有双耳壶、三足钵、碗、深腹罐等[4]。

从裴李岗等遗址出土的大量农业生产工具和谷物加工工具来看，裴李岗文化已有比较发达的农业。裴李岗遗址第二次发掘曾出土少量炭化谷物，据初步观察可能是粟。河南新郑沙窝李遗址的地层中也发现炭化粟粒[5]。裴李岗文化遗址出土的家畜骨骼有猪、狗、羊等。

河南新郑裴李岗遗址共测定了 6 个 ^{14}C 数据，其中有 2 个数据偏早，而且误差较大，一个数据则嫌稍晚，另外 3 个数据分别为距今 7445 ± 200 年（ZK745）、7185 ± 200 年（ZK753）、7145 ± 300 年（ZK571），三个数据的树轮校正年代为公元前 6230 ~ 前 6090 年，其年代大体与磁山文化相当。

（三）北辛文化

北辛文化主要分布在鲁西南山地的西缘和南缘的山前地带，苏北北部与鲁南接壤地带也发现一些北辛文化遗存。北辛文化的石器有石铲、斧、敲砸器、盘状器、刀、镰等农业生产工具和磨盘、磨棒等谷物加工工具。陶器中的炊器有鼎、釜和支架，以鼎为主；饮食器和盛储器有碗、钵、盆、壶、深腹圜底罐、小口双耳罐等[6]。炊器中鼎的大量出现，反映北辛文化的面貌比磁山、裴李岗文化进步。

从北辛文化生产工具的种类和数量以及陶器反映的文化面貌看，其社会经济的发展水平相当高，当时种植的农作物主要是粟。山东滕县北辛遗址一个窖穴内发现有炭化粟[7]，并在该遗址出土的许多陶钵、碗的底部发现粟壳的痕迹。当时饲养的家畜以猪为主，北辛遗址的一个窖穴（H14）底部放置6个个体的猪下颌骨，集中放在一堆，猪下颌骨之上有石板覆盖。另一个窖穴（H51）底部放置2个完整的猪头骨。

根据北辛遗址测定的7个 ^{14}C 数据，北辛文化的年代大约为距今6700～5700年，树轮校正年代为距今7300～6300年。其年代晚于磁山文化500～700年。

（四）老官台文化（大地湾一期文化）

老官台文化主要分布在黄河支流渭河流域，豫西北和晋西南也有一些发现。老官台文化的农业生产工具有石斧、铲、锛、刀等。陶器以三足器和圈足器为主，器形有三足钵、圜底钵、圈足碗、假圈足碗、三足筒状罐、小口双耳壶等[8]。

大地湾遗址第四发掘区 T3O3F374 房基西南角下面叠压有一个较大的坑 H398，坑底部有两处红烧土残迹，还有许多木炭和少量炭化的植物种子。植物种子经鉴定分析，分别属于禾本科的稷和十字花科的油菜。H398 的木炭经 ^{14}C 测定其年代为距今 6770±80 年，树轮校正年代为公元前 5561 年，属于大地湾一期偏晚阶段。老官台文化的家畜饲养业也发展到一定水平，大地湾遗址一期的两座墓葬（M15、M208）都用猪下颌骨随葬[9]。

大地湾一期的 4 个 ^{14}C 数据分别为距今 7150±90 年（BK80025）、6730±90 年（BK8007）、6770±80 年（BK81021）、6940±80 年，树轮校正值为公元前 5960～前 5540 年，其年代稍晚于磁山、裴李岗文化。

（五）黄河流域粟作农业诞生阶段的特征

可概括为以下几点：

1. 黄河流域在新石器时代中期前一阶段，各文化遗址中都出土数量较多的石斧、铲、锛等用于砍伐和翻土的工具，说明其农业已越过"焚而不耕"的"火耕农业"（或称"砍倒烧光"农业）阶段，已进入到"翻土耕种"的"锄耕农业"阶段（表一）。

2. 在锄耕农业的早期阶段，粟作农业已基本遍布黄河流域。现已在西起甘肃秦安大地湾、东抵山东滕县北辛等新石器时代中期前一阶段的遗址中发现粟、稷等农作物遗存，其中以冀南的磁山遗址发现的炭化粟数量最多。锄耕农业早期阶段，亦即粟作农业的诞生及早期发展阶段，人们所饲养的家畜有猪、狗、羊，鸡也可能作为家禽饲养。猪作为一种主

表一　　　　　　　　　　黄河流域粟作农业诞生和发展阶段的划分

阶段	距今年代	地域	渭河流域（包括甘、青地区）	黄河中游	黄河下游	备注
发达锄耕农业	发达阶段	4000	齐家文化 客省庄二期文化	王湾三期 后岗二期	龙山文化	龙山文化时期黄河流域普遍出现铜器
		4500	马家窑文化 仰韶文化	大河村类型 大司空一期 后岗一期	大汶口文化	仰韶文化和马家窑文化都出现铜器
锄耕农业	诞生及早期发展阶段	6500	老官台文化 大地湾一期文化	磁山文化 裴李岗文化	北辛文化 后李文化	
火耕农业	驯化阶段	8500 11000		南庄头遗址		文化层中有石器、陶器，未见粟类遗存

要家畜，其骨骼已开始用来随葬。

3. 粟作农业在黄河流域普遍产生并获得较高的产量，说明粟作农业早已越过选育、驯化阶段，而进入诞生及早期发展阶段。

4. 黄河流域现已发现的粟作农业遗存，年代最早的是磁山文化和裴李岗文化，老官台文化和北辛文化的粟作农业都晚于磁山、裴李岗文化。

二　粟作农业的发达阶段

黄河流域属于粟作农业发达阶段的新石器时代文化，主要有中游地区的仰韶文化、上游地区的马家窑文化、下游地区的大汶口文化。

（一）仰韶文化

仰韶文化分布的中心地区在关中、豫西和晋南地区。仰韶文化的农业生产工具比其前身的老官台文化有很大的进步，石器均通体磨光，穿孔石器普遍出现。常见的农业生产工具有石斧、石锛、石铲、骨铲、角铲、石刀和陶刀等，谷物加工工具有石磨盘和石磨棒。陶器由手制发展到慢轮修整，火候较高的泥质红陶和彩陶普遍出现。属于仰韶文化早期的陕西临潼姜寨一期文化还出土两件铜器。

粟作农业在仰韶文化阶段发展很快，陕西省和河南省的诸多仰韶文化遗址中都发现粟、黍等谷物遗存。西安半坡遗址中发现粟粒，在152号墓（女孩墓）还用作随葬品[10]。陕西临潼县姜寨遗址史家类型第254号墓随葬陶罐中也发现用小米随葬。姜寨遗址的半坡类型和史家类型地层中发现的谷物遗存经灰象法鉴定为黍[11]。陕西华县柳子镇遗址 F201 灶坑中的草灰里夹杂有小米的外壳[12]。河南洛阳王湾一期文化的一座房址 F15 居住面上发现生活用具,其中一件夹砂小罐的内壁附有粟的痕迹[13]。河南临汝大张遗址仰韶文化晚期的地层中出土有粟[14]。根据对姜寨遗址动物骨骼的鉴定,仰韶文化时期人们饲养的家畜以猪的数量最多,其次是狗,可能还有牛和梅花鹿,家禽有鸡。

仰韶文化包括四个类型:半坡、史家、庙底沟、西王村(或称半坡晚期类型)。根据[14]C 测定的年代数据,半坡类型的年代为距今 6100~5600 年,史家类型的年代为距今 5500~5000 年(以上年代均未经树轮校正)。

(二)马家窑文化

马家窑文化分布于黄河上游的甘肃中部、东部和青海的东部。马家窑文化相当于仰韶文化的中晚期,可按年代先后分为石岭下、马家窑、半山、马厂四个类型。马家窑文化的磨制石器和陶器的制作水平大体和仰韶文化中晚期相当。常见的农业生产工具有石斧、石铲、石锛、石刀、骨柄石刃刀等。马家窑文化的马家窑类型和马厂类型均出现铜器。

马家窑文化时期的粟作农业已相当发达,许多遗址中都发现粟类遗存。甘肃秦安大地湾遗址一个属于石岭下类型的灰坑(H29)底部有一层炭化粟粒[15]。在 1978 年发掘的一个马家窑类型的窖穴内出土了炭化粟粒、穗。甘肃临夏东乡林家遗址第 20 号房屋内出土的陶罐内发现炭化粟粒、大麻籽、稷,两个窖穴(H19、H21)内有带细长芒的稷穗捆扎成束堆放一起[16]。兰州青岗岔遗址的一个属于马厂类型的房屋(F1)内发现糜子颗粒[17]。甘肃永昌鸳鸯池马厂类型的墓葬中普遍发现炭化粟,第 134 号墓的一个大陶瓮内装有粟粒[18]。在乐都县柳湾遗址,发现一半以上马厂类型的墓葬中都有用容积较大的装有粟的陶瓮作为随葬品,如第 339 号墓有陶瓮 4 件,陶瓮内均放有粮食[19]。这说明,马家窑文化的粟作农业非常发达。马家窑文化时期人们饲养的家畜有猪、狗、牛、羊,家禽有鸡。柳湾墓地还用羊作为随葬品。

马家窑文化年代大约为距今 4600~4000 年(非树轮校正值)。

(三)大汶口文化

大汶口文化主要分布于黄河下游的山东、皖北和苏北的北部。大汶口文化时期已有相当发达的磨制石器,农业经济已进入到发达的锄耕农业阶段。石器磨制精致,通体磨光,棱角齐整。穿孔有琢穿和管穿两种。农业生产工具有石斧、石铲、石锛(常型石锛和有段石锛)、石刀、石镰、蚌铲、骨铲等。

大汶口文化时期种植的农作物主要是粟、黍。山东长岛县北庄遗址一期文化遗存有黍壳。莱阳县于家店遗址(大汶口文化早期)发现粟壳[20]。山东胶县三里河遗址第一期文化的一座房屋（F201）内的大窖穴中保留有 1 立方米的粟[21]。山东广饶傅家遗址大汶口文化的鼎中发现小米颗粒，应属粟类作物[22]。从江苏邳县大墩子遗址下层（大汶口文化早期）来看，当时人们饲养的家畜有猪、狗、牛、羊，以猪为主，家禽有鸡[23]。大汶口文化时期，猪的饲养量很大，人们普遍用猪头、猪下颌骨随葬。山东泰安大汶口遗址第一次发掘的 133 座墓葬中，有 43 座墓用猪头随葬，共有猪头 96 个，其中最多的一座墓随葬 14 个猪头。山东曲阜西夏侯遗址第一次发掘发现 11 座墓葬中有 3 座墓各随葬猪头 2 个。胶县三里河遗址发现 66 座墓葬，普遍用猪下颌随葬，最多的一座墓随葬 30 多个个体的猪下颌骨。猪是以谷物作饲料的家畜，猪的大量饲养，反映了农业经济的发展。

根据[14]C 年代测定，大汶口文化的年代大约为距今 5600～4500 年，相当于仰韶文化中晚期至庙底沟二期文化时期。

（四）黄河流域粟作农业发达阶段的特征

总观仰韶文化、马家窑文化、大汶口文化农业经济状况，可知黄河流域在粟作农业发达阶段，其农业有如下特征：

1. 作为收割用的石刀已使用琢穿和管穿技术进行穿孔。农业生产工具的种类除了常见的石斧、石铲、石锛外，开始出现较为进步的有段石锛、穿孔石刀、石镰；蚌铲、蚌刀、蚌镰、鹿角锄、牙镰、鹿角镰等也被用于农业生产。

2. 仰韶文化时期，粟作农业在人们的经济生活中占主导地位。陕西省西安半坡、临潼姜寨、华县元君庙仰韶文化早期的氏族墓地以及青海省乐都柳湾马家窑文化晚期氏族墓地，均发现用粟、黍为随葬品，这说明粟、黍是当时的主要粮食，粟作农业是人们经济生活的主体。仰韶文化早期，只有少数厚葬者用粟随葬，到相当于仰韶文化晚期的马家窑文化马厂类型时，用粟随葬已非常普遍，如青海乐都柳湾遗址马厂类型墓葬大多数墓都用粟随葬，这反映从仰韶文化早期到晚期粟作农业的逐步发展。

3. 农业的发展促进了家畜饲养业的发展。猪是黄河流域家畜饲养业的主体。从仰韶文化早期到晚期，以猪为主体的家畜饲养业是逐步发展的。仰韶文化早期，只在为数很少的灰坑和窖穴中发现少量的家猪骨骼，到仰韶文化中晚期，用猪头和猪下颌骨随葬已很普遍，且随葬数量的多寡已作为人们生前拥有财产多寡的象征。

三　粟作农业起源地探索

本文将黄河流域的粟作农业分为三个大的发展阶段：选育及驯化、诞生及早期发展和发达阶段。诞生及早期发展阶段的粟作农业文化有磁山文化、裴李岗文化、老官台文化和北辛文化。这些粟作农业文化均已进入到新石器时代中期的"锄耕农业阶段"。黄河流域迄今未发现属于新石器时代早期"火耕农业阶段"的粟作农业，亦即未发现选育及驯化阶段的粟作农业。选育、驯化阶段的粟作农业发生地在哪里？是黄河流域本土起源的，还是由其他地区传入的？从已公布的考古资料来看，黄河流域的粟作农业不可能是其他地区传入的，而是本土起源的。华南地区在史前时期没有发现粟作农业，长江流域和北方草原地区发现的史前粟类遗存，其年代都晚于黄河流域，因此黄河流域的粟作农业不可能是从华南和北方草原地区传入的。黄河流域的粟作农业也不可能是从西方传入的，因为黄河上游的粟作农业，其年代晚于黄河中游地区。

笔者认为，探索黄河流域粟作农业的起源地需要明确两个问题：第一，黄河流域的粟作农业，哪个地区的年代最早？在年代相当的粟作农业中，哪个文化的粟作农业最发达？只有粟作农业年代最早，同时又是最发达的地区，才有可能是粟作农业的发源地。第二，粟作农业的起源地应是新石器时代早期文化的产生地，只有找到新石器时代早期遗址，才有可能找到粟作农业的起源地，因为只有新石器时代早期人类的活动地区才有可能选育、驯化粟类作物。

黄河流域粟作农业诞生及早期发展阶段的诸文化，以中游地区的磁山文化和裴李岗文化的年代最早，而这两个文化的粟作农业又以磁山文化的粟作农业最为发达。地处太行山东麓的磁山文化分布区及其邻近地区，有可能是粟作农业的发源地。

太行山东麓有可能是粟作农业的起源地，还建立在这样的基础上：太行山西麓的汾河沿岸有丰富的旧石器时代遗址，既有大量的旧石器时代中期遗址，又有许多旧石器时代晚期遗址。尤其是邻近太行山东麓的山西沁水下川及阳城、垣曲一带发现了许多旧石器时代末期（距今年代23000～16000年）遗址[24]，人们可沿沁河进入到太行山东南麓，然后再沿太行山东麓北上。地处太行山东麓北端的河北徐水县南庄头新石器时代早期遗址的发现，也证明了这一点。1986年在南庄头遗址发现早于磁山文化的石器、骨器和陶片。1987年对该遗址进行试掘，在遗址的第5层、第6层出土许多陶片、石器、骨器、木炭和木头。用第5层和第6层的木头和木炭测定的^{14}C年代数据为距今10510（BK87075）～9700（BK86121）年[25]。这是华北地区迄今发现的有确凿证据的、年代最早的新石器时代遗址。太行山东麓今后有可能发现更多的新石器时代早期遗址，在这些新石器时代早期遗址中有可能发现最早阶段的粟作农业遗存。

（原载《中原文物》1998年第3期）

---

[1]　河北省文物管理处等：《河北武安磁山遗址》，《考古学报》1981年第3期；邯郸市文物保管所等：《河北磁山新石器遗址试掘》，《考古》1977年第6期。

[2]　河北省文物管理处等：《河北武安洛河流域几处遗址的试掘》，《考古》1984年第1期。

［3］ 周本雄：《河北武安磁山遗址的动物骨骸》，《考古学报》1981 年第 3 期。

［4］ 中国社会科学院考古所河南一队：《1979 年裴李岗遗址发掘报告》，《考古学报》1984 年第 1 期；开封地区文物管理委员会等：《裴李岗遗址一九七八年发掘简报》，《考古》1979 年第 3 期；开封地区文管会等：《河南新郑裴李岗新石器时代遗址》，《考古》1978 年第 2 期。

［5］ 中国社会科学院考古研究所河南一队：《河南新郑沙窝李新石器时代遗址》，《考古》1983 年第 12 期；王吉怀：《新郑沙窝李遗址发现炭化粟粒》，《农业考古》1984 年第 2 期。

［6］ 中国社会科学院考古研究所山东队等：《山东滕县北辛遗址发掘报告》，《考古学报》1984 年第 2 期。

［7］ 吴诗池：《山东新石器时代农业考古概述》，《农业考古》1983 年第 2 期。

［8］ 北京大学考古教研室华县报告编写组：《华县、渭南古代遗址调查与试掘》，《考古学报》1980 年第 3 期；甘肃博物馆等：《一九八〇年秦安大地湾一期文化遗存发掘简报》，《考古与文物》1982 年第 2 期。

［9］ 甘肃省博物馆等：《甘肃秦安大地湾新石器时代早期遗存》，《文物》1981 年第 4 期。

［10］ 中国科学院考古研究所等：《西安半坡》，第 47、215 页，文物出版社，1963 年。

［11］ 半坡博物馆等：《姜寨——新石器时代遗址发掘报告》，第 267 页，图版一七二，4，文物出版社，1988 年；黄其煦：《黄河流域新石器时代农耕文化中的作物》，《农业考古》1982 年第 2 期。

［12］ 黄河水库考古队华县队：《陕西华县柳子镇考古发掘简报》，《考古》1959 年第 2 期。

［13］ 北京大学考古实习队：《洛阳王湾遗址发掘简报》，《考古》1961 年第 4 期。

［14］ 同［11］黄文。

［15］ 同［9］，第 1～2 页。

［16］ 何双全：《甘肃先秦农业考古概述》，《农业考古》1987 年第 1 期。

［17］ 甘肃省博物馆：《甘肃兰州青岗岔遗址试掘简报》，《考古》1972 年第 3 期。

［18］ 甘肃省博物馆文物工作队等：《甘肃永昌鸳鸯池新石器时代墓地》，《考古学报》1982 年第 2 期。

［19］ 青海省文物管理处考古队等：《青海乐都柳湾原始社会墓地反映出的主要问题》，《考古》1976 年第 3 期；青海省文物管理处考古队等：《青海乐都柳湾原始社会墓葬第一次发掘的初步收获》，《文物》1976 年第 1 期。

［20］ 同［7］。

［21］ 昌潍地区艺术馆等：《山东胶县三里河遗址发掘简报》，《考古》1977 年第 4 期。

［22］ 山东省文物考古研究所等：《山东广饶新石器时代遗址调查》，《考古》1985 年第 9 期。

［23］ 南京博物院：《江苏文物考古工作三十年》，《文物考古工作三十年（1949—1979）》，文物出版社，1981 年。

［24］ 王建、王向前、陈哲英：《下川文化——山西下川遗址调查报告》，《考古学报》1973 年第 3 期。

［25］ 原思训等：《南庄头遗址 ^{14}C 年代测定与文化层孢粉分析》，《环境考古研究》，科学出版社，1991 年。

长江中下游稻作农业的起源

农业的产生是新石器时代开端的根本标志，而稻作的起源则是农业起源的一个重要组成部分。根据长江流域新石器时代考古发掘资料及研究成果，可将长江中下游地区稻作农业的起源和发展划分为三个阶段：驯化阶段、诞生阶段、发展阶段（表一）。

一 驯化阶段

根据现已公布的考古资料，可确认，中国稻作农业起源于长江流域。

长江流域，属于稻作农业驯化阶段的新石器时代早期遗址有江西万年仙人洞和吊桶环[1]、湖南道县玉蟾岩。仙人洞和吊桶环遗址位于长江下游江南地区的西端，玉蟾岩遗址则位于纬度较低的南岭北麓。

（一）仙人洞和吊桶环遗址

1995年9月至11月，北京大学考古系等单位对仙人洞遗址进行发掘，将其文化堆积分为上层堆积（东区为第2层，西区为第2层和第3层）和下层堆积（第3、4层）。两大层出土物有明显的差别，如上层出土物有夹粗砂陶片，下层则不见；上层有较多的水生动物螺、蚌的外壳，下层少见或不见；上层有磨制石器，而下层只有打制石器，且多为以石英岩或石英打成的小石器，还有少量类似细石器的燧石片。

吊桶环系一高出盆地约30米的岩棚遗址，距仙人洞仅800米，据对该遗址的出土物研究，它是一处栖息于仙人洞的原始居民在这一带狩猎的临时性营地和屠宰场。吊桶环的文化堆积同样分为上、下层，上层出土大量兽骨、局部磨光的石器、骨器、穿孔蚌器和夹粗砂陶器等，下层出土物与仙人洞下层相同。

根据对仙人洞和吊桶环两处遗址出土物的分析，其上层应属新石器时代早期，下层为旧石器时代末期。^{14}C测定的年代数据，上层为距今1.4万~0.9万年，下层距今2万~1.5万年。

根据孢粉分析，两处遗址的上层，禾本科植物陡然增加，花粉粒度较大，接近于水稻花粉的粒度。根据植硅石分析，上层有类似水稻的扇形体，从而为探索稻作农业的起源提供了重要线索。

表一 长江流域稻作农业的起源和发展阶段的划分

农业阶段	稻作阶段	地域 距今年代	长江中游	长江下游	备注
锄耕	发展	5300	大溪文化	河姆渡文化晚期、马家浜文化晚期	
		6500	城背溪文化、皂市下层文化	河姆渡文化早期、马家浜文化早期	
	诞生	7500	彭头山文化		
火耕	驯化	8500 11000	玉蟾岩 仙人洞、吊桶环		园艺农业为主

（二）玉蟾岩遗址

1993 年和 1995 年两次对湖南道县寿雁镇白石寨村玉蟾岩遗址进行发掘[2]。遗址堆积厚 1.2~1.8 米，除上部有近代墓扰乱外，文化性质单纯。出土的石制品全部打制，有石核、石片、砍伐器、刮削器、切割器、石刀、锄形器等，其中锄形器是最富特色的工具，可能是一种安柄的挖土工具。玉蟾岩遗址的一个重要发现是出土了十分原始的陶片。陶片呈黑褐色，火候很低，质地很疏松，胎厚近 2 厘米，夹炭、夹粗砂。陶片贴塑，可见交错层理。陶片内外均饰编织纹。

遗址中伴出大量动物骨骼，其中哺乳动物达 20 余种，数量最多的是鹿类，食肉动物也很丰富，说明当时人类主要狩猎大型的食草动物和小型的食肉动物，并捕获一定的鸟禽类（占猎获动物的 30%）。猎获动物的数量和种类，说明这一时期狩猎技术和狩猎经济有了进一步发展。动物残骸中还有鲤鱼、草鱼、青鱼等多种鱼类和丰富的龟鳖、螺、蚌等水生动物，反映捕捞、采集经济也占一定的比例。

最为重要的发现是，在文化堆积的层面中发现了水稻谷壳。农业专家对两次发掘出土的稻谷壳进行初步电镜分析，确定 1993 年出土稻谷为普通野生稻，但具有人类初期干预的痕迹。1995 年出土稻谷为栽培稻，兼备野、籼、粳的特征，是一种由野生稻向栽培稻演化的古栽培稻类型。

玉蟾岩遗址出土的石器虽全部为打制，不见磨制石器，但原始陶器的出土，说明其文化时代已进入新石器时代早期。从陶片的形态观察，早于彭头山文化的陶器。玉蟾岩遗址 T9 第 3B2 层和 3E 层的兽骨经 ^{14}C 测定的年代分别为公元前 8327 年和公元前 7911 年（树轮校正值）。

（三）仙人洞等遗址文化遗存所反映的农业经济的性质

原始农业的肇始阶段亦即农业刚出现的时期，其农业属于"火耕农业"或称"砍倒烧光农业"。这种农业的种植程序是，先将野地里的树木砍倒、晒干、烧光，将草木灰作肥料，然后撒播或挖穴播种，以后既不中耕，也不除草，待作物成熟后即行收割。"火耕农业"的最大特点是"焚而不耕"，即不翻土耕种。火耕农业阶段砍伐工具是最主要的农业生产工具。仙人洞、吊桶环和玉蟾岩遗址的生产工具，石器有砍伐器、锄形器，骨器有铲、凿等，均属砍伐和挖穴播种工具，说明其农业尚处在"火耕农业"阶段。华南地区，"火耕农业"阶段所种植的农作物以"无性繁殖"的根茎果类作物为主，并有一些蔬菜和豆类作物，一般称园艺作物。从仙人洞等遗址出土的水稻遗存来分析，作为禾本科农作物的水稻栽培，这时尚处在选育、驯化阶段。在此需指出，玉蟾岩遗址所处的地区，虽可成为水稻选育、驯化地区，但不可能在新石器时代早中期阶段形成"聚落农耕文化"（或"村居农业文化"）。南岭地区，稻作农业经济的形成和发展要到新石器时代晚期。其原因有二，一是南岭一带，气候湿热，可供食用的野生植物和可供采集、捕捞的软体动物（螺、蚌）和鱼类都很丰富，亦即天然食物资源很丰富，人们对天然食物的依赖性很大，从而抑制了农业经济的发展；一是华南石灰岩洞穴地区，难以在新石器时代早中期形成稳定的定居聚落，不可能形成"聚落农耕文化"[3]。

距今1万余年至距今8500年，长江中游地区虽然原始农业已经出现，但采集、渔猎经济在经济生活中仍占主导地位。仙人洞等遗址出土的大量属于狩猎对象的食草动物、小型的食肉动物、鸟禽类动物，以及大量可供捕捞和采集的鱼类、龟鳖、螺、蚌等水生动物的骨骼和外壳，都说明采集、渔猎经济在当时人们的经济生活中仍占主导地位，农业经济尚处在辅助地位。

二　诞生阶段

长江流域属于稻作农业诞生阶段的新石器时代文化只有长江中游的彭头山文化，长江下游地区未发现这一阶段的稻作遗存。

彭头山文化分布于澧水下游地区，其文化时代属新石器时代中期前段。该文化现已发掘的遗址除湖南澧县彭头山外，还有澧县八十垱和李家岗。彭头山文化的陶器以夹炭陶为第一大陶系，以圜底器为主，器形有圜底的深腹罐、筒形釜、钵、盆、盘和夹砂陶的支座等。石器有细小的燧石器、大型的打制石器和磨制石器[4]。彭头山文化的年代，大约为距今8500~7500年。

彭头山遗址出土的陶片中有大量稻壳和稻谷。陶片表面和断面上均有炭化稻壳和稻谷的遗存。孢粉分析中，文化层发现的禾本科花粉数量虽不多，但个体均在37.5微米以上，且萌发孔连边缘加厚10~11微米，与现代水稻接近[5]。1989年，李家岗遗址的发掘中发现陶片中有稻壳和稻谷。1993年，八十垱遗址的发掘，再次在8000年前的陶片中发现炭化稻壳和稻谷，并于灰坑土样测试中发现了密集的水稻孢粉，判断是成堆的稻草、稻壳烧过或腐烂后的遗存。1995 年冬对八十垱遗址进行第二次发掘，在遗址西部文化堆积与古河道接壤地带的发掘中，在岸边的泥土内筛选出数百粒炭化稻和已脱壳的大米，直接从地层中取得了稻谷材料。在遗址发掘区外西北数十米处的一个探方进行发掘，在距地表四五米深处，发现古河道黑色泥炭层内有大量有机物，其中包含大量稻谷以及莲、菱、桃等上百种植物，还有竹编物、木制品、石雕、动物骨骼。发现的稻谷，有无芒和有芒两种。由于埋藏在淤泥中，有效地阻止了氧化过程，所以稻谷保存极好，出土时如同新鲜稻谷[6]。这一层，还出土许多陶片。

彭头山、八十垱、李家岗等遗址大量水稻遗存的出土，说明距今 8000 多年澧水下游地区水稻的栽培已越过了选育、驯化阶段，而进入到稻作农业的诞生阶段。彭头山文化时期已进入到锄耕农业的早期阶段，亦即进入村居农业阶段，人类已有了长期稳定的聚落，八十垱遗址还发现聚落围沟和围墙[7]，这说明在长江中游的北纬 29°~30° 地区，在距今 8000 年左右已形成早期稻作农业文化。从现有考古资料来看，北纬 30° 线南北的中纬度地区是形成中国早期稻作农业文化的地区。

三　发展阶段

长江流域，进入稻作农业初期发展阶段的新石器时代文化有分布于沅水和澧水中下游的皂市下层文化、鄂西长江两岸的城背溪文化、太湖流域的马家浜文化（早期）、杭州湾以南宁绍地区的河姆渡文化。这些新石器时代中期前段文化，均已进入到以稻作农业为主的锄耕农业的发展阶段。

皂市下层文化的陶器以圜底器和圈足器为主，器形有深腹圜底罐、双耳深腹小平底罐、圈足盘等。石器有两类，一类是磨制的石斧、锛、凿、盘状器，一类是打制的燧石器[8]。属于皂市下层文化的湖南临澧县胡家屋场[9]、岳阳市钱粮湖农场坟山堡遗址[10]，均发现水稻遗存。胡家屋场遗址发现的家畜有水牛、猪、羊等。皂市下层文化的年代为距今 7700~7300 年。

城背溪文化以红褐色或灰褐色的夹砂和夹炭陶为主，器形以圜底器最发达，圈足器也常见。具体的器形有圜底罐、双耳罐、圈足盘和支座等。石器制作粗糙，以打制为主，只有少数经过局部磨制，有的将砾石略加打制而成。器形多为不很规则的长方形或梯形的石斧和石锛等工具。属于城背溪文化的湖北宜都城背溪[11]、枝城北、秭归县柳林溪[12]等遗址都发现水稻遗存。城背溪 T6 的兽骨标本的[14]C 年代距今 6800±80 年[13]。

太湖流域的马家浜文化早期阶段，陶器多为红褐陶，器形有夹砂陶釜和支架、盂、盆、钵、罐等。石器都比较粗糙，主要器形有斧、锛、刀、凿等。属于马家浜文化早期的浙江桐乡罗家角遗址的第 3、4 层，发现大量人工栽培稻谷、稻米等水稻遗存。该遗址 6 个探方的第 3、4 层均发现稻米，全为黑色，大部分为无胚米拉，约有三分之一为带颖稻实。水稻品种有籼、粳两种。第 4 层土壤经孢粉鉴定"统计出 567 粒孢粉，其中禾本科植物占孢粉组合的 97％"，由于花粉单一、集中，"这层中的禾本科花粉是当时人类栽培的农作物水稻"[14]。农作物中还有葫芦，还发现芦苇、绳束等。人工饲养的家畜有猪、水牛、狗等[15]。罗家角第 4 层的年代为距今 7100～6900 年。

河姆渡文化早期的陶器以夹炭黑陶为主，器形有釜和支架、罐、钵、盘、盆、盂、豆等。农业生产工具主要是用偶蹄动物的肩胛骨制作的骨耜（骨铲），石器不是主要的生产工具。房屋是一种栽桩架板的"干栏式"木构建筑，反映遗址所在地在当时低洼潮湿。河姆渡遗址第 4 层，在 10 余个探方共 400 多平方米的范围内，普遍发现稻谷、谷壳、稻秆、叶等堆积，最厚处达 70～80 厘米。陶胎中也掺和大量谷壳。经鉴定，稻谷属于栽培稻中的籼稻。农作物中还有薏仁米和小葫芦、菱角、芡实等。孢粉分析中还发现豆科植物。人工饲养的家畜有猪、狗，水牛和羊也可能被饲养。渔猎和采集在经济生活中也占一定比例，第 4 文化层中除出土成堆的野生植物果实外，还发现 50 多个属种的动物遗骨和 1000 余件骨镞，动物骨骼的种类有各种鹿类、犀、亚洲象、熊、水獭、猕猴、鳄等。河姆渡遗址第 4 层用橡子和木头测定的 ^{14}C 年代分别为距今 6725±140 年和距今 6960±100 年[16]。

以上通过皂市下层文化、城背溪文化、马家浜文化和河姆渡文化稻作农业资料的分析，可知发展阶段的稻作农业有以下特征：

1. 诞生阶段的稻作农业只分布于洞庭湖流域的西北部，而发展阶段的稻作农业已遍布整个长江中下游地区。稻作农业在长江中下游地区的普及，是稻作农业进入发展阶段的一个重要标志。

2. 随着水稻栽培的普及，水稻品系的改良也获得了成效，由前一阶段单一的品种发展为本阶段的籼稻和粳稻两个品种。农作物的种类也多样化，有薏仁米、豆科作物、葫芦等。

3. 在水稻耕作技术方面，这阶段可能已出现排灌技术。属于马家浜文化晚期前段的江苏吴县草鞋山遗址下层所发现的水稻田，普遍有用于排灌的小型水池。这一时期可能是利用潮汐作用进行排灌。草鞋山遗址下层的年代接近马家浜文化早期，估计水稻排灌技术可能在马家浜文化早期就已出现。

4. 与稻作农业发展相联系的家畜饲养业在这一阶段也有了相应的发展。这一阶段，狗、猪、水牛，可能还有羊，已普遍被饲养。

四　长江流域稻作起源地的探索

长江中下游地区，迄今发现的属于选育、驯化阶段的水稻遗存，主要发现于长江下游西端的怀玉山西麓一带，南岭山麓的湖南道县玉蟾岩也发现属于这一阶段的水稻遗存。前文已分析，玉蟾岩地处低纬度的中亚热带的湿润区，其地理位置和生态环境都不可能发展成早期稻作农业文化区，考古资料也证明，新石器时代早中期该地区未发展成稻作农业文化区。鄱阳湖至怀玉山一带，也未发现新石器时代早中期的水稻遗存。

距今 8500～7500 年，即稻作农业诞生阶段，其人工栽培遗存只发现于洞庭湖西北岸的彭头山文化中，迄今在长江下游地区还未发现这一阶段的人工栽培稻遗存。

长江下游地区，马家浜文化和河姆渡文化早期的水稻遗存在地层堆积中达几十厘米厚，夹炭陶中均掺有水稻的茎、叶、谷壳。水稻的品种，既有籼稻，又有粳稻。这说明，这一时期的稻作农业已越过诞生阶段而进入到发展阶段。到马家浜文化和河姆渡文化晚期，以及其后的崧泽文化和良渚文化时期，稻作得到了进一步发展。从马家浜文化和河姆渡文化早期起，长江下游地区开始形成了发达的稻作农业文化。

长江下游的中段和东段，既未发现选育、驯化阶段的水稻遗存，也未发现像中游彭头山文化阶段（诞生阶段）的人工栽培稻遗存，其稻作农业是从中游地区传播而来的，还是在本地区发展起来的，还需进一步探索。寻找长江下游稻作农业的源头，应该和探索本地区新石器时代早期遗址结合起来，亦即只有发现新石器时代早期遗址，才可能发现新石器时代早期栽培稻遗存。从国内外新石器时代文化研究成果来分析，长江下游有可能发现新石器时代早期遗址的地区是天目山的东麓和北麓、四明山的北麓。

长江中游西端，尤其是武陵山东麓至洞庭湖一带，既有丰富的旧石器时代中晚期遗址，又有新石器时代早期遗址。该地区在 8000 年前的彭头山文化时期就产生了早期稻作农业文化，其后的皂市下层文化、大溪文化、屈家岭文化和石家河文化时期，稻作农业得到了进一步发展，该地区是否是长江流域稻作农业的起源地，是学术界需要继续探索的问题。

（原载《农业考古》1998 年第 1 期）

[1] 刘诗中：《江西仙人洞和吊桶环发掘获重要进展》，《中国文物报》1996 年 1 月 28 日第 1 版。

[2] 袁家荣：《玉蟾岩获水稻起源重要新物证》，《中国文物报》1996 年 3 月 3 日第 1 版。

[3] 张之恒：《生态环境对史前文化的影响》，《江汉考古》1996 年第 3 期。

[4] 湖南省文物考古研究所等：《湖南澧县彭头山新石器时代早期遗址发掘简报》，《文物》1990 年第 8 期。

[5] 湖南省文物考古研究所孢粉实验室：《湖南澧县彭头山遗址孢粉分析与古环境探讨》，《文物》1990 年第 8 期。

[6] 何介钧：《长江中游原始文化再论》，《长江中游史前文化暨第二届亚洲文明学术讨论会论文集》，第 206 页，岳麓书社，1996 年。

[7] 王红军：《长江中游地区早期城址管窥》，《长江中游史前文化暨第二届亚洲文明学术讨论会论文集》，第

252、260 页，岳麓书社，1996 年。

［8］ 湖南省博物馆：《湖南石门县皂市下层新石器遗存》，《考古》1986 年第 1 期。

［9］ 湖南省文物考古研究所：《湖南临澧县胡家屋场新石器时代遗址》，《考古学报》1993 年第 2 期。

［10］ 岳阳市文物工作队等：《钱粮湖坟山堡新石器时代遗址试掘报告》，《湖南考古辑刊》第 6 集；同 ［6］，第 205 页。

［11］ 陈振裕等：《湖北宜都城背溪遗址》，《史前研究》（辑刊）1989 年。

［12］ 湖北省文物考古研究所：《1982 年秭归县柳林溪发掘的新石器时代早期文化遗存》，《江汉考古》1994 年第 1 期。

［13］ 同 ［11］，第 92 页。

［14］ 罗家角考古队：《桐乡县罗家角遗址发掘报告》，《浙江省文物考古所学刊》，文物出版社，1981 年。

［15］ 张明华：《罗家角遗址的动物群》，《浙江省文物考古所学刊》，文物出版社，1981 年。

［16］ 浙江省文物管理委员会：《河姆渡遗址第一期发掘报告》，《考古学报》1978 年第 1 期；河姆渡遗址考古队：《河姆渡遗址第二次发掘的主要收获》，《文物》1980 年第 5 期；浙江省博物馆自然组：《河姆渡遗址植物遗存的鉴定研究》，《考古学报》1978 年第 1 期。

中国古文明起源的特征

古代文明的形成，经历了很长的孕育过程，从文明因素的萌芽到最后进入文明时代，大致经历了 3500 年。从中国史前时期的具体情况出发，其文明因素应包括：刻划符号的出现和演进，青铜器的铸造和使用，小型城市的产生，对立阶级的出现和早期国家的形成。根据上述文明诸要素的发展过程，运用中国近 50 年的考古资料，拟将中国古文明起源的历程分为四个阶段：一、文明因素的萌芽；二、文明因素的初步发展；三、文明因素的进一步发展；四、向文明时代过渡。

一　文明因素的萌芽（距今 7500~6500 年）

农业经济（以禾本科农作物为主体的农业经济）的发展是古文明的根基。古代文明形成的速度，与农业经济发展的速度有密切的关系。中国的古代是这样。世界古代也是这样。中国的黄河和长江流域，西亚的两河流域，还有尼罗河流域、印度河流域等，在古代都是农业产生较早和农业经济比较发达的地区，也是古代文明形成较早和社会经济、文化比较发达的地区。农业经济是史前诸多经济领域的核心，农业经济的发展能促进其他经济的发展。

黄河流域在距今 7500 年左右的磁山文化、裴李岗文化、老官台文化、后李文化和北辛文化时期，长江中游为彭头山文化、城背溪文化时期，其农业经济已越过新石器时代早期的"砍倒、晒干、烧光"的"火耕农业"，进入到"翻土耕种"的"锄耕农业"阶段。这一时期黄河流域已普遍种植粟类谷物，长江流域则栽培水稻。黄河流域粟类作物的培植在 8000 年前的新石器时代早期磁山文化、裴李岗文化时期已很普遍，产量比较高。河北省武安县磁山遗址的第一期文化中发现大型窖穴 186 个，其中有 62 个窖穴仍保存炭化粟，现存堆积厚度达 0.3~2 米。部分堆有粮食的窖穴底部，还有几具家猪的骨架。第二期文化的窖穴共 282 个，其中仍保留粮食堆积的有 18 个。发现用于加工谷物的磨盘 52 件、磨棒 50 件。长江中游地区在新石器时代早期就开始将野生稻转化为栽培稻，到 8000 年前的彭头山文化时期长江中游已普遍栽培水稻，距今 7000 年左右城背溪文化和马家浜文化早期稻作农业遍及长江中下游。随着农业经济的发展，石器制造及陶器制造业也发展到一个相当高的水平。磁山第一期和第二期文化中都出土了丰富的石器及陶器[1]。时代相当的裴李岗文化、老官台文化、后李文化、北辛文化，长江流域的彭头山文化、城背溪文化、马家浜文化等，磨制石器和制陶业都比较发达。

分布于现今河南中部地区的裴李岗文化和分布于冀南与豫北的磁山文化有着密切的联系，两者的文化时代相当。现已大规模发掘的裴李岗文化遗址主要有河南新郑县裴李岗[2]、密县莪沟北岗[3]、长葛县石固[4]、舞阳县贾湖[5]。莪沟北岗的墓葬，凡男性墓大多用石铲、石斧、石镰等农业生产工具随葬，而不用石磨盘、石磨棒等生活用具随葬。由随葬品所反映出的男女两性的劳动分工，表明男性已在农业生产部门中占主导地位。但这种男女两性的劳动分工仍属自然性分工，并不能说明，裴李岗文化时期，人类社会已进入父系制阶段。贾湖遗址的墓葬随葬成组的龟甲，内放石子；少数龟甲的边沿还有人工穿孔，表明其居民已产生"龟灵"观念。贾湖遗址还出土数件七孔骨笛，已具备七声音阶结构，现仍可吹奏出旋律。

地处渭水上游的甘肃省秦安县大地湾遗址，其第一期文化属于老官台文化早期。大地湾一期文化中发现丰富的磨制石器和陶器。陶器的制作水平已发展到相当高的水平，器类有圜底器、平底器、圈足器和三足器等。在第一期文化的20余件陶钵口沿下和部分陶器的内壁上发现有10余种符号，如"↑""⺅""⺄""⊤"等[6]（表一：Ⅰ）。贾湖遗址出土的龟甲、骨器和石器上也发现有契刻符号，如龟甲上的刻符有"◠""⊟""㠯"等。上述陶器、石器、骨器和龟甲上的符号可能具有某种记事的性质。作为记事和记数符号，还可以追溯到距今1万年左右的新石器时代早期，江西万年县仙人洞和吊桶环遗址的骨器上就发现许多记事、记数的符号[7]。

二 文明因素的初步发展（距今6500～5500年）

（一）氏族制的发展及其凝聚力

黄河流域在仰韶文化早期阶段母系氏族制已发展到鼎盛时期，陕西临潼姜寨遗址[8]、西安半坡遗址[9]的聚落布局，以及华阴横阵村[10]和元君庙墓地[11]的墓葬布局与组合，都反映了这一时期氏族制的情况。

姜寨遗址的周围环绕着人工壕沟及自然河流，三条壕沟和一条河流相连接构成了姜寨聚落的防御性设施。聚落中央为四周高中部低的中心广场，广场周围分布着以五座大型房屋为中心的五大群房屋；每一大群房屋中又有几个以中型房屋为中心的房屋群。据研究，姜寨遗址的第一大群房屋代表一个母系氏族，以中型房屋为中心的房屋群代表着一个母系大家族。姜寨聚落是由五个氏族组成的一个胞族或部落。西安半坡遗址和宝鸡北首岭遗址的聚落布局与姜寨聚落类同。

表一　　　　　　　　　　中国史前时期产生的刻划符号

序号	文化时代	距今年代	刻划符号
Ⅰ	老官台文化	7500～6500	
Ⅱ	仰韶文化早期	6500～5500	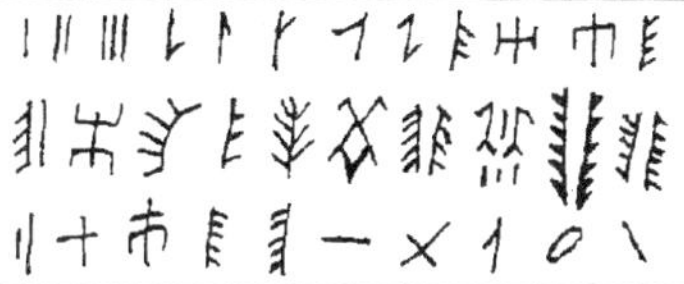
Ⅲ	仰韶文化晚期	5500～4500	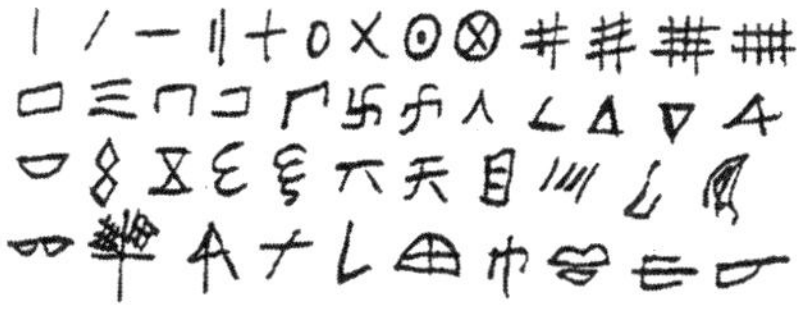
Ⅳ	大汶口文化至龙山文化	4500～4000	  

横阵村仰韶文化墓地，其墓葬布局及组合也明显反映出母系氏族及其家族的结构。横阵村墓地共发现三个大型的长方形墓坑，每个大墓坑中又套5～7个小墓坑；每个小墓坑中埋多具二次葬的个体。横阵村每个长方形大墓坑埋葬的是同一个氏族的成员，小墓坑里埋葬的是同一个母系大家族的成员。

上述姜寨遗址的聚落布局，横阵村墓地的布局及其组合，反映出当时的社会形态正处在母系制的鼎盛时期，即对偶婚、对偶家庭阶段；同时也反映出氏族制所具有的很强的凝聚力和向心力。

（二）铜器的产生

中国现已发现的时代最早的铜器是姜寨遗址第一期文化遗存中的两件铜器。这两件铜器，一件是黄铜片，一件是黄铜管状物（表二：Ⅰ）。一件黄铜片已残成半圆形，直径4.8、厚0.1厘米。经检验，平均含铜66.54%、锌25.56%、锡0.87%、铅5.92%、硫0.8%、铁1.1%，系铸造而成，为含有少量铅、铁、硫的含铅黄铜。黄铜管状物系用铜片卷成管状，经用扫描电子显微X射线能谱仪半定量分析，含铜69%、锌31%及杂物硫0.5%～0.6%。姜寨第一期文化的两个^{14}C年代分别为距今6405±200年（ZK264）和距今6495±185年（ZK265）（均为树轮校正数据）。

表二   中国早期铜器统计表

序号	文化时代与距今年代	铜器出土地点		铜器名称及数量	铜器性质	制作性质
Ⅰ	仰韶文化早期 6500~5500	陕西临潼县姜寨遗址（第一期文化）		铜片1件 铜管状物1件	黄铜	铸造
Ⅱ	仰韶文化晚期 5500~4500	甘肃东乡县林家遗址（马家窑类型中、晚期）		铜刀1件	黄铜	单范铸造
		甘肃永登县蒋家坪遗址（马厂类型）		铜刀1件	青铜	单范铸造
		辽宁西部凌源、建平两县交界的牛河梁积石冢4号墓（红山文化）		铜环1件		
Ⅲ	龙山文化时期 4500~4000	齐家文化遗址出土	甘肃永靖县大何庄	铜片1件	红铜	
				斧形器1件	红铜	铸造
				铜锥1件	青铜	锻造
				铜环1件	铅青铜	
			甘肃广河齐家坪	空首斧1件	红铜	多范铸造
				素面镜1件		
			甘肃广河西坪	铜刀1件		
			甘肃武威皇娘娘台	铜刀、凿、锥、钻、指环及铜片约30件	红铜	
			青海贵南尕马台	铜镜1件	锡青铜	铸造
				铜指环、铜泡		
		龙山文化遗址出土	河南登封王城岗	铜器残片	青铜	铸造
			河南临汝煤山	炼铜坩埚残片		
			山西襄汾陶寺	铜铃1件	红铜	多范铸造
			山东胶县三里河	铜锥2件	红铜	冶铸
			山东诸城呈子	铜片		
			山东栖霞杨家圈	铜锥	青铜	铸造
			山东长岛店子	铜片		
			河北唐山大城山	穿孔铜片2件	红铜	锻造

（三）精神文化的发展

仰韶文化早期（半坡类型）陶器上发现的刻划符号较多。陕西关中地区出土刻划符号的遗址有陕西省西安市半坡，临潼县姜寨、零口、垣头，长安五楼，却阳县荤野，铜川市李家沟，宝鸡市北首岭等，其中以半坡和姜寨遗址出土的刻划符号的种类和数量最多。半坡遗址出土的刻划符号有 27 种，113 件。姜寨遗址出土的刻划符号有 27 种，129 件。关中地区仰韶文化早期遗址中共发现刻划符号 52 种。其中有的符号在半坡、姜寨、李家沟等遗址都有发现，如"1""1""1""1""1""^""+""1"等，通行范围达 100 千米左右。在这样大的范围内使用相同的符号，说明这些符号在不同的氏族、部落中具有相同的含义（表一：Ⅱ）。

作为文字前身的刻划符号到仰韶文化早期已进入到刻划符号演化的第二阶段。黄河流域距今 7500～7000 年的老官台文化时期陶器上开始有刻划符号；这一时期出现的刻划符号，种类和数量都比较少，仅发现于个别遗址。到仰韶文化早期阶段，刻划符号的种类和数量增多，发现刻划符号的遗址较多，相同符号通行的范围达 100 千米。作为文字前身的刻划符号是文明起源进程的重要标志之一，刻划符号的种类和数量的增多，通行范围的扩大，反映中国古代文明起源到仰韶文化早期阶段向前迈进了一大步。

仰韶文化早期，人们的精神、文化领域比前一阶段有了较大的发展。河南濮阳西水坡遗址的仰韶文化墓葬中，发现用蚌壳摆塑的龙和虎的图案，龙身长达 1.78 米，昂首拱背，龙身弯曲，前爪扒，后爪蹬，尾尖摇摆，有很强的动感。这罕见的艺术品被誉为"华夏第一龙"。

通过以上分析，仰韶文化早期阶段，氏族制已进入到繁荣时期；铜器的制造已经产生；作为文明起源重要标志的刻划符号的发展进入了一个新的发展阶段。这些都说明仰韶文化早期阶段是中国古代文明起源的一个重要发展阶段。

三 文明因素的进一步发展（距今 5500～4500 年）

黄河流域在仰韶文化晚期阶段，长江流域在大溪文化晚期、薛家岗文化和北阴阳营文化晚期阶段，农业、家畜饲养业、制陶业、铸铜业等都有了进一步发展。社会经济的发展促进了社会形态的变化，到仰韶文化晚期，氏族制已由母系制向父系制演化。

（一）制陶业和铸铜业的发展

农业经济的持续发展是其他经济发展的基础，制陶业和铸铜业的发展都有赖于农业的发展，但反映农业经济发展的文化遗存发现并不多。

仰韶文化庙底沟类型时期，由于农业经济的发展，制陶业有了长足的进步，以圆点弧线和勾叶为特征的庙底沟类型的彩陶向东渗透到黄河下游的大汶口文化，向西抵达甘肃和青海地区的马家窑文化，向南渗透到汉水中上游的大溪文化，向北则进入黄河河套地区。

黄河流域在仰韶文化早期就已开始出现的铜器铸造，到仰韶文化晚期有所发展，出土铜器的地点增多。1977 年，甘肃东乡县林家遗址马家窑文化中、晚期的文化遗存中，发现完整的铜刀 1 件，碎块几片[12]。1975 年，甘肃省永登县蒋家坪遗址马厂类型的地层中，发现残铜刀 1 件[13]（表二：Ⅱ）。属于牛河梁遗址群的转山"金字塔"式大型红山文化建筑遗址的顶部堆积着大量坩埚片（冶铜器物）[14]。如果说在距今 6000 余年的仰韶文化早期中国开始出现铜器，是中国铜石并用的肇始时期，到距今 5000 年左右的仰韶文化晚期，黄河流域等地区则已进入铜石并用时代。

（二）母系制向父系制过渡

黄河流域到仰韶文化晚期，母系制开始解体，逐步向父系制过渡。社会制度的变化主要反映在聚落布局、房屋结构和意识形态等领域。

仰韶文化晚期，如上述姜寨和半坡遗址这一类反映母系制繁荣阶段的聚落布局已经消失，代之而起的是反映父系制的房屋布局及结构。如相当于仰韶文化晚期的郑州大河村三四期文化遗存中就有数量众多的多间并连的房屋[15]。马家窑文化马厂类型的房屋遗存中也有"吕"字形双室房屋和多元套间房屋，屋内大多有储藏物品的窖穴[16]。多间并连的房屋、"吕"字形双室房屋，都是适应父系家庭居住需要的住屋。房屋内部设置储藏私有物品的窖穴是父系制和私有制出现后的反映。仰韶文化早期的窖穴是成群地分布在房屋的周围，窖穴中的物品是归母系大家族或氏族集体所有。这一时期在房屋内出现窖穴，窖穴中的物品则属各个父系家庭。

属仰韶文化早期的陕西华阴横阵村大坑套小坑的多人二次合葬，半坡、姜寨等遗址的同性合葬，男女分区葬、母子合葬等反映母系制对偶婚及对偶家庭阶段的葬制，到仰韶文化晚期已经消失，取而代之的是反映父系制的夫妻合葬及殉葬墓。黄河上游的马家窑文化半山类型和马厂类型的墓葬中，均发现一对年龄相当的成年男女合葬墓。青海省乐都县柳湾遗址和甘肃省永登县蒋家坪遗址马厂类型墓葬中都发现殉人墓。柳湾墓葬的随葬品还有海贝和石贝，海贝是与遥远的滨海地区的交换品，是一种很珍贵的物品。这一时期不同墓葬之间随葬品多寡悬殊的现象十分突出，多者达数十件，甚至百余件，寡者一无所有。富有的墓，不但随葬品多而精致，并且用数量较多的象征财富多寡的猪下颌骨和猪头随葬，甚至用整猪和整狗随葬，反映出明显的贫富差异。上述资料说明，仰韶文化晚期阶级对抗和阶级压迫、私有制和贫富分化等，均已产生。

母系制向父系制过渡在上层建筑领域内也有所反映。甘肃省甘谷县灰地儿马厂类型遗址[17]、陕西省铜川市李家沟仰韶文化晚期遗址，都发现过反映对男性祖先崇拜的"陶祖"（男性生殖器的陶塑品），黄陵遗址还发现过男人的陶塑头像。这些情况都反映母系制向父系制演化的过程中，男子在社会和家庭中的地位有了提高并超过女子。

（三）精神文化的进一步发展

作为文字前身的刻划符号到仰韶文化晚期已进入到第三个发展阶段。这一时期陶器上有刻划符号的主要是黄河上游的马家窑文化马厂类型，长江下游的崧泽文化，其中以黄河上游马家窑文化马厂类型的彩陶上发现的符号最多，青海乐都县柳湾遗址几百件陶器上都发现刻划符号，共有100多种，比较常见的符号有10余种[18]（表一：Ⅲ）。

河南汝州阎村遗址出土的一件夹砂红陶缸，腹部一侧绘有一幅高37、宽44厘米的彩绘"鹳鱼石斧图"。在淡橙色的陶缸外壁上，用深浅不同的棕色和白色，绘出一只鹳口衔一条大鱼，其旁立着一件带柄石斧。这是一幅原始社会的生活图，也可能是一幅氏族图腾图，是新石器时代画面最大、内容最丰富、技法最精湛的彩陶图。

四　向文明时代过渡（距今 4500～4000 年）

黄河流域大约在大汶口文化晚期至龙山文化时期，长江流域在良渚文化和石家河文化时期，氏族制已开始解体，逐步向文明时代过渡。

氏族社会向阶级社会过渡，仍然是建立在生产力发展尤其是农业发展的基础之上的，只有农业发展到能提供足够的粮食储备才能为其他经济部门的发展奠定基础。农业的发展首先应是具有储备功能的禾本科农作物（粟类、麦类、水稻等农作物）经济的发展，才能促使财富的积累。

新石器时代晚期，粟类农作物的种植遍及整个黄河流域。黄河上游的马家窑文化和齐家文化时期，中下游的仰韶文化至龙山文化时期，粟类作物的栽培都很发达。同时期长江流域的水稻栽培也已普遍；长江中游大溪文化至屈家岭文化时期，下游的马家浜文化至良渚文化时期，以水稻栽培为主的农业经济已经很发达。

随着农业经济的发展，玉石制造业、制陶业、纺织业等手工业也相应的得到发展。新石器时代晚期，玉石制造业和纺织业以长江下游的良渚文化最为发达，制陶业则以黄河下游的龙山文化最为发达。

良渚文化墓葬中出土众多的玉璧、玉琮、玉钺、玉瑗等玉器，在玉料的切割、抛光、穿孔、各种纹饰的雕刻等方面，其制作技术之高超是任何史前文化所无法比拟的。良渚文化遗存中还有许多丝麻织品，麻织品有麻布，丝织品有绢片。丝织品的出现，说明中国在四五千年前就开始养蚕织绢，是世界上养蚕织绢最早的国家。

黄河下游龙山文化的陶器制造，轮制极为发达，故使所制作的器形浑圆、胎壁厚薄均匀，器身各部分比例匀称、和谐，造型规整、优美；陶色纯正，表里透黑，火候极高。各种器形中以蛋壳陶高柄杯的制作技艺达到了史前制陶业的高峰，其胎壁"薄如纸"，一件 26 厘米高的陶杯，重量竟不足 50 克。

中国向文明时代过渡的主要标志是：（一）铜器的普遍铸造和使用；（二）作为各地政治、经济和文化中心的小型的萌芽性城市普遍产生；（三）阶级对抗的发展和早期的小型国家（邦国）的出现；（四）文字的萌芽。

（一）铜器的普遍铸造和使用

黄河流域到龙山文化时期，铜器铸造业有了比较大的发展。

黄河上游地区的齐家文化遗址中出土铜器的有甘肃武威市皇娘娘台[19]，永靖大何庄[20]、秦魏家[21]，广河齐家坪和西坪，青海贵南县尕马台[22]等。这些地点出土铜器的种类有斧、刀、镰、匕首、镜、指环、锥等。经鉴定，这些铜器既有红铜，又有青铜；制造方法既有冷锻，又有冶铸。尕马台第 25 号墓出土的一件铜镜保存较好，铜镜直径 9、厚 0.4 厘米，表面光滑，背面有纽，角与角之间有斜线；铜镜边缘钻两小孔，供系绳穿挂之用。尕马台出土的铜镜是中国迄今发现时代最早的铜镜。

黄河中游地区的河南龙山文化中发现铜器的地点则更多。现已发现铜器和铜炼渣的遗址有河南登封县王城岗[23]、淮阳县平粮台[24]、临汝县煤山[25]、郑州市董砦[26]和牛砦，山西襄汾县陶寺[27]等。黄河河套地区，曾经在内蒙古伊克昭盟伊金霍洛旗的朱开沟遗址相当于客省庄二期文化的地层中发现铜锥[28]。王城岗出土的铜器是一件铜鬶残片，陶寺遗址出土的为铜铃。这两件铜器均系铸造而成，并属容器类，说明龙山文化时期的中原地区，在铜器的铸造技术上已能用复合范冶铸结构比较复杂的铜容器，铜器的制作已达到相当高的水平。

黄河下游地区龙山文化遗址发现铜器或铜炼渣的有山东胶县三里河[29]、诸城市呈子、栖霞县杨家圈、长岛县北长山岛店子、日照县尧王城等。河北省唐山大城山遗址也发现过穿孔铜片[30]。杨家圈遗址除出土一件铜锥外，在许多探方中都发现铜炼渣和炼铜原料（孔雀石——碱式碳酸铜）。上述铜器地点中，三里河和大城山出土的为红铜，杨家圈出土的为青铜。杨家圈和三里河出土的铜器是铸造的，大城山出土的红铜器是锻造的（表二：Ⅲ）。

上述资料说明，龙山文化时期，整个黄河流域以及山东半岛的沿海岛屿已普遍制造铜器。铜器的质地，既有红铜，又有青铜；铜器的制作，既有冷锻，又有铸造。就铜器的制作水平来看，黄河中游地区铜器的制造技术较其他地区进步；黄河中游地区的一些铜器，不但是铸造的，而且是用复合范铸造的铜容器。王城岗出土的铜器（铜鬶）已属铜礼器。这表明，黄河流域在龙山文化时期已从铜石并用时代跨入早期青铜时代。

（二）小型的萌芽性的城市普遍产生

城市是各个地区政治、经济、文化中心，有无城垣建筑不是衡量是否为城市的标准。只有产生了作为政治、经济和文化中心的大型聚落，才标志早期城市的产生。这种大型聚落，可以有城垣，也可以没有城垣。黄河流域有城垣建筑的大型聚落产生于仰韶文化晚期，如郑州西山仰韶文化城址，其年代约距今5300年[31]。但仰韶文化晚期，其经济、文化的发展水平较低，还不可能产生早期城市，故西山古城还不能称为早期城市。湖南澧县城头山古城，始筑于距今6000年的大溪文化时期，在距今5600年、5200年和4600年又三次加修，增宽增高，并将原来的壕沟改建为宽阔的护城河。6000～5200年前的城头山古城，其经济和文化的发展水平还不可能产生城市。黄河流域和长江流域到距今4500～4000年的龙山文化时期，随着阶级社会的到来和私有制的发展，出现了一批早期的萌芽性的小城市。龙山文化时期产生的一批小型城市，其功能主要是政治和宗教方面的，经济方面的功能较小，亦即"市"的功能较小。

黄河流域现已发现的龙山文化城址主要有河南登封县王城岗，淮阳县平粮台，邱城县郝家台，辉县孟庄[32]；山东寿光县边线王[33]，章丘县龙山镇城子崖[34]，邹平县丁公[35]，临淄桐林（田旺），阳谷县景阳岗、皇姑冢、王庄，茌平县教场铺、大尉、乐平铺（卅里铺）、尚庄，东阿县王集[36]；江苏连云港藤花落[37]。

黄河下游的龙山文化城址可分为不同的等级。鲁西地区的城址可分成两组，一组以景阳岗城为中心，一组以教场铺城为中心。前一组的中心城景阳岗面积35万平方米，城内有大、小台基；大台基面积约为9万平方米，其上可能有大型宫殿建筑；小台基上发现许多"祭祖坑"，坑中埋有"人牲"，故小台基具有宗庙性质[38]。这一组城址中的王家庄和皇姑冢，城址面积只有4万平方米和6万平方米，只有景阳岗城面积的六分之一至九分之一。王家庄和皇姑冢是这一组城址中的二级城。二级城的地位低于一级城，但又明显高于一般聚落遗址，因而具有"邑城"的性质。后一组城址中的教场铺是该组城址中的一级城，其面积达40万平方米，城内亦有大、小台基；大台址面积达10余万平方米，应为宫殿建筑所在地；小台基则具有宗庙性质。这一组城址中的王集、大尉、乐平铺、尚庄等，面积只有三四万平方米，不到教场铺中心城面积的十分之一，在该组城址中属于二级城，即"邑城"。

城子崖城址北、东、南三面，在方圆约20千米的范围内，分布着龙山文化遗址40余处，依其规模区分，黄桑院、小坡、牛官庄、季官庄、马安庄、马彭南等6处面积约3～6万余平方米，余者面积在2万平方米以下，即在中心城址的外围大体还存在两个等级的聚落。

有城垣的聚落产生的时代较早，城市则产生的较晚。城市是一个地区的政治、经济和文化的中心。但原始社会末期向奴隶制社会过渡阶段的城市，与奴隶制发达阶段的城市相比，作为政治、经济和文化中心的程度是不一样的，最早阶段的城市，作为政治、经济和文化中心的程度是比较低的。最早阶段的城市，其规模较小，政治上的管辖范围、经济和文化上的辐射范围都比较小。不能用奴隶制发达阶段的都市的标准来衡量最早期的小型城市。

长江流域现已发现的城址都在中、上游，以长江中游最多。长江中游的城址主要有湖南省澧县城头山[39]和湖北省天门县石家河[40]、石首市焦山乡走马岭、江陵县阴湘、荆门市五里镇马家垸等。长江上游发现的城址有四川新津县宝墩、都江堰市芒城、温江县鱼凫城、郫县古城、崇州双河古城和紫竹古城等。

长江下游地区迄今未发现新石器时代晚期的城址，其原因可能是在当时与周围地区部族之间的矛盾、斗争不激烈有关。古文献中也没有关于原始社会末期长江下游的部族与周边部族之间的战争的传说。但长江下游聚落群中的中心聚落，其规模、建筑设施以及周边地区具有大量精致玉礼器的祭坛和墓葬，都反映这些中心聚落其经济、文化的发展水平都不低于黄河流域和长江中上游地区龙山时代的早期城市。如浙江余杭莫角山遗址面积达30余万平方米，遗址上有3万平方米的夯土建筑，其上有3个土木结构的高台建筑，周围分布有多座祭坛和贵族墓地。40多个小型聚落遗址环绕其周围。祭坛已具宗庙性质。祭坛上的墓葬均有棺椁和丰富而精致的随葬品，其中包括大量的玉琮、玉璧、玉钺等礼器。莫角山遗址的规模及其设施，已达到黄河流域中心城址的水平。

黄河流域和长江流域现已发现的史前城址集中分布在四个地区：（1）黄河中游的淮河以北地区；（2）黄河下游的鲁中南山地的以北地区和鲁西北地区；（3）长江上游的成都平原西部边缘；（4）长江中游的两湖平原及其周边地区。这些地域都是中国古史传说中的诸部族活动区域，如黄河中游地区系以炎帝、黄帝为代表的夏、商部族的活动区域，黄河下游是以太皞、少皞、蚩尤为代表的东夷诸族活动的区域，以汉水流域为中心的长江中游地区则为"三苗"活动的区域。

根据古史传说，上述诸部族在新石器时代晚期，亦即原始社会晚期的军事民主制阶段，发生过几次大规模的战争。

第一次是共工和蚩尤的战争。战争的双方，一方是炎帝部落的一支共工氏；对方有的说是蚩尤，有的说是颛顼或其后裔祝融，有的说是高辛氏即帝喾，总之是夷人部落的一个首领。开始阶段，蚩尤获胜。共工氏在不利的情况下，"乃说于黄帝"，即向黄帝求援，同有熊氏的黄帝部落结成部落联盟，共同对抗蚩尤，取得了最后胜利。

第二次是黄帝和蚩尤之间的战争。据说"蚩尤作兵"，武器比黄帝好，又是在优势的条件下同黄帝开战，因而黄帝开始处于守势，蚩尤则为攻势。但战争的发展，蚩尤节节败退南逃，被黄帝彻底打败。

第三次是黄帝和炎帝的战争。在蚩尤战败之后，黄帝和炎帝的联盟破裂，发生了激烈的战争，因为这时"炎帝欲侵陵诸侯"，争夺盟主地位。争夺的结果，黄帝"与炎帝战于阪泉之野，三战，然后得其志"。阪泉在今河北地区。

黄帝战胜炎帝之后，传说中的黄帝后裔即向南大发展，进居黄河流域，后来又到了江汉流域。黄帝后裔各个分支南下发展的时候，曾和三苗发生冲突。三苗可能是三个部落。其中有一个部落首领名驩兜，也写作"讙头"，因战败被放于崇山。另一个部落逃入西北方向的山岭中，因而有舜"窜三苗于三危"（在敦煌东南二十里）的传说。还有一个部落可能向东南方向逃走了，所以说"三苗氏，左洞庭，右彭蠡"。从这个地区以西到陕、甘南部直到四川，除三苗外，还有庸、蜀、微、卢、彭、濮等部落。

上述诸部族在原始社会晚期发生的战争，大多处于现已发现的新石器时代晚期的城址分布区。黄河中下游地区发现的众多城址，都处于炎帝（共工氏）与蚩尤、黄帝与蚩尤战争的地区内。长江中游的新石器时代晚期的城址则位于黄帝后裔的分支与三苗作战的地区。成都平原西部边缘的城址，则可能与舜"窜三苗于三危"有关。三苗的一支可能逃入今成都平原的西部。相对而言，长江下游则比较平静，与黄河流域的诸部族未发生过激烈的战争，这可能是史前时期长江下游未出现城址的一个重要原因。

（三）对立阶级和早期小型邦国的产生

龙山文化时期，黄河流域和长江流域部落先后跨入阶级社会，建立起以中心城堡或中心聚落为中心的小型邦国。

1. 阶级压迫的普遍出现

黄河上游的马家窑文化马厂类型时期，已出现人殉的现象。到齐家文化时期，人殉、人祭的情况更为普遍。甘肃武威皇娘娘台和永靖秦魏家都发现数量较多的成年男女合葬墓。皇娘娘台第4次发掘的62座墓葬中，一对成年男女合葬墓有10座。秦魏家发现的100多座合葬墓中，有成年男女合葬墓16座。一对成年男女合葬墓的共同特征是，男性仰身直肢，女性侧身屈肢面向男性，随葬品集中在男性身边。皇娘娘台还发现几座一男二女成年合葬墓，男性仰身直肢居于墓坑的中央，两女性一左一右地置于男性的两侧，并侧身屈肢地面向男性，显示出屈从的姿态，丰富的随葬品都在男性身旁。上述两类合葬墓皆为一次葬，说明女性是为男性殉葬。在人类历史上"最初的阶级压迫是同男性对女性的奴役同时发生的"，而"最初的阶级对立，是同个体婚制下的夫妻间的对抗的发展同时发生的"[41]。

齐家文化中还有一种用灰坑埋"人牲"的祭祖坑，如皇娘娘台遗址第4次发掘，就发现埋置"人牲"的"祭祀"5个；每坑埋人一至数人不等，人骨架有的凌乱，有的身首分离，有的肢体不全，有的无头，均无随葬品[42]。类似的情况在陕西长安县客省庄二期文化[43]和河南临汝县煤山一期文化中也有发现[44]。

用人祭祀和奠基是人类社会发展到一定阶段的产物，只有到人类社会产生两个对立的阶级，亦即进入阶级社会，才会产生"人祭"和"人牲"。龙山文化时代用人祭祖和奠基最多的地区是冀南和豫北。河北省邯郸市涧沟龙山文化遗址发现两种类型的祭祀坑：一种是10具"人牲"埋在一个圆坑内，人骨架相互交错叠压；另一种是利用废弃水井埋置"人牲"，人骨架或身首分离，或作挣扎状。另外，在该遗址的一座房屋内发现人头骨4个，头骨上砍砸和剥头皮的痕迹显示，是砍死后再经剥头皮的[45]。河南省汤阴县白营遗址的几座龙山文化房屋的居住面的填土中、墙基下、散水下，甚至柱洞下，都有用儿童"奠基"的现象。有的房屋在举行"奠基"仪式时，还用羊作"牺牲"[46]。

河南登封县王城岗城址（西城）中有13个人祭坑，山东寿光县边线王城址城垣基槽中也有几处用人和猪"奠基"的情况，山东阳谷县景阳岗龙山文化城址的小台基中也发现"人祭"现象，山东邹平县丁公龙山文化城内的较大面积的地面建筑用小孩或成人奠基。

龙山文化时期，伴随私有财富的出现，阶级压迫已成为普遍现象，人祭、人牲和人殉则是阶级压迫的突出表现。

2. 小型"邦国"的普遍产生

黄河流域和长江流域在新石器时代晚期，伴随私有财产的出现，产生了贫富分化，财富逐渐向少数氏族显贵手中集聚；随着私有制的出现，产生了剥削者和被剥削者、压迫者和被压迫者，亦即对立阶级开始产生，社会出现了"金字塔式"的等级分化；随着早期城市的产生，有的地区还产生了不同等级的城市，城市中有供统治阶级享用的宫殿建筑和宗庙建筑，城乡分化、城乡对立开始产生；以城市为中心的小型"邦国"也就随之产生。"邦国"的出现是社会生产力和生产关系发展到一定阶段的产物，只有生产力发展到一定程度，亦即生产力发展到有相当的剩余财富，从而产生剥削者和被剥削者，压迫者和被压迫者，贫富分化和阶级分化一并产生，城市、城乡分离也随之产生。小型"邦国"就是在这样的基础上产生的。"邦国"时期，虽然氏族的"外壳"依然存在，可能还是"族居""族葬"，但其内在本质已经发生变化，所谓"本质变化"即为生产关系的变化，剥削和被剥削的产生。根据黄河流域和长江流域的考古资料，中国古代的"邦国"有下列三个特征。

（1）4500年前在黄河流域、长江流域，可能还有辽西和粤北地区，产生了一批以中心城市和中心聚落为中国的"邦国"。黄河流域的河南登封王城岗、辉县孟庄、淮阳平粮台，山东阳谷县景阳岗、茌平县教场铺、章丘县城子崖、临淄田旺、邹平县丁公、寿光县边线王等；长江流域的湖北省天门县石家河，湖南省中心聚落，根据其政治、经济、文化的发展程度，均可称为"邦国"。

（2）"邦国"是在军事民主制阶段产生的，它可能是在一个部落的基础上建立起来的，或者是以一个强大的部落为基础并兼并了一些周围的弱小部落而建立起来的。军事民主制阶段建立的小型"邦国"已不是部落，它是比部落高一级的单位。

（3）"邦国"由于政治、经济和文化发展水平相对较低，其行政权力所能统辖的范围较小，"地不过百里，人不过数万"，故邦国一般都是小型的，这是邦国的一个特征。政治、经济、文化发展水平较高，统辖范围较大的王国，是众多邦国建立以后产生的。王国是在中原地区某一比较强大的邦国基础上建立起来的。王国建立的初期可能兼并了一些力量弱小的邦国，王国与周边邦国的关系，既有统辖，也有共处。有些邦国到后来即发展为夏商时期的方国。

（四）文字的萌芽

黄河流域到大汶口文化晚期和龙山文化时期，长江流域到良渚文化时期，文字符号的发展进入到重要阶段，或可称为文字的萌芽阶段。龙山文化时期，文字符号的一个重要特征是，从一件陶器上只有一个符号发展到一件陶器上有多个文字符号，亦即从单个表意符号发展到能够表达一个完整意思的一组符号。

黄河下游的大汶口文化、龙山文化遗存，中游的河南龙山文化、客省庄二期文化遗存，都发现过文字符号，其中以黄河下游的大汶口文化晚期遗址和龙山文化遗存中发现的陶文尤为重要。山东境内发现的陶文均刻在陶尊、陶盆等器皿上。现已发现陶文的遗址有山东莒县陵阳河、大朱村，诸城前寨[47]，日照县尧王城，邹平县丁公[48]等（表一：IV）。值得重视的是，大汶口文化晚期的陶文，如"⚇"，在陵阳河、前寨、尧王城等遗址都有发现；这些遗址相隔距离达 70 多千米，说明这种陶文已在相当大的范围内通行。丁公遗址出土的陶文是刻在一块陶盆的底部残片上，陶盆残片出于一个龙山文化中期偏晚的灰坑（H1235）中。陶片上的文字共 6 行 12 字，第 1 行 3 个字，第 2~5 行每行 2 个字，另有一字刻在陶片的左上角，字迹浅而不清。

长江下游，崧泽文化时期的陶器上就有刻划符号，如"⚇""〜""⌒""⌇""⚇"；上海青浦县崧泽遗址的两次发掘中，均发现多个陶文或刻划符号[49]。良渚文化时期除在一件陶器上出现单个文字符号外，还在一件陶器上刻划数个符号；如江苏省吴县澄湖遗址古井出土一件黑陶鱼篓形罐（T129:1），腹部并列刻划 4 个文字，陶罐的文化时代属良渚文化中期[50]。这4 个文字符号为"⚇""⚇""⚇""↑"。第一个符号可能具有族徽性质，类似符号在崧泽文化时期就已出现。第二个符号，是一个安柄钺的象形符号。最后一个符号，是一个安柄的镰（表一：IV）。

丁公遗址一个陶盆底部上的 6 行 12 字，澄湖古井出土的黑皮陶贯耳罐的 4 个陶文，说明龙山文化、良渚文化时期已从前一个时期的单个符号发展到能表达一个完整意思的文句。这些资料，是否表明具有"形、声、义"的文字在龙山文化时期已诞生，还需发现更多的资料和更深入的研究。

五　中国古文明诞生的特征

（一）中国古文明的诞生经历了很长的孕育过程

中国古文明的诞生，从文明因素萌芽到跨入文明时代，大约经历了 3500 年左右的时间。在四个文明要素中以作为文字前身的刻划符号出现得最早，它在文明起源的第一阶段，即距今 7500 年左右的老官台文化时期开始产生，中经第二发展阶段（仰韶文化早期）和第三发展阶段（仰韶文化中、晚期），到第四发展阶段（龙山文化时期）产生能表达一个完整意思的文句。铜器的使用是人类使用金属器物的开端，是生产力发展到一定阶段的产物。铜器出现于仰韶文化早期，中经仰韶文化中晚期，到龙山文化时期，铜器在黄河流域普遍铸造，中国社会开始进入早期青铜器时代。长江流域在距今 6000 年的大溪文化时期、黄河流域在距今 5300 年左右的仰韶文化晚期，开始出现有城垣建筑的大型聚落。但作为政治、经济和文化中心的小型城市要到龙山文化时期才普遍产生。作为进入文明时代重要标志的阶级和国家的诞生要到龙山文化晚期。

（二）中国文明的起源和诞生是"多元一统"的

中国文明起源是多元的，黄河流域、长江流域、辽河流域、珠江流域等，都是中国文明起源的源流。中国古代文明的形成，夏商王朝的建立，是黄河流域、长江流域、华南地区和北方草原地区"多元文化"互相影响、互相渗透、互相促进，共同孕育而成的。夏王朝虽建立于黄河中游地区，但其经济、文化则融合了中国南北方地区多元文化的内涵。中国文明起源和诞生的"多元一统"，其核心有两个：一是文明起源是多元的；一是文明的诞生是多元文化互相影响、互相渗透、互相促进，共同孕育而成的，是多元文化互相融合的结果。这种"多元一统"的格局，其渊源要追溯到史前时期，贯穿于整个历史时期。中华民族之所以有强大的凝聚力，几千年来一直屹立于世界民族之林，不被外来的任何强敌所征服，"多元一统"的历史文化，是一个非常重要的原因。

（三）小型"邦国"具有"政教合一"的性质

"邦国"的"政教合一"性质是指，邦国都城所在地，既是政治中心，又是宗教中心。邦国的统治者既掌握行政权，又掌握宗教权。鲁东发现的两组城址中的两座中心城（景阳岗、教场铺）中，都有大、小两个台基，大台基上有宫殿建筑，小台基上有宗庙建筑。浙江余杭莫角山中心聚落上亦有宫殿建筑，中心聚落的周围亦有几座具有宗教职能的祭坛。宫殿和宗庙是行政权力与宗教权力的象征。

（四）龙山文化晚期是中国古文明的诞生期

龙山文化时期可分为早、晚两期，龙山文化早期，尚处在文明时代前夕；龙山文化晚期，从其大量的 ^{14}C 年代来看尚处在夏代早期；从文化内涵来看，进入文明时代的诸要素，如铜器在整个黄河流域普遍产生，早期的萌芽性城市的普遍出现，文字符号的发展进入到质变阶段，对立阶级和小型邦国的普遍产生等，均在黄河流域、长江流域等地区产生。

（原载《南京大学历史系考古专业成立三十周年纪念文集》，天津人民出版社，2002年）

[1]　河北省文物管理处等：《河北武安磁山遗址》，《考古学报》1981年第3期；开封地区文物管理委员会等：《河南新郑裴李岗新石器时代遗址》，《考古》1978年第2期；中国社会科学院考古研究所河南一队：《1979年裴李岗遗址发掘简报》，《考古》1982年第4期。

[2]　同［1］。

[3]　河南省博物馆等：《河南密县莪沟北岗新石器时代遗址》，《文物》1979年第5期；河南省博物馆等：《河南密县莪沟北岗新石器时代遗址》，《考古学集刊》第1辑，中国社会科学院出版社，1981年。

[4]　河南省文物研究所：《长葛石固遗址发掘报告》，《华夏考古》1987年第1期。

[5]　河南省文物研究所：《舞阳贾湖新石器时代遗址第二至第六次发掘简报》，《文物》1989年第1期；河南省文物研究所：《舞阳贾湖遗址的试掘》，《华夏考古》1988年第2期。

[6]　甘肃省博物馆、秦安县博物馆大地湾发掘组：《一九八○年秦安县大地湾第一期文化遗存发掘简报》，《考古与文物》1982年第2期；甘肃省博物馆等：《甘肃秦安大地湾新石器时代早期遗存》，《文物》1981年第4期。

[7]　周广明：《骨角蚌器及仙人洞的生产生活》，《中国文物报》2000年7月5日。

[8]　半坡博物馆等：《姜寨——新石器时代遗址发掘报告》，文物出版社，1988年。

[9]　中国科学院考古研究所等：《西安半坡——原始氏族公社聚落遗址》，文物出版社，1963年。

[10]　黄河水库考古队陕西分队：《陕西华阴横阵发掘简报》，《考古》1960年第9期。

[11]　北京大学历史系考古教研室：《元君庙仰韶墓地》，文物出版社，1983年。

[12]　甘肃省博物馆：《甘肃省文物考古工作三十年》，《文物考古工作三十年（1949—1979）》，文物出版社，1981年。

[13]　同［12］。

[14]　辽宁省文物考古研究所：《辽宁近十年来文物考古新发现》，《文物考古工作十年（1979—1989）》，文物出版社，1991年。

[15]　郑州市博物馆：《郑州大河村遗址发掘报告》，《考古学报》1979年第3期；郑州市博物馆：《郑州大河村仰韶文化房基》，《考古》1973年第6期。

[16]　同［12］。

[17]　同［12］。

[18] 青海省文物管理处等：《青海乐都柳湾原始墓葬第一次发掘的初步收获》，《文物》1976 年第 1 期；青海省文物管理处考古队等：《青海乐都柳湾原始社会墓地反映出的主要问题》，《考古》1976 年第 6 期。

[19] 甘肃省博物馆：《甘肃武威皇娘娘台遗址发掘报告》，《考古学报》1960 年第 2 期；甘肃省博物馆：《武威皇娘娘台遗址第四次发掘》，《考古学报》1975 年第 4 期。

[20] 黄河水库考古队甘肃分队：《临夏大何庄、秦魏家两处齐家文化遗址发掘简报》，《考古》1960 年第 3 期；中国科学院考古研究所甘肃工作队：《甘肃永靖大何庄遗址发掘报告》，《考古学报》1974 年第 2 期。

[21] 中国科学院考古研究所甘肃工作队：《甘肃永靖秦魏家齐家文化墓地》，《考古学报》1975 年第 2 期。

[22] 青海省文物管理处考古队：《青海省文物考古工作三十年》，《文物考古工作三十年（1949—1979）》，文物出版社，1981 年。

[23] 河南省文物研究所等：《登封王城岗遗址的发掘》，《文物》1983 年第 3 期。

[24] 河南省文物研究所等：《河南淮阳平粮台龙山文化城址试掘简报》，《文物》1983 年第 3 期。

[25] 中国社会科学考古研究所河南二队：《河南临汝煤山遗址发掘报告》，《考古学报》1982 年第 4 期。

[26] 严文明：《论中国的铜石并用时代》，《史前研究》1984 年第 1 期。

[27] 中国社会科学院考古研究所山西队等：《山西襄汾陶寺遗址首次发现铜器》，《考古》1984 年第 12 期。

[28] 内蒙古文物工作队等：《内蒙古文物考古工作三十年》，《文物考古工作三十年（1949—1979）》，文物出版社，1981 年。

[29] 昌潍地区艺术馆等：《山东胶县三里河遗址发掘简报》，《考古》1977 年第 4 期。

[30] 河北省文物管理委员会：《河北唐山市大城山遗址发掘报告》，《考古学报》1959 年第 3 期。

[31] 张玉石等：《新石器时代考古获重大发现——郑州西山仰韶时代晚期遗址面世》，《中国文物报》1995 年 9 月 10 日第 1 版。

[32] 河南省文物考古研究所：《河南辉县市孟庄龙山文化遗址发掘简报》，《考古》2000 年第 3 期。

[33] 山东省文物考古研究所：《前进中的十年——1978～1988 年山东省文物考古工作概述》，《文物考古工作十年（1979—1989）》，文物出版社，1991 年；杜在忠：《边线王龙山文化城堡试析——兼述我国早期国家诞生、文化融合等有关问题等》，中国先秦史学术讨论会论文（打印稿）。

[34] 吴金鼎等：《城子崖》，中国考古报告集之一，1934 年。

[35] 山东大学历史系考古专业：《山东邹平丁公遗址第四、五次发掘简报》，《考古》1993 年第 4 期。

[36] 张学海：《试论山东地区的龙山文化城》，《文物》1996 年第 12 期。

[37] 林留根：《滕花落遗址聚落考古取得重大收获》，《中国文物报》2000 年 6 月 25 日第 1 版。

[38] 王守功：《景阳岗龙山城址考古有重要发现》，《中国文物报》1996 年 1 月 7 日第 1 版。

[39] 单先进等：《澧县城头山屈家岭文化城址被确认》，《中国文物报》1992 年 3 月 15 日；湖南省文物考古研究所：《澧县城头山屈家岭文化城址调查与试掘》，《文物》1993 年第 12 期。

[40] 北京大学考古系等：《石家河遗址调查报告》，《南方民族考古》第五辑，1992 年。

[41] 恩格斯：《家庭、私有制和国家的起源》，《马克思恩格斯选集》（第 4 卷），人民出版社，1972 年。

[42] 同 [19]。

[43] 中国科学院考古研究所：《沣西发掘报告》，文物出版社，1962 年；考古研究所沣西发掘队：《1955～1957 年陕西长安沣西发掘简报》，《考古》1959 年第 10 期。

[44] 中国社会科学院考古研究所河南二队：《河南临汝煤山遗址发掘报告》，《考古学报》1982 年第 4 期。

[45] 北京大学、河北省文化局邯郸考古发掘队：《1957 年邯郸发掘简报》，《考古》1959 年第 10 期。

［46］　安阳地区文物管理委员会：《河南汤阴白营龙山文化遗址》，《考古》1980 年第 3 期。

［47］　山东省文物管理处等：《大汶口——新石器时代墓葬发掘报告》，文物出版社，1974 年。

［48］　栾丰实等：《山东邹平丁公遗址第四、五次发掘简报》，《考古》1993 年第 4 期；《专家笔谈丁公遗址出土陶文》，《考古》1993 年第 4 期。

［49］　上海市文物保管委员会：《上海市青浦县崧泽遗址的试掘》，《考古学报》1963 年第 2 期；黄宣佩、张明华：《青浦县崧泽遗址第二次发掘》，《考古学报》1980 年第 1 期。

［50］　南京博物院等：《江苏吴县澄湖古井群的发掘》，《文物资料丛刊》第 9 辑，文物出版社，1985 年。

黄河中下游几座龙山文化城址的性质

——兼论中国古代文明的起源和形成

关于"文明"的含义和标志，中外学者诸多争议，但将城市出现作为文明时代的一个重要因素是没有异议的。本文拟就黄河流域现已发现的几座龙山文化时代的城址，根据其规模、结构、年代及其文化遗存，论述其性质和特征，兼论中国古代文明的起源和形成。

一 黄河中下游地区已发现的龙山文化时代城址

黄河中下游地区，已发现的龙山文化时代的城址主要有河南登封县告成镇王城岗、淮阳县平粮台、郾城县郝家台和山东寿光县边线王、章丘县龙山镇城子崖等。

王城岗遗址，1956 年发现，1975、1977~1981 年进行发掘。王城岗是一个中部略高于周围地面的土岗。该城址的龙山文化遗存可分为前后衔接的五期，城堡属于王城岗龙山文化二期。王城岗遗址有两座城堡东西并列，分为东城和西城。东城的东城墙、北城墙、南城墙东段和西段以及西城墙北段被河水和山洪冲毁，已无遗迹可寻，看不出全貌。西城的西城墙长 94.8 米，南城墙长 97.6 米，东城墙和北城墙已被破坏，长度不明，在南城墙东端有一个宽约 10 米的城门。两城堡都是在建筑城墙前，先按城墙的走向挖一条基槽，然后在槽内填土，逐层夯筑。西城墙基槽，口宽 4.4 米，底宽 2.54 米，深 2.04 米。在西城的中部和西南部的较高地带，发现与城墙同时的夯筑遗存，其中有些夯筑在圆形坑内。有些坑内的夯土层之间，埋有用于祭祀的成人和儿童。一个夯土坑内少者埋人两具，多者埋七具。如在第一号祭礼坑下部的几层夯土层之间，埋有成年人、青年人和儿童七具。在王城岗四期的一个灰坑内，发掘出土一件青铜容器（铜鬶）残片[1]。在西城内龙山文化晚期的一个灰坑中出土的一件泥质黑陶薄胎平底器外底上，在烧制前于陶胎上刻划一个符号，其形体结构与商代甲骨文和西周金文的"共"字已很相似。王城岗二期灰坑中的木炭，经 ^{14}C 测定年代为距今 4000 ±65 年（ZK – 581）。

平粮台遗址位于今淮阳县城东南约 4 千米，是一个高出周围地面约 3~5 米的土丘。城址平面呈正方形，长、宽各 185 米，城内面积共计 3.4 万多平方米，如包括城墙及外侧的附加部分，面积达 5 万多平方米。现存城墙顶宽约 8~10 米，下部宽约 13 米，残高 3 米余，系采用小版筑夯打筑城。南城墙和北城墙的中部都有城门，南城门有用土坯垒砌的门卫房（守城卫士住所）。南门门道路土之下，挖有一条宽、深各 0.74 米的沟，沟底铺三列陶质的排水管道。陶排水管道用榫口套接，每节长 0.35～0.45 米。在城内东北部发掘出成排的房基，部分房基的底部也筑有夯土台基。房屋大多用土坯垒砌。在一座灰坑（H15）底部发现铜炼渣一块，呈铜绿色。平粮台龙山文化一个灰坑（H53）中的木炭经 [14]C 测定其年代为距今 4130±100 年（树轮校正），另一个灰坑（H15）中木炭测定的 [14]C 年代为距今 4355±175 年[2]。

郝家台城址属龙山文化中、晚期。城址平面近正方形，城墙系夯筑而成，城外有防御沟（城壕）。城内已试掘出成排的房基、灰坑、水井等遗迹，出土遗物有石器、骨器及陶器，其中陶器有鼎、鬶、碗、罐等[3]。

边线王城址位于山东省寿光县城南 10 千米的孙家集边线王村北的一个高埠上。该城址发现于 1984 年，1984～1986 年进行发掘。城墙的基槽分内、外两道，外城墙平面为圆角方形，城墙边长约 240 米，城内面积近 5.7 万平方米；四边城墙的中部各有一城门，门宽 10 米。小城堡位于大城堡内，位置在大城堡内的东南部；平面亦呈圆角方形，城墙边长约 100 米，城内面积约 1 万平方米；东、北两道城墙中部各有一个城门，西、南两道城墙已被破坏。两个城堡的中心部位都在高埠的至高处。城墙的构筑是先挖基槽，逐层填土夯打，然后再在基槽之上构筑城墙。城墙基槽口大底小，口宽 4～8 米，深 2～3 米。槽底或平或尖，有的底部有排水沟。墙基槽壁不规整，或为斜壁，或为不规整的台阶；槽内夯土层厚薄不均，一般为 5～15 厘米。在大城墙的基槽内夯层的不同深度上，有许多长方形或椭圆形的土坑，其内分别埋置人、猪、狗，有的是数人同埋一坑。在北部和西部两个城门的门道两侧的夯土层内，埋置完整的龙山文化陶器；如大城堡西门一侧基槽内的圆坑中，埋置完整的陶甗一件；这种现象在城墙基槽内也常有发现。根据出土遗物及大城堡时期的灰坑叠压打破小城堡墙基来分析，小城堡早于大城堡；大城堡建于小城堡被毁之后。根据同时代其他遗址的 [14]C 年代分析，大城堡的年代为距今 3800 年，小城堡为距今 3900 年[4]。

城子崖遗址位于山东省章丘县龙山镇。该遗址 1928 年发现，1930 年 11 月和 1931 年 10 月进行过两次发掘[5]。近几年来，山东省文物考古研究所再次对城子崖遗址进行大规模的发掘，发现了龙山文化城址。城子崖龙山文化城址东、南、西三面城垣比较规整，北面城垣的西段向北凸出，城垣拐角处呈弧形。城内侧东墙长 430 米，南北最长处约 350 米，面积约 20 万平方米，是迄今发现最大的龙山文化城址。残存城墙深埋于地表以下 2.5～5 米，残宽 8～13 米。城墙大部分挖有基槽。城墙夯土有两种，一种用石块夯筑，另一种采用单棍夯打。城内发现水井[6]。

黄河中下游地区，除已发现的上述几座城址外，山东临淄桐林田旺和山西襄汾陶寺两处龙山文化时代的遗址，很可能也是两座与城堡地位相当的部落集团的中心。田旺遗址总面积约30万平方米，文化堆积较厚，文化内涵丰富。该遗址A区H5所出陶器，仅复原的就达数十件，其中所出土的盆形鼎及平底双耳盆，形体相同，大小相次；所出三件黑陶甗，形制相近，大小递减，其中最大的一件通高116厘米，是迄今发现最大的陶甗。这些器物成组成套出土，说明这些器物非实用器，而是一种用于祭祀的"礼器"，H5可能是一座祭礼坑。该遗址还发现刻划饕餮纹和云雷纹的磨光黑陶片[7]。从田旺遗址的规模及出土物来看，它应是一个大的部落集团中心，可能会发现城址。

山西襄汾县陶寺遗址总面积达300多万平方米，是迄今发现最大的龙山文化时代的遗址。1978～1982年，中国社会科学院考古研究所对陶寺遗址进行发掘，揭露面积2000余平方米，发掘墓葬700余座，其中有大型墓9座。大型墓中都有丰富的随葬品，如M3015出土各种随葬品178件，有陶彩绘龙纹盘、鼍鼓（木制，以鳄鱼皮作鼓面）、特磬、陶异形器、彩绘木案、俎、匣、豆、彩绘陶器、玉（石）钺、瑗、成套石斧、石锛、石镞等。有木棺，棺内撒朱砂。中型墓随葬器较少，小型墓一般无随葬品。大型墓的墓主为男性；大型墓的两侧或四周往往埋有同时期的中型墓，中型墓的死者为女性。中型墓中的死者是大墓墓主的妻妾。这是一种一夫多妻的并穴埋葬。陶寺遗址中还出土卜骨和一件铜铃。陶寺墓地的情况说明，在当时阶级分化已十分明显，大墓的墓主已是居于一般氏族成员之上的显贵。据研究，陶寺部落的首领可能已实行世袭制。陶寺遗址应是当时汾河中下游地区最大的、地位最显赫的部落集团中心。不论该遗址今后能否发现城墙建筑[8]，其地位总不亚于上述已发现城垣的诸遗址。

二　黄河流域龙山文化时代城址的性质

上述几座龙山文化时代的城址，由于其文化遗存、所处的地理位置、规模的大小及建造年代各不相同，故其性质也有所不同。

王城岗遗址位于豫西地区，是中国历史上第一个王朝——夏朝的中心地区。有的学者根据古本《竹书纪年》中的"禹居阳城"和《世本》中"禹都阳城"的地望，认为"王城岗城堡有可能是夏代的重要建筑遗存"[9]。有的研究者甚至认为，"王城岗城址可能是夏王朝初期城垣遗迹"[10]。有的学者对上述看法则持否定意见[11]。笔者认为，王城岗的规模很小，保存较好的西城，其面积只有7000多平方米。"夏"是当时中原地区强大的部族，这么小的建筑作为夏的都城，与其地位是不相称的。根据王城岗西城中发现的几个埋有"人牲"的圆坑来分析，王城岗应是"夏"的宗庙遗址；埋置"人牲"的夯筑圆坑，应属夏王室祭祖的"祭祀坑"，而不是筑城时的"奠基坑"。

"城市"的出现是人类社会发展到一定阶段的产物，是阶级、国家产生的标志。但城市和城墙建筑是两个不同的概念，两者不能等同。城市是一定地区的政治、经济和文化的中心,而城墙只是一种防御设施,有城墙建筑不一定就是城市。城垣建筑在人类历史上出现的时代较早,如西亚巴勒斯坦耶利哥距今 10300～8720 年的前陶新石器时代遗址中就发现城墙、城堡和城壕。耶利哥遗址虽有城墙、城堡和城壕,但它并不是城市,因为它在当时还处在氏族公社阶段,阶级和国家还没有出现[12]。根据中国的考古资料,城市不一定都有城垣建筑,如中国安阳殷墟经过几十年的考古发掘一直未发现城垣;又如河南偃师二里头遗址,虽然在遗址中发现了数座宫殿建筑[13],但未发现城墙;"周原""丰镐"和秦都咸阳,也都没有发现城垣。夏王朝的早期阶段,其中心地区是否有"城垣建筑",还是一个需要继续探索的问题。

平粮台城址地处豫东地区。根据古文献记载,当夏族在豫西地区建立起奴隶制的夏王朝时,商族先公活动在现今豫东、豫北和鲁西南地区。"淮阳"又是中国古史传说中的"太昊之墟",因此,平粮台城址有可能是先商的城邑,亦即和夏代同时的,臣服于夏王朝的先商"方国"的都邑。平粮台城址的规模较大,其面积达四五万平方米;有宽阔的城墙;南、北城墙中部各有一城门,南城门有门卫房,其下有陶排水管道;城内有成排的房基,部分房基底部有夯筑的台基;城内有冶铜遗存。这些特征说明,平粮台城堡已具有早期城市的雏形。

根据[14]C 所测定的年代,边线王大、小城址的时代要晚于平粮台城址。边线王城堡的城墙基槽内有用于奠基的"人牲"及猪、狗"牺牲",在平粮台城址中则未见这类遗迹,这都说明,边线王城堡所处的社会发展阶段要晚于平粮台,大致和王城岗城堡的时代相当。边线王城址地处今鲁东地区,有的学者根据该城址的地理位置及古文献记载,认为边线王城址是"夏代早期的斟灌之墟"[14]。这一结论是否妥当,还待研究。但将边线王城堡作为夏代前期的一个地处鲁东的方国都邑,这是比较符合实际的。

城子崖遗址发掘的面积还比较小,目前只搞清楚城墙的范围,城内尚未大面积发掘,城门也未找到,对城堡的整体布局还不了解,故对城堡的性质还不能做出准确的判断。郝家台城址还在发掘中,详细资料还未发表,对城堡的性质亦尚未确定。

以上分析的几座城址,虽然其规模大小各异,建造年代先后不同(平粮台城堡最早,王城岗次之,边线王最晚),所处的地理位置也各不相同,但这些城址所处文化时代大体相近,都处在龙山文化时代中、晚期阶段;生产力发展水平也大体相近,如王城岗和平粮台城址中均发现铜器或铜炼渣;边线王城址虽未发现铜器,但与其邻近的时代相当的山东胶县三里河[15]、栖霞杨家圈、日照尧王城[16]等龙山文化遗址中均发现了铜器,说明在当时冶铜业已经产生;社会发展阶段也比较接近,如王城岗和边线王,均有用人祭祀或用人、猪、狗奠基的遗迹;这些情况表明,在这些城堡出现的时期,亦即龙山文化中、晚期,在黄河流域阶级社会业已产生。

黄河中下游地区多处龙山文化时代城址的发现,说明龙山文化中晚期,随着阶级和私有制的产生，各部落集团之间为掠夺土地和财富而进行的战争十分频繁。

三 黄河流域雏形城市的特征

黄河流域在龙山文化中晚期，随着阶级社会的产生，城堡在各地纷纷出现，这些文明时代最早期的雏形城市有如下几个特征：

1. 几座城址的规模都比较小，其中规模最大的城子崖城址，总面积也只有 20 万平方米。城堡内只发现小型的结构简单的夯筑房址，未发现像二里头遗址和偃师尸乡沟商城遗址那样大型的宫殿建筑[17]。这种小型的、城内无宫殿建筑的城堡，正是中国文明时代早期雏形城市的一个特征。

2. 早期城堡大多具有宗庙性质。如前所述，王城岗小城堡不是都城，而可能是"夏"祭祖的宗庙。边线王大城堡北门和西门门道两侧的夯层内，埋置完整的祭器（礼器），亦属祭礼遗存，表明该城址也具有宗庙性质。有的研究者认为，中国早期城市有两个特点："一是并未立即出现地缘的政治结构，甚至战败的、被奴役的族群，有些仍能聚族而居；一是宗法制度宗教观念根深蒂固，因而对祖先的崇拜高于对神祇的崇拜，王权高于神权，宗教职业者依附、臣服于世俗统治者。"[18]这一观点是与考古资料相吻合的。

3. 城市的出现是阶级社会产生的标志之一，王城岗和边线王用于祭祀和奠基的"人牲"，充分反映了伴随城市的出现而产生的阶级性、压迫性。"祭祀"作为一种原始宗教观念，在人类历史上出现的时代比较早，欧洲旧石器时代晚期的许多洞穴壁画，如法国的诺克斯洞穴壁画和比利牛斯山的尼沃洞穴壁画中，均有被箭头射中的画面，这是当时的人们在狩猎前举行某种祭礼仪式而留下的作品[19]；我国江苏连云港将军崖岩画及其基座上的三块立石，即是新石器时代的人们为祈求谷物丰收而留下的祭祀遗存[20]。但像黄河流域王城岗和边线王两城址中发现的杀人祭祀和奠基的情况，只有到了龙山文化时代，亦即对立阶级产生后才会出现。"人牲"的出现，是阶级社会业已产生的标志。

4. 从总体上看，黄河流域龙山文化中、晚期的城堡，具有明显的政治性和防御性，还不具有商品交换的"市"的性质。

黄河流域龙山文化时代城堡的上述特征，正说明这些小型城堡尚处在雏形城市阶段，还不具备成熟城市的特征，更不具有时代较晚的发达都市所具备的特征。

四 黄河中下游地区是中国古代文明最早的诞生地

（一）中国古代文明的起源是多元的

根据近二十多年的考古资料，可知中国古代文明的起源是多元的。中国古代文明的起源最少有四个地区：黄河流域、太湖流域、珠江流域和西辽河流域。

黄河流域能反映文明要素的主要有仰韶文化和龙山文化的一些资料，其文明因素综合起来主要有：仰韶文化至龙山文化时期，随着农业经济的高度发展，制陶业及其他手工业也相应的获得了发展，并在此基础上产生了冶铜业；文字已经萌芽；出现了雏形城市。黄河流域在距今 6000 年的仰韶文化时期，农业经济已很发达；到距今 4000 多年的龙山文化时期，农业经济得到了高度发展；随着农业和制陶业及其他手工业的发展，冶铜业也随之在各地出现。作为文字前身的刻划符号，在黄河中游地区的仰韶文化、上游地区的马家窑文化、下游地区的大汶口文化和龙山文化的陶器上都有发现，有些符号已具文字的性质；关中地区仰韶文化陶器上的刻划符号已发现 52 种，其中有几种符号在百千米以内通行，说明这些符号在不同的部族中具有相同的含义。大汶口文化晚期陶器上的某种符号，也在相当大的范围内通行，有的符号可能是汉字的前身或就是早期的汉字。

太湖流域能反映文明要素的古文化主要是良渚文化。近十几年在太湖流域发现了大量的良渚文化墓葬，其中一些富有的墓常随葬玉琮、玉璧、玉斧、玉钺、玉瑗等属于礼器性质的玉器，有的墓随葬玉琮、玉璧达几十件之多[21]。1987 年 5 月，在浙江余杭安溪乡瑶山之巅发现一处良渚文化的祭坛。这座祭坛总面积达 400 平方米，中心部位是一个边长约 6 米的红土台，周围是宽 2 米的围沟。围沟之外为人工铺垫的砾石面。祭坛上有 12 座墓葬，随葬有玉琮、玉钺、玉璜等[22]。1991 年春夏之交，在余杭汇观山又发现了利用山顶石体开凿的类似瑶山祭坛的建筑遗迹[23]。

珠江流域能反映古文明因素的是石峡文化遗存。石峡文化的一些墓葬，不但随葬大量的生产工具和精致的玉琮、玉璧、玉瑗等礼器，还随葬大量的石镞、石钺等兵器[24]。这说明，在当时，生产工具和财富已集中于少数人之手，并掌握了暴力手段。社会已分裂为剥削者和被剥削者、压迫者和被压迫者，原始社会开始解体。

西辽河流域之所以也被历史和考古界的一些学者视为中国古文明的发祥地之一，主要是因为该地区在近十年发现了距今约 5000 年的祭坛、"女神庙"和积石冢群。1979 年以来，在辽宁喀左县东山嘴、凌源和建平两县交界地区的牛河梁发现了几处祭祀遗迹。东山嘴遗址长 60、宽 40 米。南部有圆形祭台，中部有方形祭礼基址，内有作为崇拜对象的成组立石，两边排列着整齐石墙基。在南部圆形台基的周围发现二十几件陶塑人像残块，其中包括裸体小型孕妇像和大型人物坐像，出土遗物还有双龙首璜形玉饰和一些专供祭祀用的彩陶器[25]。

牛河梁祭祀遗址俗称"女神庙"，它位于牛河梁北山丘顶，地势较高，丘顶有一"平台"形基址，南北长 175、东西宽 159 米。祭祀遗迹位于"平台"南侧下平缓坡地上。它由一个多室及一个单室两组建筑物构成。在主室两侧出土彩绘泥塑人像头部、肩、臂、手、乳房的残件及神化的"玉猪龙"。

牛河梁的积石冢分布在近 30 个山梁、高坡上。这些积石冢，面对着河川、太阳，与"女神庙"、东山嘴祭坛遥相呼应。每座积石冢内，一般都有数十人"列棺"而葬。他们因身份不同被分别安置在大小各异的石棺中，数十个石棺上都覆盖石块，构成一个整体，外围放置筒形陶器，形成积石大冢。已发现的最大石棺，位于积石冢的中心，长、宽各约3.5 米。而一般的石棺长仅 1.5 米，宽 0.5 米。一座积石冢，一般占地三四百平方米，最大的达 1000 多平方米。积石冢平均垒石高度在 1 米以上。整个冢呈圆形，四周围绕着筒形彩陶器。这种筒形彩陶器无底，高约 50 厘米，直径约 30 厘米，一座积石冢往往竖立上百个彩陶器。积石冢中随葬了众多的精美玉器，器形有作为原始宗教信仰的玉猪龙、挂于胸前的双联或三联玉璧、勾云形玉器和圆形玉环，还有玉鸟、玉鸮、玉龟、玉兽等。牛河梁四号墓还出土铜环，说明红山文化晚期已进入铜石并用时代。

（二）黄河中下游地区是中国古文明最早的诞生地

以上所阐述的四个区域的考古资料中，以黄河流域诸龙山文化遗存所包含的文明要素较多，而其他三个地区的新石器时代晚期遗存虽也能看到一些文明因素，但距文明时代还有一定的距离。黄河流域在仰韶文化至龙山文化时期，农业经济得到了高度发展，在许多地区产生了铜器，出现了雏形城市和阶级分化，产生了可能是汉字前身的各种刻划符号，这些都是文明时代必须具备的几个要素。太湖流域的良渚文化、粤北地区的石峡文化、西辽河流域的红山文化有一些大墓中虽也发现一些具有礼器性质的玉器和兵器，还发现了祭祀遗迹，但没有发现能反映阶级和国家出现的文化遗存，还未跨入文明时代的门槛。

黄河流域进入龙山文化时期，虽然上游的马家窑文化、齐家文化，渭河流域的客省庄二期文化（或称"陕西龙山文化"），中游的"河南龙山文化"，下游的"山东龙山文化"，其经济、文化的发展大致处在相近的水平上，但中、下游地区经济和文化的发展水平仍稍高于上游地区，这是黄河中、下游地区先跨入文明时代的基本条件；而黄河中游和下游相比，中游地区的自然条件和地理位置（黄河中游是黄河流域的核心地区和古文化的交汇地区）则优于下游地区，这是中游地区最早建立起较发达的能统率邻邦的奴隶制的夏王朝的一个重要原因。

（三）中国古代文明形成时期的分期

中国古代文明形成时期可分为前、后两期。前期为龙山文化中晚期至二里头文化第一期，后期为二里头文化第二至第四期。

前期阶段已经出现用人祭祀和奠基等标志阶级社会产生的雏形城市。铜器的冶铸已较为普遍，登封王城岗出土的铜鬶残片和襄汾陶寺出土的铃形铜器均为铸件[26]，反映冶炼和熔铸已经分工，已能冶铸出结构复杂的铜容器，铜器的制造技术已进入较进步的阶段。

前期目前虽未发现较成熟的文字，但从仰韶文化和大汶口文化已出现数十种较为复杂的、在相当大的范围内通行的刻划符号来看，今后有可能在龙山文化中晚期和二里头文化早期遗存中发现早期文字。

前期阶段经过部落集团之间的战争和兼并，在黄河中、下游地区形成了几个大的部族集团，王城岗、郝家台、平粮台、城子崖和边线王等城堡，就是这些部族集团的活动中心。这些大的部族集团，构成了早期的小型城邦国家，"夏"是这些城邦国家中最强大的一个，最早期的国家，一城即为一方国。一王国包括许多城市，这是奴隶制进入发达阶段后才出现的；只有奴隶制进入发达阶段后，一国才能统治整个城市。

后期阶段，已经出现大型的宫殿建筑，作为阶级统治工具的国家机器有了发展。据报道，在偃师二里头遗址迄今探明的宫殿基址有数十处，除较早发掘的属于二里头三期的一、二号宫殿遗址外，在二号宫殿西北 300 米处还发现二里头二期的大型夯土基址[27]，说明这里是一座都邑。二里头宫殿基址附近发现的制陶、制骨和冶铜作坊，表明城市在这里已开始成为政治、经济、文化的中心，和前期小型城堡相比，城市的发展不论是在规模上，还是在内部设施及经济、文化的发展程度上，都向前迈进了一大步。后期阶段出现了种类繁多的铜器，如容器有觚、斝、爵、盉、鼎等，兵器有戈、戚、镞等，工具有凿、锛、镢（陶范）、刀等。铜器的铸造工艺已比较进步，既有多合范的整体浇铸，又有采用分铸和接铸法的，并开始铸造细密的纹饰。二里头文化中发现的二十几种陶文，表明文字的形成又向前跨进了一大步。

（原载《纪念城子崖遗址发掘 60 周年国际学术讨论会文集》，齐鲁书社，1993 年）

[1] 河南省文物研究所等：《登封王城岗遗址的发掘》，《文物》1983 年第 3 期。

[2] 河南省文物研究所等：《河南淮阳平粮台龙山文化城址试掘简报》，《文物》1983 年第 3 期。

[3] 河南省文物研究所：《近十年河南文物考古工作的新进展》，《文物考古工作十年（1979—1989）》，第 178 页，文物出版社，1991 年；谷文雨：《河南史前考古获重大进展》，《光明日报》1991 年 11 月 17 日第 1 版。

[4] 山东省文物考古研究所：《前进中的十年——1978～1988 年山东省文物考古工作概述》，《文物考古工作十年（1979—1989）》，第 116 页，文物出版社，1991 年；杜在忠：《边线王龙山文化城堡试析——兼述我国早期国家诞生、文化融合等问题》，"中国先秦史学术讨论会"论文，1989 年，油印稿。

[5] 吴金鼎等：《城子崖》，中国考古报告集之一，1934 年。

[6] 《城子崖遗址又有重大发现，龙山岳石周代城址重见天日》，《中国文物报》1990 年 7 月 25 日。

[7] 张学海：《论四十年来山东先秦考古的基本收获》，《海岱考古》第一辑，第 340 页，山东大学出版社，1989 年；魏成敏：《淄河流域龙山文化遗存浅析》，"纪念城子崖遗址发掘 60 周年国际学术讨论会"论文，

油印稿。

[8]　中国社会科学院考古研究所山西工作队等：《山西襄汾县陶寺遗址发掘简报》，《考古》1980 年第 1 期；中国社会科学院考古研究所山西工作队等：《1978～1980 年山西襄汾陶寺墓地发掘简报》，《考古》1983 年第 1 期。

[9]　安金槐：《近年来河南夏商文化考古的新收获——为中国考古学会第四次年会而作》，《文物》1983 年第 3 期。

[10]　同 [1]，第 16 页。

[11]　杨宝成：《登封王城岗与“禹都阳城”》，《文物》1984 年第 2 期。

[12]　北京大学历史系等：《世界古代史论丛》（第 1 集），第 42～52 页，三联书店，1982 年。

[13]　中国科学院考古研究所二里头工作队：《河南偃师二里头早商宫殿遗址发掘简报》，《考古》1974 年第 4 期；中国社会科学院考古研究所二里头队：《河南偃师二里头二号宫殿遗址》，《考古》1983 年第 3 期。

[14]　杜在忠：《边线王龙山文化城堡试析——兼述我国早期国家诞生、文化融合等有关问题》，“中国先秦史学术讨论会”论文，1989 年，油印稿。

[15]　昌潍地区艺术馆、考古研究所山东队等：《山东胶县三里河发掘简报》，《考古》1977 年第 4 期。

[16]　严文明：《论中国的铜石并用时代》，《史前研究》1984 年第 1 期。

[17]　中国社会科学院考古研究所河南第二工作队：《1983 年秋季河南偃师商城发掘简报》，《考古》1984 年第 10 期；中国社会科学院考古研究所河南队：《1984 年春偃师尸乡沟商城宫殿遗址发掘简报》，《考古》1985 年第 4 期。

[18]　《中国文明起源座谈纪要》，《考古》1989 年第 12 期，第 111 页邵望平的发言。

[19]　朱狄：《原始文化研究》，第 255～260 页，三联书店，1988 年。

[20]　连云港市博物馆：《连云港将军崖岩画遗迹调查》，《文物》1981 年第 7 期。

[21]　张之恒：《中国新石器时代文化》，第 226～232 页，南京大学出版社，1988 年。

[22]　浙江省文物考古研究所：《余杭瑶山良渚文化祭坛发掘简报》，《文物》1988 年第 1 期。

[23]　《良渚文化考古又获重大成果：余杭汇观山遗址发现祭坛和大墓》，《中国文物报》1991 年 8 月 11 日第 1 版。

[24]　广东省博物馆等：《广东曲江石峡墓葬发掘简报》，《文物》1978 年第 7 期。

[25]　郭大顺等：《辽宁省喀左县东山嘴红山文化建筑群址发掘简报》，《文物》1984 年第 11 期。

[26]　中国社会科学院考古研究所山西队等：《山西襄汾陶寺遗址首次发现铜器》，《考古》1984 年第 12 期。

[27]　同 [8]。

长江流域史前古城的初步研究

一 长江流域已发现的史前城址

（一）长江中游的史前城址

长江中游现已发现的史前城址主要有湖南澧县城头山和湖北石首走马岭、江陵阴湘城、荆门马家垸、天门石家河等。据报道，湖南澧县鸡叫城也是一座史前古城。据悉，长江中游地区现已发现的史前城址还有四五座[1]。现已发现的史前城址大致分布于两湖平原的北部和西部地区。

1. 城头山古城

城址位于澧县县城西北 10 千米的车溪乡南岳村。澧水的支流澹水流经城址以南，城址以北 10 余千米则为澧水的另一条支流涔水。城头山坐落在澧阳平原中部的徐家岗南端东首的小土阜上。以城头山城址为中心，在澧阳平原上分布着 200 多处屈家岭文化至石家河文化时期的聚落遗址。这些遗址所分布的澧阳平原位于武陵山与洞庭湖之间，即西为武陵山，东为洞庭湖，平原地势由西北向东南方向倾斜。

城址由护城河、城垣、城门和城内夯土台基等几部分组成[2]。护城河由自然河道及人工河道连接而成。现保存西城壕和一段东城壕。西城壕从城外西南至北门外，残长 460、宽约 35、深约 4 米。东护城河由澹水的一支流构成（图一）。

城垣基本上呈圆形，外圆直径 325 米，城址面积约 9 万平方米。城垣堆筑。城垣外紧贴护城河，城垣外坡陡内坡缓，外墙坡度为 50°，内墙坡度为 15°。墙底宽约 20 米，顶部残宽约 7 米。

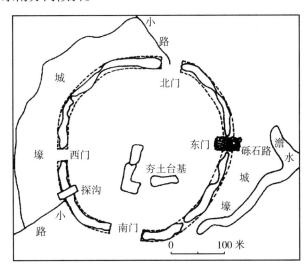

图一 城头山城址平面图

（采自《澧县城头山屈家岭文化城址调查与试掘》，1993 年）

城垣的东、南、西、北四边城垣各有一个缺口，应为城门。东门残宽约 19 米，进深 11 米，一条宽 5 米的卵石路由城内向城外倾斜。城内中心部位较高，周边较低。卵石路面内高外低，使东门兼有排水功能。南门现存宽约 20 米，进深 15 米。西门地势较高。北门地势最低，现宽 32 米。北门内是一个东西长 37、南北宽 32 米略呈圆形的大堰，大堰水面通过北门（水门）水道与护城河相通。

城内西南部近中心部位是一片地势较高的夯土台基。夯土台基呈"凹"字形，东西宽约 30 米，南北长约 60 米，表面平坦。整个夯土台基北部高南部低。

城头山城垣叠压在屈家岭文化早期晚段的地层上，又被屈家岭文化中期地层所叠压，故其筑成的时代上限为屈家岭文化早期晚段，下限为屈家岭文化中期，绝对年代为距今 4800 年左右。从城内文化堆积分析，城垣的使用可延续至屈家岭文化晚期或更晚。

2. 走马岭古城

城址位于湖北省石首市焦山河乡走马岭村。城址以西不远处是上津湖，东南则为丘陵山区。城址平面呈不规则的椭圆形，东西长、南北短，西部宽、东部窄。城垣周长约 1200 米，城址面积 7.8 万平方米。城垣最高处高出城内地面约 5 米，高出城外地面 7～8 米。城垣上有 5 处缺口，可能为城门。缺口两边，有的保存着圆形土台，可能是城门的防御性设施。从城垣的现存情况观察，城垣是连接自然岗地修筑而成的。城垣周围有明显的护城河遗迹。城内地势为东北高、西南低。城内积水可顺地势从西南水门排入湖中。房屋建筑在城内较高的东北部（图二）。

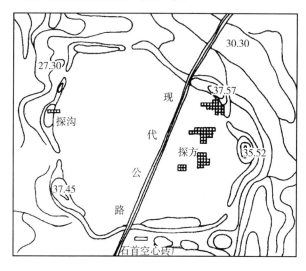

图二 走马岭城址平面示意图

（采自《屈家岭文化古城的发现与初步研究》，1994 年）

走马岭城垣经解剖，内坡脚上叠压着屈家岭文化层，该层又被石家河文化早期的一座瓮棺葬和一个灰坑打破，说明城垣的建筑年代不会晚于屈家岭文化时期[3]。根据城内地层的堆积情况分析，城垣可能使用到石家河文化时期。

3. 阴湘城

城址在今湖北省江陵县城西北，距县城约 34 千米，亦即在纪南城西北约 20 千米，城址所在地属马山乡。土城垣现已不明显。据《江陵县志》记载，此城在清代"垣址宛然，冈阜方平，土人以城命之"。城址为圆角长方形台地，东西长约 500 米，南北宽约 240 米，面积为 12 万平方米。四边城垣有缺口，应为城门，其中北边的缺口最低，并与菱角湖相通，当为水门。从南城垣残存的剖面观察，城垣夯筑，夯层厚薄不均。南城垣和东城垣外都有护城河遗迹，宽约 20 米。北、西护城河已被湖水淹没。城址高出周围地面 4～5 米[4]。经过发掘，发现城垣打破大溪文化层，城垣本身的年代相当于屈家岭文化早期[5]。

4. 马家垸古城

城址位于湖北省荆门市五里镇（刘集乡）显灵村，遗址北距荆门市 26 千米，南距江陵楚故都纪南城约 28 千米。城址东北 5 千米为荆山余脉，东港河紧靠古城垣由北往南经鲍河、长湖注入汉水。

马家垸古城址修筑在高出周围地面 2～3 米的岗地上。城址保存完整，南北略呈梯形。东城垣长约 640 米，西城垣长约 740 米，南城垣长约 440 米，北城垣长约 250 米，总面积约 24 万平方米（图三）。南城垣底宽 35、上宽 8 米，高 5～6 米。北城垣底宽约 30、残高 1.5 米。城垣内筑护坡，一般宽约 5 米，坡度缓；外坡陡直。城垣上有数处高台建筑，系防御性建筑台基。城垣东、南、西、北各开辟一城门，其中西城垣及东城垣各设一水门。南城垣现存宽度约 6 米[6]。

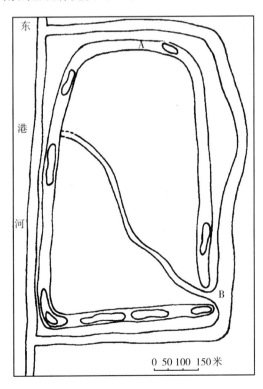

图三 马家垸古城平面图

A. 土城门 B. 水城门

城垣外有护城河，河宽一般为 30～50 米，河床距地表约 4～6 米。城外护城河相连接。城内一河道自西北城门（水门）弯曲地流向东南城门（水门）。护城河似为人工河道与自然河道连接而成。

城内东北部有一夯土台基。南北长约 250 米，东西宽约 150 米，系城内的重要建筑。夯土台基上采集的陶片为屈家岭文化至石家河文化早期，西南城垣内侧断面上采集的陶片为屈家岭文化时期。从这些采集的陶片来看，马家垸城址的年代应为屈家岭文化至石家河文化早期。

5. 石家河古城

城址位于湖北省天门市石河镇北约 1 千米，西北 20 余千米即为京山县屈家岭遗址。天门河的两条支流（东河、西河）在城址的东、西两侧由北向南流入汉水的支流天门河。

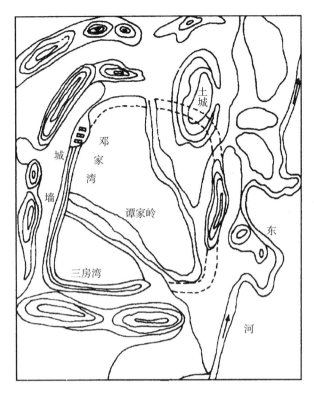

图四 石家河古城平面示意图

（采自《屈家岭文化古城的发现与初步研究》，1994 年）

城址由城垣、护城壕和壕外土台组成。城垣平面呈圆角长方形，东、西城垣长约 1200 余米，南、北城垣长约 1100 余米。城垣堆筑而成。护城壕周长约 4800 余米，东北角可能利用天然低地相连接，其余部分均为人工挖成。护城壕一般宽为 80～100 米，最窄处 60 米左右。壕底与城垣顶面高差 6 米左右。护城壕内面积约 180 万平方米，城垣内面积约 120 万平方米。城址东北角被一个西周时期的土城打破（图四）。经对城垣和城内文化堆积的解剖，可知城垣建筑于屈家岭文化时期，石家河文化早期是城垣使用的主要时期[7]。

通过对城垣内各地点的文化堆积情况和遗物内容的比较，可知在屈家岭文化至石家河文化早期阶段，城垣内部的布局是按一定制度规划的。城内西北部的邓家湾西侧是墓葬区和宗教活动场所，在已揭露的 1000 多平方米范围内清理 75 座长方形竖穴土坑墓和 14 座瓮棺葬。属于石家河文化早期的地层内，出土了 5000 多件小型陶兽、狗、鸟、双头鸟、鸡、羊、象、鳖等，还有陶塑人抱鱼。地层内还发现用陶筒形器和陶缸（陶缸底部大多不相通）互相套接的遗迹现象[8]。三房湾遗址和邓家湾东台地、谭家岭、蓄树岭则为居住区。谭家岭台地位于城内中部，其中有些分间房屋的墙厚 1 米，柱洞间隔 0.5 米左右，柱洞直径 0.3～0.4 米，应非一般性建筑。

（二）长江上游的史前城址

长江上游现已发现的史前城址有四川省新津县龙马乡宝墩古城、都江堰市青城乡芒城、温江县万春乡鱼凫城、郫县古城乡古城、崇州双河古城等[9]，这些城址均分布于成都平原的西部边缘。

宝墩古城南北长约 1000 米，东西宽约 600 米，面积约 60 万平方米。城垣采用坡状堆筑法夯筑而成，北垣和东垣保存较好，残城垣最高约 5 米。城垣外未发现护城壕。

芒城古城平面呈不规则的长方形，面积约 12 万平方米。在城址西北角文化堆积最厚处发掘 75 平方米，发掘深度约 1.3 米，龙山文化时期的堆积最厚 0.6 米，可分五层。遗物以陶器为主，有一定数量的石器。陶器种类较少，制法以手制加慢轮修整为主。石器均磨制，种类有斧、锛、凿。

鱼凫城呈不规则的五边形，呈西北—东南向。南城垣长约 600 米，东城垣呈外弧形，长 440 米，西城垣长 370 米，东北城垣长 280 米，城址面积约 32 万平方米。南城垣东端现存高 3.5 米，顶宽 15.5、底宽 30 米。城垣建于台地边缘，用斜坡堆筑法构筑，城垣下有一层小卵石层，可能是墙基。城垣外侧在第 1、4、7 层的层面上有人工堆筑的卵石层。城垣建筑在遗址所属时代的晚期阶段。

郫县古城平面为长方形，城垣长 650、宽 500 米，面积 32.5 万平方米。在城址南部发掘面积 125 平方米，龙山文化时代的堆积厚达 0.8 米，可分五层。房址地面起建，挖基槽，木骨泥墙。出土遗物主要是陶器和石器。石器均为磨制，器形有斧、锛、凿等。

双河古城面积约 15 万平方米，城址基本呈正南北方向。城垣分内、外圈，内、外圈间隔约 15 米，以东城垣内圈保存最好，长约 450 米，残城垣最高达 4 米，结构与都江堰市的芒城古城相似。

长江上游发现的这五座古城，文化时代为新石器时代晚期。城垣建筑技术相同，均采用坡状堆筑法夯筑。城垣外都没有护城壕。出土的文化遗存文化面貌一致，但相互间存在时间早晚差异。

二　长江流域史前古城的特征

（一）古城的分布规律

长江流域现已发现的史前城址均分布于长江上、中游地区，下游地区未发现史前城址。上游地区的 5 座城址分布于成都平原的西北边缘。中游地区的 5 座城址分布于两湖平原的北部和西部，亦即分布于大洪山以南、鄂西山地和武陵山以东的半月形地带。这些新石器时代晚期的城址，不像新石器时代早期遗址那样均分布于靠近水源（河流两岸、湖泊岸边）的山麓地带，而是分布于平原地区。这些城址分布的共同规律是，均分布于山地与平原腹地的过渡地区，上游地区的 5 座城址分布于西部的邛崃山与成都平原的过渡地区，中游地区的 5 座城址则分布于大洪山、鄂西山地、武陵山与两湖平原腹部的过渡地带。两湖平原腹地在史前时期是一个多湖沼的低洼地区，史称"云梦泽"。在生产力水平较低的新石器时代晚期，人类还不可能进入这些地区生活。长江流域地处亚热带的温暖多雨地区，在生产力水平较低的新石器时代，人们为了获得足够的食物资源和抵抗自然灾害，其活动地域，亦即遗址的分布地域都遵循共同规律，即新石器时代早期分布于山麓地带，新石器时代中晚期则进入到平原地区，且多在山地与平原腹地的过渡地区。

（二）古城的规模和时代

长江中游的 5 座古城，其规模最大的石家河古城面积达 120 万平方米，最小的走马岭古城面积为 7.8 万平方米，一般为 10 余万平方米。面积较大的石家河和马家垸古城均位于江汉平原的北部，这与新石器时代晚期，中原地区的部族与长江中游地区的部族之间的战争多在这一地区发生有关。

长江上游的 5 座城址，以四川新津县宝墩古城的规模最大，面积达 60 万平方米；都江堰市的芒城规模最小，面积为 12 万平方米，一般城址面积超过 30 万平方米。规模较小的芒城古城和崇州双河古城，地理位置偏西，海拔高度较高；规模较大的新津宝墩古城、郫县古城与温江鱼凫城，则位于地理位置偏东的平原地区。

长江中游和上游地区发现的新石器时代晚期城址，其规模大小悬殊。中游地区最大的石家河古城，其面积达 120 万平方米，是该地区最小的走马岭古城面积的 10 余倍。上游最大的宝墩古城，其面积是最小的芒城面积的 5 倍。长江流域史前古城在规模上的大小悬殊，说明了两个问题：（1）新石器时代晚期，"城"已等级分化。大城是一个地区的中心城。石家河古城作为江汉地区的一座中心城，不但规模大，而且其城内外在宗教区、主要居住区、墓葬区等区划方面，都有统一的规划；从其晚期墓葬来看，贫富分化和阶级分化也已出现。这说明，中心城在经济、文化的发展上都超过了一般小城。（2）"城"的等级分化是社会分化和分裂的反映，它从一个侧面反映了社会的变化。

长江中游地区的史前古城，其规模一般都大于黄河流域的史前古城。城址的文化时代一般都在屈家岭文化时期，有的使用到石家河文化时期。黄河流域的史前城址，其文化时代多为龙山文化时期。这说明，长江中游的史前古城，其年代一般都早于黄河流域的龙山文化古城。

长江上游的 5 座城址，有的只经调查未曾发掘，有的只经小规模试掘，其调查和试掘简报尚未发表，不知其确切的文化时代和年代。

（三）古城的布局和构筑

长江中游的 5 座古城均由护城壕、城垣、城门等几部分构成。有些古城的城垣是利用天然岗地连接修筑而成，故城垣平面形制不规整，例如湖北石首走马岭、天门石家河两座古城，即属这种性质。荆门马家垸古城，系在平坦的岗地周围构筑城垣，故城垣的平面形制呈南北向的梯形。城垣从地面堆筑，不挖基槽。护城壕由天然河道和人工壕沟连接而成，使城内积水能排放到河道中，又能为城内提供用水，使之具有排水、供水、航运和防御等多种功能。这 5 座古城均有 4~5 个城门，其中有的是水门。城头山古城、阴湘城的北门，均为水门。马家垸古城的西垣和东垣南端的缺口由一条流经城内的古河道相连，亦应为水门。城内地面高于城外，城内积水可通过城门排入护城壕。

长江上游的 5 座古城均未发现护城壕。城垣平面形制有的为长方形，有的为不规则的多边形。城垣构筑和中游地区古城相似，即从地面堆筑，不挖基槽。黄河流域的史前古城，城垣均挖掘基槽，用版筑法夯筑，筑城技术与长江流域不同。四川崇州双河古城，城垣分内、外圈，两道城垣相隔 15 米，这种城垣布局不见于其他地区。长江上游的 5 座古城均未经大规模发掘，对其城内布局尚不清楚。

三　长江流域史前古城的起源和演化

城垣建筑作为一种防御性设施是人类历史发展到一定阶段的产物，人类只有在农业经济产生后，有了长期稳定的定居生活，才出现城垣这类防御性设施。就世界范围而言，最早的史前古城产生于西亚巴勒斯坦的耶利哥。耶利哥遗址的新石器时代早期（距今约 1 万年）遗存中就有防御性系统：城壕、城垣、城堡。城壕宽 8.25、深 2.75 米，城垣高 6 米。城垣内设置城堡。城堡平面呈圆形，下部直径 12.2、上部直径 9.15、高 9.15 米。城堡中心有阶梯 22 级，可从底部攀登而上[10]。就中国长江流域而言，史前古城的诞生有一个长期孕育过程，从聚落围壕与围墙的出现，到产生堆筑夯打的城垣及护城壕，大约经历了3000 年左右的时间。

聚落壕沟是长江流域最早出现的防御性设施。湖南省澧县八十垱遗址是一处距今 8000年左右的彭头山文化遗址，在这座遗址周围发现聚落围壕与围墙遗迹[11]。距今 6000 年左右大溪文化时期的湖南澧县城头山遗址，在遗址周围有宏大的聚落围壕[12]。距今 5000 年左右的屈家岭文化时期，在长江中游地区已普遍出现堆筑夯打的城垣和护城河。

八十垱遗址的聚落围壕和围墙，其功能是防止洪水对聚落的侵袭以及将聚落内的积水排入围壕，也可防止家畜的外逃和野兽的入侵。距今 6000 年左右的大溪文化时期，虽然生产力水平比彭头山文化和皂市下层文化时期有了一定的提高，但人类的剩余产品还不多，私有财富尚未出现，故聚落围壕的功能仍属于与自然界作斗争的性质。

屈家岭文化时期出现的堆筑夯打的城垣和护城河，其功能出现了质的变化，亦即从彭头山文化和大溪文化时期的与自然界作斗争的性质，转化为具有"社会性质"或"政治性质"。这一时期，以稻作为主的农业经济有了较大的发展，剩余产品增多，人口不断增加，部落与部落、部族与部族之间为争夺财富和人口的战争经常发生，人类社会进入到军事民主制阶段。这一时期，城垣和护城河的功能主要是防止外族入侵。

根据古史传说和文献记载，五帝时期，黄河流域的黄帝部族与长江中游地区（江汉流域和洞庭湖流域）的三苗集团之间曾发生过几次大规模的战争。《尚书·吕刑》记载：

"苗民弗用灵，制以刑，唯作五虐之刑曰法，杀戮无辜。"《吕氏春秋·恃君览》："尧战于丹水之浦，以服南蛮。"尧"窜三苗于三危"（《尚书·尧典》）。这些都是黄帝部族攻打三苗集团的写照。导致中原地区的黄帝部族征伐三苗集团的原因，可能是三苗集团向北的扩张。根据考古资料，屈家岭文化中晚期，屈家岭文化因素已普遍进入到鄂西北和豫南地区，鄂西北的郧县青龙泉遗址的中文化层、大寺遗址的中文化层[13]和河南淅川下王岗[14]、黄楝树、下集、唐河寨茨岗[15]等遗址都有比较典型的屈家岭文化中晚期遗存。屈家岭文化中晚期，其文化因素还向北渗透到陕西南部的商县紫荆[16]和河南禹县谷水河[17]、陕县庙底沟[18]、洛阳王湾[19]、郑州大河村[20]等地区。三苗集团的向北扩张与中原地区黄帝部族的利益发生了冲突，从而导致了几次大规模的战争。黄帝部族和三苗集团之间，为了争夺生存空间，为了掠夺财富和人口，是发生战争的根本原因，也是屈家岭文化时期产生夯筑城垣和护城河的历史背景。

据研究，尧"窜三苗于三危"，即"迁""三苗于三危"。甲骨文中的"危方"，近于岷山。《蜀王本纪》曰："蚕丛始居岷山石室中。"（《古文苑·蜀都赋》章樵注引）蚕丛系蜀人始祖。这就是说，在尧舜时代，三苗集团在中原部族的打击下，有的部落被迫迁于岷山之南，即今四川境内。成都平原北部和西部发现的5座新石器时代晚期城址，其出土陶器中的圈足器，陶器纹饰中的戳印纹和瓦棱纹，都和长江中游的屈家岭文化因素相似，反映了成都平原和长江中游在文化上的联系。长江上游发现的5座城址，其文化时代和长江中游的屈家岭文化至石家河文化城址相当。古城产生的历史背景，亦同于长江中游屈家岭文化至石家河文化时期的古城。

四 长江流域史前古城所反映的社会形态

根据考古资料，可知长江中游地区在屈家岭文化时期，人类社会已进入到父系制阶段。湖北郧县青龙泉遗址屈家岭文化层发现的三座成一组的房屋遗存，湖北宜都红花套遗址屈家岭文化层发现的三座呈"品"字形排列、门道都朝一个中心的房屋建筑，均属为适应父系家庭的需要而建造的住屋[21]。湖北京山屈家岭遗址屈家岭文化早期地层出土的有红色陶衣的陶祖，是父权产生后对父权崇拜的象征[22]。

屈家岭文化时期虽已进入父系制阶段，但贫富分化还不显著。石家河古城，城内的邓家湾遗址和城南的肖家屋脊遗址所揭露的氏族墓地，从墓葬的规模和随葬品的数量上看不出明显的贫富分化，说明氏族血缘纽带和平等原则还没有被打破。屈家岭文化时期在生产力发展的基础上，产品逐渐增多，人口不断增殖，为了抵御敌对势力的入侵，保卫本聚落或聚落群的活动地域和财产，本聚落及其有血缘关系的邻近聚落共同构筑环壕城垣，这种环壕城垣具有保护本聚落及其邻近聚落（聚落群）的公共性质。这时的社会形态处在

"部落联盟制阶段"，聚落内各成员之间仍保持着平等关系。

石家河文化时期，随着生产力的进一步发展，个人财富增加，贫富分化显著。例如，石家河肖家屋脊7号墓，墓口长3.22、宽2.35米；墓坑内设二层台，墓主为男性，随葬品达106件，其中有权力象征的石钺[23]。又如，石家河邓家湾32号墓，墓坑长2.35、宽1.6、坑深0.45米；四壁有二层台；死者为10岁左右的少年，随葬器物近40件。值得注意的是，在少年骨架南端还放置一个头骨，头骨枕部有一明显的用利器砍砸的三角形豁口。这些富有的大墓和同期一贫如洗的小墓相比，反映石家河文化时期社会财富已开始集聚到少数氏族显贵手中。这一时期，氏族内部成员之间的平等关系发生变化，氏族显贵与一般氏族成员之间，出现了剥削与被剥削的关系。这说明，石家河文化时期氏族社会开始解体，人类社会即将跨入文明时代。社会形态的这一变化，使环壕城垣的功能也相应的发生变化。如果说屈家岭文化时期的环壕城垣是为了保护本聚落及其近亲聚落的共同利益，那么到了石家河文化时期，城垣开始保护城内氏族显贵的利益。

在社会发展进程上，长江中游的石家河文化古城与黄河流域的龙山文化古城所反映的社会形态有一定的差异。石家河文化古城还未发现如黄河流域的河南登封王城岗龙山文化城址中有多座用人祭祀的"祭祀坑"[24]和山东省阳谷县景阳岗龙山文化城址中的"人祭"现象[25]，也没有发现如山东寿光边线王龙山文化城垣的基槽中用人、狗、猪进行奠基的现象[26]，反映长江中游的石家河文化时期，还未出现明显的阶级压迫、阶级对抗。石家河文化遗址，也没有像黄河流域龙山文化遗址那样普遍出现铜器。长江中游史前时期在文字源流及文字符号发展方面，也落后于黄河流域[27]。这些情况表明，在迈向文明时代的道路上，黄河流域的龙山文化要比长江中游的石家河文化步伐快一些。如果说黄河中下游地区在龙山文化中晚期已开始跨入文明时代，属文明时代的开端；那么，长江中游地区的石家河文化只是接近了文明时代的门槛。

（原载《东南文化》1998年第2期）

[1] 何介钧：《长江中游原始文化再论》，《湖南先秦考古学研究》，第109、110页，岳麓书社，1996年。

[2] 湖南省文物考古研究所等：《澧县城头山屈家岭文化城址调查与试掘》，《文物》1993年第12期；单先进等：《澧县城头山屈家岭文化城址被确认》，《中国文物报》1992年3月15日第1版。

[3] 张绪球：《屈家岭文化古城的发现与初步研究》，《考古》1994年第7期。

[4] 江陵县文物局：《江陵阴湘城的调查与探索》，《江汉考古》1986年第1期。

[5] 同[3]。

[6] 湖北省荆门市博物馆：《荆门马家垸屈家岭文化城址调查》，《文物》1997年第7期。

[7] 北京大学考古系等：《石家河遗址调查报告》，《南方民族考古》第五辑，四川科学技术出版社，1992年。

［8］ 石河考古队：《湖北省石河遗址群 1987 年发掘简报》，《文物》1990 年第 8 期。

［9］ 《成都史前城址发掘又获重大成果》，《中国文物报》1997 年 1 月 19 日；蒋迎春：《1996 全国十大考古新发现评选揭晓》，《中国文物报》1997 年 2 月 2 日第 1 版。

［10］ 北京大学历史系等：《世界古代史论丛》（第一集），第 42 ~ 52 页，三联书店，1982 年。

［11］ 王红星：《长江中游地区早期城址管窥》，《长江中游史前文化暨第二届亚洲文明学术讨论会文集》，第 252 ~ 260 页，岳麓书社，1996 年。

［12］ 同［1］。

［13］ 长办文物考古队直属工作队：《一九五八至一九六一年湖北郧县和均县发掘简报》，《考古》1961 年第 10 期。

［14］ 河南省博物馆等：《河南淅川下王岗遗址的试掘》，《文物》1992 年第 10 期。

［15］ 河南省文化局文物工作队：《河南唐河寨茨岗新石器时代遗址》，《考古》1963 年第 12 期。

［16］ 商县图书馆等：《陕西商县紫荆遗址发掘简报》，《考古与文物》1981 年第 3 期。

［17］ 河南省博物馆：《河南禹县谷水河遗址发掘简报》，《考古》1979 年第 4 期。

［18］ 中国科学院考古研究所：《庙底沟与三里桥》，科学出版社，1959 年。

［19］ 北京大学考古实习队：《洛阳王湾遗址发掘简报》，《考古》1961 年第 4 期。

［20］ 郑州市博物馆：《郑州大河村遗址发掘报告》，《考古学报》1979 年第 3 期。

［21］ 张之恒：《中国考古学通论》，第 147 页，南京大学出版社，1991 年。

［22］ 中国科学院考古研究所编著：《京山屈家岭》，第 74 页，图版拾叁，科学出版社，1965 年。

［23］ 同［8］。

［24］ 河南省文物研究所等：《登封王城岗遗址的发掘》，《文物》1983 年第 3 期。

［25］ 中国文物报讯：《景阳岗龙山城址考古有重要发现》，《中国文物报》1996 年 1 月 7 日第 1 版。

［26］ 山东省文物考古研究所：《前进中的十年——1978 ~ 1988 年山东省文物考古工作概述》，《文物考古工作十年（1979—1989）》，第 166 页，文物出版社，1991 年；杜在忠：《边线王龙山文化城堡试析——兼述我国早期国家诞生、文化融合等问题》，"中国先秦史学术讨论会"论文，1989 年，油印本。

［27］ 张之恒：《中国古代文明形成的历程》，（台北）《历史月刊》1996 年 8 月。

长江中下游原始文化在中华原始
共同体形成中的地位和作用

一 长江中下游的主要文化体系及其文化特征

从湖北宜昌至鄱阳湖湖口为长江中游，鄱阳湖湖口至东海入海口则为长江下游。淮河流域为黄河中下游与长江中下游的分界线，淮河以北为黄河流域，淮河以南则为长江流域。

淮河流域以南在旧石器时代属于华南地区的"砾石文化传统"，是以用砾石制作的打制石器为主的工业。用间接打击法制作的"细石器"在旧石器时代始终未能发展起来。

新石器时代长江中游地区的主要文化体系为新石器时代早期的玉蟾岩文化、仙人洞文化和吊桶环文化、彭头山文化、皂市下层文化和城背溪文化，新石器时代中、晚期的有大溪文化、屈家岭文化、石家河文化、青龙泉三期文化和桂花树三期文化、山背文化和筑卫城中层文化遗存。长江下游地区的新石器时代文化主要有宁镇地区的北阴阳营文化，太湖流域的马家浜文化、崧泽文化、良渚文化，长江以北地区的薛家岗文化，江淮东部地区的龙虬庄文化和青墩文化。

长江中下游地区属北亚热带季风区，气候温和湿润，适宜稻作农业的发展，稻米为人们的主要粮食。猪、狗为主要家畜。太湖流域的马家浜文化时期，已经出现麻织品。良渚文化时期，已经出现丝织品和竹编器物。

长江中游新石器时代早期的玉蟾岩文化、仙人洞文化和吊桶环文化，均已出现原始陶器，一部分遗址已出现刃部磨光的石器。^{14}C 年代约为距今 1.2 万 ~1 万年。这些遗址的文化遗存中均已出现水稻遗存。新石器时代中期的彭头山文化主要分布在武陵山至洞庭湖的过渡地区，遗址分布在岗地和低山丘上。皂市下层文化分布在澧水中下游和长江下游。城背溪文化主要分布在鄂西的长江两岸，一小部分分布在长江三峡东端、鄂西山区与江汉平原的交汇区。城背溪文化的陶器制作，主要用泥片贴筑法成型，这种方法制作的陶器，其胎壁往往有几层，厚薄不均，底部、颈部、口部往往特别厚，不少器物的口沿另贴一圈泥条。器形以圜底器的数量最多，其次是圈足器、平底器，有少量矮三足器。具体的器形有圜底罐和钵、圈足盘和碗、圆鼓腹釜、大口釜和支座。

新石器时代中期文化的^{14}C 年代一般为距今 1 万 ~7000 余年。磨制石器、制陶业都比新石器时代早期有所发展，水稻的栽培则更为广泛，猪、狗为家畜，但渔猎经济仍占一定比重。

大溪文化的分布西至长江三峡的东端，东达鄂西和湘北。文化时代为新石器时代中期后一阶段，绝对年代为公元前4400～前2700年。大溪文化的制陶业、磨制石器和以猪、狗为主的家畜饲养业比前期更发达。分布于汉水中游的大溪文化，其文化因素中含有一定的仰韶文化因素，但只是发现仰韶文化的陶片，未发现完整器皿。大溪文化的陶器，器形以圈足器为主，其次是平底器和圜底器，三足器最少。常见的器形有釜、支座、鼎、碗、簋、钵、盘、筒形瓶、曲腹杯、壶、瓮、罐、器盖、器座、陶球等。早期的红陶，器表打磨光滑，有红衣。一部分红衣陶，如碗、簋、圈足盘等，外表为红色，内壁和口沿外表为灰黑色。中期有较多的彩陶，彩纹主要有宽带纹、平行条纹、横"人"字纹、漩涡纹等。

屈家岭文化、石家河文化、青龙泉三期文化、筑卫城中层文化和山背文化等，均属新石器时代晚期，其中屈家岭文化的年代最早、分布的地域最广。屈家岭文化分布于汉水下游至湘北，是由大溪文化演化而来。青龙泉三期文化主要分布在汉水下游，它是在屈家岭晚期文化的基础上发展而来。已经出现斝和鬲等袋足炊器，陶器中有少量彩陶。斝和鬲等袋足炊器可能受到中原地区龙山文化的影响。

北阴阳营文化是以宁镇地区为中心的一支新石器时代晚期文化，其年代约为距今5000年左右。磨制石器的钻孔已使用管穿技术，石器的数量较多，器形主要有石斧、石锛（包括有段石锛）。陶器中有一定数量的彩陶。彩陶占全部陶器的20%以上，有内彩，彩纹主要有三角纹、弧线纹、网纹、"十"字纹等。陶器的器身上，常附有把手、半环耳、嘴、流，其中以角状把手和半环耳最富特征。太湖流域的马家浜文化，年代比北阴阳营文化略早，结束的年代约为距今5300年，磨制石器和陶器的制造技术比北阴阳营文化原始。崧泽文化的年代相当于北阴阳营文化。太湖流域自马家浜文化起，水稻的栽培已很广泛，已出现以葛为原料的纺织品。良渚文化是以太湖流域为分布中心地域的新石器时代晚期文化，其渗透和传播的范围很广，向北渗透到晋南和鲁南地区，向南直抵粤北的石峡文化。磨制玉石器和制陶业也很发达，玉器中有很多的具有礼器性质的璧、琮、钺等，陶器也已出现轮制技术。良渚文化早期遗址中有竹编织物、草编织物和丝麻织品。竹编器物有竹席、篓、篮、箩、千篰、簸箕等。麻织品有麻布和麻绳。丝织品有绢片、丝线、丝带等。良渚文化的陶器以泥质黑皮陶和泥质灰陶为主，陶器的制作以轮制为主。常见的器形有鱼鳍足和"T"字形足的鼎和贯耳壶等。石器穿孔技术发达，大多使用管钻法（制作遗留规整的石芯），主要器形有扁平穿孔石斧、双孔石斧、有段石锛、耘田器、三角形穿孔石犁、有柄石刀等。太湖流域的琮璧文化向北则传播到豫西仰韶文化晚期的文化遗存。

薛家岗文化的分布地域位于皖西南的长江以北、大别山以南。该文化以其第二、三期的文化遗存最为丰富，其中颇具特征的器物有三期的有段石锛、1～13孔的石刀、圈足壶和二期的典型器三足带把罐等。薛家岗遗址第 4 层的木炭经^{14}C 测定为公元前 3260～前 3020 年，即第三期文化的年代。

地理位置处于淮河东段的青墩文化和龙虬庄文化是两支各具特征的新石器时代中、晚期文化。青墩文化由于处在长江下游和黄河下游之间，故除自身的文化特征外，其文化遗存中还含有太湖流域崧泽文化和良渚文化因素，并含有黄河下游大汶口文化晚期的因素。例如青墩文化陶器中的高颈折肩折腹瓦棱腹壶、三足觚形杯和玉器中的玉璜等具有崧泽文化因素，而玉器中的玉璧、玉琮则含有良渚文化因素，彩陶中的弧线勾叶纹在大汶口文化彩陶中亦可见相似的因素。青墩文化的墓葬头向东，有东西向的浅坑等，都和大汶口文化墓葬相同。

黄河流域新石器时代文化因素通过淮河流域传播到太湖流域，例如黄河流域龙山文化王油坊类型通过淮河流域传播到太湖流域的上海东部地区，文化遗存叠压在良渚文化地层之上。东部的南荡文化遗存中就含有王油坊类型的文化因素，例如陶器中的浅盘高柄豆、大口尊、甗、曲腹盆形多孔盘式的算、蘑菇纽的器盖等都是王油坊类型和南荡文化所共有的器物。上海松江广富林文化遗存中的垂腹釜形鼎、细高柄浅盘豆、直领瓮、带流鬶和竖条纹筒形杯及纹饰中压印的绳纹、篮纹、方格纹、刻划方格纹、菱格纹、叶脉纹、错向斜线纹等，都具有王油坊类型陶器特征。

黄河流域的原始文化和长江流域的原始文化相互传播的另一条渠道是长江三峡东部，时代在大溪文化时期。

黄河下游的大汶口文化的三足觚形杯和龙山文化的袋足炊器通过东方沿海传播到太湖流域，背水壶等水器则传播到上海地区的新石器时代晚期文化中。

二 中华原始共同体形成的特征

中华原始文化共同体形成的特征是多元一体，是黄河流域、长江流域、华南地区和华北地区原始文化相互渗透、相互融合的结果，长江中下游地区是多元一体整体中的一个重要组成部分。

长江中下游地区是中华原始文化与南北方原始文化互相渗透的中间地带，南与华南地区的原始文化互相渗透和融合，向北通过淮河流域，与黄河流域、北方地区的原始文化互相渗透和融合。

三 长江中下游原始文化体系在中华原始共同体形成中的地位和作用

综上所述，中华原始文化共同体的形成是淮河流域、黄河流域、北方地区、华南地区的原始文化互相渗透和融合的结果，长江中下游在多元一统原始文化共同体形成中起着南北交融和渗透的重要作用。

长江中下游的原始文化通过淮河流域，将中游的彭头山文化、皂市下层文化，下游的北阴阳营文化、马家浜文化、崧泽文化、良渚文化、薛家岗文化、双墩文化传播和渗透到黄河流域，与此同时，黄河流域的后李文化、北辛文化、仰韶文化、大汶口文化、山东龙山文化等文化因素也传播和渗透到长江中下游地区，北方地区的红山文化、富河文化、小珠山文化等原始文化因素也通过淮河流域、黄河流域传播和渗透到长江中下游地区。长江中下游地区是中国南北方原始文化相互交流、渗透和融合的中间地带。

（原载《庆祝何炳棣先生九十华诞论文集》，三秦出版社，2008 年）

陶寺文化中的古文明因素

中国古文明的起源经过很长的孕育时期，农业和家畜饲养业的产生是这孕育期的开端，其距今年代可达万年左右。若从陶器上出现作为文字前身的刻划符号和产生铜器算起，也已有7000多年的历史。中原地区的老官台文化、裴李岗文化时期，陶器上已出现刻划符号，仰韶文化早期则产生铜器。约在庙底沟二期文化和龙山文化时期，作为中国古文明产生的几个要素，如文字符号，青铜器，早期城市及其中的宫殿、礼仪建筑，私有制及贫富分化、阶级分化，以中心城市为中心的雏形国家等，均已产生。

晋南地区是中原的腹地，中国古文明的重要发祥地。晋南地区的新石器时代文化主要有先后相承袭的前仰韶文化、仰韶文化、庙底沟二期文化和龙山文化。以襄汾陶寺遗址的文化遗存为代表的"陶寺文化"相当于龙山文化时期，其文化面貌既和龙山文化有一定的联系，又有自身的文化特征。

陶寺文化分布于晋南地区的汾河下游及其支流浍河流域。在该地区现已发现陶寺文化遗址90多处，其中有些遗址的规模很大，遗址面积达100～300万平方米，其中襄汾陶寺遗址的面积就有300多万平方米。陶寺遗址于1978年至2003年先后经过10余次大规模发掘，发现了陶寺文化早期和中期的城址，发掘墓葬1300余座，发现了大量反映时代信息的遗物和遗迹，为研究当时的社会、经济和文化提供了许多重要资料。陶寺文化年代距今4300～3600年，可分为早、中、晚三期，每期约200年。陶寺文化早期年代早于夏代，晚期年代已进入夏代纪年范围。

一　陶寺城址的规模、布局和建筑设施

陶寺城址可分为早期小城、中期大城和小城。早期小城平面形制为圆角长方形，城内南北长约1000、东西宽约560米，面积约56万平方米。小城东南部有一般贵族居住区（西区）和上层贵族居住区即宫殿区（东区）。宫殿核心建筑区有北出入口。一般贵族居住的西区，总面积约1.6万平方米。东区的宫殿区，总面积为6.7万平方米。早期小城的城垣在中期废弃，但是小城内的宫殿区到中期可能继续使用。宫殿核心建筑区的北出入口的北端豁口上有两个相互对应的夯土桥墩，供搭吊桥板之用。值得注意的是，在IT5026所揭露的灰沟（HG8）里出土6层人头骨，总计30余个头骨；另有散乱的人骨个体40～

50 人，其中以男性青壮年为多，在灰沟的第 3 层还出土一具完整的 35 岁左右的女性骨架，被折颈残害致死，并在阴道部位插入一只牛角。

中期城址分为大城和小城两部分，大城和小城的功能不同。大城内有贵族居住区和宫殿区（利用早期小城内的建筑设施）、一般氏族成员居住区和仓储区等，小城内有宗教祭祀区和贵族墓地。中期大城是在早期小城的基础上扩建而成，即利用早期小城的东墙和早期小城内的建筑设施。中期大城平面形制为圆角长方形，东西长约 1800、南北宽约 1500 米，面积约 270 万平方米。中期小城面积约为 10 万平方米。中期大城和小城的总面积约 280 万平方米。早期小城在中期大城内，位于中期大城的东北部，继续作为中期大城的一部分使用，其中的宫殿区和贵族居住区到中期继续使用。一般居民区位于中期大城的西北部。中期大城的东南部为仓储区，其中发现 3 个大型窖穴。

中期小城位于中期大城南城垣外，即中期大城垣外的东南部。中期小城内紧靠大城垣东垣偏北处是一处贵族墓地，墓地以南是宗教祭祀区。宗教祭祀区内发现一处大型建筑（IIFJT1）基址，总面积 1400 平方米，已揭露 636 平方米。据分析，这是一处兼观天象授时与祭祀功能为一体的多功能建筑。

二　陶寺文化所反映出的古文明因素

晋南和豫西是中国古文献所记载的中国第一个奴隶制王朝即夏王朝的活动中心和建都之地。据《左传》昭公元年、十五年和定公四年记载，"大夏""夏虚""参虚"应为同一地域，其地望应在晋西南地区。《史记·晋世家》："成王……封叔虞于唐，唐在河、汾之东，方百里。"《史记·郑世家》集解引服虔说："大夏在汾、浍之间。"陶唐氏（帝尧）居于平阳（今山西临汾西南）。临汾古代为平阳府，历史上素有"尧都平阳"，禹"又都平阳"之说。这说明临汾盆地应是唐之所在，是大夏、夏虚的中心区域。陶寺遗址正处于这中心区域之中。根据陶寺文化的年代，其早期可能与帝尧——陶唐氏有关，晚期已经进入夏纪年范围。陶寺文化的考古发掘资料，正是尧舜禹时期社会状况的实证。

陶寺文化早、中期已经产生作为"王都"的早期城市。陶寺早期城址规模较小，但城内有供贵族居住的"宫殿"建筑。墓葬材料也证明，陶寺文化早期已产生阶级分化。陶寺中期城址规模扩大，并有单独的宗教祭祀区（位于中期小城内），贵族墓葬也位于其中。贵族和一般氏族成员不居住在同一个区域，一般氏族成员居住在小城外的"普通居住区"，贵族居住在小城内的"贵族居住区"。在贵族居住区上层贵族和一般贵族则又分别居住在不同区域。中期城址布局已和我国文明时代早期都城的布局相类似。有城垣建筑不等于出现了城市，只有出现了作为政治、经济、文化和宗教中心的"都邑"，才能称为早期城市。中国早期城市的特点是：规模较小，经济功能即"市"的功能很小，其功能主要是在政治权力、宗教、文化功能方面。陶寺城址，尤其是中期城址，则具有中国早期城市的特点。

陶寺遗址的墓葬，大、中、小型墓在数量上呈金字塔状，大型墓数量极少（占墓葬总数的1.1%），小型墓的数量占90%以上。大、中、小型墓在墓葬规模、随葬品的数量、品种和精致程度上差异很大。大型墓规模大，使用木棺，棺内撒朱砂。随葬品可达一两百件，其中包括彩绘龙纹盘、鼍鼓、特磬、土鼓、彩绘案、俎、匣、盘、豆、"仓形器"、彩绘陶器、玉石钺、瑗等。占墓葬总数90%以上的小墓，墓圹仅能容身，绝大多数墓无任何随葬品。大墓随葬品中的一些种类，如特磬、鼍鼓、土鼓、彩绘龙纹盘、玉石钺、瑗等，已是非实用器，而具有礼器的性质。这说明从陶寺文化早期起，私有制已经确立，氏族成员平等分配产品的原则已被破坏。社会财富被聚敛到少数部落显贵手中。贫富分化、等级区别、阶级对立已十分明显。

大型墓的两侧往往分布有同时期的中型墓。大型墓的墓主均为男性，中型墓的墓主为女性，从墓葬的排列并同时期埋葬来看，中型墓的墓主应属大型墓墓主的妻、妾。这是一种一夫多妻的并穴埋葬。这表明，在广大氏族成员实行一夫一妻制的同时，个别部落显贵则享有多妻的特权。从墓地统计的男性比例远大于女性来看，"男尊女卑"已很明显。

随着社会生产力的发展，贫富分化和阶级对立，则在逐步加剧。陶寺文化早期，大型墓还埋葬在氏族公共墓地中，但大型墓占据了氏族墓地的中心部位，集中埋葬在一起。到陶寺文化中期，大型墓脱离氏族墓地，集中埋葬到中期小城中的宗教祭祀区域。中期小城内的贵族大墓，在墓葬的规模、随葬品的种类和性质以及随葬品的精致程度上，都和早期大墓有很大差别。早期大墓随葬品中虽有特磬、鼍鼓、土鼓、彩绘龙纹盘、彩绘陶器等礼器，但缺乏中期大墓中的玉琮、璧、戚、钺等玉礼器。中期贵族大墓中还有一至数名人殉、人牲。陶寺遗址 IT5026HG8 出土的6层人头骨（总计30余个）和40~50人骨个体等资料，表明到陶寺文化晚期，阶级对立和压迫已进一步加剧。

陶寺遗址还出土铜铃、砷青铜齿轮形器，扁壶上发现与甲骨文的"文"字相似的朱书"字符"。城内几个大型窖穴的发现，是当时仓储功能的体现。

通过以上对考古资料的分析，可以看出晋南地区到陶寺文化时期，城乡分离、贫富分化、阶级分化、阶级压迫已很明显。作为阶级压迫工具的国家权力机构的雏形已经出现，人类社会已从氏族社会向文明时代过渡。

（原载《中国文物报》2005年6月10日）

青墩文化在中国文明起源中的地位和作用

一 史前文化的四个文化带

史前时期，中国除青藏高原和新疆维吾尔自治区以外的地域，大致可以分为四个文化带。

（一）北方沙漠草原文化带

这里所指的北方沙漠草原文化带，是指阴山山脉至燕山山脉以北地带。该地区在史前时期，人们的经济生活是以狩猎经济为主，农业经济不发达。在文化遗存方面，打制的细石器比较发达，磨制石器不发达，制陶业也不发达。

（二）黄河流域文化带

史前时期，黄河流域的气候（气温、雨量）、土壤适宜旱作农业的发展，以粟类为主的旱作农业较为发达。由于农业经济发达，从而使磨制石器和制陶业都较发达。

（三）长江流域文化带

长江流域属典型的亚热带气候，气温较高，雨量充沛，土壤肥沃，适宜栽培水稻，故新石器时代稻作农业较为发达。随着稻作农业的发展，适宜稻作农业的磨制石器比较发达，制陶业也较发达。

（四）华南地区文化带

这里所指的华南地区是狭义的华南地区，即指武夷山至南岭以南地区。该地区主要属南亚热带，其最南部有一部分属北热带。该地区比长江流域气温高，雨量更多，湿热的气候使植物终年生长，可供人类采集的干果、鲜果、块根较多，内河以及河流入海口螺、蚌等软体动物较多，可供人们采集。这样优越的自然条件，在新石器时代使采集经济较为发达，而使农业经济处于不发达的状况。适应采集经济的大型打制石器较发达，磨制石器处于不发达状态。由于农业经济不发达，故制陶业也不发达。华南地区要到新石器时代晚期，随着稻作农业的传入，农业经济才逐步发展起来，磨制石器和制陶业才得到发展。

生态环境决定人类的经济生活（生产活动）和生活习俗，经济生活又决定文化遗存。上述四个不同的经济文化带是由上述四个不同地区的环境（气温、雨量、土壤、植被等）所决定的。北方沙漠草原地区的生态环境无法发展农业，只宜发展狩猎经济，因而适应狩猎经济的各种打制的细石器得以发展。制陶业是适应农业经济的发展而发展起来的，北方沙漠草原地区农业经济的不发达，故使制陶业处于不发达的状态。华南地区在新石器时代，由于生态环境所导致的采集经济的发达，故使制陶业也不发达。磨制石器大多数为农业生产工具，华南地区和北方沙漠草原地区，由于农业经济得不到发展，故使磨制石器也得不到发展。

生态环境不但决定人类经济活动的内容和性质，而且决定史前文化和社会发展的速度；在诸多经济生活中，只有农业经济的发展，才能较快地促进文化发展和社会发展。

二　汉水上游至淮河下游一线是黄河流域文化带和长江流域文化带的过渡地区

这一过渡地区的史前文化既含有长江流域新石器文化因素，又含有黄河流域新石器文化因素，同时具有自身的文化特征，自身的文化特征决定其文化的性质。

（一）汉水流域新石器文化特征

汉水中游地区经大规模考古发掘并已发表报告的遗址主要有湖北西北部的郧县大寺和青龙泉，均县的朱家台和乱石[1]。

汉水流域的这些遗址，发掘者一般将它们分为三大期，第一期相当于仰韶文化期，第二期为屈家岭文化期，第三期相当于龙山文化期。

第一期文化遗存中含有黄河流域仰韶文化半坡类型和庙底沟类型两类文化遗存，表明这一期文化遗存还可分为含半坡文化因素期和含庙底沟文化因素期。如果详细剖析这先后两期文化遗存，可以看出这两期文化遗存都与黄河流域的半坡类型有所不同。例如文化遗物中的陶器，陕、豫地区的陶炊器都很少，半坡类型无鼎，庙底沟类型只有少量的釜形鼎，而在汉水中游地区的第一期文化中陶鼎则是常见的炊器。水器中的尖底瓶在豫西、晋南及陕西关中东部都是常见的器形，而在汉水流域则不见这种器形。在文化遗迹方面，黄河流域仰韶文化早中期的房屋遗存常见半地穴式建筑，而在汉水流域未发现这类房屋。

第二期文化遗存基本上具有长江流域屈家岭文化的特征，和黄河中游与其时代相当的庙底沟二期文化有本质的区别。

第三期文化遗存一般将其归入龙山文化，但汉水流域的这一期文化遗存，除含有一些黄河中游的龙山文化因素外，又与龙山文化有许多不同。例如陶炊器，黄河流域龙山文化中常见的鬲，在该地区第三期文化遗存中不见；而汉水流域这期文化中发现的少量彩陶和陶鸟等，则在陕、豫龙山文化中不见。

通过以上分析，可知汉水中游地区的新石器文化既含有豫、陕地区新石器文化因素，又含有长江流域新石器文化因素，但就总体文化面貌来看，又与黄河流域及长江流域同时期文化有所不同，表现出自身的文化特征。

（二）江淮东部地区新石器文化特征

江淮东部地区的新石器时代遗址经过大规模考古发掘的有江苏高邮龙虬庄[2]和海安青墩。龙虬庄遗址的地理位置偏西北，青墩遗址偏东南，两遗址相距 80 多千米。龙虬庄遗址第一期文化的年代为距今 6500～6000 年，青墩遗址下文化层的年代为距今 6000～5500年。龙虬庄遗址开始形成的年代大约早于青墩遗址形成的年代 500 年左右，这与江淮东部地区的海岸线由西向东推进是一致的。据研究，苏北中部有四条大致南北走向的贝壳沙堤，其中一条沙堤北起阜宁西部的羊寨南至东台的西岗，开始形成的年代为距今 6500 年（14C 年代为距今 6539 年），是全新世年代最老的贝壳沙堤。贝壳沙堤形成表明海岸线相对稳定，为人类在沙堤以西地区活动创造了条件。龙虬庄遗址开始形成的年代（人类活动开始的年代）与西岗贝壳沙堤形成的年代大致相当。

龙虬庄遗址的晚期文化遗存与青墩文化的晚期遗存区别较大，显然不属同一文化系统。龙虬庄遗址下文化层的年代早于青墩文化下文化层年代，两者的文化面貌不宜进行比较。龙虬庄遗址中文化层（二期文化）与青墩下文化层的文化遗存比较，两者既有联系，又有区别。从两个遗址的总体文化面貌来观察，两者可能不属同一文化系统。

三 青墩文化的文化特征及其在中国文明起源中的地位和作用

以江苏海安县青墩遗址的文化遗存为特征的文化遗址，其中经考古发掘的除青墩遗址外，还有海安县吉家墩（位于青墩遗址东南 10 千米）[3]。青墩遗址 1973 年发现，1977 年江苏南通博物苑在该遗址做过一次试掘，发掘面积 25 平方米；1978 年南京博物院对其进行第一次发掘，发掘面积 150 平方米；1979 年进行第二次发掘，南京大学的两位教师和10 位学生参加了发掘，发掘面积 340 平方米。试掘和两次正式发掘，共发掘 515 平方米。

（一）青墩文化的文化特征

根据青墩遗址的考古发掘资料，青墩文化遗存大致可以分为三期，这三期文化具有许多颇富特征的文化遗迹和遗物[4]。

青墩文化的分布地域在江淮东部偏南部，隔长江与宁镇地区及太湖流域北部相邻，其早期含有一些南京北阴阳营遗址下文化层的文化因素，中期文化中含有太湖流域崧泽文化因素，晚期文化遗存中含有太湖流域良渚文化因素，这是长江下游江南地区新石器文化向南传播的结果。但青墩文化早、中、晚期文化遗存缺乏北阴阳营下层文化、崧泽文化和良渚文化的一些典型文化遗存。例如北阴阳营遗址下文化层和墓葬中常见的有段石锛，在青墩文化早期遗存中则不见，北阴阳营下层文化墓葬常见各种石器随葬，而青墩文化早期墓葬少见石器随葬。北阴阳营下层文化的葬俗也与青墩下层葬俗不同。青墩上层文化也缺乏太湖流域良渚文化的一些典型文化遗存，如良渚文化中较多的泥质黑皮陶、竹节纹高柄豆、贯耳罐、带流带盖宽把杯、鱼鳍足鼎等。青墩文化中期遗存中虽含有太湖流域崧泽文化的一些文化因素，但缺乏崧泽文化中常见的圜腹罐形鼎、折肩折腹罐、高领壶、花瓣足杯等。两者的葬俗也不同，青墩中层墓葬一般都有东西向的墓坑，崧泽文化基本不见墓坑；青墩文化的墓葬头向东，而崧泽文化的墓葬头向则为南北方向。

青墩文化分布于江淮东部地区，因此它受到黄河下游鲁南地区大汶口文化与龙山文化的影响。青墩文化早、中期的钵形鼎、高颈罐形鼎、高圈足杯等，都与鲁南地区大汶口文化刘林期的同类器相似；葬俗、葬制也大致相似，墓坑为东西向，头向东[5]。龙山文化早期陶器中带盖高柄杯，在青墩文化晚期陶器中也常发现。但从整体文化面貌来看，青墩文化与鲁南地区的大汶口文化及龙山文化有着本质的区别。大汶口文化中的高足钵形鼎、高圈足镂孔豆、实足鬶、三足觚形杯、背壶、圈足长柄带突棱的觚形杯等器形，在青墩文化早、中期陶器中都未见到。龙山文化中的袋足鬶、泥质黑陶的高柄杯、鸟首形足（俗称"鬼脸足"）的鼎等典型器形，在青墩文化晚期遗存中也都未见。

从以上分析中可知，青墩文化既受到太湖流域的崧泽文化、良渚文化和宁镇地区的北阴阳营下层文化的影响，也包含北方鲁南地区大汶口文化和龙山文化因素，但青墩文化与这些文化都有根本性的区别，不能将其归属这些文化系统。这表明，青墩文化既不能归属太湖流域和宁镇地区的新石器文化系统，也不能归属黄河下游的新石器文化系统。青墩文化有着自身的文化特征，自身的文化特征决定其文化性质，青墩文化具有一群颇富特征的文化遗物和遗迹，又具有一定的分布地域，已具备考古学文化命名的有关标准，可单独作为一种考古学文化，即青墩文化。

从现已发表的考古资料来分析，淮河中下游的江淮地区的新石器时代文化都具有自身的文化特征，既不能归属长江流域的文化系统，也不能归属黄河流域文化系统。前面分析了江淮东部地区新石器文化面貌，下面再分析江淮西部地区新石器文化状况。江淮西部地区安徽潜山薛家岗[6]、含山凌家滩[7]、定远侯家寨[8]、肥西古埂[9]等，都有各自的文化特征，大多数都已单独命名为一种考古学文化。

（二）青墩文化在中国文明起源中的地位和作用

中国古代文明的形成并不是某一地域的史前文化发展的结果。中国的史学界和考古学界普遍认为，中国古文明的形成是"多元一体"的，它是黄河流域、长江流域、北方草原地区和华南地区的史前文化互相交流、互相渗透和互相融合的结果。黄河流域、长江流域、北方草原地区和华南地区，在中国文明起源和形成中都发挥着它应有的作用。地处淮河和长江之间的江淮地区是中国东部沿海的重要地区，其新石器文化中孕育着许多文明因素，是中国文明起源的重要地区。青墩文化是江淮东部地区一支重要的新石器时代文化，在中国文明起源和形成中起着别的新石器时代文化所不能取代的作用。

（原载《江湾文明之源》，新华出版社，2006 年）

[1]　长办文物考古队直属工作队：《一九五八至一九六一年湖北郧县和均县发掘简报》，《考古》1961 年第 10 期。

[2]　龙虬庄遗址考古队：《龙虬庄——江淮东部新石器时代遗址发掘报告》，第 204～207 页，科学出版社，1999 年。

[3]　徐治亚：《略谈古家墩新石器时代文化遗址》，《东南文化》1990 年第 2 期。

[4]　南京博物院：《江苏海安青墩遗址发掘报告》，《考古学报》1983 年第 2 期。

[5]　江苏省文物工作队：《江苏邳县刘林新石器时代遗址第一次发掘》，《考古学报》1962 年第 1 期；南京博物院：《江苏邳县刘林新石器时代遗址第二次发掘》，《考古学报》1965 年第 2 期。

[6]　安徽文物工作队：《潜山薛家岗新石器时代遗址》，《考古学报》1982 年第 3 期。

[7]　安徽省文物考古研究所：《安徽含山凌家滩新石器时代墓地发掘简报》，《文物》1989 年第 4 期；安徽省文物考古研究所等：《安徽含山县凌家滩遗址第三次发掘简报》，《考古》1999 年第 11 期。

[8]　阚绪杭：《定远县侯家寨新石器时代遗址发掘简报》，《文物研究》第 5 辑，黄山书社，1989 年。

[9]　安徽省文物考古研究所：《安徽肥西县古埂新石器时代遗址》，《考古》1985 年第 7 期。

与皋陶有关的考古学文化

一 皋陶所处的历史时代和活动区域

根据古史传说，皋陶是尧舜禹时代（中国军事民主制时代）一位与禹齐名的人物。《史记·殷本纪》汤诰曰："古禹、皋陶久劳于外，其有功乎民，民乃有安。东为江，北为济，西为河，南为淮，四渎已修，万民乃有居。后稷降播，农殖百谷。三公咸有功于民，故后有立。"尧舜时代，部族的首领固定在几个有名望的氏族、部落中世袭，皋陶即为东夷中一位有名望的部族首领。《史记·五帝本纪》：禹、皋陶、契、后稷"自尧时而皆举用，未有分职"。虞舜时，皋陶执掌刑狱，功勋卓著，是中国刑法的始祖。《史记·五帝本纪》舜曰："皋陶，蛮夷猾夏，寇贼奸轨，汝作士，五刑有服，五服三就；五流有度，五度三居：维明能信。""此二十二人咸成厥功：皋陶为大理，平，民各伏得其实。"

《史记·夏本纪》："帝禹立而举皋陶荐之，且授政焉，而皋陶卒。封皋陶之后于英、六，或在许。"《史记》正义注引《帝王纪》云："皋陶生于曲阜。曲阜偃地，故帝因之而以赐姓曰偃。尧禅舜，命之作士。舜禅禹，禹即帝位，以咎陶最贤，荐之于天，将有禅之意。未及禅，会皋陶卒。"又注引《括地志》云："咎繇墓在寿州安丰县南一百三十里故六城东，东都陂内大冢也。"

根据古史传说，在夷人部族中较早融入华夏族的有四个分支：皋陶、伯益、颛顼、帝喾。皋陶的后裔有英氏、六、蓼和群舒。群舒即舒蓼、舒鸠、舒鲍、舒庸、舒龙、舒龚。群舒这六支应是从六个近亲氏族发展而来的胞族或部落。《国语·楚语下》：当六和蓼灭亡的时候，"皋陶，庭坚不祀，勿诸！德之不建，民之无援，哀哉！"据研究，六、蓼、英氏和群舒，都在江淮之间，即在今安徽六安、舒城一带。但传说皋陶生于曲阜，在今山东曲阜县。这说明，东夷的这个分支的活动地区就不仅限于江淮之间了。舒和徐，古同音通用。那么，黄河下游的徐夷也应是传说中的皋陶的后裔。

根据古史传说所记载的夷人的几个分支活动区域，均在"华夏"族之东，亦即今黄河下游和江淮之间。作为夷人一支的皋陶，活动于黄河下游和江淮流域是与古史传说及文献记载相一致的，今安徽六安地区应属皋陶活动的地域。

古史传说和古文献记载所提供的皋陶活动区域，还需从考古学文化方面来加以印证。

二 与皋陶文化有关的新石器时代文化

与皋陶文化有关的新石器时代晚期文化主要分布在大别山以北的淮河中下游地区。主要有两个文化类型：侯家寨—古埂下层类型[1]、龙山文化类型（以肥西古埂上文化层为代表）。

（一）侯家寨—古埂下层类型

侯家寨—古埂下层类型主要分布在淮河中游一带，现已发现的遗址有安徽定远侯家寨（上文化层）[2]、肥西县古埂（下文化层）[3]、含山大城墩[4]、滁县朱郢山（下文化层）、肥东赵岗、霍邱扁担岗等，以侯家寨和古埂两个遗址的文化遗存较为典型。1983 年 6 月，安徽省文物考古研究所发掘的安徽肥西县古埂遗址分上、下两个文化层，上层属龙山文化时期，下层早于龙山文化。下层的陶器以夹砂红陶为主，其次是灰陶，有极少量的黑陶。夹砂红陶，陶质粗而松软，火候低，吸水性强，陶胎易碎。手制，胎壁厚薄不均。泥质红陶，器表打磨光亮，有一部分泥质红陶表面饰红衣。以素面为主，仅见少量器物上有刻划纹、波浪纹、附加堆纹和镂孔。有少量彩陶，彩绘有红、黄、黑三种，底衬红陶衣，彩纹有条带纹、草叶花瓣纹。盛行三足器和平底器，主要器形有夹砂罐形鼎、釜形鼎、直壁红陶尊、罐、壶、钵、平底小杯、喇叭座钵形镂孔豆等。鼎足有半圆扁凹形、圆锥形、宽扁形等，以半圆扁凹形足数量最多，足正面均有一凹槽。另一种扁鼎足亦颇具特色，足根上部圆形内弯，下部扁凹外撇。陶器中的把手、纽和鋬等附件较多，形制有三角形、短舌形、扁凿形等。器耳以鸟喙形、扁环形数量最多，牛鼻式耳较少。牛鼻式耳的正面有两个圆形镂孔。生产工具有磨制比较粗糙的石斧、石锛等，陶质工具有网坠、弹丸等。

侯家寨—古埂下层类型，陶器的器耳以鸟喙形最多，这一特征在安徽淮北的怀远双古堆遗址和江苏淮北地区的阜宁梨园、邳县刘林等遗址的大汶口文化陶器中较为常见。淮河中下游地区是淮夷活动区域，以鸟为图腾，"以鸟名官"，以鸟作为氏族、部落的名称，这种鸟喙形器耳的广泛存在并表现在生活用具上，应是图腾崇拜的一种反映。古文献记载与考古发掘资料反映的情况是相一致的。

侯家寨—古埂下层类型中的草叶花瓣纹彩陶，与苏北邳县大墩子中文化层属大汶口文化中期出土的彩绘风格基本相同。这反映黄淮地区与江淮地区在新石器时代晚期文化上的联系。

据邻近地区同时期文化推测，侯家寨—古埂下层类型的年代大约为距今 5500～5000 年。

（二）龙山文化类型

龙山文化类型分布的地域大体和侯家寨—古埂下层类型分布的地域一致，亦即分布在淮河中游一带。现已发现的龙山文化类型的遗址有安徽肥西县古埂（上文化层），寿县陶家祠堂、彭家郢子、大城子，霍邱花娘娘墩、绣鞋墩、古城子，淮南翻咀丁，怀远禹墟，嘉山泊岗，滁县朱郢山（中文化层），含山大城墩等。淮河中游地区龙山文化的特征是，陶器以灰陶和黑陶为主，普遍出现轮制。陶器的纹饰流行篮纹、绳纹、划纹、捺窝纹、附加堆纹，有少量方格纹。典型器有罐形鼎、釜、镂孔圈足豆、平底缸、红陶细长颈鬶、平底小碗、平底钵、子母口小盘、绳纹罐、壶、蛋壳黑陶杯等。鼎的口沿较宽，沿上出现方唇，可以承盖，圆腹近球形，或扁球腹，足为三角形，有的鼎足与腹部相连处有一椭圆形浅窝。侧面有几道划纹的鼎足、扁长方形面带几条划槽和扁三角形足尖的鼎足也较多，有少量鬼脸式足共存。鼎的纹饰以篮纹为主，绳纹较少。

石制生产工具制作较粗糙，常见的器形有扁平单孔石铲、石锛、石镞、石镰、石刀等。

淮河中游地区文化遗存受到黄河流域龙山文化的强烈影响，如怀远禹墟、嘉山泊岗、滁县朱郢山等遗址都发现山东龙山文化的典型器形：鬼脸式足的鼎、蛋壳黑陶杯；陶器流行灰陶，纹饰盛行篮纹、绳纹，有各种蚌器等，都与黄河流域龙山文化一致。

淮河中游，自侯家寨—古埂下层类型至龙山文化时期，其文化面貌受到黄河下游大汶口文化和山东龙山文化的强烈影响，文化遗存中含有较多的大汶口文化和山东龙山文化的因素，表明黄河下游新石器时代文化和淮河中下游新石器时代文化的联系。"淮夷"是"东夷"的一个支系，则在黄河下游新石器时代晚期文化和淮河流域新石器时代晚期文化的联系上表现得尤为明显。

三　安徽江淮地区的夏代文化

安徽江淮地区现已发现的相当于夏代的文化遗址有安徽寿县斗鸡台[5]、种德寺，六安西古城、馨墩子、常庙墩子、潭墩、谢后大墩子、毛狗墩子，肥东吴大墩[6]，霍邱红墩寺等。

安徽江淮地区的夏代文化可分为三期，其陶器皆以夹砂灰陶和黑陶为主，磨光黑陶也占一定的比例。自第一期至第三期，夹砂灰陶和黑陶的比例下降，夹砂褐陶的比例上升。纹饰主要为篮纹、绳纹、方格纹、弦纹和附加堆纹等。第一期至第三期，篮纹和方格纹的比例下降，绳纹的比例上升。器形以鼎和罐的数量最多，有少量的鬶、鸡冠耳盆、侈口盆、瓮、豆、尊等。鼎主要有罐形和盆形两种。罐有侈口、子母口、短颈等形制。各期在器物种类上有所变化，仅见于第一期的有双腹盆、矮三足罐形鼎、研磨器等，第二期出现花边罐、觚形杯、鬲，第三期开始出现的有宽沿浅腹盆形鼎、带把深腹罐形鼎、圜底釜、平底碗等[7]。

根据寿县斗鸡台T1⑥木炭^{14}C测定的年代，安徽江淮地区夏代文化第二期的年代为距今3885±100年（BK83023）[8]。

江淮地区的夏代文化，除含有本地土著文化的特色外，还具有黄河下游山东龙山文化晚期与岳石文化因素、黄河中游河南龙山文化晚期与二里头文化因素、南方古文化因素。江淮地区第一期文化中的袋足鬶、鬼脸式足鼎，为山东龙山文化晚期因素。第二期和第三期中较多的子母口器物、饰附加堆纹和指窝纹的甗，以及尊形器、鼓腹尊、子母口罐等，则属黄河下游岳石文化因素。第一期中的矮三足罐形鼎、侈口深腹罐、鸡冠耳盆，第二期和第三期中的绳纹鬲、觚形杯、浅腹盆形鼎等，则属河南龙山文化晚期的文化因素。江淮地区夏代文化中所含有的黄河中下游同时代诸文化的因素，说明东夷集团中的淮夷，既与黄河下游的夷人有密切的社会经济和文化上的联系，又与中原地区的华夏族有密切的政治、经济和文化上的联系。

根据古史传说，在新石器时代晚期至青铜器时代，在中国境内有华夏、东夷、苗蛮三大集团。三大集团之间"既相亲又相争"。"东夷"是一个泛称，它包括许多氏族集团，淮夷就是其中一支，主要活动在淮河流域。夏王朝时期，中原地区的华夏族与淮河中下游的淮夷联系较为密切。禹"娶涂山之女"（《尚书·益稷》），"禹会诸侯于涂山，执玉帛者万国"（《史记·夏本纪》），"放桀于南巢"（《竹书纪年》）。据《杜氏通典》卷一百八十一："巢，汉居巢县也，汤放桀于南巢，即此也。"其地即今安徽巢湖一带。这些都反映了夏王朝与江淮地区淮夷的密切联系。

（原载《皋陶与六安》第二集，黄山书社，1997年）

---

[1]　杨立新：《安徽江淮地区原始文化初探》，《文物研究》第4辑，黄山书社，1988年。

[2]　阚绪杭：《定远县侯家寨新石器时代遗址试掘》，《考古简讯》1985年第5期。

[3]　安徽省文物考古研究所：《安徽肥西县古埂新石器时代遗址》，《考古》1985年第7期。

[4]　安徽省文物考古工作队：《含山大城墩遗址调查试掘简报》，《安徽文博》总第3期。

[5]　王湘：《安徽寿县史前遗址调查报告》，《中国考古学报》第二册，1947年。

[6]　张敬国、贾庆元：《肥东古城吴大墩遗址调查试掘简报》，《文物研究》1985年第1期。

[7]　何长风：《安徽江淮地区夏时期文化初析》，《文物研究》1988年第4期。

[8]　北京大学考古系碳十四实验室：《碳十四年代测定报告（七）》，《文物》1987年第11期。

巴渝文化的起源和发展

四川的巴渝地区，新石器时代晚期至商周时代考古发掘资料比较少，目前还难以将该地区从新石器时代晚期至春秋战国时期的考古学文化列出一个前后相承袭的发展序列。根据现有考古资料，只能将巴渝文化的起源和发展轮廓性地分为先后三个大的发展阶段：前巴渝文化、早期巴渝文化、晚期巴渝文化。

一　前巴渝文化

能够反映"前巴渝文化"面貌的新石器时代晚期文化遗存，主要分布在川东的长江及其支流嘉陵江流域。属于前巴渝文化的遗址主要有四川忠县瓦井沟（下层）、复兴乡水坪村、漕溪乡翁家塘，万县凤安乡涪溪口、武陵乡黄金村，万县市巨鱼沱、翠屏乡密溪沟，云阳县佘家嘴、竹溪乡人漕子，奉节县安平乡西王沟，对县乡九流子，巫山县大溪乡兰溪沟、南陵乡耳室窝（牯牛滩）[1]，垫江林场，铜梁西廓水库（上层），阆中兰家坝等30多处[2]。这些遗址只有忠县瓦井沟遗址经过发掘，有比较明确的地层关系[3]。瓦井沟遗址分为几个地点，其中石坝地点的文化层有上、中、下三层：下层的出土物大都是夹砂红陶，有少量的素面粗红陶和灰陶，文化时代为新石器时代晚期；中层除有和下层相同的红陶系外，还有一种轮制的薄胎黑灰陶；上层大多是夹砂素面红陶，多袋足炊器。中、上层还出土铜器和卜骨，相当于中原地区的商周时代，属早期巴渝文化[4]。

川东长江沿岸的前巴渝文化遗址中发现的石器数量很多。石器分为打制、磨制和打、磨、琢兼施三种，以磨制石器的数量最多。大多数石器系用扁圆形河卵石或河卵石上打下的石片加工而成。一些常用的损耗率较大的工具（石斧），多用硬度较低的石料，如砂岩，这类石器制作比较粗糙。一些精致的小型工具，如小石斧、石凿等，大多采用质地坚硬的石料，这类石器磨制得比较精致。常见的器形有石斧、石锛、石凿、双肩石锄、有段石锛、盘状器等。

陶器有夹砂红陶、泥质红陶、泥质灰陶和黑陶。制作以手制为主，有少量模制，轮制也已出现。纹饰以绳纹和弦纹为主，有少量波状纹，素面无纹饰的陶器较多。器形以尖底器、袋足器为主，有少量圜底器、圈足器和小平底器。常见的器形有尖底杯（角状杯）、尖圜底钵、圜底釜、袋足鬶和盉。尖底器、尖圜底器均不能自立，必须放置在器座上。

前巴渝文化受到黄河流域龙山文化的影响，如袋足器中的鬶和盉，石器中的石斧、石锛、石凿等，都和龙山文化中的同类器相似，但两者在器形特征上又各不相同。前巴渝文化与鄂西北地区的"青龙泉第二期文化"（屈家岭文化遗存）及"青龙泉第三期文化"（龙山文化遗存）也有一定的联系，如青龙泉二期文化中的双肩石锄、石斧、石刀等，青龙泉三期文化的陶鬶、盉等[5]，都在前巴渝文化中有相似的器形。

前巴渝文化遗址都未测定绝对年代，如参照时代相当的四川广汉三星堆遗址下层用 [14]C 所测定的年代[6]，其绝对年代可能为距今 4500~3700 年。

关于川东三峡地区的大溪文化和屈家岭文化与前巴渝文化的关系，是一个值得探讨的问题。有的研究者认为，大溪文化分布的中心地区在鄂西地区，该文化的去向是"屈家岭文化、湖北龙山文化，形成长江中游的一个文化序列，但其西界只到了巫山大溪"，故大溪文化与巴蜀文化没有直接的联系[7]。这一看法不无道理，但需指出的是，大溪文化对川东处在新石器时代晚期的前巴渝文化必然产生一定的影响。川东巫山大溪遗址，文化堆积较厚，文化遗存非常丰富，有大规模的墓葬区，其大溪文化遗存可分为早、中、晚三期[8]；这说明大溪遗址的大溪文化尚处在繁荣阶段，必然对川东三峡以西的前巴渝文化有着强烈的影响，大溪文化分布的西界应在三峡以西地区。例如川东长江沿岸的前巴渝文化中的双肩石锄、打制的盘状器、石斧、石锛、石凿等，在大溪文化中都有同类器形。屈家岭文化分布的中心地区在长江汉水流域，巫山大溪遗址的上层发现屈家岭文化中晚期遗存[9]，说明屈家岭文化的分布已达川东三峡地区。屈家岭文化的分布是否已到达长江三峡以西地区，还需在这一地区做更多的考古发掘。

二　早期巴渝文化

巴渝地区大约从商代中晚期进入青铜器时代，亦即进入早期巴渝文化时期，约到春秋战国之交跨入巴渝文化晚期。早期巴渝文化遗址主要有南充市淄佛寺[10]，忠县㽵井沟（中、上层），万县武陵麻柳沱，巫山大溪、江东咀、南陵村、大昌西坝等[11]。早期巴渝文化遗址与前巴渝文化遗址分布上的一个重要区别是，前巴渝文化遗址主要分布在长江干流沿岸，而早期巴渝文化遗址除分布在长江干流沿岸外，普遍进入长江支流两岸，如属长江支流的大宁河沿岸就有 10 余处商周时代的遗址，其典型遗址是巫山大昌镇西坝。嘉陵江流域也有较多的早期巴渝文化遗址。

陶器以夹砂粗红陶为主，次为泥质红陶和泥质磨光灰黑陶。纹饰大多为绳纹和弦纹。制法有手制、轮制和模制。器形有圜底釜、袋足鬲、罐、豆、大口尊、盆等，夹砂陶鬲数量较多，是主要的炊器。石器大多为磨制，打制石器很少。石器常见的器形有石斧、石铲、石锛、石锄、石矛、石凿等，石矛的末端有一穿孔。石器仍是主要的农业生产工具和手工工具。有的遗址还发现骨、蚌器。铜器发现得很少，忠县㽏井沟出土一件双翼式的铜镞，时代可能是商末周初。㽏井沟出土的三件卜骨，皆有钻有灼，类似商周卜骨。

早期巴渝文化与以四川盆地为中心的早期蜀文化相比，缺乏如广汉三星堆祭祀坑出土的铜器和新繁水观音（晚期墓）、彭县竹瓦街铜器窖藏、广汉真武宫玉器坑、汉源背后山土坑墓出土铜器等发达的青铜文化遗存。造成这一状况的原因可能有两个，一是川东地区的商周遗址和墓葬发掘得很少，我们对其文化面貌还不认识；一是早期巴渝文化时期，其青铜文化尚处在不发达阶段，故青铜器发现得很少。

三 晚期巴渝文化

巴族的祖先，可能是传说中的"廪君蛮"，最早的发源地在湖北西南部的清江流域，以后活动在四川盆地的东部，包括今峡南、鄂西、湘东北及黔东北一带[12]。西周以后在川东地区建立了奴隶制国家。据《华阳国志》载："巴子时虽都江洲（今重庆），或治垫江（今合川），或治平都（今丰都），后治阆中（今阆中），其先王陵墓多在枳（今涪陵）。""周慎王五年（公元前316年），蜀王伐苴侯，苴侯奔巴，巴为求救于秦。秦惠文王遣张仪、司马错救苴，巴遂伐蜀，灭之。仪贪巴、苴之富，因取巴执王以归，置巴、蜀及汉中都。"这些记载，概括了巴族的建国情况及秦灭巴、蜀的过程。

晚期巴渝文化的重要考古发现有巴县冬笋坝、昭化宝轮院[13]、涪陵小田溪的战国墓葬等[14]。巴渝文化的墓葬有船棺葬和土坑竖穴木棺墓两种，以船棺葬颇富特色。巴县冬笋坝和昭化宝轮院都发现数量较多的船棺葬。涪陵小田溪的战国墓葬皆为土坑竖穴墓，有朱漆木棺。墓葬规模较大，第1号墓长约6、宽约4.2米。随葬众多的青铜器，其种类有釜甑、罍（3件）、编钟（13件）、钲、剑（8件）、钺（4件）、矛（3件）、戈（5件）、斤（3件）、凿（4件）及多种铜饰件。

巴渝文化具有特征性的青铜器，属于兵器的有柳叶形剑、圆刃折腰钺、短骹式矛、中胡三穿或长胡四穿戈及大三角形戈，炊器有辫索式竖环耳的釜、甑、鍪，工具有削、斤、锯、凿等。巴渝式柳叶形剑，扁茎，剑上多铸有巴渝地区特有的手、心、虎、星等纹饰。战国时期，这种柳叶形剑遍及四川各地，它是巴渝文化最富代表性的铜器。铜钺多为圆刃折腰，钺身呈圆形，器身中部收缩成细腰，平肩，肩以上内收为较长的椭圆形器；另一种则为圆刃长鋬，鋬作椭圆形；这两种钺数量较多，很富有特征。铜矛多为短骹式，骹仅占全长的三分之一，弓形耳紧接叶基，叶身为尖叶形，圆鋬。中胡三穿或长胡四穿戈，类似中原地区的春秋戈，但器身上常铸有巴蜀纹饰和文字；涪陵小田溪三号墓出土一件长胡四穿戈，内上刻有笔画纤细的16字铭文。铜礼器多罍少鼎，乐器用虎纽镎于，也是巴渝文化的一个特色。巴渝文化的青铜器制作技术很高，如涪陵小田溪大型战国墓中所出土的错金编钟、错银兽头饰、镂孔双龙纹铜镜、错银云水纹铜壶等，在青铜器的冶炼、铸造、镶嵌、造型及制作工艺上都达到了相当高的水平。

铜兵器、乐器、工具、印章上常刻有虎纹及其他各种"巴蜀符号"，也是巴渝文化的一个重要特征。万县出土的一件铜戈上有类似蜀文化的文字，涪陵小田溪的一件陶印上也刻有两个文字符号[15]。据不完全统计，现已发现的各种巴文符号有近 200 个。战国时期，流行于四川境内的"巴蜀符号"，可能已完成了从图形发展到文字的过渡；只是这种"巴蜀文字"，迄今尚未能破读。

晚期巴渝文化常见的陶器有小口圜底绳纹釜、大口平底罐、小口圜底罐、浅腹平底盆、敛口矮圈足豆、高颈球腹圈足壶等。

一般认为，巴渝文化的下限到秦灭亡巴、蜀（公元前 316 年）。但秦灭巴、蜀以后，巴渝文化仍然存在一个相当长的时间，在这期间，巴渝文化与其周边地区的其他文化互相渗透、融合，约到西汉中后期才形成具有地方特色的汉文化。

巴渝文化与中原地区的商周青铜文化、以四川盆地为中心的蜀文化、湘鄂地区的楚文化以及黔、滇地区少数民族的古文化都有密切的联系。巴渝地区出土的青铜器，如铜礼器中的罍、豆、壶，乐器中的錞于、编钟，兵器中的戈、矛、钺等，在器类及器形的总体上都与中原地区春秋战国时期的同类器相近似，只是在具体器形及纹饰上具有地方特征。作为巴渝文化青铜器重要特征之一的虎纽錞于，除流行于整个巴蜀地区外，在湖北的荆州地区、湘西、黔东北等地也常发现。如上所述，巴文符号也流行于整个巴蜀地区。远古时期，陕南、湘西、鄂西及巴蜀地区是一个大的文化区。巴渝文化很早就接受了中原地区文化的影响，它又影响了南部的夜郎、滇等少数民族的文化，形成了沟通黄河流域与西南边疆文化的桥梁。

（原载《巴渝文化》，西南师范大学出版社，1994 年）

[1]　四川省博物馆：《川东长江沿岸新石器时代遗址调查简报》，《考古》1959 年第 8 期。

[2]　赵殿增：《巴蜀文化的考古学分期》，《中国考古学会第四次年会论文集》，第 215～216 页，文物出版社，1985 年。

[3]　四川省长江流域文物保护委员会文物考古队：《四川忠县瓦井沟遗址的试掘》，《考古》1962 年第 6 期。

[4]　同 [1]，第 394 页；四川省博物馆：《四川省长江三峡水库考古调查简报》，《考古》1958 年第 8 期。

[5]　长办文物考古队直属工作队：《一九五八年至一九六一年湖北郧县和均县发掘简报》，《考古》1961 年第 10 期。

[6]　四川省文物管理委员会等：《广汉三星堆遗址》，《考古学报》1987 年第 2 期；中国社会科学院考古研究所编：《中国考古学中碳十四年代数据集（1965～1991 年）》，第 224～225 页，文物出版社，1992 年。

［7］　同［2］，第215页。

［8］　林向：《大溪文化与巫山大溪遗址》，《中国考古学会第二次年会论文集》，第124～131页，文物出版社，
　　　　1982年；四川省长江流域文物保护委员会文物考古队：《四川巫山大溪新石器时代遗址发掘纪略》，《文
　　　　物》1961年第11期。

［9］　四川省博物馆：《巫山大溪遗址第三次发掘》，《考古学报》1981年第4期。

［10］　重庆市博物馆：《四川嘉陵江中下游新石器时代遗址调查》，《考古》1983年第6期。

［11］　四川省博物馆：《四川省长江三峡水库考古调查简报》，《考古》1959年第8期。

［12］　徐中舒：《四川涪陵小田溪出土的虎纽錞于》，《文物》1974年第5期。

［13］　四川省博物馆编：《四川船棺葬发掘报告》，文物出版社，1960年。

［14］　四川省博物馆等：《四川涪陵地区小田溪战国土坑墓清理简报》，《文物》1974年第5期；四川省文物管
　　　　理委员会等：《四川涪陵小田溪四座战国墓》，《考古》1985年第1期。

［15］　四川省文物管理委员会等：《四川涪陵小田溪四座战国墓》，《考古》1985年第1期。

编 后 记

今年是张之恒老师逝世十周年，值此之际，我们编辑出版先生的文集以志纪念。本文集的编辑始于先生病重期间，在南京大学历史学系（现历史学院）刘兴林老师的提议下促成了此事的运作。刘老师在承担繁忙的教学和考古发掘任务的同时，挤时间找齐了几乎所有的论文，多次当面征求先生的意见，对论文进行精心挑选，并确定了现在的书名和目录。中山大学人类学系郭立新老师、安徽大学历史系周崇云老师和南京博物院《东南文化》编辑部张平凤女士都给予了积极的帮助。南京博物院李虎仁先生热心地代为查问外地期刊，刘兴林老师的研究生张仁杰、周津任、张玮、吴昊等同学在查找论文、初校等工作中都付出了劳动。文集校样出来后，南京师范大学文物与博物馆学系王根富老师集中精力进行了认真的校对。文物出版社肖大桂、黄曲等自始至终关心文集的出版，付出大量艰苦细致的劳动。

本文集是文物出版社出版的老一辈考古学家学术论集系列之一。共收录论文42篇，分为史前考古综论、地区新石器时代文化研究、史前农业研究、文明探源和古文化研究四部分。先生一生笔耕不辍，著作丰硕，尤以史前考古和古代文明研究为重点。这本论文集凝聚着先生一生的心血和汗水，更能反映出先生的学术贡献和研究历程。

张之恒教授 1938 年 12 月 23 日出生于江苏省丹徒县卢里镇，1959 年 7 月考入南京大学历史学系，1964 年毕业留系任教。1972 年，南京大学历史学系成立考古专业，他转为第一批考古专业的教师。从此，张老师致力中国石器时代考古的教学和研究 30 余年，他编写的《中国旧石器时代考古》（合著）、《中国新石器时代考古》、《夏商周考古》（合著）、《中国考古学通论》等教材，成为国内考古和文博专业的通用教科书和重要的参考书，特别是《中国考古学通论》，多次印刷，引导无数青年学子走上考古之路。他还出版《长江流域的新石器时代文化》等著作 3 部，发表论文近百篇，在我国史前考古领域享有很高的地位和声望。

张老师曾担任南京大学历史学系考古教研室负责人，对南京大学考古学科建设作出了重要贡献。1998 年，在他的积极努力下，南京大学考古学科成为全国第一批考古学博士点。除了担任大量课堂教学任务，他坚持在田野考古第一线，直到 2003 年退休前，在身体十分虚弱的情况下，仍坚持在家人的照看下到重庆云阳、奉节考古工地现场指导学生发掘。他为人正直，坚持原则，倾心培养和指导学生，教书育人，言传身教，从学习和生活各方面关心和爱护学生。从他那里，大家学到了知识，感受到了温暖，懂得了做人的原则。我们都深切怀念他，论文集的出版也是学生们对张老师最好的追念。

编者

2020 年 6 月